大洋洲蓝皮书

BLUE BOOK OF
OCEANIA

大洋洲发展报告
（2013~2014）

ANNUAL REPORT ON DEVELOPMENT OF OCEANIA
(2013-2014)

主　编／喻常森
副主编／常晨光　王学东

社会科学文献出版社
SOCIAL SCIENCES ACADEMIC PRESS（CHINA）

图书在版编目（CIP）数据

大洋洲发展报告. 2013~2014/喻常森主编. —北京：社会科学
文献出版社，2014.8
（大洋洲蓝皮书）
ISBN 978 - 7 - 5097 - 6236 - 3

Ⅰ.①大… Ⅱ.①喻… Ⅲ.①大洋洲 - 研究报告 - 2013~2014
Ⅳ.①D76

中国版本图书馆 CIP 数据核字（2014）第 146806 号

大洋洲蓝皮书

大洋洲发展报告（2013~2014）

主　　编／喻常森
副 主 编／常晨光　王学东

出 版 人／谢寿光
出 版 者／社会科学文献出版社
地　　址／北京市西城区北三环中路甲 29 号院 3 号楼华龙大厦
邮政编码／100029

责任部门／全球与地区问题出版中心（010）59367004	责任编辑／高明秀　许玉燕
电子信箱／bianyibu@ssap.cn	责任校对／张彦彬
项目统筹／高明秀	责任印制／岳　阳
经　　销／社会科学文献出版社市场营销中心（010）59367081　59367089	
读者服务／读者服务中心（010）59367028	

印　　装／北京季蜂印刷有限公司
开　　本／787mm×1092mm　1/16　　　　印　　张／24.5
版　　次／2014 年 8 月第 1 版　　　　　　字　　数／396 千字
印　　次／2014 年 8 月第 1 次印刷
书　　号／ISBN 978 - 7 - 5097 - 6236 - 3
定　　价／89.00 元

大洋洲蓝皮书编委会

主　编　喻常森

副主编　常晨光　王学东

编　委（以姓氏拼音为序）

常晨光　费　晟　韩　锋　刘志伟　王学东

汪新生　魏志江　喻常森　余章宝　张和强

张祖兴

主要编撰者简介

喻常森 中山大学亚太研究院副教授，国际关系学系系主任，教育部区域和国别研究培育基地——中山大学大洋洲研究中心常务副主任。主要研究领域为亚太区域合作、澳大利亚外交政策、中国与大洋洲国家关系等。

常晨光 中山大学外国语学院院长，教授，澳大利亚研究中心主任，教育部区域和国别研究培育基地——中山大学大洋洲研究中心副主任。主要研究领域为澳大利亚文化与教育、中国与澳大利亚关系、功能语言学等。

王学东 中山大学亚太研究院副教授，美国研究中心副主任，教育部区域和国别研究培育基地——中山大学大洋洲研究中心副主任，主要研究领域为大洋洲地区环境与气候变化、澳大利亚能源政策等。

摘　要

2013 年度大洋洲国家整体呈现平稳发展的状态。在政治方面，澳大利亚进行了四年一度的大选，自由党—国家党联盟以绝对优势击败了执政的工党，安东尼·阿博特出任总理。与此同时，新西兰各政党也已经开始为 2014 年下半年的大选而积极备战。在经济领域，多数国家的经济发展都呈现稳定的状态，但多数岛屿国家仍然无法改变经济体系单一和财政脆弱这一长期存在的问题，亟待国际社会给予经济和技术援助。部分岛国如巴布亚新几内亚、所罗门群岛及汤加等面临经济持续低迷和动荡局面。唯一的亮点是瓦努阿图，它脱离了联合国认定的"最不发达国家"行列。在 2013～2014 年并无威胁地区安全的重大不利问题出现，不过巴布亚新几内亚的社会治安持续恶化，这可能成为新一轮地区动荡的源头。在国际关系方面，区域内的双边和多边交流持续发展，进一步呈现多层次立体化发展的态势，比如斐济举办了首届太平洋岛国发展论坛，而太平洋岛国对日本与韩国也表现浓厚的合作兴趣。不过，在各种交往中，中国在促进区域经济交流与合作上起了重要作用，也进一步改变了传统的合作格局。比如中国在 2013 年上半年超越澳大利亚成为新西兰第一大出口国，下半年又在广州举办了第二届"中国—太平洋岛国经济发展合作论坛"。中国与大洋洲国家的政治关系继续平稳发展，而"中国崛起"也已成为大洋洲地区讨论各种国际政治议题时最看重的因素之一。

关键词： 澳大利亚　新西兰　大洋洲岛国　政治　经济　外交　援助

目 录

Ⅰ 总报告

Ⅱ 地区分析篇

Ⅲ 国别篇

皮书数据库阅读 **使用指南**

总 报 告

General Report

B.1

21 世纪初中国对
大洋洲岛国的经济外交

喻常森 *

摘　要：

发展与大洋洲岛国的友好合作关系是中国"大周边战略"的重要环节。在 21 世纪初的十余年里，中国与大洋洲岛国关系呈现全方位发展势头。中国与大洋洲岛国在贸易、投资和发展援助等领域取得丰硕合作成果，成为中国新世纪经济外交的一个亮点。中国与大洋洲岛国关系的发展充分说明，中国的和平崛起与全面发展使包括大洋洲岛国在内的所有国家受益。

关键词：

中国　大洋洲岛国　经济外交　贸易　投资　援助

* 喻常森，中山大学亚太研究院副教授、中山大学大洋洲研究中心常务副主任，博士，主要研究领域为亚太区域合作、澳大利亚外交政策、中国与大洋洲国家关系等。

中国于 2001 年加入 WTO 后，进一步加快了融入国际社会的步伐，经济取得持续高速发展，经济外交也成为新时期中国外交工作的亮点。大洋洲岛国位于太平洋南部，是中国亚太地区外交的一个组成部分，也是中国"大周边"战略的重要环节。为了进一步拓展大洋洲地区经济外交，2013 年 11 月 8 日，第二届中国—太平洋岛国经济发展合作论坛在广州举办，来自大洋洲岛屿地区的 8 个建交国的政府领导人、高级官员与中国政府领导人和相关部门高级官员、企业家代表进行了卓有成效的对话，标志着中国与大洋洲岛国关系进入了一个崭新的阶段。

最近几年，围绕中国对大洋洲岛国的外交战略及双方经济贸易关系，国际学术界展开了热烈讨论。其中，尤以澳大利亚、美国、日本、新西兰等太平洋周边国家最为突出。澳大利亚著名智库——罗伊国际政策研究所（Lowy Institute for International Policy）出版了中国对大洋洲岛国援助的系列动态分析报告，内容详尽，观点鲜明。① 澳大利亚国立大学设立了跨学科的美拉尼西亚研究项目（Melanesia Program），对大洋洲岛国开展以人文社会科学为重点的综合研究和人才培养工作，中国与大洋洲岛国关系为其研究重点之一。② 澳大利亚悉尼大学中国研究中心（China Studies Center）的学者致力于开展中国对大洋洲岛国投资关系及华侨华人问题的研究，取得了不错的研究成果。③ 总部位于夏威夷的美国著名智库——东西方中心（East-West Center）长期致力于大洋洲岛国学术研究与人文交流活动。与此同时，夏威夷大学也成立了太平洋岛屿研究中心（Center for Pacific Islands Studies），创立了专门的学术期刊、出版了相关专著。④

---

① Fergus Hanson, "The Dragon Looks South", *Analysis*, June 2008, Lowy Institute for International Policy; Fergus Hanson, "China in the Pacific, the New Banker in Town", *Policy Brief*, April 2011, Lowy Institute for International Policy; Jenny Hayward-Jones, "Big Enough for All of Us: Geo-strategic Competition in the Pacific Islands", *Analysis*, Lowy Institute for International Policy, May 2013.

② 中心活动情况请参阅网站：http://pacificinstitute.anu.edu.au/outrigger/tag/pacific-islands。

③ Smith Graeme, "Nupela Masta? Local and Expatriate Labor in a Chinese-Run Nickel Mine in Papua New Guinea", *Asian Studies Review*, Vol. 37, Issue 2, June 2013, pp. 178 – 195; Smith Graeme, "Chinese Reactions to Anti-Asian Riots in the Pacific", *The Journal of Pacific History*, Vol. 47, Issue 1, March 2012, pp. 93 – 109.

④ Terence Wesley-Smith, "China in Oceania, New Forces in Pacific Politics", *Pacific Island Policy 2*, East West Center, 2007; Terence Wesley-Smith, Edgar A. Porter, *China in Oceania, Reshaping the Pacific*, Berg Hahn Books, 2010; 详情请参阅夏威夷大学太平洋岛屿研究中心网站：http://www.hawaii.edu/cpis/psi/。

新西兰的奥克兰大学和惠灵顿维多利亚大学拥有专门从事中国与大洋洲岛国关系研究的机构和学者。① 作为大洋洲地区事务的重要参与者，日本历来非常重视对大洋洲岛国问题的研究。日本的官方智库和相关高校也成立了大洋洲岛国研究机构，如日本大阪大学设立了日本社团法人太平洋诸岛地域研究所，重点研究日本与太平洋岛国的关系及其政策。相比之下，中国的大洋洲问题研究起步较晚，研究机构也比较少，研究领域主要涉及大洋洲历史、大洋洲区域合作、大洋洲国际关系及其他相关问题。② 本报告旨在在梳理近十年来国内外相关研究的基础上，进一步搜集中国官方统计资料和最新媒体信息，从贸易、投资和对外援助三个方面，分析 21 世纪初十余年期间，中国与大洋洲建交岛国经济贸易关系的发展，反思中国的经济外交战略。

一　中国与大洋洲岛国外交关系的发展

大洋洲各岛国分散在南部太平洋的辽阔海域，历史上属于西方列强的殖民地、半殖民地和托管地，独立建国时间较短。同时，大部分国家经济发展相对滞后，资源比较缺乏，国家财政严重依赖外来援助，长期处于美国、澳大利亚、新西兰、日本及欧洲老牌资本主义宗主国的控制之下。因此，这一地区传统上被称为美国的"内湖"，日本的"后院"，以及澳、

---

① Jian Yang, *The Pacific Islands in China's Grand Strategy*, Palgrave Macmillan, 2011; Anne-Marie Brady edited, *Looking North*, *Looking South-China*, *Taiwan and the South Pacific*, World Scientific Publishing Company, 2010.

② 目前，中国专门的大洋洲问题研究机构只有中山大学大洋洲研究中心和聊城大学太平洋岛国研究中心。中国高校和国家部委所属研究机构、社科院研究系统设有亚太区域问题研究机构，研究重点是澳大利亚、新西兰。有关大洋洲问题综合研究的最新成果有：王宇博、汪诗明、朱建君：《世界现代化历程：大洋洲卷》，江苏人民出版社，2012；徐秀军：《地区主义与地区秩序：以南太平洋地区为例》，社会科学文献出版社，2013；载魏明海主编、喻常森副主编《大洋洲蓝皮书：大洋洲发展报告（2012～2013）》，社会科学文献出版社，2013；孔妃妃：《浅析中国对南太平洋岛国的对外援助》，外交学院硕士学位论文，2010；胡传明、张帅：《中日两国南太平洋战略博弈评析》，《理论观察》2013 年第 1 期；陈艳云、张逸帆：《日本对南太平洋岛国政府开发援助》，《世界近现代史研究》2013 年第 10 期；陈艳云、张逸帆：《日本对南太平洋岛国 ODA 政策的调整及其特点》，《东北亚学刊》2013 年第 4 期；陈艳云、张逸帆：《日本对斐济的政府开发援助研究》，《经济研究导论》2013 年第 25 期等。

新的"近邻"。总之，属于区域内外强邻的势力范围。另外，由于地理邻接，这些新独立的岛国也一度成为台湾当局竭力拉拢的对象和"邦交国"，这使得中国与大洋洲岛国关系曾长期受到台湾海峡两岸关系的牵制，发展曲折。

当前，大洋洲共有 16 个独立国家，除了澳大利亚和新西兰两国属于发达国家外，国际社会一般将其余 14 国列为发展中的岛屿国家，称南太平洋岛国或者太平洋岛国。这些岛屿分属美拉尼西亚（Melanesia）、密克罗尼西亚（Micronesia）、波利尼西亚（Polynesia）三大群岛区。这些岛国是名副其实的袖珍国，它们国小人少，陆地总面积仅 55 万平方公里，总人口为 750 多万。根据《联合国海洋法公约》，这些岛国共拥有专属经济区 1729.6 万平方公里，接近地球表面面积的 8% 和海洋面积的 10%。① 按照独立建国的先后次序，这些国家分别是：萨摩亚（Samoa，1962 年独立建国，下同）②、瑙鲁（Nauru，1968）、汤加（Tonga，1970）、斐济（Fiji，1970）、巴布亚新几内亚（Papua New Guinea，1975）、所罗门群岛（Solomon Islands，1978）、图瓦卢（Tuvalu，1978）、基里巴斯（Kiribati，1979）、马绍尔群岛（Marshall Islands，1979）、瓦努阿图（Vanuatu，1980）、帕劳（Palau，1994）、密克罗尼西亚联邦（Federated States of Micronesia，1986）、库克群岛（Cook Islands，1989）、纽埃（Niue，2006）。其中，库克群岛和纽埃为新西兰联系国，非联合国成员。目前，与中国建立和保持外交关系的国家共有 8 个，分别是：斐济、萨摩亚、巴布亚新几内亚、瓦努阿图、密克罗尼西亚、库克群岛、汤加、纽埃（见表1）。另外，中国曾一度与基里巴斯、马绍尔群岛、瑙鲁三个国家建立外交关系，后来，这些国家不顾中国抗议，与台湾当局"建交"。瓦努阿图也曾经与台湾签署"建交"公报，但是随即撤销。目前，与台湾当局保持"邦交"关系的大洋洲岛国共有 6 个，即所罗门群岛、瑙鲁、基里巴斯、马绍尔群岛、帕劳、图瓦卢。

---

① 《南太岛国不想当大国博弈场，忧美只关心军事布局》，新华网，2012 年 9 月 6 日，http：//news. xinhuanet. com/2012 – 09/06/c_ 123681114_ 2. htm。

② 原名西萨摩亚，1997 年更名为"萨摩亚独立国"。

表 1　中国与大洋洲岛国建交概况

国　名	建交时间	备　注
斐济	1975 年 11 月	
萨摩亚	1975 年 11 月	
巴布亚新几内亚	1976 年 10 月	
瓦努阿图	1982 年 3 月	
密克罗尼西亚	1989 年 9 月	
库克群岛	1997 年 7 月	
汤　加	1998 年 11 月	
纽　埃	2007 年 12 月	
基里巴斯	1980 年 6 月	2003 年 11 月断交
马绍尔群岛	1990 年 11 月	1998 年 12 月断交
瑙　鲁	2002 年 7 月	2005 年 5 月断交

　　20 世纪六七十年代，大洋洲岛国开始摆脱殖民地、半殖民地和被保护国身份，独立建国。中国本着支持世界人民反帝反殖事业的需要，在"一个中国"原则基础上，率先同斐济、萨摩亚和巴新建立了外交关系。20 世纪八九十年代，中国开启了改革开放的伟大进程，与大洋洲岛国的关系主要围绕多边外交和反对"台独"而展开，并取得重大成绩。中国实现了与基里巴斯、瓦努阿图、密克罗尼西亚、马绍尔群岛、库克群岛、汤加等国建交，使得大洋洲岛国与中国的建交国达到 9 个的历史最高峰。但是，双方关系随后出现重大波动。1998 年 12 月，不顾中方极力劝阻，马绍尔群岛与中国中断了外交关系。进入 21 世纪，中国实现全面崛起，大洋洲外交成为中国的大周边战略的重要一环。[①] 2007 年，中国与刚刚实现独立的纽埃建立外交关系。然而，21 世纪初，中国与大洋洲岛国的外交关系并不稳固，台湾海峡两岸围绕"外交承认"展开的斗争十分激烈。2003 年 11 月，基里巴斯与中国断交；2005 年 5 月，瑙鲁与中国断交。2006 年 11 月，汤加和所罗门群岛两国由于国内政局变化引发针对华人的严重骚乱事件，使得中国的大洋洲外交面临严峻考验。不过，最近几年来，形势逐渐趋于平静。特别是 2008 年马英九就任台湾地区领导人后，

---

① Jian Yang, *The Pacific Islands in China's Grand Strategy*, Palgrave Macmillan, 2011, p. 37.

海峡两岸达成默契，中国与大洋洲岛国关系进入了相对稳定的发展时期，中国的大洋洲外交战略重点转为：政治上维持与大洋洲岛国稳定和友好的关系；经济上通过加强贸易、投资和对外援助，积极开拓大洋洲市场，获取经济利益，提升中国在大洋洲地区的影响力。

除了发展与各岛国的双边关系外，中国还通过各种合作渠道，积极支持和参与大洋洲地区一体化进程。

早在 20 世纪 40 年代中后期，在西方宗主国的安排和主导下，大洋洲就开始了区域主义的实践。进入 20 世纪 70 年代，地区合作逐渐实现了本土化转型。1971 年，斐济、萨摩亚、汤加、瑙鲁、库克群岛、澳大利亚和新西兰在新西兰惠灵顿召开南太平洋 7 方会议，正式成立"南太平洋论坛"。冷战结束后，大洋洲区域主义向更深层次的一体化目标迈进。为了适应区域合作发展的需要，2000 年 10 月，南太平洋论坛更名为"太平洋岛国论坛"（Pacific Islands Forum）。① 目前，太平洋岛国论坛已发展为大洋洲区域合作的主要平台，其成员涵盖了大洋洲地区所有 16 个独立国家，包括澳大利亚、新西兰、斐济、萨摩亚、汤加、巴布亚新几内亚、基里巴斯、瓦努阿图、密克罗尼西亚、所罗门群岛、瑙鲁、图瓦卢、马绍尔群岛、帕劳、库克群岛、纽埃，另外，还有 2 个联系成员：新喀里多尼亚、法属波利尼西亚，11 个观察员：托克劳、瓦利斯和富图纳、英联邦、亚洲开发银行、美属萨摩亚、关岛、东帝汶、联合国、非加太集团、中西部太平洋金枪鱼管理委员会、世界银行。论坛的宗旨是"加强论坛成员间在贸易、经济发展、航空、海运、电信、能源、旅游、教育等领域及其他共同关心问题上的合作和协调"。近年来，论坛加强了在政治、安全等领域的对外政策协调与区域合作。② 论坛首脑会议一般每年召开一次，在各成员国或地区轮流举行，迄今已举行了 44 届（1972 年举行了两次）。从 1989 年起，论坛决定邀请中国、美国、英国、法国、日本和加拿大

---

① 有关大洋洲区域合作问题的最新研究成果，请参阅徐秀军《地区主义与地区秩序：以南太平洋地区为例》，社会科学文献出版社，2013。

② 太平洋岛国论坛简介，参阅中国外交部网站：http://www.fmprc.gov.cn/mfa_chn/gjhdq_603914/gjhdqzz_609676/lhg_610782/；太平洋岛国论坛官网：http://www.forumsec.org/pages.cfm/about-us/。

等国出席论坛首脑会议后的对话会议。1991~2007 年，论坛又先后接纳欧盟、韩国、马来西亚、菲律宾、印尼、印度、泰国、意大利为对话伙伴。目前，论坛共有 16 个成员国、2 个联系成员、11 个观察员和 14 个对话伙伴。

中国十分重视发展与太平洋岛国论坛的关系。中国作为太平洋岛国论坛的对话伙伴国，从 1990 年开始，参与了历次对话会议。为此，中国还专门任命了中国—太平洋岛国论坛对话会特使。2000 年，中国政府捐资设立"中国—太平洋岛国论坛合作基金"，用于促进双方在贸易、投资等领域的合作。基金设立后，资助了太平洋岛国论坛驻华贸易代表处、投资局长年会、论坛秘书处信息存储系统更换、论坛进口管理等相关项目。2002 年，为了加强联系、促进合作，太平洋岛国论坛在北京设立了驻华贸易代表处。2003 年，中国与太平洋岛国论坛就双边关系、贸易投资、可持续发展、海洋资源管理、地区安全等交换了意见，并达成广泛共识。2006 年 4 月，第一届中国—太平洋岛国经济发展合作论坛在斐济举行，温家宝率领中国政府代表团出席了本次会议，并就中国与大洋洲岛国合作提出了四项原则和六项举措。中方承诺"将在今后 3 年内提供 30 亿元人民币优惠贷款；对于本地区同中国建交的最不发达国家多数对华出口商品给予零关税待遇；免除这些国家对华 2005 年底之前的到期债务"。①

第一届中国—太平洋岛国经济发展合作论坛举办以来，中国的经济取得全面高速发展，中国与大洋洲国家之间的关系发生了很大变化，尤其是双方经贸关系取得了长足发展。为了进一步加强与大洋洲岛国的关系，2013 年 11 月 8 日，第二届中国—太平洋岛国经济发展合作论坛在广州举行。② 论坛由中华人民共和国商务部主办，来自南太平洋岛屿地区的 8 个建交国家——库克群岛、纽埃、密克罗尼西亚联邦、巴布亚新几内亚、萨摩亚、汤加、瓦努阿图、斐济的政府领导人和太平洋岛国论坛秘书处及澳大利亚、新西兰政府的高级代表出席。中国国务院副总理汪洋出席了论坛开幕式并发表主旨演讲，宣布了中方进

---

① 温家宝：《加强互利合作　实现共同发展——在中国—太平洋岛国经济发展合作论坛首届部长级会议开幕式上的讲话》，《人民日报》2006 年 4 月 6 日，第 3 版。

② 按照 2006 年第一届中国—太平洋岛国经济发展合作论坛的约定，论坛原则上每 4 年举办一次，在中国和南太平洋各国轮流举行。

一步支持太平洋岛国经济社会发展的一系列措施，主要包括：支持岛国重大项目建设，向建交的岛国提供共计 10 亿美元的优惠贷款；设立 10 亿美元专项贷款，用于岛国基础设施建设；支持岛国开发人力资源，今后 4 年为岛国提供 2000 个奖学金名额，帮助培训一批专业技术人员；支持岛国发展医疗卫生事业，继续为岛国援建医疗设施，派遣医疗队，提供医疗器械和药品；支持岛国发展农业生产，加强农林产品加工与贸易合作，办好示范农场等合作项目；支持岛国保护环境和防灾减灾，为岛国援建一批小水电、太阳能、沼气等绿色能源项目。[1] 开幕式结束后，举行了部长级会议，以及贸易与投资、农渔业合作、旅游合作、环保合作等四个平行分论坛。论坛的主题是"绿色创新，合作共赢"，充分体现了太平洋岛屿国家保护环境，实现可持续发展的目标和利益。同时举办了中国—太平洋岛国经济合作与绿色发展图片展、太平洋岛国商品展、双边贸易与投资洽谈会等活动。尽管第二次论坛会议比原定计划延期举行，但是，此次论坛会议的召开意义非凡。正如太平洋岛国论坛秘书长图伊洛马·内洛尼·斯莱德（Tuiloma Neroni Slade）意味深长地指出的那样："'酒香不怕巷子深'，（第二届中国—太平洋岛国经济发展合作）论坛必将进一步强化中国和太平洋岛国的合作关系。"[2]

二　中国与大洋洲岛国的贸易

进入 21 世纪以来，中国与大洋洲岛国的贸易整体呈现较为强劲的增长势头。统计显示，2000 年，中国与巴新、斐济、库克群岛、密克罗尼西亚、萨摩亚、汤加、瓦努阿图 7 个大洋洲建交岛国的双边贸易总额为 2.48 亿美元。其中，主要是与巴新的贸易，总额为 2.26 亿美元，占了 90% 以上。至 2012 年，中国与大洋洲建交岛国的双边贸易总额达到 17.67 亿美元，增长了 7 倍多。（参见表 2）[3]

---

[1] 贺林平：《汪洋出席中国—太平洋岛国经济发展合作论坛并发表主旨演讲》，《人民日报》2013 年 11 月 9 日，第 3 版。

[2] 《太平洋岛国论坛秘书长：中国是最重要的对话伙伴之一》，《南方日报》2013 年 11 月 8 日。

[3] 中国海关公布的数据显示，2012 年，中国和太平洋岛国地区双边贸易额为 45.1 亿美元，包括了建交国和非建交国，http：//mds.mofcom.gov.cn/article/Nocategory/200210/20021000042986.shtml。

表 2 2000～2012 年中国与太平洋岛国贸易情况

单位：万美元

	国　别	进出口总额	出口额	进口额	平衡
2000 年	巴　新	22559	2486	20073	−17587
	斐　济	1543	1514	29	1485
	库　克	25	25	0	25
	密　克	165	163	2	161
	萨摩亚	204	196	8	188
	汤　加	164	164	0	164
	瓦　努	151	109	42	67
小计		24811	4657	20154	−15497
2001 年	巴　新	14151	1913	12238	−10325
	斐　济	2663	2608	25	2583
	库　克	38	27	11	16
	密　克	187	186	1	185
	萨摩亚	232	232	0	232
	汤　加	118	117	1	116
	瓦　努	147	115	32	83
小计		17536	5198	12308	−7110
2002 年	巴　新	18692	2725	15967	−13242
	斐　济	3197	3057	140	2917
	库　克	19	7	12	−5
	密　克	130	130	0	130
	萨摩亚	279	279	0	279
	汤　加	484	483	1	482
	瓦　努	167	141	26	115
小计		22968	6822	16146	−9324
2003 年	巴　新	29203	6093	23111	−17018
	斐　济	3132	2597	536	2061
	库　克	58	50	8	42
	密　克	274	274	0	274
	萨摩亚	319	283	36	247
	汤　加	210	204	5	199
	瓦　努	308	289	20	269
小计		33504	9790	23716	−13926

	国 别	进出口总额	出口额	进口额	平衡
	巴 新	29637	5251	24386	−19135
	斐 济	3871	3252	618	2634
	库 克	91	83	8	75
2004 年	密 克	745	745	0	745
	萨摩亚	686	588	98	490
	汤 加	628	628	0	628
	瓦 努	749	723	26	697
小计		36407	11270	25136	−13866
	巴 新	37605	6659	30946	−24287
	斐 济	4527	4300	227	4073
	库 克	592	44.4	547	−502.6
2005 年	密 克	244	242	1.9	240.1
	萨摩亚	598	594	4.1	589.9
	汤 加	294	294	0.1	293.9
	瓦 努	827	780	47.5	732.5
小计		44687	12913	31773	−18860
	巴 新	51827	12640	39185	−26545
	斐 济	6923	6800	123	6677
	库 克	202	82	120	−38
2006 年	密 克	295	288	7	281
	萨摩亚	1296	1295	1	1294
	汤 加	375	374	1	373
小计		60918	21479	39437	−17958
	巴 新	68098	21260	46839	−25579
	斐 济	6626	6368	257	6111
	库 克	298	113	184	−71
2007 年	密 克	949	917	32	885
	萨摩亚	1185	1155	30	1125
	汤 加	736	732	4	728
小计		77892	30545	47346	−16801
	巴 新	85831	34310.4	51520.8	−17210.4
	斐 济	9036.6	8944.4	92.1	8852.3
	库 克	266.7	87	179.7	−92.7
2008 年	密 克	401.1	400.1	1	399.1
	萨摩亚	2771	2509.9	261.1	2248.8
	汤 加	729	728.1	1.8	726.3
	瓦 努	3467.6	3424.3	43.3	3381
小计		102503	50404.2	52099.8	−1695.6

续表

	国 别	进出口总额	出口额	进口额	平衡
	巴 新	88591.1	52818.6	35772.5	17046.1
	斐 济	9713.2	9655.4	57.9	9597.5
	库 克	730.3	704.5	25.8	678.7
2009 年	密 克	859.8	463.4	396.4	67
	萨摩亚	4486.8	3724.2	762.6	2961.6
	汤 加	805.4	799.5	5.9	793.6
	瓦 努	4880.9	4744.2	136.7	4607.5
小计		110067.5	72909.8	37157.8	35752
	巴 新	112998.3	35249.6	77748.6	-42499
	斐 济	12858.5	12763.6	95	12668.6
	库 克	489.5	374.1	115.4	258.7
2010 年	密 克	668.3	382.1	286.1	96
	萨摩亚	7007.5	7005.2	2.3	7002.9
	汤 加	976	975.4	0.6	974.8
	瓦 努	66	2260.4	66	2194.4
小计		135064.1	59010.4	78314	-19303.6
	巴 新	126527.5	45301	81226.6	-35925.6
	斐 济	17242.5	17120.8	121.7	16999.1
	库 克	570.4	496.6	73.8	422.8
2011 年	密 克	502.8	341.3	161.5	179.8
	萨摩亚	3785	3782.3	2.7	3779.6
	汤 加	1332.4	1327.7	4.7	1323
	瓦 努	13625.4	13386	239.4	13146.6
小计		163586	81755.7	81830.4	-74.7
	巴 新	128235.2	64009.7	64225.5	-215.8
	斐 济	23618.3	21402.2	2216.1	19186.1
	库 克	505.2	403.4	101.8	301.6
2012 年	密 克	1500.4	407.9	1092.5	-684.6
	萨摩亚	7176.9	7174.6	2.3	7172.3
	汤 加	2016	2016	0	2016
	瓦 努	13603	13361.2	241 8	13119.4
小计		176655	108775	67880	40895

资料来源：中国商务年鉴编委会编《中国商务年鉴》(2001～2013)，中国商务年鉴出版社。

2000 年，中国（2.48 亿美元）排在澳大利亚（21.19 亿美元）、日本（5.95 亿美元）、新西兰（2.67 亿美元）之后，为大洋洲岛国第四大贸易伙伴。[①] 2006 年，中国成为大洋洲岛国第三大贸易伙伴（7.43 亿美元），仅次于澳大利亚（38.98 亿美元）和日本（9.41 亿美元），[②] 其中，与建交国之间的贸易总额为 6.09 亿美元。2009 年，中国与太平洋岛国的双边贸易总额为 13.05 亿美元，超越了欧盟（11.56 亿美元）、日本（10.57 亿美元），跃升为大洋洲岛国仅次于澳大利亚（45.82 亿美元）的第二大贸易伙伴。[③] 其中，与建交岛国的双边贸易总额为 11 亿美元。2012 年中国与大洋洲岛国的双边贸易总额达到 17.66 亿美元，是 2000 年的 7.12 倍，年均增长率为 19%。其中，2006~2012 年增长速度最快，年均增长率达 27%。[④]（见图 1）

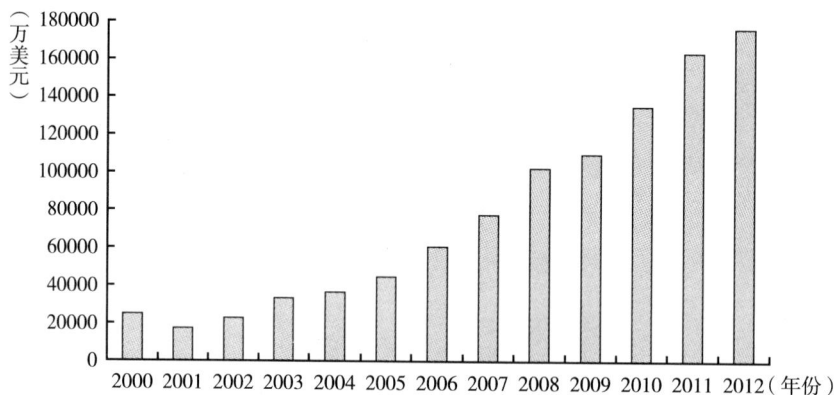

图 1　中国与大洋洲岛国贸易增长趋势（2000~2012）

资料来源：中国商务年鉴编委会编《中国商务年鉴》（2001~2013），中国商务年鉴出版社。

[①] 含所有太平洋岛国，参见 Jian Yang, *The Pacific Islands in China's Grand Strategy*, Palgrave Macmillan, 2011, p. 157。

[②] Fergus Hanson, "The Dragon Looks South", *Analysis*, June 2008, Lowy Institute for International Policy, p. 22.

[③] Fergus Hanson, "China in the Pacific: The New Banker in Town", *Policy Brief*, Lowy Institute for International Policy, April 2011, p. 6.

[④] 《王超出席第二届中国—太平洋岛国经济发展合作论坛部长级会议》，中华人民共和国商务部网站，2013 年 11 月 8 日，http://www.mofcom.gov.cn/article/ae/ai/201311/20131100383952.shtml。

从贸易商品结构分析，中国向大洋洲岛国出口的主要是电子产品和日用百货。以 2011 年为例，中国向大洋洲岛国出口的主要是电子及通信产品、食品（尤其是熟食）、服装及鞋类、家具及建筑用机械及钢材。中国自大洋洲岛国进口的主要产品以原材料和矿产品为主。根据 2011 年中国海关统计资料，中国自大洋洲岛国进口的大宗商品依次是木材、石脑油、各种海洋鱼类、果汁、海洋藻类产品等。（参见表 3）

表 3　2011 年中国与大洋洲岛国前 5 大贸易伙伴的贸易商品量值

单位：美元

	商品名称	出口（453024358）	商品名称	进口（815220295）
	巴布亚新几内亚			
1	无线电话机	18148634	非针叶原木	482245978
2	有线数字通信设备	15961308	石脑油	202598249
3	活动房屋	11773716	印伽木厚木	80745265
4	橡胶塑料鞋	6095420	异翅香木厚木	17713031
5	合金钢平板轧材	5284738	可可豆	7290649
	斐　济			
	商品名称	出口（171186371）	商品名称	进口（1216794）
1	冻沙丁鱼、黍鲱鱼	19523540	冻黄鳍金枪鱼	295273
2	水轮机及零件	6516984	未列名冻鱼	125555
3	无线电话机	2546960	矿泉水	447486
4	彩色无线电视接收机	2331837	未列名非针叶木原木	57421
5	鲜或冷藏蒜头	2010213	热带木材	41222
	库克群岛			
	商品名称	出口（4966332）	商品名称	进口（737907）
1	未列名木家具	1249252	冻鱼	731222
2	其他带软垫的金属框架坐具	545653	仪器及装置零部件	6629
3	太阳能电池	435032	处理器及控制器	65
4	办公室用木家具	388748		
5	往复式内燃机摩托车	205124		
	密克罗尼西亚联邦			
	商品名称	出口（3412766）	商品名称	进口（1615363）
1	冻沙丁鱼、黍鲱鱼	420449	冻黄鳍金枪鱼	879072
2	即食面或快食面	406594	冻鲣鱼	434667
3	波轮式全自动洗衣机	276462	冻鲨鱼	159154
4	其他 40 英尺集装箱	265000	冻大眼金枪鱼	59260
5	薄板制胶合板	204287	珊瑚及软壳动物	58141

续表

萨摩亚				
	商品名称	出口(37815831)	商品名称	进口(27330)
1	鱼罐头	3176686	未混合的水果汁	17800
2	机器零部件及附件	2176345	钢笔或自来水笔	2687
3	卫生纸、纸尿布	1016717	圆珠笔	1805
4	移动通信基站	887833	飞机零部件	1805
5	即食或快食面	842841	塑料手提包	837
汤　　加				
	商品名称	出口(13277397)	商品名称	进口(46968)
1	即食或快食面条	809033	其他江篱	46681
2	化纤套头衫、开襟衫	447256	海藻及其他藻类	281
3	矿物与沥青的混合机器	404876		
4	其他薄板制胶合板	371761		
5	钢结构体部件及钢材	322592		

资料来源：笔者根据相关数据整理，见中华人民共和国海关总署编《中国海关统计年鉴》2011年下册，2012。

从贸易平衡角度分析，总体来看，中国从大洋洲岛国的进口总值大于出口总值。这主要是因为中国从巴布亚新几内亚进口的原材料和矿产品数量较大。除个别年份如2009年以外，2000～2012年间，中国自巴新的进口均大于出口。两国之间的贸易占中国与大洋洲岛国贸易总额的80%以上，导致中国总体上与大洋洲岛国贸易长期处于入超地位。（参见表4）相反，中国与其他大洋洲岛国的贸易额则比较小，且中国输出较多，进口很少。（参见表2）

表4　2000～2012年中国与大洋洲岛国贸易情况

单位：万美元

年份	进出口总额	出口额	进口额	平　衡
2000	24811	4657	20154	-15497
2001	17536	5198	12308	-7110
2002	22968	6822	16146	-9324
2003	33504	9790	23716	-13926
2004	36407	11270	25136	-13866
2005	44687	12913	31773	-18860
2006	60918	21479	39437	-17958

续表

年份	进出口总额	出口额	进口额	平　衡
2007	77892	30545	47346	– 16801
2008	102503	50404. 2	52099. 8	– 1695. 6
2009	110067. 5	72909. 8	37157. 8	35752
2010	135064. 1	59010. 4	78314	– 19303. 6
2011	163586	81755. 7	81830. 4	– 74. 7
2012	176655	108775	67880	40895

资料来源：中国商务年鉴编委会编《中国商务年鉴》（2001~2013），中国商务年鉴出版社。

值得注意的是，2012 年，中国与大洋洲岛国的贸易实现了 4 亿多美元的盈余，主要原因是对斐济、瓦努阿图和萨摩亚的出口大幅度增加。（参见表 2）

最后，必须指出，由于大洋洲岛国人口稀少，购买力不高，中国与这些国家的总体贸易额仍然很小。根据统计，2011~2012 年中国与大洋洲岛国（含建交国与非建交国）的贸易量只占中国同期对外贸易总量的 0.11%~0.12%。[①] 而且，在通常情况下，中国与大洋洲非建交国的贸易总额超过了与建交国的贸易总额。如 2012 年，中国与所有大洋洲岛国的贸易总额为 45 亿多美元，与建交国家的贸易总额只有 17 亿多美元，占不到 40%。而在非建交国中，与马绍尔群岛、所罗门群岛等的贸易量比较大。

总之，除个别国家外，中国与大洋洲岛国在经济上的相互依存程度并不高，双方贸易扩展空间较为有限。

三　中国对大洋洲岛国的投资

近年来，大洋洲岛国已经成为中国企业"走出去"开展海外投资的热点地区之一。[②] 据中方统计，截至 2013 年 9 月，中国参与对岛国投资的企业有近 150 家，非金融类直接投资累计达 10 亿美元。中国企业累计与岛国签署承

[①] 见本书徐秀军《2013~2014 年大洋洲区域合作回顾与展望》一文。

[②] 魏志江、叶浩豪、李瑞：《中国与大洋洲岛国的关系：现状、意义与障碍》，载魏明海主编、喻常森副主编《大洋洲发展报告（2012~2013）》，社会科学文献出版社，2013，第 232 页。

包工程合约计 51.2 亿美元。[①] 根据《中国商务年鉴》统计，2003～2012 年间，中国累计向大洋洲岛国直接投资总流量为 7 亿多美元。其中，投资目的地主要是巴新（3.13 亿美元），其次是萨摩亚（2.65 亿美元）和斐济（1.11 亿美元）。（参见表 5）

表 5　中国对大洋洲岛国直接投资流量统计（2003～2012）

单位：万美元

年　份	2003	2004	2005	2006	2007	2008	2009	2010	2011	2012	小计
巴　新		10	588	2862	19681	2997	480	533	1665	2569	31385
萨摩亚	42				−12		63	9893	11773	4759	26518
斐　济			25	465	249	797	240	557	1963	6832	11128
密　克			16		625	−16			−289	341	677
瓦　努									79	293	372
库　克										12	12
合　计	42	10	629	3327	20543	3778	783	10983	15191	14806	70092

资料来源：中国商务年鉴编委会编《中国商务年鉴》，中国商务年鉴出版社，2013，第 190 页。

从表 5 可以看出，中国对大洋洲岛国较大规模的投资开始于 2005 年前后。2006 年发展为 3327 万美元，2007 年达到 2.05 亿美元的峰值。2008 年有所下跌（3778 万美元），2009 年跌至谷底（783 万美元），2010 年以后又稳步回升。其中，2010 年为 10983 万美元，2011 年为 15191 万美元，2012 年为 14806 万美元。（见表 5、图 2）

中国对大洋洲岛国的投资主要分布在资源开发、海洋渔业、房地产、服务业等领域。中国投资方主要为中央国有大中型企业、地方国有企业和民营企业。巴新是中国在大洋洲岛国投资的主要目的地，中国在巴新的投资已超过 20 亿美元，居中国在该地区投资之首。中国在大洋洲岛国投资最大的项目是巴新的拉姆镍矿，该项目预计总投资 103 亿元人民币（约合 14 亿美元），设计年产镍 31150 吨，钴 3300 吨，矿山开采时间为 20～30 年。该项目由中冶集团主导投资，于 2006 年底开工建设，2012 年 12 月正式投

---

① 《王超出席第二届中国—太平洋岛国经济发展合作论坛部长级会议》，中华人民共和国商务部网站，2013 年 11 月 8 日，http：//www.mofcom.gov.cn/article/ae/ai/201311/20131100383952.shtml。

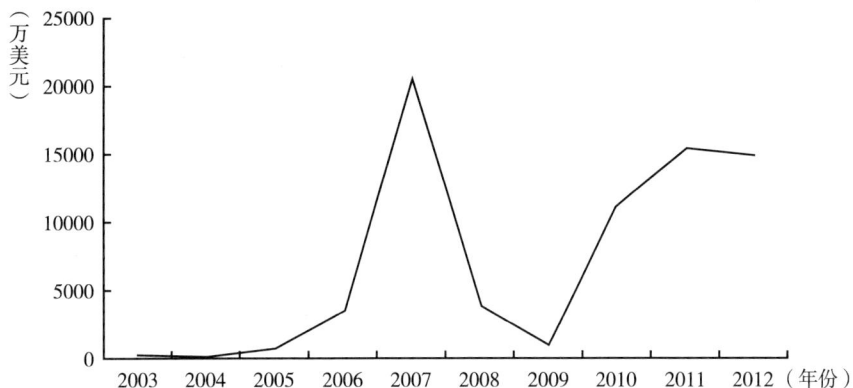

图 2　中国对大洋洲岛国的直接投资趋势（2003～2012）

资料来源：中国商务年鉴编委会编《中国商务年鉴》，中国商务年鉴出版社，2013，第 190 页。

产。[1]其次是斐济。2013 年，共有 30 余家中资企业在斐拓展业务，涉及工程承包、渔业、农业、采矿、旅游、通信、制造、房地产等多个领域，累计投资额超过 1.2 亿美元，为当地增加千余个就业岗位。其中，中铁一局、中铁五局、中水电、葛洲坝等工程企业在斐承揽并完成了若干桥梁、道路、疏浚、给排水、水电站等基础设施建设项目。中水远洋、上海远洋等十几家渔业企业以斐济为基地，在南太平洋海域进行金枪鱼捕捞作业。山东信发、天洁集团、苏州青旅、金世纪集团等企业在斐投资兴业。[2]

在工程承包方面，中国企业积极参与各种类型的投标，获得了可观的营业收入。截至 2012 年，中国在太平洋岛国工程承包合同金额突破 50 亿美元。其中，据《中国商务年鉴》统计，2002～2012 年间，中国在大洋洲建交岛国的工程承包合同金额累计高达 34.7 亿美元（见表 6），而且增长势头强劲（见图 3）。

2002 年，中国在大洋洲建交岛国累计获得工程承包合同金额为 3737 万美元，至 2012 年达到 87956 万美元，增长了 22.5 倍。从国别来看，其中，巴新为 281374 万美元，占总额的 80% 以上。其次是斐济（31342 万美元），占总额的 0.9%。

---

[1] Highland Spacific, *Ramu Fact Sheet*, February 2008, http：//www.highlandspacific.com/pdf/Ramu_Nickel_Cobalt_Project.pdf.

[2] 蔡水曾：《中斐经贸合作现状及前景规划》，国际商报网，2013 年 11 月 6 日，http：//www.ibspecial.org/sitetrees/gaoduan/1124。

表6　中国在大洋洲岛国工程承包合同金额（2002～2012）

单位：万美元

年　份	2002	2003	2004	2005	2006	2007	2008	2009	2010	2011	2012	合计
巴　新	575	1356	761	67295	3140	—	—	74444	29752	33821	70230	281374
斐　济	746	678	1246	40	—	—	400	145	10914	1828	15345	31342
汤　加	537	372	—	20	26	—	—	6894	4662	674	1879	15064
密　克	1521	4121	712	1042	160	168	—	—	—	—	—	7724
萨摩亚	60	80	934	572	—	675	149	25	3537	44	100	6176
库　克	—	313	—	—	189	—	—	1121	2400	—	—	4023
瓦　努	298	—	200	53	71	71	—	3	927	—	402	2025
合　计	3737	6920	3853	69022	3586	914	549	82632	52192	36367	87956	347728

资料来源：中国商务年鉴编委会编《中国商务年鉴》（2003～2013），中国商务年鉴出版社。

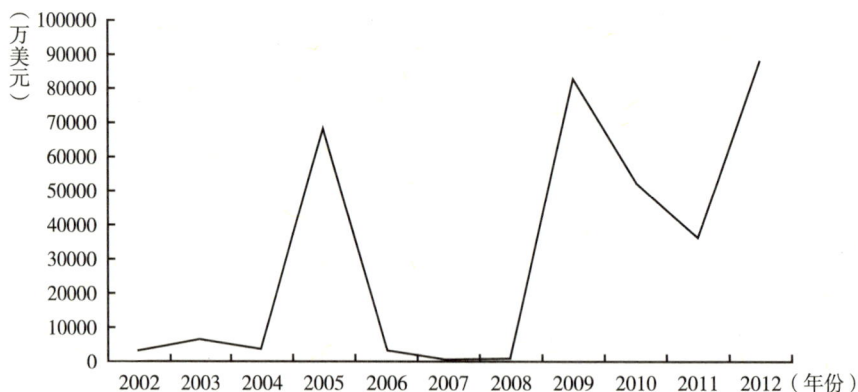

图3　中国在大洋洲岛国工程承包趋势（2002～2012）

资料来源：中国商务年鉴编委会编《中国商务年鉴》（2003～2013），中国商务年鉴出版社。

　　而参与大洋洲岛国工程承包的主要是中央和地方的国有大中型企业。例如，2012年以来，在巴新的工程招标中，中国海外工程有限责任公司、中国港湾工程责任有限公司分别从众多竞争者中胜出，中标高地公路项目、两个机场的新建及升级改造项目、莱城港潮汐码头工程项目等。中铁建工集团有限公司、江苏国际经济技术合作公司、中铁建设集团有限公司等企业也在当地积极参与基础设施领域建设，包括酒店、公寓、办公楼、污水处理工程等。其中，中国港湾进入巴布亚新几内亚市场始于2012年3月26日签约的巴新莱城港潮汐码头扩建工程项目。该合同金额为 7.34 亿基纳（折合 3.19 亿美元），合同工期 30 个月，2012 年 5 月 8 日开工，计划于 2014 年 11 月 7 日完工。项目投入劳动力超过 1000 人（其中中方员工 357 人），投入绞吸船、200 吨履带吊等大中型船机 61 台/套（共计超过 7000 万美元）。[①] 广东建工对外建设有限公司自 2005 年起在巴布亚新几内亚开展对外承包工程，其承接的工程按照资金来源划分有以下几种类型。第一类是中国政府无偿援助的成套建设项目，包括位于东新不列颠省的援巴新沃达尔大学宿舍项目、位于莱城的援巴新莱城理工大学数学与计算机教学楼重建项目、位于巴首都的援巴新总督府办公人员住宅和总督接见大厅修缮项目。第二类是巴新政府资金项下的建设工程项目，包括位于巴新西部省的莫海德小学扩建项目、莫海德地区农村饮水打井项目、莫海德地区农村太阳能照明项目，位于东高地省的戈洛卡大学学生宿舍（一期）扩建项目。这些项目的资金来源为巴新政府财政拨款，由巴新招标委员会公开招标。第三类是中国政府优惠贷款项下的建设工程项目，即目前在建的戈洛卡大学学生宿舍扩建项目（第 2~4 期），由中国进出口银行提供长期低息优惠贷款。该项目是中国政府在巴新实施的第一个优惠贷款项目，也是中国领导人2009 年出访巴新取得的双边合作重大成果。项目于 2012 年 2 月开工建设，目前进展顺利。第四类是其他国家政府对巴新的援助项目，比如目前在建的戈洛卡大学产科学校项目，由澳大利亚政府出资无偿援助，新西兰公司负责设计，广东建工对外建设有限公司施工总承包。[②]

从过去十年来中国对大洋洲岛国投资和工程承包的总体情况来看，发展趋势比较平稳，投资空间相对较大，主要投资领域和潜力行业集中在工矿业和海洋渔业。与此同时，工程承包在很大程度上由于与中国对大洋洲岛国的发展援助捆绑较紧，发展速度也比较快。但是，中国的大规模投资也引发了一些争议，负面报道不时见诸媒体，这些在一定程度上损害了中国的形象，应引起足够重视，并尽快改进。

---

① 《中国港湾依托莱城码头项目造福巴新》，国际商报网，2013 年 11 月 6 日，http://www.ibspecial.org/sitetrees/fengcai/1121。

② 《广东建工对外建设有限公司在巴布亚新几内亚》，国际商报网，2013 年 11 月 6 日，http://www.ibspecial.org/sitetrees/fengcai/1120。

四　中国对大洋洲岛国的援助

中国的对外援助坚持平等互利、注重实效、与时俱进、不附带任何政治条件的原则。[1] 其中，不附带任何政治条件即"中国坚持和平共处五项原则，尊重各受援国自主选择发展道路和模式的权利，相信各国能够探索出适合本国国情的发展道路，绝不把提供援助作为干涉他过内政、谋求政治特权的手段"。[2] 中国对外援助资金主要有 3 种类型：无偿援助、无息贷款和优惠贷款。其中，无偿援助和无息贷款资金在国家财政项下支出，优惠贷款由中国政府指定中国进出口银行对外提供。中国的对外援助主要有 8 种方式：成套项目、一般物资、技术合作、人力资源开发、援外医疗队、紧急人道主义援助、援外志愿者和债务减免。其中，成套项目是中国最主要的对外援助形式，援助金额"占中国对外援助财政支出的40%"。[3] 所谓成套项目援助是指中国通过提供无偿援助和低息贷款等援助资金帮助受援国建设生产和民用领域的工程项目。政府负责项目考察、勘察、设计和施工的全部或部分过程，提供全部或部分设备、建筑材料，派遣工程技术人员组织和指导施工、安装和试生产。工程竣工后，移交受援国使用。

进入 21 世纪，随着自身的经济实力上升，中国加大了对亚非拉发展中国家及大洋洲岛国的发展援助。截至 2012 年 9 月，中国已累计向岛国提供 94 亿元人民币的各类援助，援建 90 多个成套项目。[4]《中国的对外援助》白皮书透露，截至 2009 年，中国共向大洋洲 12 个国家（主要是建交国）提供了对外援助。2005 年，中国对斐济、巴新、汤加、萨摩亚、库克群岛、密克、纽埃七个大洋洲岛国的援助总额为 3923 万美元，2006 年增加到 1.25 亿美元，2007 年猛增至 8.70 亿美元的最高金额（见表 7、图 4）。这可能主要得益于中国政府为了落实中国领导人在 2006 年首届中国—大洋洲岛国经济发展合作论坛会议上所做

---

[1]　中华人民共和国国务院新闻办公室：《中国的对外援助》，人民出版社，2011，第 1 页。
[2]　中华人民共和国国务院新闻办公室：《中国的对外援助》，人民出版社，2011，第 5 页。
[3]　中华人民共和国国务院新闻办公室：《中国的对外援助》，人民出版社，2011，第 9 页。
[4]　《汪洋在第二届中国—太平洋岛国经济发展合作论坛暨 2013 中国国际绿色创新技术产品展开幕式上的演讲（全文）》，中国外交部网站，2013 年 11 月 9 日，http://www.fmprc.gov.cn/mfa_chn/zyxw_602251/t1097478.shtml。

出的援助承诺，加大了对大洋洲岛国援助的力度。值得注意的是，尽管获得较大发展，"在中国对外援助的地区分布中，大洋洲地区所占份额较低，2009 年仅占对外援助总额的 4.0%"。[①] "2010~2012 年，中国继续对 9 个大洋洲国家提供援助，援助比例上升为 4.2%。"[②] 此外，为了减少大洋洲岛国的财政负担，中国政府积极减免受援国的债务。至 2009 年，中国政府免除大洋洲受援国债务共计 13 笔，合计 2.3 亿元人民币。[③]

表 7 中国承诺援助大洋洲岛国金额统计（2005~2009）

单位：百万美元

年　份	2005	2006	2007	2008	2009	合　计
斐　济	1	23.08	755.3	83.1	2.93	865.41
巴　新	18.58	70.51	3.55	22.23	121.5	236.37
汤　加	0	5.5	57.8	20.5	49.41	133.21
萨摩亚	12.9	17.5	23.6	40	8.5	102.5
库　克	2.8	3.2	14.1	4	23.44	47.54
密　克	3.95	4.895	15.819	4.524	4.04	33.228
纽　埃	0	0.65	0.75	0.2	0	1.6
合　计	39.23	125.335	870.919	174.552	209.82	1419.856

注：数据为不完全统计。

资料来源：Fergus Hanson，"China in the Pacific：The New Banker in Town"，*Policy Brief*，Lowy Institute for International Policy，April 2011；孔妃妃：《浅析中国对南太平洋岛国的对外援助》，外交学院硕士学位论文，2010。

而 2005~2009 年间，大洋洲岛国接受中国援助累计达到 14.19 亿美元，但援助金额的时间分布并不均匀，受援国受援金额也相差较大。（见表 7）其中，接受中国援助最多的国家为斐济，金额为 8.65 亿美元，占援助总额的 60% 以上。这主要是因为 2006 年斐济军事政变发生后，西方国家对其实施制裁并减少了援助。中国则奉行不干涉内政原则，加大了对其的援助。其次是巴新，其间共计接受中国 2.36 亿美元的援助，占 18%。巴新是大洋洲地区最重要的国家之一，也是最具潜力的能源出口地之一，中国加大对其援助也是理所当然。

---

① 中华人民共和国国务院新闻办公室：《中国的对外援助》，人民出版社，2011，第 18 页。

② 中华人民共和国国务院新闻办公室：《中国的对外援助（2014）》，http://news.hexun.com/2014-07-14/166610894.htm。

③ 中华人民共和国国务院新闻办公室：《中国的对外援助》，人民出版社，2011，第 16 页。

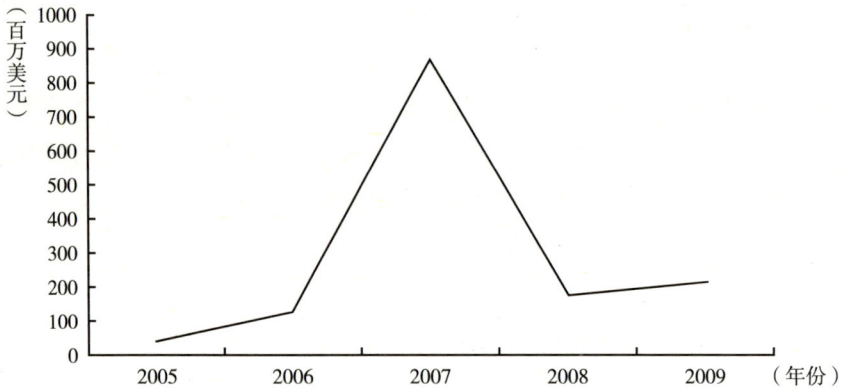

图 4　中国对大洋洲岛国援助的发展趋势（2005～2009）

资料来源：Fergus Hanson，"China in the Pacific：The New Banker in Town"，*Policy Brief*，Lowy Institute for International Policy，April 2011；孔妃妃：《浅析中国对南太平洋岛国的对外援助》，外交学院硕士学位论文，2010。

随着中国对大洋洲岛国援助力度的加强，中国逐渐赶上并超过传统的援助大国，成为大洋洲地区最重要的外来官方发展援助提供方。据国际权威机构统计，2005 年以后，中国在大洋洲岛国接受的外来援助中所占份额呈正增长趋势，并逐渐超过了美国、新西兰、欧盟、日本等传统外来援助大国和地区。（见表 8、图 5）

表 8　大洋洲岛国主要外来援助方及其援助金额

单位：百万美元

年　　份	2005	2006	2007	2008	2009
澳大利亚	483.0	546.3	649.2	723.1	702.8
美　　国	159.2	187.0	171.7	188.0	215.9
新 西 兰	88.3	106.5	120.9	135.3	127.1
欧　　盟	142.5	118.4	93.6	128.2	121.7
日　　本	93.7	76.2	70.3	72.9	111.9
中　　国	39.2	125.3	870.9	174.6	209.8

注：除中国外，所有其他国家的援助统计数字涉及整个大洋洲 14 个岛国；中国的援助基本限于建交国。

资料来源：OECD，*Geographical Distribution of Financial Flows to Developing Countries 2011*：*Disbursements*，*Commitments*，*Country Indicators*，OECD，2011；Fergus Hanson，"China in the Pacific：The New Banker in Town"，*Policy Brief*，Lowy Institute for International Policy，April 2011。

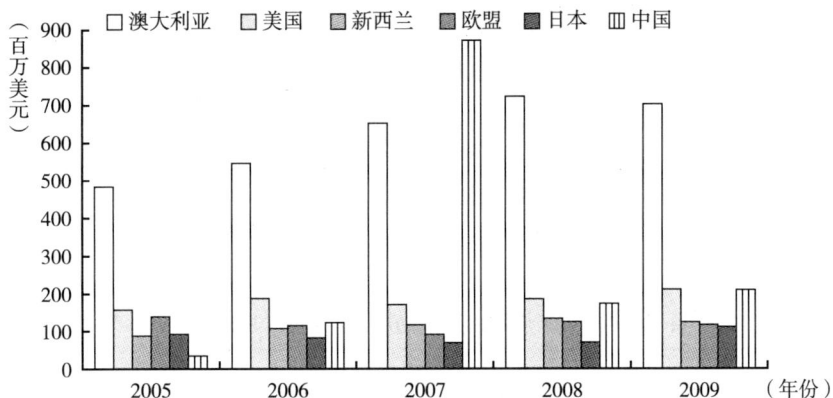

图 5 大洋洲主要外来援助方及其援助金额

资料来源：OECD，*Geographical Distribution of Financial Flows to Developing Countries 2011*：*Disbursements*，*Commitments*，*Country Indicators*，OECD，2011；Fergus Hanson，"China in the Pacific：The New Banker in Town"，*Policy Brief*，Lowy Institute for International Policy，April 2011。

统计资料显示，按照承诺援助金额大小排位，2005 年，排在前 6 位的对大洋洲岛国地区提供外来援助的主要国家和地区依次为澳大利亚、美国、欧盟、日本、新西兰和中国。到 2006 年，中国超越欧盟、新西兰和日本，成为大洋洲发展中国家第三大外来援助方，这种情况一直保持到 2009 年。而在 2007 年，中国超越所有其他 5 个国家（地区），成为当年大洋洲地区国家最大的外来援助方，援助总额达 8.70 亿美元，大大超过了过去一直排在第一位的澳大利亚的援助总额（6.49 亿美元），接近美国、新西兰、欧盟和日本四个国家（地区）之和的两倍。根据《中国对外援助（2014）》白皮书的数据，2010～2012 年间，中国对外援助总额为 893.4 亿元（人民币），而对大洋洲地区的援助占对外援助总额的4.2%，按此比例计算，同期中国对大洋洲国家的援助为 37.52 亿元（人民币）。而同期所有 OECD 国家对大洋洲岛国的援助总额为 182.13 亿美元。

中国根据大洋洲岛国的要求和需要，提供了不附带任何政治条件的援助。按照真诚无私、平等相待、互利共赢的原则，在援助过程中注重实效，重信守诺，公开透明，开放包容。① 在选择项目时，从当地国计民生出发，努力为受

---

① 《崔天凯在第 43 届太平洋岛国论坛会后对话会上发言》，人民网，2012 年 9 月 1 日，http：//world. people. com. cn/n/2012/0901/c1002 – 18894184. html。

援国办好事、办实事，为当地经济和社会发展做出了力所能及的贡献。[①] 根据《中国外交》白皮书，2000～2012年，中国共向巴新、斐济、密克罗尼西亚、萨摩亚、汤加、瓦努阿图6个大洋洲岛国提供主要援建工程项目约30项，涉及政府办公场所，教育、体育、文化及医疗场馆设施，公路、桥梁、水电站、防护堤、示范农村、电子政务建设等。（见表9）

表9　中国对大洋洲岛国援助项目一览（2000～2012）

国　别	项目名称
巴　新	总督府修缮、威瓦克体育场、国际会议中心、戈洛卡大学学生宿舍、尤—亚公路
斐　济	纳蒂索桥、多用途船、低造价住房、纳务瓦医院、索摩索摩小水电站、海岸防护工程
密　克	金枪鱼委员会办公楼、波纳佩州政府办公楼、科斯雷州中学、示范农场
萨摩亚	议会办公楼、青年妇女活动中心维修扩建、司法部和法院办公楼、新政府办公楼、国际会议中心、国家医疗中心、国家宽带通信网
汤　加	首都商业区重建、塔布岛医疗保健中心、瓦瓦乌岛瓦伊普阿大桥、全国公路升级改造
瓦　努	美拉尼西亚先锋集团办公楼、水产品加工产、电子政务系统、国际会议中心

资料来源：中华人民共和国外交部政策规划司编《中国外交》，世界知识出版社，2001～2013。

从援助形式分析，中国对大洋洲地区的援助如同对其他发展中国家的援助一样，主要为针对基础设施建设的成套项目的优惠贷款及其他相关领域的无息贷款。当然，中国对大洋洲岛国的援助形式也包括各种无偿援助，主要用于人力资源培训、文化交流、医疗卫生、紧急灾难求助等。例如，2004年10月、2006年11月、2008年11月、2009年11月、2011年6月和2012年7月，中国外交部举办了6期太平洋岛国论坛高级外交官培训班，来自中国8个建交岛国和论坛秘书处的外交官应邀参加。根据《中国对外援助（2014）》白皮书，自2006年首届中国—太平洋岛国经济发展合作论坛部长级会议以来，中国为岛国培训官员和技术人员超过2500名。2003年8月、2005年9月、2007年11月和2011年9月，中国外交部先后邀请太平洋岛国联合新闻团来华参观采访。中国医疗队定期赴岛国巡回义诊，送医送药，培训医疗人才。2004～2007年，为了响应联合国粮农

---

① 刘结一：《中国积极发展同太平洋岛国友好合作关系》，中国新闻网，http：//www.chinanews. com/news/2006/2006－03－27/8/708648. shtml。

组织号召,中国共向大洋洲岛国派遣农业专家 28 人,推广实用农业技术,引进果蔬品种,开展技术培训,收到了良好效果。① 2012 年,通过向联合国环境规划署信托基金捐款 600 万美元,帮助太平洋岛国等发展中国家实施有关项目,提高环境保护能力。安排 2 亿元人民币开展为期 3 年的国际合作,帮助包括太平洋岛国在内的小岛屿国家、最不发达国家等应对气候变化,向有关岛国提供绿色节能产品,邀请岛国参加气候变化培训班。② 其他援助包括支持南太平洋大学开办孔子学院,为来华的大洋洲岛国留学生提供政府奖学金等。

中国还向太平洋岛国论坛秘书处和美拉尼西亚先锋集团等地区组织提供赠款和资金援助。2000 年 10 月,中国政府代表、时任外交部副部长杨洁篪与论坛秘书长莱维换文,由中国政府捐资设立中国—太平洋岛国论坛合作基金,用于促进双方在贸易投资等领域的合作。基金设立后,已先后资助了论坛驻华贸易代表处、投资局长年会、论坛秘书处信息存储系统更换、论坛进口管理等项目。2005 年 10 月,中国政府决定资助"太平洋计划"项下港口综合开发、地区航空安排、乡村边远地区信息化建设等 3 个项目(2006~2010 年),并向地区安全基金捐款。2010 年 8 月,时任中国外交部副部长的崔天凯在出席第 22届太平洋岛国论坛会后对话会期间,宣布中国政府决定 2011~2015 年间为中国—太平洋岛国论坛合作基金增资 200 万美元,用于双方商定的合作项目。中国政府捐建了美拉尼西亚先锋组织总部大楼,并于 2012 年承诺向太平洋区域环境规划署提供 15 万美元资助。

中国对大洋洲岛国的援助在取得明显效果的同时,也存在一些问题。第一、缺乏透明度和有效监督。例如有关国别援助数据、援助项目和方式等相关数据零散且透明度不够。第二,奉行严格不干涉受援国内政的原则和不附带任何政治条件的做法,可能助长受援国政治腐败和资源浪费。第三,过分专注于成套项目和基础设施建设项目援助,对基层民生问题的关注不足。笔者认为,中国的对外援助,应该在这些方面加以改革,以顺应时代潮流。

---

① 郑惊鸿:《中国援助南太平洋 7 岛国成效显著,3 年推广 135 项农业新技术,帮助引进 58 个果蔬新品种》,《农民日报》2008 年 6 月 10 日,第 1 版。
② 《崔天凯在第 43 届太平洋岛国论坛会后对话会上发言》,人民网,2012 年 9 月 1 日,http://world.people.com.cn/n/2012/0901/c1002-18894184.html。

五　结论与启示

综上所述，在21世纪最初十余年时间里，中国与大洋洲岛国关系呈现全方位发展势头，特别是在贸易、投资和发展援助等关系领域成果丰硕，成为中国21世纪经济外交的一个亮点。

在中国对大洋洲岛国的经济外交活动中，可以发现，有四个非常突出的时间节点值得关注，依次是2001年中国加入世界贸易组织、2006年第一届中国—太平洋岛国经济发展合作论坛举行、2008年马英九当选台湾地区领导人、2013年第二届中国—太平洋岛国经济发展合作论坛举行。首先，中国加入世界贸易组织，不但极大地推动了国内经济改革，而且进一步优化了外部经济环境。其次，第一届中国—太平洋岛国经济发展合作论坛召开，标志着中国与大洋洲岛国经济关系进入制度化合作阶段。从贸易、投资和发展援助三方面的成就可以看到，三者在2006~2007年度都达到了峰值。再次，2008年国民党在台湾重新执政，两岸在南太平洋地区的竞争走向缓和，有利于维护中国与大洋洲岛国关系的稳定，便于中国政府集中精力，致力于扩展与大洋洲岛国的经贸关系。从双方贸易关系变化可以看出，2008年以后，中国与大洋洲岛国的双边贸易额大幅上升，投资、援助和经济技术合作取得全面发展。最后，2013年第二届中国—太平洋岛国经济发展合作论坛的召开，为总结前七年中国与大洋洲岛国关系，进一步深化合作，提供了一个承前启后的平台。

中国与大洋洲岛国经济关系的发展充分说明，中国的崛起和发展使包括大洋洲岛国在内的所有国家受益。通过平等互惠的贸易，中国自身获得了经济发展所需要的各种矿产资源和海洋产品，也为大洋洲国家输送了物美价廉的工业产品，中国成为大洋洲岛国的重要贸易伙伴。在投资方面和工程承包方面，大洋洲为中国企业实施"走出去"战略提供了新天地。在发展援助方面，多年来，中国通过提供经济技术援助，为岛国完成了80多个工业、农业、基础设施和民用建筑项目，在一定程度上改善了岛国基础设施落后的状况和岛民的生活条件。

当然，由于中国自身发展的局限，以及长期奉行不附加任何政治条件的对外援助原则，使得中国对大洋洲岛国的经济外交存在一定的不足之处，这是在所难免的。近年来，中国在大洋洲岛国的经济活动，也引起了西方国家的嫉妒和不安，特别是美国、日本历来将太平洋当成自己的内湖，害怕他人染指，因此，美、日等国纷纷加大对大洋洲岛国的关注，大有"重返"之意，欲抵消中国的影响。澳大利亚、新西兰和欧盟等大洋洲岛国的传统盟友也感到喜忧参半，也纷纷调整相关政策。因此，在可以预见的将来，区域内外大国围绕大洋洲岛国的外交竞争将进一步持续和强化。中国应该把握先机，及时调整政策。

第一，从大战略的高度认识大洋洲岛国的重要意义。随着中国的全面崛起，中国的国家利益将更加扩大和全面，大洋洲是中国大周边外交的重要拓展环节。那里蕴藏着丰富的矿产和海洋资源，战略地位重要。中国与大洋洲岛国同属发展中国家，面对西方主导的国际体系，具有共同利益和相似的立场。由于岛国的自主意识增强，政治力量分化严重，外部强势政治力量介入程度相对较低，有利于中国与它们发展全面友好关系。

第二，进一步加强以贸易、投资和发展援助为主的经济外交。中国与大洋洲岛国的经济结构具有一定的互补性，有利于中国开展经济外交活动。中国在谋求自身经济利益的同时，要注重培育岛国政府的治理能力，维护可持续发展局面。

第三，积极开展多边外交。利用联合国、亚太经合组织、太平洋岛国论坛等全球和地区多边外交机制，倾听大洋洲岛国的声音，理解岛国的关切，支持岛国的合理立场。

第四，努力拓展其他形式的双边关系。例如促进民间外交，加强人民之间的关系；推进公共外交，塑造中国在岛国的良好形象；开展旅游合作，体认岛国丰富多彩、优美独特的自然和人文环境；尝试与岛国建构利益与命运的共同体等。

地区分析篇

Regional Analysis Reports

B.2

2013～2014年大洋洲
区域合作回顾与展望

徐秀军*

摘　要：

2013年大洋洲区域合作总体呈现许多新的特点和变化。太平洋岛国论坛等区域合作机制在促进区域和跨区域合作方面发挥了不可替代的作用，并在与大洋洲国家和领地共同推进气候变化和可持续发展领域的合作方面取得了新进展。区域军事合作呈现新的发展动向，在推动环境和社会安全领域合作方面取得了一系列新共识，但区域内经贸联系总体上有所下降，区域经济合作面临新挑战。值得关注的是，中国成为大洋洲区域合作的重要外部推动力量。展望2014年大洋洲区域合作前景，太平洋岛国论坛及其相关

* 徐秀军，中国社会科学院世界经济与政治研究所副研究员、国际政治经济学研究室副主任、中山大学大洋洲研究中心兼职研究员，博士，主要研究领域为亚太区域合作、新兴经济体与全球治理。

会议有望在推动区域合作方面取得新成果，大洋洲区域可持续发展合作有望取得新共识，区域经贸安排有望取得新进展。同时，中国与大洋洲地区经贸联系与政治交往有望进一步加强。

关键词：

大洋洲　区域合作　经贸关系　安全合作

大洋洲区域合作可以追溯至 20 世纪 40 年代末，至今已有近 70 年的历史。[①] 由于大洋洲独特的历史、地理和文化背景，以及地区各国在经济、社会发展上表现出来的差异，加强相互合作不仅是一种传统，也是一种现实需要。正如巴布亚新几内亚前总理梅克雷·莫劳塔（Mekere Morauta）在完成一项调查后深有感触地指出的，在太平洋地区，拥有某种促进合作和一体化的框架，以及拥有诸如太平洋岛国论坛等能够反映地区价值和愿望并为政治协作进行决策的共同政治平台至关重要。[②] 如今，大洋洲区域合作在促进该地区经济、社会、政治、安全等领域的发展方面起着不可或缺的作用。

2013 年以来，大洋洲区域合作取得了许多新进展，并呈现许多新的变化与特点。主要表现在：区域合作机制不断发展完善，在区域合作中的主导作用日益突出；区域经贸、基础设施、环境气候、教育、渔业、旅游等功能性合作持续推进。与此同时，大洋洲区域合作也受到诸多内外部因素的制约，并面临新的困难与挑战。究其原因，金融危机给大洋洲经济和社会发展所带来的负面影响和冲击依然存在，可持续发展与气候变化和资源枯竭之间的矛盾日益突出。为了较为全面地反映一年以来大洋洲区域合作的发展现状与进展，下文将从区域合作机制、区域经贸合作、区域安全合作及中国与大洋洲区域合作等方面加以阐述，并在此基础上，对 2014 年大洋洲区域合作的发展前景进行展望。

---

① 1947 年，澳大利亚和新西兰与在该地区拥有属地和托管地的英国、法国、美国和荷兰决定成立一个地区咨询组织，并于次年正式宣布成立南太平洋委员会，总部设在新喀里多尼亚首府努美阿。1962 年，荷兰把西伊里安移交给印度尼西亚后从南太平洋委员会退出。在 1997 年南太平洋委员会第 50 届年会上，该组织更名为"太平洋共同体"。

② The Rt. Hon. Sir Mekere Morauta, "Presentation on the Pacific Plan Review to the Pacific Island Forum Leaders' Meeting", Majuro, September 4, 2013.

一 大洋洲区域合作机制

为了促进区域内各政府组织之间的合作与协调，为区域资源的经济高效利用提供便利，减少成员组织工作计划之间可能存在的重复和交叉，大洋洲地区于 1988 年成立了太平洋地区组织理事会（CROP）。[①] 太平洋地区组织理事会不是一个新的地区组织，也不具有国际法主体地位，其常任主席由太平洋岛国论坛秘书长兼任。截至 2013 年底，太平洋地区组织理事会的成员包括以下 9 个主要区域合作组织：太平洋岛国论坛渔业局（FFA）、太平洋岛屿发展署（PIDP）、太平洋共同体秘书处（SPC）、太平洋岛国论坛秘书处（PIFS）、太平洋地区环境规划署秘书处（SPREP）、南太平洋旅游组织（SPTO）、南太平洋大学（USP）、太平洋电力协会（PPA）和太平洋航空安全办公室（PASO）。其中，太平洋岛国论坛成员涵盖了大洋洲所有独立国家，而太平洋共同体成员除了 16 个太平洋岛国论坛成员外，还包括该地区 8 个领地或属地以及美国和法国等宗主国。

（一）太平洋岛国论坛：推动区域气候变化合作

太平洋岛国论坛自成立以来，长期致力于协调和支持大洋洲地区各国政府在贸易、经济发展、航空、海运、电信、能源、旅游、教育等领域及其他共同关心问题上的合作与发展。[②] 太平洋岛国论坛常设机构为论坛秘书处，设在斐济首都苏瓦。现任秘书长为前萨摩亚驻美大使和驻联合国常任代表图伊洛马·

[①] 太平洋地区组织理事会的前身是南太平洋地区组织协调委员会（SPOCC），1999 年改为现名。

[②] 1971 年 8 月，在新西兰的倡议下，斐济、萨摩亚、汤加、瑙鲁、库克群岛和澳大利亚在新西兰首都惠灵顿召开南太平洋七方会议，正式宣布成立"南太平洋论坛"（SPF）。2000 年 10 月，在基里巴斯塔拉瓦岛举行的第 31 届论坛首脑会议上，"南太平洋论坛"更名为"太平洋岛国论坛"。太平洋岛国论坛包括 16 个成员国：澳大利亚、新西兰、斐济、萨摩亚、汤加、巴布亚新几内亚、基里巴斯、瓦努阿图、密克罗尼西亚、所罗门群岛、瑙鲁、图瓦卢、马绍尔群岛、帕劳、库克群岛和纽埃；2 个联系成员：新喀里多尼亚和法属波利尼西亚；11 个观察员：托克劳、瓦利斯和富图纳、英联邦、亚洲开发银行、美属萨摩亚、关岛、东帝汶、联合国、非加太集团、中西部太平洋金枪鱼管理委员会、世界银行。2009 年 5 月，太平洋岛国论坛宣布中止斐济的成员资格。

内罗尼·斯莱德（Tuiloma Neroni Slade）。太平洋岛国论坛一般每年在各成员国轮流举行一次首脑会议，截至2013年底，论坛共举行了44届首脑会议。首脑会议主要就近期地区面临的重要问题和长远规划进行协商，会议决议一般以会议公报的形式于会后公开发表。历届太平洋论坛首脑会议所讨论的议题涉及地区事务的各个方面。

2013年9月3日至5日，第44届太平洋岛国论坛首脑会议在马绍尔首都马朱罗举行。会议除了讨论关于"太平洋计划"、地区基础设施、地区渔业、气候变化、海洋和生物多样性、地区贸易、跨国（境）安全等经常性议题，还对2015年后发展议程、斐济问题等进行了深入探讨，并将气候变化和可持续发展问题提升为论坛的核心议题。（见表1）大洋洲地区领导人充分认识到气候变化对太平洋岛屿国家的严重影响，并注意到近年部分岛屿因海平面上升而消失，为此将推动气候变化合作作为大洋洲各国政府合作的重要议题和方向。在会后发表的《马朱罗气候领导者宣言》中，论坛领导人认为气候变化涉及太平洋地区的核心利益，呼吁与会各方担当起应对气候变化问题的领导责任，共同应对气候变化的挑战，促使国际社会关注太平洋岛国的生存和可持续发展问题。

表1　2011～2013年太平洋岛国论坛首脑会议的主要议题与成果

届　别	时　间	地　点	主要议题与成果
第42届	2011.9	新西兰奥克兰	经济可持续发展、渔业、交通与能源、旅游、教育、贸易、劳动力流动、气候变化等。会议发表了《关于可持续经济发展的激流岛宣言》《关于非传染性疾病的论坛领导人声明》《太平洋岛国论坛领导人和联合国秘书长联合声明》等文件
第43届	2012.8	库克群岛拉罗汤加岛	太平洋计划、论坛条约以及"激流岛宣言"的执行情况、联合国可持续发展会议（RIO＋20）、地区渔业、气候变化、生物多样性、地区贸易、地区基础设施、教育、健康等。会后发表《论坛领导人关于性别平等的宣言》
第44届	2013.9	马绍尔群岛马朱罗	太平洋计划、2015年后发展议程、可持续发展目标（SDGs）、地区基础设施、地区渔业、气候变化、海洋和生物多样性、地区贸易、斐济问题、跨国（境）安全等。会后发表《马朱罗气候领导者宣言》

资料来源：根据2011～2013年太平洋岛国论坛首脑会议公报等资料整理。

（二）太平洋共同体：推动区域可持续发展合作

太平洋共同体是大洋洲地区影响最大的非政治性组织之一，其宗旨是通过技术援助、教育和培训等促进该地区陆地、海洋和社会资源的开发，从而促进大洋洲地区各国和地区的经济发展、社会福利和社会进步，并在医疗卫生、社会进步、经济发展等方面提供咨询和顾问服务。① 2013 年，太平洋共同体在区域可持续发展合作方面起了重要推动作用。

2013 年是实施《2013～2015 年太平洋共同体战略计划》的第一年，该计划的主题是"帮助太平洋地区人民实现其发展目标"。② 太平洋共同体在海洋渔业和海底资源项目以及在地区地质数据库和太平洋粮食和植物中心（CePaCT）等设施方面拥有突出的知识和专长，支持共享的自然资源和环境的可持续管理是2013～2015 年太平洋共同体战略计划的重要内容和目标之一。太平洋共同体将帮助岛屿成员参与制订 2015 年发展议程作为义不容辞的责任和义务，为其提供信息、分析和技术帮助，包括制订与太平洋地区有关的发展标准和规范，这些标准和规范可能会被作为继千年发展目标（MDGs）之后的可持续发展目标（SDGs）的指标。

2013 年 11 月 12 日至 15 日，第 43 届太平洋共同体政府与行政机构代表委员会（CRGA）会议在斐济首都苏瓦举行。与会领导人为如何促进太平洋共同体参与国际和区域发展议程出谋划策，并推动秘书处有效支持各岛屿成员参与制订 2015 年后发展议程。2013 年 11 月 18 日至 19 日，第 8 届太平洋共同体会议在斐济首都苏瓦举行。③ 除美属萨摩亚、北马里亚纳群岛、帕劳和皮特凯恩群岛之外的 22 个太平洋共同体成员，以及东帝汶、欧

---

① 太平洋共同体成员包括24个大洋洲国家和领地（美属萨摩亚、澳大利亚、库克群岛、密克罗尼西亚联邦、斐济群岛、法属波利尼西亚、关岛、基里巴斯、马绍尔群岛、瑙鲁、新喀里多尼亚、新西兰、纽埃、北马里亚纳群岛、帕劳、巴布亚新几内亚、皮特凯恩群岛、萨摩亚、所罗门群岛、托克劳、汤加、图瓦卢、瓦努阿图以及瓦利斯和富图纳群岛）以及法国和美国。

② Secretariat of the Pacific Community, *Corporate Strategic Plan (2013－2015): Helping Pacific People Achieve Their Development Goals*, Noumea, New Caledonia, 2013.

③ 太平洋共同体会议是太平洋共同体的管理机构，每两年召开一次会议。在闭会年份，太平洋共同体会议授权政府与行政机构代表委员会（CRGA）对太平洋共同体的工作计划和治理事务进行决策。

盟委员会、德国国际合作机构（GIZ）、南太平洋大学、联合国亚太经社理事会和世界卫生组织（WHO）作为观察员和合作伙伴参加了此次会议。[1] 促进太平洋共同体的可持续发展，帮助塑造 2015 年后发展议程是会议的重要议题之一。

此外，2013 年 7 月，太平洋共同体与太平洋地区环境规划署（SPREP）、联合国国际减灾战略署（UNISDR）在斐济楠迪联合主办首届太平洋灾害风险管理平台（PPDRM）与太平洋气候变化圆桌会议（PPCR）联席会议。太平洋岛国和领地政府、非政府组织、公民社会组织、私人部门、科学界及其他组织等的 300 余名代表与会，他们广泛代表了不同的利益相关者和利益集团，为应对地区灾害和风险、深化地区减灾合作奠定了基础。[2]

（三）太平洋岛国发展论坛：推动绿色经济发展合作

太平洋岛国发展论坛（PIDF）是由斐济姆拜尼马拉马（Bainimarama）政府发起的大洋洲地区新区域合作平台。太平洋岛国发展论坛的最高治理机构为论坛峰会。在峰会闭会期间，治理委员会负责论坛事务。在操作层面，高官委员会为治理委员会提供高层次的监督和支持，并协调秘书处活动和业务开展。秘书处为论坛办事机构，总部设在苏瓦。与太平洋岛国论坛不同的是，太平洋岛国发展论坛汇集了公共部门、私人部门和公民社会的代表。

2013 年 8 月 5 日至 7 日，首届太平洋岛国发展论坛会议在斐济楠迪举办，参加此次会议的 300 余名代表来自该地区 14 个岛国的政府、私营部门和非政府组织。此外，中国、美国、俄罗斯、日本、韩国、阿联酋、科威特、卡塔尔等 25 国的代表作为观察员出席了会议。首届太平洋岛国发展论坛会议的主题为"太平洋地区绿色/蓝色经济的领导力、创新和伙伴关系"，会议探讨了绿色/蓝色经济理念，海洋经济领域务实合作途径，并在采掘与能源、渔业与森林、旅游、农业、制造业与贸易、交通与基础设施、健康与防灾等方面取得了

---

[1] Secretariat of the Pacific Community, *Communiqué of the Eighth Conference of the Pacific Community*, Suva, Fiji, November 18 – 19, 2013.

[2] Secretariat of the Pacific Community, *Regionalism in Practice: SPC's Regional Work*, 2013.

新的共识。① 太平洋岛国发展论坛为推动太平洋地区发展绿色经济提供了新的合作平台。

二 大洋洲区域经贸合作

经贸合作是太平洋区域合作的重要领域之一，也是促进区域经济发展的重要途径。2013 年以来，大洋洲区域经贸安排取得了新进展，区域经贸往来却面临前所未有的挑战。

（一）大洋洲地区经贸合作框架进展

大洋洲地区双边和多边经贸安排为区域经贸合作提供了制度和规则保障。目前，大洋洲区域付诸实践的主要经贸合作协定有 7 项，其中，南太平洋区域贸易与经济合作协定（SPARTECA）、太平洋地区更紧密经济关系协定（PACER）和太平洋岛国贸易协定（PICTA）将区域内的多数国家囊括在内（见表 2）。除了澳新紧密经济关系协定（ANZCERTA）外，其他双边和多边贸易协定主要针对商品贸易。

表 2　大洋洲地区主要经贸合作协定

经贸合作协定	涵盖范围	生效日期
巴布亚新几内亚—澳大利亚贸易和经济合作协议（PATCRA）	G	1977. 2. 1
南太平洋区域贸易与经济合作协定（SPARTECA）	G	1981. 1. 1
澳新紧密经济关系协定（ANZCERTA）	G/S	1983. 1. 1（G）1989. 1. 1（S）
斐济—澳大利亚贸易与经济关系协定（FATERA）	G	1999. 3 签署
美拉尼西亚先锋集团贸易协定（MSGTA）	G	1994. 1. 1
太平洋地区更紧密经济关系协定（PACER）	G	2002. 10. 3
太平洋岛国贸易协定（PICTA）	G	2003. 4. 13

注：G 表示商品贸易，S 表示服务贸易；FATERA 为框架合作协定，于 1999 年 3 月签署生效。

资料来源：WTO, RTA database。

---

① Pacific Islands Development Forum, *Inaugural Pacific Islands Development Forum Outcomes Document*, Nadi, Fiji, August 5 – 7, 2013.

在2009年8月举行的第40届太平洋岛国论坛首脑会议上，与会领导人发起了太平洋地区更紧密经济关系补充协定（PACER Plus）谈判，并在此后不断推动这一进程（见表3）。目前，谈判仍在进行中，参与谈判的国家有15个。①2013年PACER Plus谈判取得的进展主要包括以下两个方面：一是2013年7月举行的论坛贸易部长会议通过了《关于促进PACER Plus谈判的路线图》，谈判各方同意按照路线图进行谈判，并将劳动力流动、发展援助、原产地规则、海关手续、卫生与植物检疫措施、商品贸易、服务贸易、投资以及技术法规、标准和合格评定程序作为谈判的优先领域；二是2013年11月第6次PACER Plus官员会晤以及随后举行的第3次非国家行为体（NSA）PACER Plus对话会议进一步加强了政府间以及非国家行为体与政府间的沟通，为谈判的顺利进行减少了障碍。

表3　2011～2013年PACER Plus谈判进程

时　间	地　点	会　议
2011.12	比利时布鲁塞尔	第3次论坛岛国贸易部长会议
2012.3	澳大利亚布里斯班	第6次论坛岛国贸易官员PACER Plus会议 第4次PACER Plus官员会晤
2012.5	马绍尔群岛马朱罗	第7次论坛岛国贸易官员PACER Plus会议 第4次论坛岛国贸易部长会议 论坛贸易部长会议
2012.7	瓦努阿图维拉港	第1次PACER Plus闭会期间会议
2012.10	瓦努阿图维拉港	第2次PACER Plus闭会期间会议
2012.11	萨摩亚阿皮亚	第8次论坛岛国贸易官员PACER Plus会议 产品特定原产地规则专题讨论会 第5次PACER Plus官员会晤
2013.4	瓦努阿图维拉港	第3次PACER Plus闭会期间会议
2013.7	萨摩亚阿皮亚	第9次论坛岛国贸易官员PACER Plus会议 第5次论坛岛国贸易部长会议 论坛贸易部长会议
2013.8	瓦努阿图维拉港	第4次PACER Plus闭会期间会议
2013.11	新西兰奥克兰	第6次PACER Plus官员会晤 第3次非国家行为体（NSA）PACER Plus对话会议

资料来源：Pacific Islands Forum Secretariat, http://www.forumsec.org/。

---

① 这15个国家分别是：澳大利亚、库克群岛、密克罗尼西亚联邦、基里巴斯、瑙鲁、新西兰、纽埃、帕劳、巴布亚新几内亚、马绍尔群岛、萨摩亚、所罗门群岛、汤加、图瓦卢和瓦努阿图。

在大洋洲岛屿地区，太平洋岛国贸易协定对促进大洋洲岛国之间的贸易发展具有重要意义。截至 2013 年底，已有库克群岛、斐济、基里巴斯、瑙鲁、纽埃、巴布亚新几内亚、萨摩亚、所罗门群岛、汤加、图瓦卢和瓦努阿图 11 国签署并批准了这一协定，其中除基里巴斯、瑙鲁、巴布亚新几内亚和汤加之外的 7 国愿意按照协定框架进行贸易，除基里巴斯、巴布亚新几内亚和汤加之外的 8 国批准了协定补充条款。2001 年，太平洋论坛贸易部长会议发起 PICTA 服务贸易协定谈判。服务贸易协定谈判于 2012 年 2 月结束谈判，并于同年 8 月提供各国签署。截至 2013 年底，库克群岛、密克罗尼西亚联邦、基里巴斯、瑙鲁、马绍尔群岛、萨摩亚、所罗门群岛、汤加、图瓦卢和瓦努阿图 10 个国家签署了这一协定。（见表 4）

表 4　太平洋岛国贸易协定发展进程

	商品贸易协定				服务贸易协定	
	签署日期	批准日期	生效日期	补充条款批准日期	签署日期	批准日期
库克群岛 *	2001. 8. 18	2001. 8. 28	2003. 4. 13	2007. 7. 25	2012. 8. 28	
密克罗尼西亚联邦	2006. 4. 5				2012. 8. 28	
斐济 *	2001. 8. 18	2001. 10. 16	2003. 4. 13	2008. 4. 21		
基里巴斯	2001. 8. 18	2003. 6. 4	2003. 7. 4		2012. 8. 29	
瑙鲁	2001. 8. 18	2003. 3. 14	2003. 4. 13	2009. 3. 3	2013. 8. 20	2013. 8. 20
纽埃 *	2001. 8. 18	2003. 2. 26	2003. 4. 13	2007. 5. 21		
帕劳						
巴布亚新几内亚	2002. 3. 5	2003. 8. 5	2003. 9. 4			
马绍尔群岛					2012. 8. 28	
萨摩亚 *	2001. 8. 18	2001. 10. 10	2003. 4. 13	2007. 10. 2	2012. 8. 28	2013. 4. 17
所罗门群岛 *	2002. 8. 6	2003. 6. 2	2003. 7. 2	2007. 7. 19	2012. 11. 21	
汤加	2001. 8. 18	2001. 12. 27	2003. 4. 13		2012. 8. 28	
图瓦卢 *	2001. 8. 18	2008. 4. 16	2008. 5. 16	2008. 4. 16	2012. 8. 28	
瓦努阿图 *	2001. 8. 18	2005. 6. 21	2005. 7. 21	2005. 7. 29	2012. 8. 28	

注：* 表示宣布愿意在 PICTA 框架下进行贸易；补充条款在最后加入方批准 30 日后生效；表中资料截至 2013 年底。

资料来源：Pacific Islands Forum Secretariat，http：//www. forumsec. org/。

此外，为了加强协调贸易援助资源、促进贸易便利化等方面的合作，太平洋岛国就建立太平洋地区贸易与发展机构签署了《谅解备忘录》。截至 2013

年底，瓦努阿图、基里巴斯、萨摩亚、汤加、图瓦卢、斐济、瑙鲁和所罗门群岛签署了这一备忘录。

（二）大洋洲区域经贸关系发展

近年来，大洋洲区域经贸关系的发展有所放缓。世界贸易组织统计数据显示，2012 年大洋洲内部商品贸易总额为 249.32 亿美元，比 2011 年下降 6.88 亿美元，降幅 2.7%；2013 年大洋洲内部商品贸易总额较 2012 年再度下降 23.81 亿美元至 225.50 亿美元，降幅升至 9.5%。[1]（见图 1）

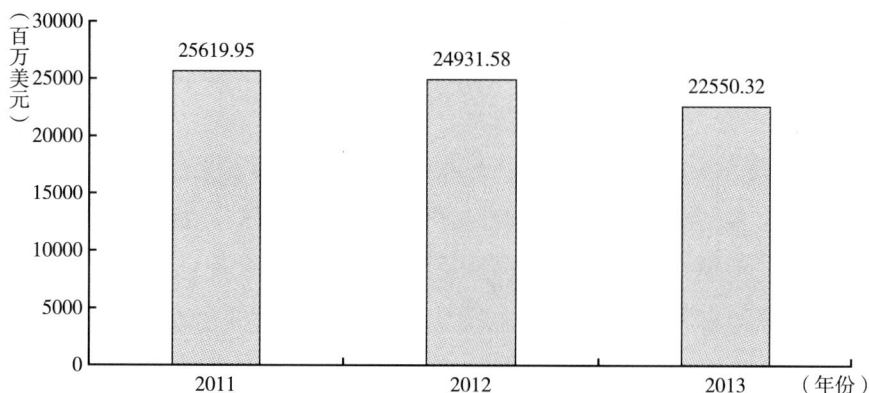

图 1　2011～2013 年大洋洲内部商品贸易额变化情况

资料来源：根据 WTO 数据整理。

区域贸易联系的弱化反映出大洋洲经贸合作中存在的诸多因素。归纳起来，主要包括以下几个方面。一是岛国经济可持续发展能力较弱。这可以从财政收支、公共债务和经常账户情况表现出来。国际货币基金组织（IMF）测算数据显示，在纳入统计的 13 个大洋洲国家中，2013 年有 7 个国家出现财政赤

---

[1]　大洋洲内部商品贸易总额的统计方法为澳大利亚、新西兰以及太平洋岛屿地区三者之间的商品出口额之和。其中，太平洋岛屿地区包括以下经济体：美属萨摩亚（美）、库克群岛、斐济、法属波利尼西亚（法）、关岛（美）、基里巴斯（吉尔伯特群岛和埃利斯群岛）、马绍尔群岛、密克罗尼西亚联邦、瑙鲁、新喀里多尼亚（法）、纽埃、诺福克岛（澳）、北马里亚纳群岛（美）、帕劳、巴布亚新几内亚、皮特凯恩群岛（英）、萨摩亚、所罗门群岛、托克劳（新）、汤加、图瓦卢、美国本土外太平洋小岛屿、瓦努阿图、瓦利斯和富图纳群岛（法）。

字，其中巴布亚新几内亚的财政赤字占 GDP 比重达 7.1%。在公共债务方面，2013 年除所罗门群岛外，其他有统计数据的国家总债务占 GDP 比重均在 20% 以上，其中马绍尔群岛和斐济的政府总债务占 GDP 比重分别达到 55.0% 和 52.9%。在经常账户方面，2013 年除图瓦卢外，其他 12 国均处于逆差状态，其中巴布亚新几内亚、斐济和基里巴斯的经常账户赤字占 GDP 比重分别达到 27.9%、18.5% 和 15.7%。（见表 5）

表 5　2011～2013 年大洋洲国家财政余额、政府债务和经常账户余额占 GDP 比例

单位：%

国　别	财政余额/GDP			政府债务/GDP			经常账户余额/GDP		
	2011 年	2012 年	2013 年	2011 年	2012 年	2013 年	2011 年	2012 年	2013 年
澳大利亚	-4.4	-3.7	-3.7	24.3	27.2	28.8	-2.8	-4.1	-2.9
斐济	-1.4	-1.1	-2.6	54.5	53.4	52.9	-5.7	-1.5	-18.5
基里巴斯	-21.2	-6.7	1.3	n.a.	n.a.	n.a.	-32.6	-29.0	-15.7
马绍尔群岛	2.2	-0.8	-0.8	60.1	58.2	55.0	-9.0	-8.1	-9.3
密克罗尼西亚联邦	-0.6	0.8	2.5	28.1	26.8	26.3	-17.4	-12.0	-9.6
新西兰	-4.9	-1.6	-0.6	37.0	37.5	35.9	-2.9	-4.1	-4.2
帕劳	1.2	0.9	0.9	n.a.	n.a.	n.a.	-4.1	-5.0	-6.5
巴布亚新几内亚	1.7	-3.2	-7.1	22.3	26.7	32.6	-23.5	-51.0	-27.9
萨摩亚	-6.2	-8.4	-4.6				-4.1	-9.2	-2.3
所罗门群岛	9.0	3.9	0.3	21.6	17.5	14.6	-6.7	0.2	-4.2
汤加	-3.6	-0.6	0.2	n.a.	n.a.	n.a.	-4.8	-6.2	-5.3
图瓦卢	-4.2	9.9	15.1	30.9	29.4	27.3	-29.0	32.3	37.1
瓦努阿图	-2.1	-1.6	-0.2	20.9	21.0	20.4	-8.1	-6.4	-4.4

注：n.a. 表示数据不详；表中所列数据包含估计数；库克群岛、瑙鲁和纽埃数据不详。

资料来源：IMF，WEO Database，April 2014。

二是区域经济一体化程度较低。尽管大洋洲地区贸易协定覆盖国家较多，并且该地区国家积极参与全球多边贸易框架，但由于各国经济发展水平不一、地理分布较为分散，再加上岛国经济规模较小，区域经济一体化的发展受到了严重制约。① 目前实施的区域贸易协定，内容涵盖面较窄，并且未建立定期审

---

① 截至 2013 年底，大洋洲地区加入 WTO 的国家有 7 个，分别是澳大利亚、斐济、新西兰、巴布亚新几内亚、所罗门群岛、汤加和瓦努阿图。

议机制；正在谈判的更高层次的地区贸易协定由于成员国经济实力和政治方面的影响有限，进展缓慢。与欧盟、东盟等历经数十年、一体化水平较高的组织相比，大洋洲区域经济一体化尚在起步阶段。

三是区域大国贸易政策的调整。近年来，由于亚洲新兴经济体的崛起，亚洲地区也随之成为世界经济增长的重要动力来源，并给外部经济体带来了新的合作机遇。在此背景下，澳大利亚和新西兰等大洋洲国家将经贸合作的重点转向了亚洲。这主要表现在澳大利亚和新西兰参与跨太平洋伙伴关系协定（TPP）和区域全面经济伙伴关系（RCEP）的谈判。受此影响，大洋洲区域内贸易在地区大国澳大利亚对外贸易中的重要性逐步下降。WTO统计数据显示，2013年澳大利亚与新西兰的商品贸易较2012年下降6.6%，新西兰占澳大利亚对外贸易的份额由2012年的3.0%下降至2.9%；同期澳大利亚与太平洋岛屿地区的商品贸易较2012年下降15.7%，太平洋岛屿地区占澳大利亚对外贸易的份额由2012年的1.6%下降至1.4%。（见表6）

表6　2011～2013年澳大利亚与大洋洲国家（地区）商品贸易额变化情况

单位：百万美元，%

	2011年		2012年		2013年		
	贸易额	占比	贸易额	占比	贸易额	占比	增长率
世　界	505232.54	100.00	507196.32	100.00	485466.09	100.00	-4.28
新西兰	15785.59	3.12	15196.36	3.00	14199.43	2.92	-6.56
太平洋岛屿地区	7796.52	1.54	8013.25	1.58	6754.92	1.39	-15.70
巴布亚新几内亚	6178.42	1.22	6487.86	1.28	5268.86	1.09	-18.79
斐　济	508.10	0.10	490.59	0.10	448.15	0.09	-8.65
新喀里多尼亚	591.24	0.12	450.02	0.09	397.68	0.08	-11.63
所罗门群岛	201.80	0.04	251.79	0.05	231.30	0.05	-8.14
瑙　鲁	26.61	0.00	35.18	0.00	145.77	0.03	314.35
瓦努阿图	69.06	0.01	70.63	0.01	66.75	0.01	-5.49
萨摩亚	62.60	0.01	62.64	0.01	58.83	0.01	-6.08
法属波利尼西亚	54.29	0.01	56.08	0.01	45.11	0.01	-19.56

资料来源：根据WTO数据整理。

三　大洋洲区域安全合作

大洋洲地区安全领域的合作主要包括三个方面：一是军事安全合作，二是环境安全合作，三是社会安全合作。目前，大洋洲已建立了涵盖广泛地区的安全合作框架。（见表7）此外，地区合作机构太平洋岛国论坛成立了地区安全委员会（FRSC），专门应对区域安全挑战和促进区域安全合作。FRSC包括政府高官、地区执法组织、国际安全和治理利益攸关者，FRSC年度会议是大洋洲地区讨论安全与治理问题的主要会议。

表7　南太平洋地区传统和非传统安全合作框架

年份	条约与宣言	主要内容和目标
1985	《拉罗汤加条约》《南太平洋无核区条约》	在南太平洋地区划定一个无核区，该区域内禁止使用、测试和拥有核武器
1986	《保护南太平洋地区自然资源和环境国际公约》	防止倾倒污染物，防止危险和有害物质污染、石油污染，加强环境保护
1992	《霍尼亚拉宣言》	执法合作
1995	《瓦伊加尼公约》	禁止危险性和放射性有害废物进入太平洋岛国，控制南太平洋地区内有害废物的跨国运输
1995	《关于禁止向论坛岛国输入有害和放射性废物以及控制南太平洋地区内有害废物跨界转移和处理的国际公约》	防止有害和放射性废物损害环境安全
1997	《艾图塔基宣言》	广泛的地区安全合作
2000	《比克塔瓦宣言》	设定良政的标准和建立公共危机反应机制
2002	《纳索尼尼地区安全宣言》	打击国际恐怖主义和跨国犯罪，执行国际公认的反恐措施
2004	《太平洋岛屿民用航空安全和安保条约》	保障民用航空器的安全，在太平洋地区建立一个常设的安全和安保合作组织

资料来源：Pacific Islands Forum Secretariat, http：//www.forumsec.org/。

（一）军事安全合作

大洋洲军事力量相对薄弱，除了澳大利亚、新西兰、巴布亚新几内亚、斐济和汤加等国之外，区域内其他国家都没有发展正式的军事力量，也没有参加军事联盟，而是依赖警务建设来处理内部混乱以及走私、洗钱等小规模的外部威胁。因此，长期以来，军事安全并非区域安全合作的主要议题，它主要是通过各种协定和独立机构来进行合作。2003 年以来，大洋洲区域安全合作由于"地区援助所罗门群岛特派团"（RAMSI）①的建立而逐步得到了加强。2013 年的大洋洲军事安全合作的发展趋势总体上呈现以下两个新特点。

一是区域内维和行动的作用下降。在区域维和合作方面，RAMSI 是较为成功的范例。RAMSI 开创了地区联合军事行动的独特形式，也是地区军事合作的重要表现。截至 2013 年，RAMSI 走过了 10 年历程，标志着地区联合行动已付出了 10 年努力，对于 RAMSI 和所罗门群岛来说具有重要历史意义。2013 年 5 月 21 日和 22 日，第 9 届加强磋商机制（ECM）和第 7 届太平洋岛国论坛部长级会议常务委员会（FMSC）RAMSI 会议在所罗门群岛霍尼亚拉先后召开，会议讨论了 2012 年 RAMSI 行动报告以及 RAMSI 的功能转型问题。自 2013 年 7 月 1 日起，各国陆续从所罗门群岛撤军，RAMSI 的性质和任务将转向为所罗门群岛皇家警察提供警务任务支持以及执行由 RAMSI 提供的双边援助和发展计划。

二是区域对外防务合作地位上升。2013 年 5 月，首届南太平洋国防部长会议在汤加首都努库阿洛法举行。澳大利亚、巴布亚新几内亚、新西兰、汤加及法国、智利等国的军事领导人参加了会议，讨论了南太平洋国防与安全问题。其中，中国日益增长的影响力受到参会各方广泛关注，维护区域安全网络和应对自然灾害也作为重要议题被探讨。此外，美国和英国也作为观察员参加了此次会议。南太平洋国防部长会晤机制的建立表明大洋洲国家加强了对区域外军事与安全形势变化的关注，并掀开了区域军事合作新的一页。

（二）环境安全合作

大洋洲地区环境方面最大的威胁来自气候变化引起的海平面升高。大洋洲地区一些环礁国的地势只比海平面高几米，例如马绍尔群岛最高处离海平面只

---

① "地区援助所罗门群岛特派团"的现有成员包括澳大利亚、库克群岛、密克罗尼西亚联邦、斐济、基里巴斯、马绍尔群岛、瑙鲁、新西兰、纽埃、帕劳、巴布亚新几内亚、萨摩亚、汤加、图瓦卢和瓦努阿图。

有 10 米，而托克劳还不足 5 米。因此，海平面升高可能会使部分国家领土面积减少甚至完全消失。同时海平面上升也将导致热带风暴的频繁发生、耕地减少和土壤侵蚀。环境的恶化给地区社会、经济造成了直接的负面影响，环境问题也是地区各国所面临的共同问题。1980 年 1 月，大洋洲地区成立了太平洋地区环境规划署（SPREP），为地区环境管理与合作奠定了基础。① 截至目前，太平洋地区环境规划署成员包括 21 个太平洋岛屿成员国和 4 个在该地区有直接利益的国家。

2013 年，大洋洲环境安全合作的进展主要体现在气候变化融资方面。2013 年 5 月 30 日至 6 月 1 日，论坛秘书处和 SPREP 联合主办了太平洋地区气候变化融资专题讨论会。论坛秘书处与太平洋地区环境规划署秘书处、太平洋共同体秘书处（SPC）、联合国开发计划署（UNDP）、澳大利亚国际开发署（AusAID）、美国国际开发署（USAID）、亚洲开发银行（ADB）和世界银行（WB）等区域和国际利益攸关方共同推动了气候变化融资领域的合作。会议讨论了论坛秘书处起草的《太平洋地区气候变化融资评估框架》，并阐述了太平洋地区关于应对气候变化资金问题的立场以及未来的合作规划。

（三）社会安全合作

在应对社会安全的挑战方面，大洋洲地区各政治实体联合地区内外各种力量进行了不懈努力。2013 年 5 月 6 日至 10 日，太平洋岛国论坛秘书处和太平洋共同体区域权利资源组（SPC-RRRT）联合主办了大洋洲地区公民社会组织冲突、和平和安全问题对话会。会议在促进建立人权机制、保障残疾人和妇女权利、消除针对妇女的暴力行为以及对巴新国内与巫术相关的残杀采取紧急行动等方面达成了共识。② 2013 年 5 月 22 日至 24 日，太平洋岛国论坛秘书处和联合国开发计划署联合召开"太平洋地区安全部门治理"会议，讨论建立促

---

① "太平洋地区环境规划署"的前身为"南太平洋地区环境规划署"，2004 年更为现名，但 SPREP 的缩写仍然保留了下来。

② Pacific Islands Forum Secretariat, *Joint PIFS-SPC Regional CSO Dialogue on Conflict, Peace & Security: Pacific Civil Society Statement*, May 10, 2013.

进警察、海关、移民和国防等机构联合应对潜在安全威胁的国家总体政策，主要议题包括太平洋国家需要建立有效的民间监督和问责机制，确保安全部门机构有效地保护人权，以及推进民主进程和法治。

为了提高各成员国应对内部和外部安全威胁的能力，FRSC 每年召开一次会议，以确定地区安全领域优先实现的目标和设定新的地区安全议程。在 FRSC 年度会议的议题中，社会安全合作是重要议题。2013 年 6 月 5 日至 6 日，FRSC 年度会议在太平洋岛国论坛总部举行，会议讨论了影响太平洋地区的重要安全与执法问题，例如非法捕捞和网络犯罪。会议各方共同关注的议题是各国和地区执法机构之间管理和分享信息的重要性，以便提升太平洋地区有效应对跨国犯罪的能力。此外，会议还讨论了太平洋岛国论坛反恐工作组的报告。

四 中国与大洋洲区域合作

近年来，中国与大洋洲国家和地区关系发展良好。截至 2013 年，中国与该地区 16 个独立国家中的 10 个建立了正式外交关系，并与其他 6 个建立了非官方联系。[①] 此外，中国与该地区非独立政治实体保持着良好的政治和经济交往。目前，中国已与大洋洲地区建立了覆盖各领域的合作框架，经贸联系持续增强，并为太平洋岛国的经济与社会发展提供了必要援助。

（一）中国与大洋洲区域合作平台

中国与大洋洲多边合作的平台主要包括每年一次的太平洋岛国论坛会议会后对话会、中国—太平洋岛国经济发展合作论坛以及太平洋岛国贸易与投资专员署。2013 年，这些合作平台在促进双方合作上迈出了新步伐。

太平洋岛国论坛会议会后对话会。中国是太平洋岛国论坛的对话伙伴，多数太平洋岛国与中国长期保持着友好合作关系。2013 年 9 月 6 日，中国—

---

① 大洋洲与中国建立外交关系的国家包括澳大利亚、巴布亚新几内亚、斐济、库克群岛、密克罗尼西亚、纽埃、萨摩亚、汤加、瓦努阿图和新西兰。

太平洋岛国论坛对话会特使李强民代表中国政府出席第 25 届太平洋岛国论坛会议会后对话会。李强民表示，中国将继续在和平共处五项原则的基础上同各岛国积极开展友好合作，支持岛国平等参与国际事务，愿与论坛成员国和对话伙伴携手努力，团结应对各项挑战，共同促进太平洋岛国地区的和平、稳定与繁荣。论坛方对中国与太平洋岛国关系给予积极评价，高度赞赏中国政府在帮助岛国发展经济、改善民生、应对各种全球性挑战等方面所做出的努力。对话会前，中国—太平洋岛国论坛对话会特使李强民还分别于 5 月 11 日和 8 月 8 日会见了太平洋岛国论坛秘书长斯莱德，就第 25 届太平洋岛国论坛会议会后对话会筹备情况、中国同太平洋岛国论坛及论坛成员国间的关系等问题交换意见。

中国—太平洋岛国经济发展合作论坛。2013 年 11 月，第二届中国—太平洋岛国经济发展合作论坛在中国广州举行。中国国务院副总理汪洋出席论坛并发表题为《让"中—太"友好合作之舟破浪前行》的主旨演讲。汪洋强调，与太平洋岛国发展友好合作关系是中国外交工作的一项长期战略方针。中国与太平洋岛国的合作是平等的、真诚的、务实的。中方愿与各岛国同舟共济、精诚合作，共同缔造南南合作的典范。实践已经并将继续证明，中国是太平洋岛国可以信赖的真心朋友，可以倚重的合作伙伴。在论坛上，中方宣布了进一步支持太平洋岛国经济社会发展的一系列措施。

太平洋岛国贸易与投资专员署。2002 年 1 月，在中国政府的大力支持下，太平洋岛国论坛驻华贸易代表处正式成立，并成为继太平洋岛国论坛在新西兰、澳大利亚和日本后开设的第四个海外机构，其主要宗旨是促进太平洋岛国与中国之间的贸易、投资、旅游和文化交流。近年来，随着太平洋岛国同中国经贸关系的迅速发展以及双方在基础设施、卫生、教育、农业、旅游等领域合作的不断深入，论坛驻华贸易代表处于 2013 年 6 月升格和更名为太平洋岛国贸易与投资专员署。升格后的太平洋岛国贸易与投资专员署将进一步促进中国与太平洋岛国经贸和投资合作，从而推动双方关系迈上新台阶。

此外，中国还利用太平洋岛国发展论坛这一平台，促进双方合作与交流。2013 年 8 月 5 日至 7 日，中国—太平洋岛国论坛对话会特使李强民出席首届太平洋岛国发展论坛会议期间，就中国与太平洋岛国在可持续发展领域合作等问题阐述中方原则立场，并与斐济领导人就深化两国各领域务实合作等问题交换了意见。

（二）中国与大洋洲经贸联系

近年来，中国与大洋洲地区经贸往来日益频繁，2013 年双方经贸联系进一步强化。这主要表现在两个方面。一是随着中国经济的迅速崛起，对大洋洲地区来说，中国在其对外经贸合作中的地位与作用日益上升。以大洋洲地区两大经济体澳大利亚和新西兰为例，2013 年中国分别成为两国第一大贸易伙伴国。2013 年澳大利亚向中国商品出口额为 908.79 亿美元，同比增长 20.4%，高出其总出口增长率 21.9 个百分点，占其商品出口总额的 36.0%，比 2012 年增加 6.6 个百分点。同期澳大利亚从中国进口商品额为 454.50 亿美元，同比下降 1.3%，但高出其总进口增长率 5.9 个百分点；占其商品进口总额的 19.5%，比 2012 年增加 1.1 个百分点。2013 年新西兰向中国出口商品额为 81.92 亿美元，同比增长高达 47.3%，高出其出口总额增长率 41.5 个百分点；占其商品出口总额的 20.8%，比 2012 年增加 5.9 个百分点。同期新西兰从中国进口商品额为 67.69 亿美元，同比增长 8.3%，高出其进口总额增长率 4.7 个百分点；占其商品进口总额的 17.1%，比 2012 年增加 0.8 个百分点。

表8　2011～2013 年中国占大洋洲主要国家商品进出口贸易份额变化情况

单位：百万美元，%

国别	贸易对象	2011 年		2012 年		2013 年			
		规模	占比	规模	占比	规模	占比	增长率	贸易关系排名
澳大利亚									
出口	澳大利亚	270598	100.0	256498	100.0	252730	100.0	−1.5	—
	中国	73845	27.3	75500	29.4	90879	36.0	20.4	1
进口	澳大利亚	234635	100.0	250698	100.0	232736	100.0	−7.2	—
	中国	43507	18.5	46030	18.4	45450	19.5	−1.3	1
新西兰									
出口	新西兰	37707	100.0	37310	100.0	39471	100.0	5.8	—
	中国	4633	12.3	5563	14.9	8192	20.8	47.3	1
进口	新西兰	37136	100.0	38262	100.0	39644	100.0	3.6	—
	中国	5901	15.9	6251	16.3	6769	17.1	8.3	1

资料来源：根据 WTO 数据整理。

二是大洋洲地区在中国对外贸易中的地位较 2012 年有所提升。2013 年，中国与大洋洲地区商品贸易总额达到 1459.20 亿美元，同比增长 11.77%，高出中国总出口增长率 4.21 个百分点，占中国商品出口总额的 3.51%，比 2012 年增加 0.13 个百分点。从国别（地区）来看，中国与澳大利亚、新西兰的贸易联系有所增强，但总体上与太平洋岛屿地区的贸易联系有所下降。2013 年，中国与太平洋岛屿地区的商品贸易增长较 2012 年下降 2.08%，其中中国与萨摩亚和马绍尔群岛的商品贸易额增长率分别为 -24.12% 和 -18.97%。但中国与瓦努阿图和斐济的商品贸易额增长分别高达 181.37% 和 28.44%。

表9　2011~2013 年中国与大洋洲地区商品贸易额变化情况

单位：百万美元，%

	2011 年		2012 年		2013 年		
	贸易额	占比	贸易额	占比	贸易额	占比	增长率
世　界	3640710.50	100.00	3867453.26	100.00	4159962.53	100.00	7.56
澳大利亚	114836.23	3.15	116354.59	3.01	129114.09	3.10	10.97
新西兰	8726.90	0.24	9682.58	0.25	12383.96	0.30	27.90
太平洋岛屿地区	4522.22	0.12	4516.10	0.12	4422.17	0.11	-2.08
马绍尔群岛	2207.01	0.06	1851.94	0.05	1500.59	0.04	-18.97
巴布亚新几内亚	1269.53	0.03	1283.49	0.03	1353.46	0.03	5.45
所罗门群岛	379.00	0.01	414.51	0.01	441.26	0.01	6.46
瓦努阿图	136.25	0.00	136.02	0.00	382.72	0.01	181.37
斐　济	172.48	0.00	236.59	0.00	303.85	0.01	28.44
新喀里多尼亚	218.42	0.01	244.87	0.01	225.92	0.01	-7.74
萨摩亚	37.85	0.00	71.77	0.00	54.46	0.00	-24.12
法属波利尼西亚	43.51	0.00	51.80	0.00	49.18	0.00	-5.07
大洋洲	128085.35	3.52	130553.27	3.38	145920.22	3.51	11.77

资料来源：根据 WTO 数据整理。

（三）中国对大洋洲岛国的发展援助

中国对外援助主要有 8 种方式：成套项目、一般物资、技术合作、人力资源开发合作、援外医疗队、紧急人道主义援助、援外志愿者和债务减免。[①] 2013 年中国对大洋洲岛屿地区的发展援助方式主要有成套项目、一般物资、技术合作、人力资源开发合作、援外医疗队等。

---

① 中华人民共和国国务院新闻办公室：《中国的对外援助》，人民出版社，2011，第 7 页。

在 2013 年第二届中国—太平洋岛国经济发展合作论坛上，中国宣布进一步加大对太平洋岛国经济社会发展的支持，并提出一系列援助措施。这些措施主要包括以下六个方面：一是支持岛国重大项目建设，向建交的岛国提供共计 10 亿美元优惠性质的贷款；二是设立 10 亿美元专项贷款，用于岛国基础设施建设；三是支持岛国开发人力资源，今后 4 年为岛国提供 2000 个奖学金名额，帮助培训一批专业技术人员；四是支持岛国发展医疗卫生事业，继续为岛国援建医疗设施，派遣医疗队，提供医疗器械和药品；五是支持岛国发展农业生产，加强农林产品加工与贸易合作，办好示范农场等合作项目；六是支持岛国保护环境和防灾减灾，为岛国援建一批小水电、太阳能、沼气等绿色能源项目。[1]

除了上述宣布的援助措施，很多达成的援助项目在 2013 年都取得了新进展。例如，在成套项目上，2013 年 3 月，由中国政府提供优惠贷款的斐济北岛纳布瓦鲁—德瑞凯帝公路升级改造项目正式开工；4 月，中国援斐济基务瓦村海岸防护工程竣工，并于 5 月完成交接；7 月，中国援建萨摩亚国家医疗中心一期工程竣工并完成移交。在一般物资方面，2013 年 4 月，中国援助斐济的 20 辆礼宾车运抵苏瓦港并于次月完成交接。在紧急人道主义援助方面，2013 年 3 月，中国与斐济政府代表签署中国政府向斐济政府提供 5 万美元捐款应对登革热疫情的交接证书。此外，2013 年 11 月，中方向太平洋岛国论坛秘书处转交了中国在太平洋岛国论坛会后对话会承诺的 65 万美元援助，其中 25 万美元用于资助太平洋岛国贸易与投资专员署北京办公室，40 万美元用于为太平洋岛国与中国创造贸易与投资机会。

五　总结与展望

回顾 2013 年大洋洲区域合作总体发展状况，总体上可以发现以下几个特点。一是区域合作机制为区域合作提供了有效平台，尤其是太平洋岛国论坛在促进区域和跨区域合作方面发挥了主导作用。二是气候变化和可持续发展仍是

---

[1] 《汪洋出席中国—太平洋岛国经济发展合作论坛并发表主旨演讲》，《人民日报》2013 年 11 月 9 日，第 3 版。

大洋洲区域合作的重要议题，各区域组织和国家（地区）共同推进这一领域的合作并取得了新进展。三是受岛国经济发展条件以及区域大国贸易政策调整等因素的影响，区域内经贸联系总体上有所下降，区域经济合作面临新挑战。四是区域军事合作出现了新的发展动向，合作重点逐渐从关注区域内军事安全向防范外部安全转移；在环境和社会安全领域合作方面达成了一系列新共识。五是中国成为大洋洲区域合作的重要外部推动力量。

展望2014年大洋洲区域合作前景，以下领域和方面的合作成果值得关注和期待。一是太平洋岛国论坛及其相关会议有望在推动区域合作方面取得新成果。第45届太平洋岛国论坛及其相关会议将于2014年7月29日至8月1日在帕劳共和国科罗尔举行。其中，7月29日，小岛国家领导人会议将举行；7月30日，第45届太平洋岛国论坛全体会议将召开；8月1日，第26届论坛会后对话伙伴全体会议将举行。在此之前，小岛屿国家官员会议和论坛官员委员会会议将分别于7月先后举行。这些会议的成功举办将为大洋洲区域合作提供新的计划、途径和举措。二是大洋洲区域可持续发展合作有望取得新共识。《2013年太平洋地区千年发展目标进展报告》显示，太平洋岛国论坛10个岛屿国家的儿童死亡率正在下降，多数国家实现了普及初等教育，但在减贫、确保两性平等和赋予妇女权利等方面仍面临巨大挑战。[1] 为此，大洋洲国家有望加大推动实施千年发展目标和制定2015年后发展议程方面的投入并加强相关领域的合作，尤其是推动解决小岛屿发展中国家的可持续发展问题。2014年9月，萨摩亚将主办第3届小岛屿发展中国家可持续发展国际会议，会议的主题为"通过真正的和持久的伙伴关系寻求小岛屿发展中国家的可持续发展"。大洋洲岛屿国家有望在可持续发展合作方面获得新契机。三是区域经贸安排有望取得新进展。具体来说，大洋洲各国将进一步开展在太平洋岛国贸易和投资机构（PT&I）行动、PACER Plus相关问题上的合作，以及将更紧密的经济关系（CER）扩展到其他太平洋岛国等方面的努力，从而为大洋洲地区逐步形成单一市场、允许人员和商品的自由流动奠定新基础。此外，中国与大洋洲国家之间的经贸联系与政治交往有望进一步加强。

---

[1] Pacific Islands Forum Secretariat, *2013 Pacific Regional MDGs Tracking Report*, Suva, Fiji, Pacific Islands Forum Secretariat, 2013, pp. 10 – 12.

B.3
南太平洋主要岛国的政治经济与外交：
现状与展望

叶浩豪　郑日松*

摘　要：

南太平洋岛国有着独特的地缘优势以及丰富的自然资源，已逐渐成为世界关注的对象。2013/2014年度，在政治领域，南太平洋岛国的民主化继续向前推进，然而对政府的不信任等因素影响了部分岛国的政治和社会秩序的稳定。在经济领域，岛国继续实行宽松的货币政策以刺激经济发展，但是国外援助的减少导致财政赤字增加了。在外交领域，岛国积极与澳大利亚、新西兰、美国、日本、中国等国发展双边关系。此外，岛国还充分发挥太平洋岛国论坛的作用，加强岛国在政治和安全等领域的协调与合作，并且积极加入世界贸易组织等多边机构，致力于提高岛国在国际社会的影响力。本文主要对与中国建立外交关系的南太平洋主要岛国斐济、汤加、瓦努阿图、巴布亚新几内亚、萨摩亚2013/2014年度的政治、经济及外交情况进行系统阐述，希望能增强民众对这些南太平洋岛国的认识，并为国家今后发展与这些岛国的关系提供参考。

关键词：

斐济　汤加　瓦努阿图　巴布亚新几内亚　萨摩亚　政治　经济　外交

---

* 叶浩豪，中山大学亚太研究院博士研究生；郑日松，中山大学亚太研究院硕士研究生。

在地理上，南太平洋国家居于太平洋几近中央的位置，是世界各国经济往来的海上要道和交通枢纽，具有重要的地缘政治地位。在自然资源方面，南太平洋国家拥有丰富的石油和天然气等能源以及金、镍、铜等稀缺矿产，同时盛产金枪鱼、对虾和龙虾。在国际政治方面，南太平洋地区有12个国家在联合国大会拥有投票权，因此，这些国家也成为各大国争相发展对外关系的对象。但是，南太平洋国家中除了澳大利亚和新西兰的经济比较发达外，其他小岛国家的经济较为落后，这些经济落后的小岛国家通常被称为南太平洋岛国。长期以来，这些大洋洲岛国都处于世界政治经济舞台的边缘地带，被认为是"太平洋最偏僻的地区"。[①] 南太平洋岛国过去是英、法、德等国的殖民地，独立以后的经济结构较为单一，粮食不能自给，因此大部分生活消费品以及工业用品都需要从国外进口。南太平洋岛国都面临财政拮据的问题，希望得到国际上的经济援助，而外援主要来自美国、日本、澳大利亚、新西兰和中国等。[②] 南太平洋岛国长期以来资源管理水平低下，而且人口不断增加，因此面临着非常严重的经济和社会问题，长远发展受到严重阻碍。这些问题包括资源过量开采、缺乏足够力量保护经济专属区及人口增长速度高于经济发展速度等。针对这些问题，南太平洋岛国一方面对内制定经济发展战略，另一方面加强政府间合作，重视发挥太平洋岛国论坛的作用。

发展与南太平洋岛国关系不仅可以扩大出口和对外投资，而且对中国大陆在与台湾地区争夺"外交承认"以及在人民币升值和气候问题领域获得外交支持都有积极作用。现阶段，中国已成为大部分南太平洋岛国资源的主要出口对象国，而且中国对南太平洋岛国的投资和援助也不断增加，中国作为当地经济发展的一个驱动力量已经在该地区拥有重要影响力。然而，南太平洋岛国面积小、人口稀少，经济落后而且地理位置特殊，长期以来，我国对于这些岛国的研究非常有限，国民对这些岛国也知之甚微。

本文主要选取南太平洋地区五个主要岛国——斐济、汤加、瓦努阿图、巴布亚新几内亚和萨摩亚作为研究对象。这五个岛国都与中国建立了外交关

---

① 郭春梅：《南太平洋的大国博弈》，《世界知识》2012年第20期，第32～33页。
② 刘樊德：《南太平洋岛国简介》，《当代亚太》1995年第1期，第72页。

系。过去一年里，这五个岛国在政治方面基本保持了稳定，政府都致力于采取措施推进国家的民主化进程；在经济方面，这些国家的政府大致倾向于采取积极宽松的财政和货币政策以刺激经济发展；在外交方面，这五个岛国作为南太平洋岛国论坛的成员国表现得较为活跃，积极发展双边和多边伙伴关系、积极参加地区事务和国际合作。本文接下来将对五国 2013 年的政治、经济、外交情况进行系统阐述并对其发展趋势进行预测，希望能增强国民对南太平洋岛国的认识，并且为中国正确处理与南太平洋岛国的关系提供参考。

一　斐济

（一）斐济国内政治情况介绍

1997 年 7 月，斐济通过了 1990 年宪法修正案，修改了有关歧视印度族政治权利的条款，并于 1998 年 7 月正式实施。1999 年 5 月，斐济首次根据 1997 年宪法举行全国大选。2000 年政变期间，1997 年宪法被废除。2001 年，斐济上诉法院判决该宪法仍有效，并得到大酋长委员会、伊洛伊洛总统等的承认。2006 年，军人姆拜尼马拉马发动政变，并成立临时政府。2009 年 4 月，伊洛伊洛总统宣布废除 1997 年宪法。2009 年 7 月，斐济临时政府总理姆拜尼马拉马宣布将于 2013 年 9 月之前制定新宪法。[①]

2013 年 8 月 22 日，临时政府颁布新宪法。新宪法规定，总理组建内阁并领导政府，总统是军队总司令。根据新宪法，斐济实行一院制，议会共设 50 个席位，任期四年。新宪法取消了地区选区，采取全国单一选区制度，以便减少种族分裂。新宪法还加入了旨在保护和加强土著居民的土地所有权的条款，并且给予了土地所有者在开发地下资源方面更多的税收优惠。新宪法还规定，除了英语之外，还要在小学普及印地语和斐济语。[②] 新宪法的出台总体上减少

---

① 《斐济国家概况》，中华人民共和国外交部网站，http：//www.fmprc.gov.cn/mfa_chn/gjhdq_603914/gj_603916/dyz_608952/1206_609054/。

② Economist Intelligence Unit，"Fiji"，*Country Report*，4th Quarter，2013，p. 14.

了对新政府故意拖延选举的疑虑。但是，单一选区将有助于姆拜尼马拉马参选，因此遭到了反对党的质疑和谴责。并且，印度族和斐济族在土地问题、公务员当中种族的比例问题和政治代表的种族比例问题上存在矛盾，因此保持印度族和斐济族的和睦是对新宪法最大的考验。

预计斐济在2014年的大选后会出现三种政治局势。一是大选照常进行，姆拜尼马拉马通过正常选举程序出任政府总理。如今斐济国内社会秩序稳定，经济在经历了2006年政变造成的一段时间的下滑之后重新复苏，并且掌控斐济主要部门权力的姆拜尼马拉马已经宣布参加2014年的大选。[1] 2009年军政府颁布了"紧急法案"以限制公民自由权并扩大军人的权力，虽然该法案在2012年被撤销，但是又被新版"1969公共秩序法令"取代，从而在实际上加强了"紧急法案"的法律效力。因此，虽说公民结社权在2012年得到了恢复，但是军队仍然掌控着国家政治活动。同时，姆拜尼马拉马已经控制了国内势力强大的卫理工会教派和国家工会。不过，根据斐济临时政府有关规定，政府官员不得参加任何政党，因此姆拜尼马拉马以何种方式参选也是个问题。[2] 二是军政府推迟选举并干涉选举，姆拜尼马拉马通过不公正选举和镇压反对派取得权力。三是已经注册成功的四个党派中的一个或几个赢得大选，从而摆脱新西兰等国的经济制裁，获得太平洋其他岛国的外交承认。

（二）斐济经济情况介绍

1. 斐济外贸政策情况介绍

斐济致力于推动对外双边、地区、多边贸易。

第一，缔结双边贸易协定。具体包括两种类型。一是与小岛国家签订非互惠协定，包括汤加、图瓦卢、库克群岛。二是与有能力在相同基础上和斐济进行贸易的大伙伴签订互惠协定，包括巴布亚新几内亚（1996，签

---

[1] "Fijian Military's New Commander Confirmed: State Media", http://english.sina.com/world/2014/0303/680042.html.

[2] "Fiji Regime Cracks Down on Political Parties", http://www.stuff.co.nz/world/south-pacific/8184406/Fiji-regime-cracks-down-on-political-parties.

订时间，下同）、瓦努阿图（1998）、澳大利亚（1999）、美国（1992）、中国（1997）。为了扩大贸易机会，斐济正实施"向北看"政策，以寻找更多贸易伙伴，比如俄罗斯、土耳其、马来西亚、印度尼西亚、印度等。①

第二，参与地区贸易协定。斐济致力于与其他国家（不一定在同一地区）结成合作伙伴关系，从而实现国家之间的贸易自由化。这些地区协定包括《美拉尼西亚先锋集团贸易协定》（MSGTA）、《太平洋岛国贸易协定》（PICTA）、《南太平洋区域贸易和经济合作协定》（SPARTECA）。《美拉尼西亚先锋集团贸易协定》系巴布亚新几内亚、瓦努阿图、所罗门群岛等国签署的贸易协定，斐济于 1998 年加入。②

第三，参与多边贸易体系，包括临时经济伙伴关系协定（EPA）和世界贸易组织（WTO）。2000 年，欧盟和非加太（非洲、加勒比、太平洋）国家以《科托努协定》代替了 1975 年签订的《洛美协定》。但是，在《洛美协定》中非互惠的相关规则仍然保留了下来，这种做法违背了 WTO 的互惠原则，因此澳大利亚等国提出了反对。从 2002 年开始，欧洲和非加太国家开始对此问题进行谈判，但是部分太平洋国家没能和欧盟达成协议，因此在 2007 年《科托努协定》期满后，2009 年，斐济和巴布亚新几内亚等国与欧盟签订了临时经济伙伴关系协定。根据该协定，欧盟对斐济出口货物给予免税、免配额待遇，斐济则承诺在未来 15 年过渡期内对来自欧盟的 87% 的货物逐渐取消关税。③

2. 斐济国内经济情况介绍

斐济年度经济指标如表 1 所示。

---

① "Bilateral Trade Relations", The Ministry of Foreign Affairs and International Cooperation website, http：//www. foreignaffairs. gov. fj/trade-policy/fiji-s-trade-policy/bilateral-trade-relations.

② 《斐济对外贸易基本情况》，中国驻斐济大使馆经济商务参赞处网站，http：//fj. mofcom. gov. cn/aarticle/catalog/haiguan/201104/20110407507427. html；"Regional Trade Agreement", The Ministry of Foreign Affairs and International Cooperation website, http：//www. foreignaffairs. gov. fj/trade-policy/fiji-s-trade-policy/regional-trade-agreement。

③ "Economic Partnership Agreement（EPA）", The Ministry of Foreign Affairs and International Cooperation website, http：//www. foreignaffairs. gov. fj/trade-policy/fiji-s-trade-policy/multilateral-trade/economic-partnership-agreement-epa.

表 1 斐济年度经济指标

	2009[a]	2010[a]	2011[a]	2012[b]	2013[b]
国内生产总值(US $ bn)	2.9	3.2	3.8	3.9[a]	3.9
实际国内生产总值增长(%)	-1.3	-0.2	2.2	2.1[a]	2.7
消费物价指数（av;%）	3.7	5.5	8.7	4.4[a]	3.0
出口货物离岸价(US $ m)	565.6	770.6	847.7[b]	932.4	1025.7
进口货物离岸价(US $ m)	-1245.9	-1543.2	-1697.5[b]	-1867.3	-2054.0
国际收支平衡(US $ m)	-224.8	-360.3	-363.4[b]	-425.1	-492.3
外债(US $ m)	536.2	554.6	860.7	685.5	779.9
汇率(av)F $: US $	1.96	1.92	1.79	1.79[a]	1.85

注：a 表示实际值，b 表示经济学人信息部估计值。
资料来源：Economist Intelligence Unit，"Fiji"，*Country Report*，4th Quarter，2013，p.5。

2013 年，斐济经济增长率明显提升了 0.6 个百分点，这源于批发、零售、电信和建筑部门的强劲增长。2013 年 1 月至 5 月，增值税与 2012 年同期相比增加了 23.4%，这表明消费有明显增长。消费的增长源于减税带来的可支配收入的增加以及私人汇款（在外国工作的斐济公民汇回国内的钱）同比 19.5% 的增长。[①]在金融方面，2011 年 10 月以来，斐济央行把基准利率降低为 0.5%。在斐济出口减少的情况下，积极的货币政策推动了经济发展。根据斐济央行的报告，2013 年 9 月，糖产量、消费、建筑、信贷等指标都有所改善。斐济央行称将在外部需求增强时收紧货币政策，而当前还不用担心国内信贷的快速增长。[②] 2014 年初，斐济央行表示将继续维持宽松的货币政策。2014 年下半年，斐济全国大选可能会产生大量消费，从而提高消费价格指数，因此货币政策的调整预计出现在下半年。

在外贸方面，2013 年上半年贸易赤字就达到了 16 亿斐济元，几乎等于 2012 全年的赤字（18 亿斐济元）。[③] 由于再输出品的价格的降低和矿泉水、糖及黄金出口的减少，2013 年 1~5 月的出口收入与 2012 年同期相比减少了 13%。斐济的渔业出口因坏天气而受损，而且越来越多的船舶在毗邻斐济专

---

① Economist Intelligence Unit，"Fiji"，*Country Report*，4th Quarter，2013，p.16.
② Economist Intelligence Unit，"Fiji"，*Country Report*，4th Quarter，2013，p.9.
③ Economist Intelligence Unit，"Fiji"，*Country Report*，4th Quarter，2013，p.2.

属经济区的国际海域捕鱼也影响了斐济海鱼的鱼量。斐济进口额与 2012 年同期相比却增加了 10.4%，最终商品贸易赤字在同期增加了 38.2%。① 预计 2014 年斐济的贸易赤字仍会扩大，原因在于制糖业难以赢利、旅游业竞争激烈和金产量下降。

2013 年斐济政府进行了经济改革以吸收更多外国投资。2010 年斐济颁布法律禁止外国人拥有媒体，并且一家美国人掌管的矿业公司由于税率的提高而遭受了重创，这些事件影响了斐济的外来投资。为了扭转这一局面，2013 年斐济政府取消了外国投资者的最低投资限制，并且将外国企业在斐济设立总部时上缴的税率降为 17%。②

（三）斐济外交情况介绍

斐济认为像斐济这样的发展中岛屿国家在国际政治经济舞台上可以扮演重要角色并且希望与世界其他国家建立积极的关系。斐济在实行对亚洲的北望政策以及发展与太平洋论坛成员国、北美、欧盟和亚洲的政治关系时注重培养本国的相关政治、经济和文化价值。斐济的外交政策基于斐济国民一直引以为傲的政治价值观，即尊重在贸易和政治事务上公平和正义的行为，促进环境的可持续发展。

在 21 世纪的对外关系中，斐济政府提出需要更加注重对其他国家经济、环境、人权、宗教和民族问题的关注。斐济外交政策的政治目的在于实现国家的发展以及通过积极参与国际事务向外界展示斐济的外交政策，尊重国际条约，与友好国家以及国际组织发展富有成效的双边和多边外交关系。③

斐济是南太平洋岛国中外交较为活跃的国家，传统上受澳大利亚、新西兰的影响较大，同时保持与南太岛国的密切关系。近年来，斐济提出"向北看"战略，积极发展同亚洲、中东各国的关系。中国与斐济于 1975 年 11 月 5 日正式建立外交关系。斐济是南太平洋岛国中第一个与中华人民共和国建立外交关

---

① Economist Intelligence Unit, "Fiji", *Country Report*, 4th Quarter, 2013, p. 17.
② Economist Intelligence Unit, "Fiji", *Country Report*, 4th Quarter, 2013, p. 8.
③ "Foreign Policy", The Ministry of Foreign Affairs and International Cooperation website, http: // www. foreignaffairs. gov. fj/foreign-policy.

系的国家。① 2006 年政变对斐济的外交产生了很大影响。2009 年 5 月和 9 月，太平洋岛国论坛和英联邦分别宣布中止斐济的成员资格。斐济与欧盟进行的临时经济贸易伙伴协定谈判也受到了影响。② 欧盟撤销了大部分的资金援助，而这些资金原本是计划用于降低斐济制糖业成本的。虽然 2012 年欧盟与太平洋共同体秘书处（斐济是该组织成员）签订了一项援助协议，但是这些援助远远弥补不了最近几年的损失。在 2013 年 9 月举行的太平洋岛国论坛上，虽然少数成员国愿意在斐济大选前重新承认斐济政府，但是最后论坛还是达成一致，称将在 2014 年民主选举结束后才重新承认斐济政府。③

2013 年，新西兰政府考虑到斐济临时政府为 2014 年民主选举采取的进步性措施，取消了 2006 年政变之后实施的某些制裁。特别是在斐济推出新宪法后，新西兰承诺将为斐济大选提供财政支持。新西兰还取消了不允许斐济的体育组织参加新西兰举办的赛事的规定，并且决定为斐济的大学提供奖学金资助。太平洋岛国峰会也对斐济向民主化迈出的步伐表示了肯定。不管 2014 年斐济的选举结果如何，预计斐济与新西兰和澳大利亚的关系将获得提升。鉴于新、澳在 2006 年斐济发生政变以来对斐济实施的经济和外交制裁没有取得成效，两国改变策略，恢复了与斐济的外交关系，希望通过促进与斐济关系的发展帮助其恢复民主。

二 汤加

（一）汤加国内政治情况介绍

汤加王国实行君主立宪制，国家元首为汤加国王图普六世，君主保留了大量权力。总理有权组建内阁，总理由立法机构的代表任命。汤加议会实行一院

---

① 《外交关系》，中华人民共和国驻斐济大使馆经济商务参赞处网站，http://fj.mofcom.gov.cn/aarticle/catalog/ddqy/201104/20110407507404.html。

② 《斐济威胁将退出太平洋岛国论坛》，中国驻瓦努阿图大使馆经济商务参赞处网站，2012 年 9 月 17 日，http://vu.mofcom.gov.cn/aarticle/jmxw/201209/20120908343515.html。

③ Economist Intelligence Unit, "Fiji", *Country Report*, 4th Quarter, 2013, p. 8.

制，共有 26 名议员，其中 9 名贵族议员从汤加的 33 名贵族中选出，17 个普通议员则由 21 岁以上的公民选出。汤加的主要政党为汤加人权和民主运动（HRDM）和友好岛屿民主党（DPFI）。

经过 2010 年 11 月的里程碑式选举，汤加新政府在 2011 年诞生。在此次选举中，友好岛屿民主党赢得了 17 个席位中的 12 席，然而由无党派人士和贵族组成的联盟以微弱优势赢得了选举。可喜的是，在 2010 年大选中，直接通过选举产生的议员人数大幅增加。这种变化始于 2008 年汤加国王图普五世在加冕时宣布放弃政治权力并且迎接新的民主体制。预计，在新国王图普六世的任期内，汤加的民主化不会出现倒退，因为这将遭到国民的强烈反对。①

2012 年 5 月，友好岛屿民主党发起针对政府的不信任投票运动，虽然这场运动在当年 10 月终止了，但是友好岛屿民主党议员和贵族议员之间的紧张对立在可预见的未来将继续存在。虽然信任投票是民主程序的一部分，但是在一个不成熟的体系下过度使用它会破坏稳定。因此，2013 年 5 月，政府推出了一项宪法修正案，旨在限制不信任投票。在 2014 年末举行的大选中，友好岛屿民主党可能揭露政府的非法花销并进一步推动民主改革。预计友好岛屿民主党赢得选举的可能性很大，但是对汤加政治有重要影响力的贵族将继续阻止友好岛屿民主党控制政府。2012 年 10 月发生的事情已经证明了汤加贵族的政治影响力，在这一年里友好岛屿民主党发起的对政府的不信任投票运动多次被贵族终止，并且在议会中以 13 票对 11 票否决了不信任投票运动。②

（二）汤加经济情况介绍

汤加年度经济指标如表 2 所示。

汤加经济在 2013 年上半年仅略微增长，因为在大型基础设施建设项目完成后，建筑活动和投资都陷于停滞。在外打工者的汇款（占汤加国内生产总

---

① Economist Intelligence Unit，"Tonga"，*Country Report*，4th Quarter，2013，p. 7.
② Economist Intelligence Unit，"Tonga"，*Country Report*，4th Quarter，2013，p. 7.

表2　汤加年度经济指标（2009～2013）

	2009[a]	2010[a]	2011[a]	2012[a]	2013[b]
国内生产总值(US $ bn)	0.3	0.4	0.5	0.5	0.5
实际国内生产总值增长(%)	2.8	2.7	5.3	0.0	1.0
消费物价指数(av;%)	1.4	3.6	6.3	1.2	2.0
出口货物离岸价(US $ m)	7.3	7.8	8.0[b]	8.4[b]	9.1
进口货物离岸价(US $ m)	-139.6	-114.2	-131.0[b]	-121.9[b]	-122.5
国际收支平衡(US $ m)	-54.2	-26.0	-36.4[b]	-48.5[b]	-43.3
外债(US $ m)	114.6	153.5	190.5	198.6[b]	215.8
汇率(av)T $:US $	2.03	1.91	1.73	1.72	1.78

注：a 表示实际值，b 表示经济学人信息部估计值。

资料来源：Economist Intelligence Unit，"Tonga"，*Country Report*，4th Quarter，2013，p.5。

值的15%）也继续受到全球经济低迷以及美国经济持续疲软的影响。然而汤加经济将在2014～2015年迎来稳步增长，这源于未来全球经济的持续复苏以及美国就业率的提升和由此带来的外国游客的增加。①

汤加经济在2007～2012年的年平均增长率仅为2.7%，这主要源于汤加年轻人的超高退学率以及超低就业率。因此，汤加政府在2013年下半年决定改革教育制度，并推出了长期和短期教育改革计划。其中，长期改革计划试图通过修改课程设置和降低幼儿园入学年龄来提高年轻人的创新能力和企业家能力；短期改革计划试图鼓励退学者重回课堂。失业问题，尤其是农村地区的失业问题，是导致贫困的最主要因素。根据亚洲开发银行的分析，最低需求保障线以下的人口在2001～2009年，从16.2%上升到了22.5%。同时农村和城市的失业率的持续不同导致国内出现了人口流动，而汤加国内整体的失业和贫困导致了海外移民现象的增加。② 汤加的教育改革不会对2014年经济产生立竿见影的促进作用，但是教育改革从长远来看将持续改善汤加的失业问题和贫困问题，提高汤加侨民的汇款。

在财政方面，2013/2014年度，汤加的财政预算将扩大为约2.07亿美

① Economist Intelligence Unit，"Tonga"，*Country Report*，4th Quarter，2013，p.9.
② Economist Intelligence Unit，"Tonga"，*Country Report*，4th Quarter，2013，p.13.

元，这笔预算主要用于健康、教育、警务及道路建设。虽然税收种类没有发生变化，但是税收收入在 2013～2014 年增加了 3.1%，这部分归功于消费税的增加。另外，来自欧盟、新西兰、澳大利亚、亚洲开发银行和世界银行的财政援助达到了 1.588 亿潘加（汤加货币）。然而，汤加财政部长指出了财政援助的不确定性，他责怪欧盟和世界银行在事先没有告知的情况下无故拒付援助资金，并导致 2012/2013 年度的财政预算少了 1000 万潘加。澳大利亚新政府称汤加过度依赖对外援助，因此决定减少对它的援助预算。因此，可以预计，2014/2015 财年汤加的预算将减少，并且由于汤加国内经济持续低迷，预算将继续维持赤字。国际货币基金组织鼓励汤加政府继续扩大税收基础并加强对开支的监管。世界银行认为，汤加处于巨大的债务压力之下，在经济危机和自然灾害发生时，汤加政府可能束手无策。2014/2015年，汤加在财政方面会继续依赖外国援助。公务员的高额花费、基础服务方面的费用短缺及偿还债务的压力（截至 2013 年 6 月，公共债务达到了国民生产总值的 43%）将继续困扰汤加政府。然而，政府在 2013 年 9 月推迟了以低利率偿还约 1300 万美元债务的计划，可以预计，汤加政府承诺的"再无新借款"和还清债务这两项任务不会完成。[1] 2013 年 9 月，亚洲开发银行承诺向汤加提供价值 4500 万美元的援助，以帮助其稳定财政，并支持其旅游业和制造业，同时助其应对自然灾害。

金融方面，国际货币基金组织在 2013 年 5 月建议汤加央行改变刺激信贷的积极的货币政策，转而提高银行利率，但是汤加政府和汤加央行关系紧密，政府官员对央行具有很大影响力，央行的自主决定权受到很大限制，在这种情况下，推行银行部门的改革是相当困难的。而且，考虑到汤加近几年持续的低通胀率，汤加央行也想在中期维持宽松的货币政策以激活经济活动，因此维持宽松的货币政策仍有很大的空间。只有当通胀率比预期增长过快时，比如全球石油价格或者粮食价格上涨（汤加严重依赖进口能源和食品）时，汤加的货币政策才可能受到挑战。[2] 2013 年上半年，汽油价格的偏低导致运输费用有所

---

① Economist Intelligence Unit, "Tonga", *Country Report*, 4th Quarter, 2013, p. 8.
② Economist Intelligence Unit, "Tonga", *Country Report*, 4th Quarter, 2013, p. 9, 14.

下降，通胀率仍然维持在低水平。由于汤加对美元汇率的降低会导致进口商品的价格提高，而汤加又严重依赖进口，预计汤加在2014年的通胀率会上升，[①]届时汤加调整货币政策的可能性很大。

（三）汤加外交情况介绍

汤加是联合国、英联邦、太平洋岛国论坛、太平洋共同体、国际民航组织、亚洲开发银行、世界银行、国际货币基金组织、世界贸易组织等的成员。汤加关心地区安全与稳定，支持美澳新军事联盟和美在太平洋地区发挥主导作用；积极参加地区合作，主张建立南太平洋无核区，但尚未签署南太无核区条约。[②]

汤加在1970年与澳大利亚和新西兰建立外交关系，澳大利亚和新西兰与汤加关系密切，是汤加的主要援助国。不过，最近汤加和新西兰的关系比较紧张。2013年7月，新西兰推迟了价值6400万美元的旅游业援助，因为新西兰航空安全专家认为 Real Tonga（汤加一家航空公司）使用的中国产飞机（MA60）存在安全隐患。而此前，新西兰航空公司的 turboprop 飞机被租借给汤加以用于其国内航线。汤加副总理否认 MA60 飞机存在安全隐患，认为新西兰的言论损害了汤加的旅游业，同时汤加总理也称 MA60 飞机符合国际安全标准。两国关系之前就因为汤加警方的不端行为被揭露而降到谷底，这包括2012年一名新西兰警官在汤加的拘留所死亡的事件。这一事件中的五名汤加警官和一名汤加公民将在汤加最高法庭继续受审。[③]

2013年9月澳大利亚自由党—国家党保守派联盟上台后，澳大利亚援助和开发机构（AusAID）被并入了对外事务和贸易部门（DFAT），对太平洋岛国的援助随之减少了。在过去三年里，汤加从澳大利亚获得了9500万澳元的援助，这些援助用在了选举改革、2010年大选、经济和公共部门改革、教育、卫生、基础设施及应对财政危机上。因此，援助减少对汤加是一个巨大打击。[④] 此外，

---

① Economist Intelligence Unit, "Tonga", *Country Report*, 4th Quarter, 2013, p. 9.
② 《汤加经济形势严峻》，中华人民共和国驻汤加王国大使馆经济商务参赞处网站，http://to. mofcom. gov. cn/article/sqfb/201305/20130500108912. shtml。
③ Economist Intelligence Unit, "Tonga", *Country Report*, 4th Quarter, 2013, p. 8, 12.
④ Economist Intelligence Unit, "Tonga", *Country Report*, 4th Quarter, 2013, pp. 15 – 16.

中国近期决定帮助汤加建造一座新的政府大楼，并提供 1600 万美元的援助。有分析预计 2014～2015 年汤加和中国的关系将继续加强，部分源于中国给予汤加政府的大量借款以及基础设施和开发项目援助。

三 瓦努阿图

（一）瓦努阿图政治情况介绍

瓦努阿图共和国实行议会制，总理组建部长理事会，总理由立法机构任命。瓦努阿图采取一院制，共有 52 名议员，任期四年。在 2012 年 10 月的大选中，有 17 个政党和 4 个无党派人士获得了议会席位，基尔曼当选总理。然而，瓦努阿图国内对某些议员当选的合法性有质疑，同时发起了一系列不信任投票运动，最后，基尔曼在 2013 年 5 月辞职。5 月 23 日，绿色联盟党领导人卡凯塞斯当选新总理，他是瓦努阿图第一位非土著人出身的总理，曾经在内阁和多个部门任职，是一位有经验的政治家。[1] 卡凯塞斯执政后将政策重点放在了三个领域，即财政问题、土地改革及外国投资。虽然瓦努阿图加入了世界贸易组织，但是政府在外商投资领域倾向于实行保护主义政策。瓦政府指出，本地经营和本地持有多数股份是零售和批发业企业必须遵守的规定。在土地分配领域，瓦政府反对土地分配的不规则性，并推迟了海底采矿企业进一步的开发行动。在财政领域，新预算将控制开支并提高税收，比如规定了政治家个人的花销。[2]

2014～2015 年，瓦努阿图政府面临的最大挑战是如何稳定政治秩序。与前几届政府不同，新政府试图将更多的执政理念灌输给官员们。比如，两名占据重要职位的部长因为不够忠诚而被开除。此外，卡凯塞斯也利用法院和他的政治手段来应付政治挑战，并成功阻止了两起对他的不信任投票。然而，频繁爆出的腐败丑闻、脆弱的政党体制、备受质疑的选举结果以及政治不忠诚使得

① Economist Intelligence Unit, "Vanuatu", *Country Report*, 4th Quarter, 2013, p. 7.
② Economist Intelligence Unit, "Vanuatu", *Country Report*, 4th Quarter, 2013, p. 8.

不信任投票已经成为瓦努阿图政治的鲜明特征。政府的土地拍卖使得瓦努阿图国内频繁出现对立情绪。2012 年瓦努阿图加入了世界贸易组织，更加开放的贸易环境使得一些既得利益者的利益受到了威胁。[①] 2014 年 2 月，占议会多数席位的反对派发起了不信任投票，然而卡凯塞斯拒绝辞职，称要继续完成政府制订的政策计划。卡凯塞斯称他正在同反对派谈判，以说服他们与政府一起工作。[②] 政治忠诚的摇摆、不信任投票的过度使用以及法庭的不断介入预示2014～2015 年瓦努阿图的政治仍将动荡。

（二）瓦努阿图经济情况介绍

瓦努阿图年度经济指标如表 3 所示。

表 3　瓦努阿图年度经济指标（2009～2013）

	2009[a]	2010[a]	2011[a]	2012[a]	2013[b]
国内生产总值（US $ bn）	0.6	0.7	0.8	0.8	0.8
实际国内生产总值增长（%）	3.3	1.6	1.4	2.3	2.8[a]
消费物价指数（av;%）	4.2	2.8	0.9	1.4	1.9
出口货物离岸价（US $ m）	55.2	52.3	67.4	57.5	43.1
进口货物离岸价（US $ m）	－ 187.1	－ 290.9	－ 310.2	－ 322.6	－ 319.4
国际收支平衡（US $ m）	－ 12.0	－ 105.2	－ 126.9	－ 128.6	－ 118.0
外债（US $ m）	155.8	173.3	201.8	—	—
汇率（av）Vt∶US $	106.74	96.91	89.47	92.64	92.38

注：a 表示实际值，b 表示经济学人信息部估计值。

资料来源：Economist Intelligence Unit, "Vanuatu", *Country Report*, 4th Quarter, 2013, p. 5。

2010～2011 年，瓦努阿图的实际国内生产总值增长率从之前五年的平均5.7%降到了平均1.5%。预计在 2014～2015 年，瓦努阿图经济增长率可能达

---

① Economist Intelligence Unit, "Vanuatu", *Country Report*, 4th Quarter, 2013, p. 7.

② "Vanuatu Prime Minister Moana Carcasses Clings to Power Despite Losing Majority in the Country's Parliament", *Australia Network News*, http：//mobile. abc. net. au/news/2014 - 02 - 25/vanuatu/5282318.

到 4% 。未来两年的经济增长将主要依靠基础设施建设和其他项目，这些项目获得了中国的援助。① 此外，由于新西兰和澳大利亚政府提供给瓦努阿图人的临时工作计划，以及美国经济复苏带来的美国汇款的增加，瓦努阿图获得的外国汇款将有所增加。

财政方面，瓦努阿图政府将继续依赖国外财政援助和贷款来维持财政平衡。2012 年，瓦努阿图的财政赤字为约 1500 万美元，相当于当年其国内生产总值的 1.9% 。2014～2015 年瓦努阿图的财政情况将主要受两个因素的影响：第一个是新政府是否重新审阅开支计划，第二个是澳大利亚是否减少对太平洋岛国的援助。

金融方面，瓦努阿图央行在 2013 年 5 月放宽了货币政策，将利率和再贴现率从 2008 年的 6% 降到了 5.5% 。这主要源于低通胀率、信贷及经济总量的缓慢增长。② 2012 年 7 月，政府将最低工资提高了 23% ，受此因素影响，2013 年瓦努阿图的消费价格指数为 1.9% 。全球商品的低通胀率将继续对瓦努阿图的通胀率产生影响，特别是全球石油价格预计在 2014～2015 年不会出现太大涨幅。然而，较快的经济增长将推动价格上升，预计 2014 年瓦努阿图的消费价格指数将达到 2.2% ，③ 因此 2014 年瓦努阿图的货币政策可能收紧。

（三）瓦努阿图外交情况介绍

瓦努阿图积极参与国际事务，加强传统双边和多边伙伴关系。瓦努阿图与 74 个国家建立了外交关系，是联合国、不结盟运动、英联邦、法语国家共同体、太平洋岛国论坛、美拉尼西亚先锋集团以及国际货币基金组织、世界银行、亚洲开发银行的成员。④ 瓦努阿图的外交战略目标在于维护瓦努阿图人民的利益、维护国家主权，促进瓦努阿图积极参与国际社会活动，以实现瓦努阿

---

① Economist Intelligence Unit, "Vanuatu", *Country Report*, 4th Quarter, 2013, p. 9.
② Economist Intelligence Unit, "Vanuatu", *Country Report*, 4th Quarter, 2013, p. 9.
③ Economist Intelligence Unit, "Vanuatu", *Country Report*, 4th Quarter, 2013, p. 10.
④ 《瓦努阿图国家概况》，中华人民共和国外交部网站，http://www.fmprc.gov.cn/mfa_ chn/ gjhdq_ 603914/gj_ 603916/dyz_ 608952/1206_ 609602/。

图的基督教价值观，并珍惜瓦努阿图的美拉尼西亚文化，尊重文化的多样性，建立瓦努阿图透明的政治原则，保障瓦努阿图廉洁法治的政治环境以及社会的公平和公正。

澳大利亚是瓦努阿图最大的援助国。在基尔曼执政时，瓦澳关系陷入了低谷，原因是澳警方逮捕了基尔曼的私人秘书，因为后者涉嫌洗钱。作为回应，瓦政府逮捕了一些澳警官。

卡凯塞斯试图重塑瓦努阿图的对外关系，这包括终止与印尼的防御协定以及不承认阿布哈兹独立。卡凯塞斯政府支持印度尼西亚控制的西巴布的独立，并在2013年的美拉尼西亚先锋集团会议上支持西巴布获得观察员地位。瓦努阿图还反对印尼获得美拉尼西亚先锋集团（成员包括瓦努阿图、巴新、斐济、所罗门群岛、新喀里多尼亚）观察员地位。[1]

中国和日本是瓦努阿图较大的援助国。中国的主要援助形式是借款，瓦努阿图已经从中国政府借了2000万美元来建设政府的电子网络，华为公司是这个项目的主要承包商。[2] 瓦中正在进行价值1亿美元的贷款协商以用于瓦外岛的道路建设。与此同时，日本也决定帮助瓦努阿图建设一所医院，并提供7000万美元用于码头修复项目，该码头修复项目有助于减少瓦努阿图的进口成本。

四　巴布亚新几内亚

（一）巴布亚新几内亚政治情况介绍

巴布亚新几内亚独立国实行君主立宪制，国家元首为伊丽莎白二世女王，伊丽莎白二世女王委派总督代行国家元首一职。现任总督为迈克尔·奥吉奥。国民议会由总理领导，总理由议会提名，由国家元首任命。2012年6~7月，巴新举行全国大选，紧接着在8月的议会投票中彼得·奥尼尔高票当选总理。

---

① Economist Intelligence Unit, "Vanuatu", *Country Report*, 4th Quarter, 2013, p. 8.
② Economist Intelligence Unit, "Vanuatu", *Country Report*, 4th Quarter, 2013, p. 14.

奥尼尔获得议会广泛支持的主要原因是其竞争对手、前总理索马雷突然宣布支持他。①

在巴新独立后的历史中，像奥尼尔政府一样能得到广泛支持的政府几乎没有出现过。奥尼尔领导的人民全国代表大会党（PNC）获得了最多的议席，并且由他组建的联合政府包括了绝大多数议会议员。2013 年 1 月，人民党宣布与人民全国代表大会党合并，这样奥尼尔直接控制了 40 个议席。② 反对党的重要成员库朗背叛了他所在的政党，这加强了奥尼尔的权力。库朗离开后，反对派在议会的席位只剩下 5 个。如果算上和 PNC 一起执政的其他党派，奥尼尔政府占据了议会 111 个席位中的 102 个席位。在巴新，政治隶属关系通常依赖部落、语言、地理和个人关系，而不是政治忠诚，这使得巴新难以实现政治稳定。

为了稳定巴新的政治秩序，巴新政府采取了如下措施。第一，2013 年，巴新通过了一项法律，即在新政府刚成立的头两年半时间里，禁止发起不信任投票。反对派被削弱虽然威胁了立法过程中议会的作用，但是有助于巴新的政治稳定。下一次选举将在 2017 年举行，新法律的颁布也意味着提前举行大选的可能性大大下降。第二，巴新政府禁止外国人干预本国政治。巴新可持续发展项目局（PNGSDP）原本是奥克特迪金矿和铜矿的主要股东，政府宣布将奥克特迪金矿和铜矿收归国有，之后，PNGSDP 的联络处主任戴维斯和政府打了一场口水仗。2013 年 11 月，巴新政府以涉嫌干预国内政治为由将戴维斯驱逐出境。③ 第三，2013 年 10 月中旬，政府确认将考虑削减外国人对本国媒体的所有权。目前，巴新的大部分媒体是由外国人经营的。非国家控制的媒体也成了反对派攻击政府的工具。④

（二）巴布亚新几内亚经济情况介绍

1. 巴布亚新几内亚经济政策介绍

巴布亚新几内亚近年来的经济指标如表 4 所示。

---

① Economist Intelligence Unit，"Papua New Guinea"，*Country Report*，January 2013，p. 3.
② Economist Intelligence Unit，"Papua New Guinea"，*Country Report*，December 2013，p. 3.
③ Economist Intelligence Unit，"Papua New Guinea"，*Country Report*，December 2013，p. 18.
④ Economist Intelligence Unit，"Papua New Guinea"，*Country Report*，December 2013，p. 3.

表4 巴布亚新几内亚年度经济指标（2009～2013）

	2009[a]	2010[a]	2011[a]	2012[a]	2013[b]
实际国内生产总值增长(%)	5.5	8.0	9.0	8.0	4.5
人均国民生产总值(US $ at PPP)	3210[b]	3426[b]	3727[b]	4004[b]	4156
汇率:Kina:US $ (end-period)	2.70	2.64	2.14	2.10	2.53
国际收支平衡(US $ m)	-852	-855	-296	-3028	-2357
消费物价指数(end-period;%)	5.7	7.2	6.8	1.6	5.0

注：a表示实际值，b表示经济学人信息部估计值。

资料来源：Economist Intelligence Unit，"Papua New Guinea"，*Country Report*，December 2013，p.8。

近年来，巴新政府集中精力发展经济，制定了《2011～2015年中期发展规划》《2010～2030年发展规划》《2050年远景规划》等发展规划，为巴新经济社会发展提供了相对稳定的外部政策环境，使巴新经济连续10年保持了较快增长。此外，政府加大了吸引外资的力度，如液化天然气项目、拉姆镍矿等投资项目均取得了重要进展，为推动巴新经济持续增长发挥了重要作用。

自2011年起，巴新的实际GDP增长率持续下降，在2013年更是跌至4.5%。如果埃克森美孚石油公司液体天然气项目正式投入生产的话，2014年其实际GDP增长率可能出现上涨，或将达到6.2%。该项目将带动巴新的商品出口，提高其税收收入，增加基础设施和福利方面的支出。2015～2018年，由于该项目会达到最大生产量，因此巴新经济将持续高速增长。

财政方面，2013年11月，巴新财政部正式宣布了扩张性的预算。政府决定增加在医疗、教育和基础设施上的开支，财政预算总额为130.308亿基那，同比增长24.1%。[①] 但是随着埃克森美孚液体天然气项目的完工，原项目工人将面临失业，从而增加社会的不稳定性，因此政府要尽快为他们安排新的工作岗位。

金融方面，巴新央行在2012年9月至2013年5月降低了利率。之后为了刺激经济增长，继续实行宽松的货币政策，其通胀率从2012年第四季度的1.6%增长到了2013年2～3月的2.8%和4～6月的3.2%。[②] 巴新央行将继续

---

① Economist Intelligence Unit，"Papua New Guinea"，*Country Report*，December 2013，p.4.

② Economist Intelligence Unit，"Papua New Guinea"，*Country Report*，December 2013，p.6.

保持宽松的货币政策，直至 2014 年埃克森美孚石油项目投产。另外央行也会提高最低存款准备金率以防止流动过剩。

（三）巴布亚新几内亚外交情况介绍

巴布亚新几内对外奉行中立政策，主张各国和平相处，增加经济往来与合作，致力于维护南太平洋地区的和平与稳定。近年来，巴新积极参加联合国成立 60 周年活动，参与亚太经合组织、东盟地区论坛、亚非峰会、英联邦部长和非加太集团部长会议等，外交表现得非常活跃，日益重视在多边外交中发挥作用。巴新利用"热带雨林国家联盟"共同主席国身份，积极谋求在气候变化问题上的发言权。此外，巴新还主办了第 16 届美拉尼西亚先锋集团大会、第 5 届南太旅游组织（SPTO）大会及该组织部长理事会会议、第 35 届太平洋岛国论坛会议、第 16 届非加太—欧盟联合议会大会。[1]

巴新同澳大利亚一直保持着特殊关系，澳大利亚是巴新的最大援助国和最大的贸易与投资伙伴，两国每年举行部长级磋商。2013 年巴澳还签订了一项新协议，规定巴新将阻止政治避难者在澳大利亚海岸登陆。随着一个新的永久性拘留中心在巴新建立，巴新政府与澳大利亚进行协商以获得更多援助的能力将提高。不过，对这一协议巴新国内存在很多争议，抗议者担心这份协议将使巴新政府从医疗和社会问题中分心。[2] 另外，30 多名澳大利亚联邦警察官员将在巴新任职，以提升日益萎靡的巴新警察的素质。巴新政府称，"这些澳大利亚警官不会抢巴新警察的职位，不会直接执行维持治安的任务，也不会违背巴新的法律惩罚任何人"。巴新政府的声明对于协议的实施是非常关键的。之前巴新和澳大利亚之间曾有一个合作计划，但是后来被发现是违宪的，因此澳大利亚警察被送回了澳大利亚。然而，之后巴新由于国内秩序混乱，不得不重新寻求澳大利亚的帮助。[3] 另外，巴布亚新几内亚与美国签有防务合作和联合军事演习等协议，巴布亚新几内亚允许美军舰停靠其港口。根据与美国的《国防安排规划》，巴布亚

---

① 《巴布亚新几内亚国家概况》，中华人民共和国外交部网站，http://www.fmprc.gov.cn/mfa_
　 chn/gjhdq_ 603914/gj_ 603916/dyz_ 608952/1206_ 608978/。

② Economist Intelligence Unit, "Papua New Guinea", *Country Report*, December 2013, p. 3.

③ Economist Intelligence Unit, "Papua New Guinea", *Country Report*, December 2013, p. 17.

新几内亚还派军官赴美进行培训。与此同时，随着亚洲国家综合实力的不断增强，巴布亚新几内亚还把外交重点进一步转向了东亚和东南亚各国。奥尼尔政府强调"巴新的未来利益在亚洲"，巴新将进一步拓展与中国等亚洲国家的关系。

五　萨摩亚

（一）萨摩亚政治情况介绍

萨摩亚独立国实行议会制，总理选择 12 位大臣并组成内阁，执行理事会审核内阁的决定。议会采取一院制，任期五年，原有 49 个议席，2013 年 6 月，萨摩亚通过了一项关于性别平等的宪法修正案，以确保议会中至少有 5 名女代表，从此议席扩大为 54 个。[①] 其中，47 名议员是由 21 岁以上的全体萨摩亚人选举出来的，他们来自 41 个选区；2 名议员由非萨摩亚人选举产生；妇女有 5 个议席。选举每五年举行一次，近期的议会选举在 2011 年 3 月举行，下一次选举预计在 2016 年 3 月举行。

萨摩亚的主要政党有人权保护党（HRPP）和服务萨摩亚党（TSP）。在 2011 年 3 月举行的选举中，人权保护党再次获胜并组建新一届政府，该党领袖马利埃莱额奥伊连任总理。马利埃莱额奥伊领导的人权保护党占据了 49 个席位中的 29 个席位。反对党 TSP（至少赢得 9 个席位才能成为反对党）赢得了 13 个席位。投票结束后，一系列贪污和受贿指控接踵而来，导致 3 名人权保护党议员和反对党领导人离职。不过执政党在之后又赢得了 4 个席位，从而将席位总数提高到了 30 个。另外，执政党赢得了 7 名无党派人士的支持。马利埃莱额奥伊当选后逐步巩固了权力，2012 年 9 月，他自任议会主席。随后萨摩亚政府推出了一项宪法修正案，成功地阻止在任议员组成新党派。同时，萨摩亚政府还推出了无党派人士进入政府部门的标准。另外，执政党将推出新法律以进一步控制政党和私人的活动。[②]

---

① Economist Intelligence Unit，"Samoa"，*Country Report*，4th Quarter，2013，p. 7.
② Economist Intelligence Unit，"Samoa"，*Country Report*，4th Quarter，2013，p. 7.

人权保护党将在 2016 年的选举中受到服务萨摩亚党的强力挑战。然而，萨摩亚国内议会体系偏向人权保护党，有助于人权保护党的继续执政。特别是在 2009 年，萨摩亚政府推出了一项法律，旨在阻止在任议员随意改变政党隶属关系，这项法律也将影响反对党——服务萨摩亚党的有效率运行。

（二）萨摩亚经济情况介绍

萨摩亚近年来的年度经济指标如表 5 所示。

表 5　萨摩亚年度经济指标（2009～2013）

	2009[a]	2010[a]	2011[a]	2012[a]	2013[b]
国内生产总值(US＄m)	523.7	583.6	651.6	680.5	669.3
实际国内生产总值增长(％)	－4.5	0.0	1.9	1.9	－0.5
消费物价指数(av;％)	6.3	0.8	5.2	2.0	2.7
出口货物离岸价(US＄m)	11.1	12.3	11.4	——	——
进口货物离岸价(US＄m)	－207.8	－280.0	－318.7	——	——
国际收支平衡(US＄m)	－7.7	－66.7	－78.3	——	——
外债(US＄m)	252.9	325.1	368.3	——	——
汇率(av) Tala:US＄	2.73	2.48	2.32	2.29	2.32

注：a 表示实际值，b 表示经济学人信息部估计值。
资料来源：Economist Intelligence Unit，"Samoa"，*Country Report*，4th Quarter，2013，p.5。

2009 年 9 月，萨摩亚遭受强烈地震海啸灾害，经济损失巨大。萨摩亚政府积极开展灾后重建并有效应对国际金融危机，保持了经济增长势头。2009～2012 年萨摩亚连续三年 GDP 实现增长，但是 2013 年增长出现了回落。其中，非食品制造业的增长率在 2013 年下半年与 2012 年同期相比降低了 14.4 个百分点。劳务输出的汇款在 2013 年 6 月与 2012 年同期相比降低了 10.8％，这部分源于美国工作岗位的减少。[①] 季节性工作计划为萨摩亚提供了重要的境外汇款，这些汇款相当于其 2012 年国内生产总值的 22％。然而，2013 年上半年的

---

① Economist Intelligence Unit，"Samoa"，*Country Report*，4th Quarter，2013，p.9。

几个月，汇款大幅减少，比如 2013 年 6 月的收入与 2012 年同期相比减少了 10.8%。这源于马利埃莱额奥伊政府提出的一项禁令，这项禁令认为工作者们存在性侵犯、盗窃、损坏公司财产等行为，犯法者将受到两年或者四年被限制出国的处罚；政府禁止 7 个村庄的萨摩亚人参加澳大利亚和新西兰的季节性工作计划，政府将挑选工作者参加季节性工作计划。在 2012 年，有 1500 多人被新西兰政府驱逐出境。[1]

财政方面，在 2012 年热带气旋过后，萨摩亚基础设施遭受了严重损失。亚洲开发银行在"伊凡"经过后对萨摩亚提供了 50 万美元的紧急援助。然而，萨摩亚在重建中过度依赖国外经济援助，尤其是国际货币基金组织、新西兰及澳大利亚的援助。2013 年 3 月，世界银行承诺向萨摩亚提供价值 2000 万美元的援助，其中一半是无偿的，一半是零利息的贷款。与世界银行的协议将使萨摩亚的对外依赖性继续增加，并增加了其公共赤字。澳大利亚原本打算在 2013～2014 年给予萨摩亚 4.58 亿美元的援助，但是 2013 年澳大利亚新政府上台后决定减少 12% 的援助额，这对萨摩亚也是一个不小的打击。[2]

金融方面，2009 年海啸后，萨摩亚央行实施了宽松的货币政策以刺激私人部门的消费和经济增长。2010 年，央行将利率调到历史新低，并且在之后几年一直维持此利息。灾后重建和应对金融危机的措施收到了成效，2013 年 7 月，萨摩亚的广义货币 M2 与 2012 年同期相比增长了 0.4%。货币量的增长没有消除萨摩亚对经济萧条的担心，因为虽然外国资产在 7 月增加了 3.5% 并达到了 26.34 亿塔拉，但是国内资产减少了 0.5% 并且只有 44.37 亿塔拉。此外，国内银行部门对信贷的严格管理也在一定程度上限制了货币量的增长。[3] 2012 年，"伊凡"过后农业恢复较快，农产品价格没有像预期的那样飞速上涨。2014 年，预计通胀率将较低。在萨摩亚加入 WTO 后，进口关税将下降，因此进口货物的价格也会下降。另外，国际石油的低价也将促进低通胀率。消费价

---

① Economist Intelligence Unit，"Samoa"，*Country Report*，4th Quarter，2013，p. 15.
② Economist Intelligence Unit，"Samoa"，*Country Report*，4th Quarter，2013，p. 8.
③ Economist Intelligence Unit，"Samoa"，*Country Report*，4th Quarter，2013，p. 16.

格指数在 2014 年可能平均为 2.2%。① 2013 年 7 月的消费价格指数比 5 月下降了 1.7%。消费价格指数的下降源于食品和非酒精饮料的价格月环比下降了 2.7%，也源于房地产、水、汽油和其他燃料下降了 2%。预计主要商品的价格将继续下降，因为农业已经在灾害之后有所恢复，并且会在 2014 年恢复到正常水平。② 预计萨摩亚央行 2014 年上半年将继续执行宽松的货币政策以刺激私人部门的消费和经济的增长。

（三）萨摩亚外交情况介绍

在外交政策方面，萨摩亚主张维护民族独立、发展民族经济，认为国家不分大小，均应受到平等对待。萨摩亚主张建立国际经济新秩序，重视全球和地区环境保护，支持建立南太无核区，反对核试验，尤其反对在南太地区进行核试验以及倾倒和运输核废料。萨摩亚是联合国、英联邦、太平洋岛国论坛、太平洋共同体和太平洋区域环境署等组织的成员。太平洋区域环境署秘书处，联合国粮农组织、教科文组织及开发计划署太平洋地区代表处都设在萨摩亚首都阿皮亚。③

由于自身国力不强以及受地理环境限制，长期以来萨摩亚将外交重点放在南太地区。新西兰曾经是萨摩亚的宗主国，时至今日两国关系依然密切。新西兰是萨摩亚的第三大援助国，萨摩亚则是新西兰在南太地区的第四大受援国。新西兰每年向萨提供约 1500 万新元援助。新西兰还是萨摩亚的主要贸易对象，新西兰对萨摩亚的商品出口约占萨进口总额的 1/3，萨摩亚对新西兰出口占萨出口总额的 10% 左右。2011 年 11 月，萨联合汤加、图瓦卢、库克群岛等波利尼西亚国家和地区成立次区域组织"波利尼西亚领导人集团"，旨在保护和促进波利尼西亚文化、语言和传统，并通过合作实现经济可持续发展与繁荣。

虽然人权保护党的统治遭到了澳大利亚和新西兰的批评，但是澳、新将继

---

① Economist Intelligence Unit, "Samoa", *Country Report*, 4th Quarter, 2013, p. 9.
② Economist Intelligence Unit, "Samoa", *Country Report*, 4th Quarter, 2013, p. 13.
③ 《萨摩亚国家概况》，中华人民共和国外交部网站，http://www.fmprc.gov.cn/mfa_chn/gjhdq_603914/gj_603916/dyz_608952/1206_609428/。

续向萨摩亚提供经济援助。2012 年，热带气旋"伊凡"席卷萨摩亚时，澳、新两国都给予了援助。① 澳大利亚新总理阿博特上任后调整了对外援助政策。澳大利亚援助和开发局（AusAID）被并入了对外事务和外贸部，并且计划在未来五年内减少预算赤字。澳大利亚援助和开发局估计，在过去三个财年，澳大利亚已经向萨摩亚提供了 1.484 亿澳元的援助，涉及教育、卫生、基础设施、疾病预防及公共与经济改革。澳大利亚已经承诺只向萨摩亚提供 900 万澳元援助。紧随澳大利亚的对外援助新政策，新西兰和加拿大的政府也减少了援助预算。② 另外，萨摩亚与太平洋岛国、澳大利亚和新西兰之间关于建立自由贸易区的 PACER Plus 谈判将继续。

澳大利亚援助政策的改变使中国对萨摩亚的影响力增强了。虽然中国的援助更多的是贷款，但是中国仍然是萨摩亚重要的援助国。在太平洋岛国内部一直存在着减少对澳大利亚的依赖转而更多地依靠中国的呼声。③ 此外，萨摩亚与南太平洋岛国关系方面，其和美属萨摩亚在近期进行政府间会谈之后，停滞 6 年的关系将会有所改善。移民和贸易问题将是双方合作的主要领域。另外，如果斐济在 2014 年民主选举成功的话，萨摩亚和斐济两国的紧张关系将会得到缓解。④

综上所述，本文对大洋洲主要岛国斐济、汤加、瓦努阿图、巴布亚新几内亚、萨摩亚的政治、经济和外交的现状及发展趋向进行了系统阐述。在政治领域，南太平洋岛国的民主化继续向前推进，然而对政府的不信任投票等因素影响了政治稳定和社会秩序。在经济领域，岛国继续实行宽松的货币政策以刺激经济发展；国外援助的减少加剧了财政赤字；依靠旅游业和采矿业等出口部门的外贸赤字也继续扩大。在外交领域，岛国积极发展与澳大利亚、新西兰、美国、日本、中国等的双边关系；岛国还充分发挥太平洋岛国论坛的作用，加强岛国在政治和安全等领域的协调与合作，并且加入世界贸易组织等多边机构，从而大大提高了岛国在国际社会的影响力。

---

① Economist Intelligence Unit, "Samoa", *Country Report*, 4th Quarter, 2013, p. 8.
② Economist Intelligence Unit, "Samoa", *Country Report*, 4th Quarter, 2013, p. 21.
③ Economist Intelligence Unit, "Samoa", *Country Report*, 4th Quarter, 2013, p. 21.
④ Economist Intelligence Unit, "Samoa", *Country Report*, 4th Quarter, 2013, p. 7.

近年来，中国与大洋洲岛国间高层往来频繁，政治互信不断深化，双方在国际和地区事务上的合作也不断加强。同时，中国政府在大洋洲岛国也广泛开展项目，包括了基础设施建设、农业、渔业、交通、通信、卫生、人员培训、可再生能源等方面，[①] 中国与大洋洲岛国的关系保持了良好的发展态势。因此，我们需要加强对大洋洲岛国的社会经济、财政、税收政策、矿业政策、环保政策和国际合作政策等方面的综合系统研究，从而最终为国家发展与大洋洲岛国的友好关系提供有意义的参考。

---

① 黄兴伟：《中国代表说中国政府重视同太平洋岛国关系》，《人民日报》2008 年 8 月 23 日，第 3 版。

B.4

太平洋岛国的民族认同与国家认同浅析

庞琴 罗韵 黄绮琪*

摘 要:

太平洋岛屿国家对我国的周边安全和全球发展战略具有重要价值。目前国内学术界对这些国家的政治发展，特别是国家认同的现状这一影响政治稳定的关键因素，缺乏系统和深入的分析。本文选取巴布亚新几内亚、萨摩亚和汤加作为三个典型案例，分析这些国家的民族认同和国家认同的现状，并指出在这三个国家里，国家认同的强弱主要是受两个因素影响：一是原有的民族认同与国家认同是否契合；二是国家能力的强弱。在巴新，分裂的民族认同和徒有其表的政体使得国民的国家认同相当薄弱。在萨摩亚，尽管存在统一的民族认同，但是由于社会族群力量极度强盛而国家的权威相对衰弱，国家认同的发展受到限制，国民的国家认同度一般。而在汤加，由于社会的族群力量和国家的政治力量高度重合，基本上是统一于国王及其贵族的领导之下，国家认同感与民族认同感紧密结合，并在国家政治力量强有力的推动下，获得了稳定发展。

关键词:

民族认同 国家认同 巴布亚新几内亚 萨摩亚 汤加

---

* 庞琴，中山大学亚太研究院讲师、中山大学大洋洲研究中心研究员，博士，主要研究领域为比较政治学、民族主义及国家和社会关系；罗韵，中山大学亚太研究院硕士研究生；黄绮琪，中山大学亚太研究院硕士研究生。王开鹏对本文也有贡献。

太平洋岛屿国家，大都位于太平洋第二岛链以东，在今日中国快速崛起的背景下，它们对我国的周边安全以及全球发展战略具有重大价值。随着中国与大洋洲的关系日益密切，进一步了解这些岛国的政治发展显得尤为重要。国家认同是维系国家政治稳定的关键，当今世界上的大部分国家的内部族裔冲突，以及由此引发的分裂与恐怖组织活动，在一定程度上可以归咎于国家认同感的薄弱，因此，从国家认同的角度分析岛国的政治发展状态，具有非常重要的现实意义，特别是考虑到这些岛国的政治稳定性将极大地影响我国与当地的政治、安全和经济关系的开展。

国内学术界对于南太平洋岛国政治发展的研究目前仍然处于起步阶段。相关的主要著作都是国外关于南太平洋岛国的研究译著，且著作的性质多是对太平洋岛国的种群情况、社会族群情况及殖民历史的概述性分析，如《斐济现代史》①《巴布亚和新几内亚地理》②《新几内亚简史》③。关于民族和国家认同问题，只有少量的相关译著。澳大利亚学者格雷厄姆·哈索尔（Graham Hathor）在《太平洋群岛的民族主义与民族冲突（上）》中介绍了太平洋群岛的民族与民族关系的历史和现状，评论了该地区民族主义的特征和民族冲突的历史根源。④ 美国学者塞赖莎·米尔福德（Se Laisuo Milford）在《帝国主义与萨摩亚人的民族认同》⑤ 中分析了萨摩亚人在国内和国外所面临的民族认同问题，并指出帝国主义的干预是造成萨摩亚群岛地理、社会和政治分裂的原因。国内有很少量的作品研究太平洋岛国独立后的宪政改革和现代化进程，如《由萨摩亚宪政发展看中国的宪法文化危机》⑥《南太平洋岛国现代化研究》⑦，

---

① 〔美〕W. 库尔特：《斐济现代史》，吴江霖、陈一百译，广东人民出版社，1976。
② 〔澳〕豪利特：《巴布亚和新几内亚地理》，中山大学地理系经济地理教研室译，商务印书馆，1974。
③ 〔澳〕P. 比斯库普等：《新几内亚简史》，广东化工学院《新几内亚简史》翻译组，广东人民出版社，1975。
④ 〔澳〕格雷厄姆·哈索尔、李启欣：《太平洋群岛的民族主义与民族冲突（上）》，李研译，林致平校，《世界民族》1997 年第 2 期，第 29～38 页。
⑤ 〔美〕塞赖莎·米尔福德：《帝国主义与萨摩亚人的民族认同》，杨国标译，《世界民族》1989 年第 4 期，第 59～62 页。
⑥ 周娟：《由萨摩亚宪政发展看中国的宪法文化危机》，《法制与社会》2008 年 3 月，第 289～290 页。
⑦ 雷芳、张志兵：《南太平洋岛国现代化研究》，《当代教育理论与实践》2011 年第 9 期，第 157～159 页。

以及《世界现代化历程：大洋洲卷》①。但是，总的来说，目前国内外对于该地区国家的政治研究很少或几乎不涉及国家认同问题，或并未进行充分深入讨论。

认同（identity）一词是 20 世纪 80 年代以来在政治学领域广泛使用的一个概念。认同首先意味着一种"同一性"，在心理学中指的是一种心理机制，一个人据此有意或无意地将另一个人或群体的特征归属于自己。② 弗洛伊德认为"认同"是个人与他人、群体或模仿人物在情感上、心理上趋同的过程。③ 在社会心理学中，认同则是指建立在共同体成员共同特性（同一性）基础上，区别于他者的共有形象以及成员由此产生的对共同体的归属感。④ 民族认同（ethnical identity）是指个体对本民族的信念、态度及对其民族身份的承认，这种群体水平上的认同包括群体认识、群体态度、群体行为和群体归属感四个基本要素。⑤ 国家认同（national identity）是指个体对自己所属国家的历史文化传统、道德价值取向、理想信仰信念、政治主权等的认同。⑥ 国家认同本质上也是一种群体认同，但是和纯粹的民族认同相比，它更多的是一种政治认同，强调公民对国家的政治权力和统治权威的认可、接纳、服从、忠诚;⑦ 而民族认同更多的是一种社会和文化认同。⑧ 国家认同是随着人出生时被赋予的公民身份而具备认同前提的，国家通过颁布法律和制定政策保证公民的权利，公民则履行相应的义务，因此，国家认同是一种重要的公民意识，是维系个体

---

① 王宇博、汪诗明、朱建君：《世界现代化历程：大洋洲卷》，江苏人民出版社，2011。

② 张旭鹏：《文化认同理论与欧洲一体化》，《欧洲研究》2004 年第 4 期，第 66～77 页。

③ 张宝成：《民族认同与国家认同：跨国民族视阈下的巴尔虎蒙古人身份选择》，人民出版社，2012，第 272～273 页。

④ 李明明：《论欧盟区域认同的社会建构》，《南开学报》（哲学社会科学版）2005 年第 5 期，第 14～20 页。

⑤ Cara J. McCowan, Reginald J. Alston, "Racial Identity, African Self-consciousness, and Career in Decision Making in African American College Women", *Journal of Multicultural Counseling and Development*, 26 (2), 1998, pp. 98-108.

⑥ 贺金瑞、燕继荣：《论从民族认同到国家认同》，《中央民族大学学报》（哲学社会科学版）2008 年第 3 期，第 5～12 页。

⑦ 陈茂荣：《论"民族认同"与"国家认同"》，《学术界》（月刊）2011 年 4 月，第 155 期，第 56～67 页。

⑧ Sandra Joireman, *Nationalism and Political Identity: International Relations for the 21st Century*, Bloomsbury Academic, 2003, p. 2.

和所属国家之间关系存在和发展的重要纽带。① 只有当一个国家中的大部分国民在思想上理解自己归属于这个国家，确认自己的公民身份并且认同国家的政治制度和理念时，国家政治的稳定性才能得到保证。

有关国家认同感的来源，有两大基本流派。第一种是"本源论"（primordialism），这一派认为国家认同感来自社会成员对彼此之间共同的种族、社会文化和历史传统纽带的认知；② 而与此对立的是"工具说"（instrumentalism），该流派认为所谓"共同的文化和历史"只是一种想象，是外在的政治和经济力量塑造的假象。③ 国家认同感是国家（或者代表国家利益的知识分子）为了创造自身的政治合法性而有意识地通过教育和文化宣传等方式向国民灌输的。④ "本源论"强调社会成员内部原生的历史记忆，作为纽带凝结社会成员，成为推动国家认同感发展的原动力。而"工具论"则强调以政府为中心的政治力量对国家认同感的刻意塑造，认为政府实际上对社会成员的集体历史记忆进行了再塑造，目的是维护其自身的合法性。目前学术界认为两派的解释都有合理之处，国家认同感既来自社会共同体内部原有的共同历史和文化，也来自国家政府等政治力量的塑造。⑤

---

① 张宝成：《民族认同与国家认同：跨国民族视阈下的巴尔虎蒙古人身份选择》，人民出版社，2012，第272～273页。

② Van den Berghe, *Race and Racism：A Comparative Perspective*, John Wiley and Sons, 1978; Van Den Berghe, "Does race matter?", *Nations and Nationalism*, Vol. 39, No. 3, 1995; Clifford Geertz, "The Integrative Revolution：Primordial Sentiments and Civil Politics in the New States", *Old Societies and New States*, Free Press, 1963; Adrian Hastings, *The Construction of Nationhood：Ethnicity, Religion and Nationalism*, Cambridge University Press, 1997; Anthony Smith, *Nationalism and Modernism：A Critical Survey of Recent Theories of Nations and Nationalism*, Routledge, 1998; Anthony Smith, *Myths and Memories of the Nation*, Oxford University Press, 1999.

③ Benedict Anderson, *Imagined Communities：Reflections on the Origin and Spread of Nationalism*, Verso, 1991.

④ Benedict Anderson, *Imagined Communities：Reflections on the Origin and Spread of Nationalism*, Verso, 1991; Eric Hobsbawn, *Nations and Nationalism Since 1780：Programme, Myth, Reality*, Cambridge University Press, 1992; Philip Spencer & Howard Wollman, eds. , *Nations and Nationalism：A Reader*, Rutgers University Press, 2005; John Breuilly, *Nationalism and the State*, University of Chicago Press, 1985; Elie Kedourie, *Nationalism*, Hutchinson, 1985.

⑤ Anthony Smith, *Nationalism and Modernism：A Critical Survey of Recent Theories of Nations and Nationalism*, Routledge, 1998; Anthony Smith, *Myths and Memories of the Nation*, Oxford University Press, 1999.

本文选取巴布亚新几内亚、萨摩亚和汤加作为三个典型案例来说明南太平洋岛国的国家认同现状，并主要分析其强或者弱的原因。这三个国家分别代表三种不同程度的国家认同：巴布亚新几内亚的国家认同度很低，国内政治比较混乱；萨摩亚国民的国家认同度中等，政治稳定性居中；汤加国民的国家认同度最高，政治最稳定。我们发现，在这三个国家里，国家认同的强弱主要与两个因素有关：①原有的民族认同与国家认同是否契合；②国家能力的强弱。在巴新，分裂的民族认同和徒有其表的政体使得国民的国家认同相当薄弱。在萨摩亚，尽管存在统一的民族认同，但是由于社会族群力量极强，而国家权威相对衰弱，国家认同的发展受到一定限制，国民的国家认同度一般。而在汤加，由于社会的族群力量和国家的政治力量高度重合，基本上统一于国王及其贵族的领导，国家认同感与民族认同感紧密结合，并在国家政治力量强有力的推动下，获得了稳定发展。

一 巴布亚新几内亚——民族地区主义对国家认同建构的阻碍

巴新国内分散的民族认同①成为阻碍国家认同发展的重要因素。支离破碎的民族认同使得社会成员个体更倾向于归属区域集体，原因可归咎于其地理环境、被殖民的历史及发育不良的现代政体。多民族文化无法整合为国家文化，而发育不良的国家政体缺乏有效的约束力来加强政府的合法性，巴新的国家认同是"早产儿"，虽已经形成却非常脆弱。

1. 区域性民族认同的形成原因与影响

（1）地理因素

地理因素奠定了巴新地区民族主义的基础，巴新具有分割性的地理因素决定了民族的区域性。巴布亚新几内亚位于赤道以南，西与印度尼西亚的巴布亚省接壤，南隔托雷斯海峡与澳大利亚相望，东南面与所罗门群岛一衣带水，东距瑙鲁3000公里，北距美国关岛、密克罗尼西亚和马绍尔群岛3000公里。全境共有600多个岛屿，主要包括新几内亚岛、新不列颠、新爱尔兰、马努斯、

---

① 就巴新的情况而言，笔者认为此处的民族认同可以与族群认同相互代替。

布干维尔等。新几内亚岛东半部山岭重叠，主要山脉大致呈西北—东南走向，中部偏西地区以马勒山脉为主，山脉高度由西北向东南逐渐降低，山地宽度逐渐变窄，形成东南半岛。[①] 居住在巴新本土南部及东南部各省的居民约占全国总人口的35%，一般称巴布亚人；居住在巴新本土北部和沿海各岛屿的居民则称新几内亚人。[②] 而布干维尔岛上的居民则有意识地区别于本土居民。

（2）语言因素

区域上的隔绝导致语言的多样性，最早的本源说理论强调共同的语言是产生国家认同感的关键。[③] 虽然巴新的官方语言为英语，但是地方语言有820余种之多，即使在本土，南北双方亦是说不同的语言。[④] 许多语言之间没有或只有微弱的联系，巴新政府亦曾经规范语言，希望可以使国内的交流更为顺畅，然而只以某一部落的语言为基础进行规范的话，其他部落在感情上很难接受，因此语言规范化成效不大。[⑤]

还有学者认为巴新的这种语言差异性并非源自人口迁徙或自然环境对人口分布的划割。恰恰相反，聚居在一起的人们仿佛自然而然地选择分化为迥然相异的群落社会，这种分化过于细密以致难以保证相互之间的顺畅交流。[⑥] 巴新的部落还会以语言的差异性作为身份标识，一支巴新的斯莱皮特语族群就将他们表达"不"的词"bia"改为了"bune"，以此与邻近村落的其他斯莱皮特语群落相区别。[⑦]

（3）殖民因素——分治模式

英国和德国都曾对巴新进行殖民，殖民历史记忆使巴新国内的不同部落各自共享着自己的历史记忆，这种历史记忆巩固了部落的民族认同，但是阻碍了现代巴新国家认同的构建。

1790年，英国东印度公司开始关注巴新，直到1886年，英德两国就划分

① 韩锋、赵江林编著《列国志·巴布亚新几内亚》，社会科学文献出版社，2012，第1~2页。
② 韩锋、赵江林编著《列国志·巴布亚新几内亚》，社会科学文献出版社，2012，第17页。
③ Johann Herder, "Essay on the Origin of Language", in Barnard FM, ed., *Herder on Social & Political Culture*, Cambridge University Press, 2010.
④ 韩锋、赵江林编著《列国志·巴布亚新几内亚》，社会科学文献出版社，2012，第18页。
⑤ 颜治强：《论巴布亚新几内亚皮钦语的形成与流变》，《四川外国语学院学报》1996年第4期，第58页。
⑥ 穆扬：《言语之战：语言悖论的启示》，《世界科学》2013年第2期，第33页。
⑦ 穆扬：《言语之战：语言悖论的启示》，《世界科学》2013年第2期，第34页。

各自的保护国范围达成协议，德国占领该岛东北部地区及附近岛屿，称"德属新几内亚"，英国占领该岛东南部地区及附近岛屿，称"英属新几内亚"。这种分治方式产生在国家出现之前，使得人们对于权威的认同仅仅停留在部落层面，可以说这种分治方式强化了人们的民族认同。

以布干维尔岛的分离主义为例，部落认同过强影响对国家的认同。布干维尔岛本身是从英属所罗门群岛转到德属新几内亚的，然而殖民行政范围的改变并没有使人们忠诚于新的所属政府。比如当政府需要征用当地居民的土地采矿时，布干维尔岛的人们敢于并且有能力与政府对抗。到了巴新准备独立的时候，布干维尔的人民亦宣称，即使布干维尔不与巴布亚新几内亚分离或独立，至少也应寻求自治。① 最终，当1975年巴新宣布独立时，成立了布干维尔省，布干维尔是目前巴布亚新几内亚唯一的自治区。

（4）殖民因素——"间接统治"

殖民时期所实行的"间接统治"同样留下了不可磨灭的历史记忆，人们会将部落权威奉为神明，而不会依从疲软政府的治理。"间接统治"是殖民者减少殖民地管理投资成本的方法，即由族群首领作为中间人代为管理。在农村的乡村法院，采用传统的理念，特别是与土地有关的法律案件，通常都以当地习惯法做出裁定。② 事实上，曾多次担任巴新内阁总理的迈克尔·索马里在1992年议会重新采用死刑制度时就说，在制止严重犯罪方面，"现代的"刑罚没有传统的刑罚那么有效。在巴布亚新几内亚的社会中，群体之间的战事是"长期的、不间断的和地方性的"，这已被描述成公认的社会生活的一部分。以前曾有过各种传统的和解方法，当这些方法不起作用时，冲突就会发生，这与现代国家的出现无关。③ 可见，在"间接统治"的管理模式下，地区内部社会力量强，

---

① 关于布干维尔冲突的起源，有民族、文化和阶层三个分析视角，相关论述参见 Anthony J. Regan, "Current Developments in the Pacific Causes and Course of the Bougainville Conflict", *The Journal of Pacific History*, Vol. 33, No. 3, 1998, pp. 269 – 285。转引自韩锋、赵江林编著《列国志·巴布亚新几内亚》，社会科学文献出版社，2012，第57页。

② 韩锋、赵江林编著《列国志·巴布亚新几内亚》，社会科学文献出版社，2012，第49页。

③ 阿郎·贝都勒夫斯基：《当代新几内亚高地的战事》，《种族》，23：2，第74页。转引自〔澳〕格雷厄姆·哈索尔、李启欣：《太平洋群岛的民族主义与民族冲突（下）》，李研译，林致平校，《世界民族》1997年第3期，第36页。

个体的行为直接由地区社会势力规范，国家法律条文的约束力不强。

天然的地理因素使得巴新国内的族群自然分化，而语言的多样性使得族群难以轻易融合；而作为身份标识的语言差异难以消除，统一民族认同就很难建立。殖民时期的分治模式则强化了区域意识，构建了强烈的区域历史记忆，这是对国家认同构建的横向破坏。而"间接统治"的管理模式，则纵向地进一步加固了区域的民族认同，即强化了个体对区域（特别是其内部的社会势力）的归属与忠诚，而不是作为公民对国家法律与政策的认同。

2. 国家能力的不足

国家认同的建立需要国家机器在国民中有意识地进行教育和文化宣传。然而巴新国家能力有限，难以强力而有效地引导国民共同建构国家认同。政治选举制度的水土不服以及政党文化的缺乏是国家政体建设失败的两大原因。

（1）选举制度水土不服

巴新政体的外部植入性表现为模仿英国的议会制，形式上具有一套完整的政体，然而这一套选举制度明显是水土不服、杂乱无章的，它不仅不能代表巴新国内大部分人的利益，甚至不能健康有效地运转。

巴布亚新几内亚议会称"国民议会"，实行一院制，议会是国家的最高权力机关。2012年巴新国内就有46个政党、3435名候选人竞选111个议席，然而当一个席位有33位候选人竞争的时候，选票容易分散到各个候选人手中，[1]如2002年的选举中一些当选议员的得票率只有5%。当选者所代表的是少部分人的利益，这显然不能够满足大部分人的利益需求。买选票也因此变成了一种竞选手段（成本比较小）。[2]当选议员仅对很小一部分投票给自己的选民负责，并不能很好地代表该区选民，也不会很好地履行对选民的承诺，这种政治选举制度最终只会与本国现实脱节，成为政客们自娱自乐的政治游戏，不可能成为赢得国民认同的方式，亦不可能促使国家认同的有效构建。

---

① 参见"Papua New Guinea National Parliament"，Inter-Parliamentary Union，http：//www. ipu. org/parline/reports/2247_ E. htm；Simon Eroro and Johnny Poiya，"3435 Candidate Set to Contest for 111 Seats In PNG Elections"，East-West Center Website，http：//pidp. eastwestcenter. org/pireport/2012/May/05 – 30 – 02. htm。

② Benjamin Reilly，"Political Engineering and Party Politics in Papua New Guinea"，*Party Politics*，Vol. 8，No. 6，p. 705.

（2）政党文化的缺失

巴新国内的政党文化亦因政体的发育不完善而畸形地发展，表现为个人主义崇拜以及党性的随意。曾先后三次担任政府总理的迈克尔·索马里，实际上，其前两次担任总理是代表潘古党，现在则是国民联盟党的领袖——1980年，迈克尔·索马里领导的政府曾被不信任案推翻，辞去潘古党领袖职务后成立国民联盟党并任领袖。候选人比政党更有影响力，使得候选人在选举上比政党更有优势，是候选人选择政党，而不是政党根据政治理念吸纳成员。每届政府的形成几乎都由政治领袖凭借个人魅力或者利益聚拢议员，政党只是被当作保持权力的工具。政党的个人化会加剧政局的不稳定性。2012年1月26日，巴布亚新几内亚一座兵营发生政变，目的是要求被议会投票废黜的前任总统迈克尔·索马里重新上任。这种政党的不稳定性的背后是分散的族群效忠和议员的低支持率。

其实归根到底，短短几十年间跑步进入现代国家，巴新的政治制度发育不可能如西方民族国家般完善，政党组织缺乏群众基础是政党发展过程中底层构建的障碍，而政党间区别甚小的执政理念则使得政治上层构建缺乏动力。政党之间因部落、个人利益而竞争，却几乎不关注政治理念、国家层面的问题，①使得国家认同缺乏制度基础；没有常态化、正常化的国家政治制度，国家认同的构建则无从谈起。

个人崇拜和党性的随意是巴新政党文化不健全的表现，个人崇拜背后反映的仍然是强势的族群利益认同，即区域性的民族认同，国民更愿意相信某位政客的能力，而拒绝建设各自富有理念的政党文化，实质上阻碍了巴新国家认同的发展，使得国民的认同一直停留在民族认同的层面上；而缺乏有效的国家能力，国家认同的构建难以为继。

总而言之，巴新的区域的民族认同处于强势地位，并没有发展到整个国家，从而形成与地区结合的区域民族认同，而多民族的民族认同无法整合，有限的国家能力也未能有效地构建国民对国家的政治认同，巴新的国家认同的构建仍有一段非常长的路要走。

---

① Benjamin Reilly, "Democracy, Ethnic Fragmentation, and Internal Conflict", *International Security*, Vol. 25, No. 3, Winter, 2000 – 2001, p. 169.

二 萨摩亚——传统权威下的国家认同构建

萨摩亚于 1962 年独立，曾是德国的殖民地，又称西萨摩亚，人口 99% 为萨摩亚族人。尽管萨摩亚是南太平洋地区第一个获得独立的国家，并且实现了民族自决，但是萨摩亚人现在认可的国家是在殖民地时代创建的，而且边界也是由原殖民政府划定的，这些边界仍然将社会分裂开来，给后来公民的国家认同危机带来深远影响。

1. 强势的传统权威

在被殖民前，萨摩亚是一个统一的民族国家，本土存在一套明确的社会文化和风俗，称为"法阿萨摩亚"；同时也存在一套明确的社会等级制度，以"马太"为统治单位，每个村、地区和国家都有属于自己的"马太"，并分别由家族首领、村首领及地区首领构成。这种"马太"统治架构维持着全国统一的权威、共有的社会文化和历史传统，而"法阿萨摩亚"则维系着整个国家的民族认同感。

"马太"体制和"法阿萨摩亚"具有强大的生命力。在被殖民过程中，萨摩亚民族分裂为美属萨摩亚和德属萨摩亚，美、英、德三国通过《柏林总协定》对群岛进行协同管理并对土著王权予以实际否定。[①] 这种架空本土首领权力的管理制度让土著居民不满。当后殖民时期到来、民族自决运动开始时，这种统治形式随即被推翻，以酋长为权力中心的统治开始恢复并披上了现代化的外衣。虽然 1948 年成立的"全国立法会议"减少了土著王权对政治的参与，但投票权仍是马沓伊（即酋长）阶层的专利，这种制度在 1962 年西萨摩亚取得独立时并未受到质疑，直到 1999 年普选制最终实现止。而且尽管如此，候选资格仍然是酋长的特权。[②] 事实上，由于与"马太"等社会势力相结合的民族认同非常强烈，萨摩亚的政治体制不得不对这种传统做出诸多妥协，通过宪法确定对最高马沓伊头衔拥有者的安排，从而获得一种基于传统的政治合法

① 王华：《萨摩亚"共管"体制：19 世纪末美英德一次失败的殖民合作》，《首都师范大学学报》（社会科学版）2004 年第 3 期，第 7~13 页。

② 汪诗明：《论西南太平洋岛屿国家现代化进程及特点》，《苏州科技学院学报》（社会科学版）2012 年第 5 期，第 70~80 页。

性，这同时也是国家政权构建国家认同的重要举措。这种传统权威和国家政权权威的结合提升了国家的合法性，促进并发展了萨摩亚的国家认同。

萨摩亚国内传统权威与现代民主政治之间的矛盾也在进一步加深国家认同危机。西萨摩亚传统土著政治精英在政治上享有较稳定的政治合法性，独立后成为人民心目中的国家的代表，但他们的政治目标不是以实现民族或社会的整合来促进民族国家的现代化，相反，如何维持自己的统治合法性和权威才是他们最关注的事情。他们常常利用甚至制造阶级的、种族的、社会的分裂来宣传自己的合法性，寻求社会民众对自己的政治、社会文化权威的认可。[①] 因此，国家认同构建的失败在一定程度上是土著社会精英蓄意推动的结果。

2. 脆弱的国家能力

萨摩亚脆弱的国家能力削弱了国民的国家认同。萨摩亚国家能力比较弱，表现在国家当局保卫国家安全和国民利益的能力和职能的缺失。国家当局的首要职能就是立国安邦，保国卫民。正是为了履行这一职能，国家当局才有理由扩大其权力，并建立军队、政府机构和有效的赋税制度。在通常情况下，保卫国家安全的职能降低了，国家当局的权威就降低了，人们也不像过去那样认同自己的国家，相反，更认同国家层次以下的和跨国的群体。[②] 萨摩亚国内没有常规的军队，仅有500多名警察，负责治安和交通。萨摩亚也没有常规的防御工事或常规军事力量，仅和新西兰存在非军事的防御纽带，新西兰咨询和考虑萨摩亚的一些要求，并在1962年友好协定下提供协助，这大大削弱了萨摩亚政府保卫国家安全的能力，使其政治权威和政府功能更加脆弱，也让国民产生不安全感，这种不安全感不利于构建萨摩亚人民的国家意识和增强对国家的认同。这是因为一国的国民想当然地会寄望国家保卫他们的生命安全和保护他们的利益，而且在某些必要的时候可以使用武力，如果一个国家的政府连保卫国家以及国民安全和利益的能力都缺乏，那么国民就会认为这个政府不值得信任，当不了庇护人。

[①] 雷芳、张志兵：《南太平洋岛国现代化研究》，《当代教育理论与实践》2011年第9期，第158页。

[②] 〔美〕塞缪尔·亨廷顿：《我们是谁？——美国国家特性面临的挑战》，程克雄译，新华出版社，2005，第15页。

萨摩亚脆弱的国家能力还体现在中央和地方各自为政，中央政府难以将触角深入地方。在地方一级，萨摩亚仍保留了传统地方自治体制——马沓伊制度，以"马太"为统治单位，每个村、地区和国家都有属于自己的"马太"，并分别由家族首领、村首领以及地区首领构成。上述统治架构可以说是萨摩亚式的民主制度，其作为一种历史传统在今天仍然得到了继承与发展，这为强烈的地区主义民族认同奠定了基础。① 同时，这套传统的马沓伊运作规则，主要遵循的是萨摩亚三千多年来的习惯法，中央政府权力基本上被阻隔在外。这种依托传统、与地区相结合的民族认同根深蒂固，使地方认同取得对中央认同的胜利并得到了巩固，从而降低了国家政权的权威，使国家的合法性基础面临危机，造成了国家认同危机。

总之，在萨摩亚，与传统酋长特权结合的强烈民族认同对萨摩亚国家认同的构建产生了有利和不利影响。当外部势力抽离萨摩亚本土的时候，萨摩亚政府缺乏强有力的国家政府对社会成员的身份进行再整合与标签化，亦是萨摩亚国家认同构建不完全成功的原因。总的来说，尽管萨摩亚民族有着共同的文化纽带，但无奈国家能力脆弱加之萨摩亚国内传统权威与现代民主政治之间的矛盾不断加深而造成萨摩亚国民的国家认同危机。可喜的是，如今萨摩亚正逐渐发生新变化，过去人们对氏族和村庄的忠诚正慢慢被对民族国家的归属感取代，民族主义和民族国家的观念深入人心；平民日益走出村庄，参与到国家和政治事务中去。因此，我们有理由相信，萨摩亚公民对国家的认同感正在逐步增强。

三　汤加——民族认同与国家认同的完美结合

汤加与萨摩亚相似，也是单一民族国家，与萨摩亚的酋长制不同，汤加的传统权威强化民族认同，并为国家的合法性提供有效保护，从而加强了国家认同的构建，对"集体自我"的坚持使得汤加面对众多政治改革亦能从容不迫。

---

① 〔美〕塞赖莎·米尔福德：《帝国主义与萨摩亚人的民族认同》，杨国标译，《世界民族》1989年第4期，第59~62页。

与萨摩亚等南太平洋岛国不同的是，在汤加的政治生活中，民众的民族认同感，包括他们对传统文化的认同不是来自部落酋长等社会力量及其相关的传统社会体制，而是来自国民对君主和贵族实行统治的认同。也就是说，在汤加，国家的主要政治力量，包括君主和贵族，他们既是民族认同的核心，也是政治与国家认同的对象。事实上，与萨摩亚的部落酋长相比，汤加国王更具备团结国民、增强民族认同感、树立国家政权合法权威的功能，这是因为汤加的传统文化，特别是其宗教信仰是以君主为中心的。在汤加的传统宗教信仰中，首领和贵族都有上帝赋予的超能力。这种宗教信仰同时也是汤加民族认同感的一部分。

汤加国民紧密结合的民族认同和国家认同可以从他们的政治历史中得到很好的诠释。第一，在过去汤加的君主立宪的政治制度中，国王掌握军政大权。议长和内阁大臣等高级官员均由国王任命。社会分王族、贵族和平民三个阶层，但社会权力集中在贵族手中。议会为一院制，由全体内阁成员、9 名贵族议员和 9 名平民议员组成。贵族议员从全国 33 名贵族中选举产生，平民议员经普选产生，议长由国王在贵族议员中任命。国王有权召开或解散议会，议会通过的法案需经国王批准方能生效。① 新的政治制度安排保持了与传统的一致性，即贵族掌握大部分权力，受到国王庇护。这样的制度得到了世袭贵族的拥护，国王得以确立牢固的统治，保证了国家的稳定与和平。此外，与其他实行君主制的南太平洋国家不同，汤加的君主立宪制不是外部强加的，而是一次又一次成功的自上而下的改革造就的，它延续了汤加辉煌的国家历史——汤加王国是一个古老的王国，其辉煌的民族历史激发了汤加人民的民族自豪感，促进了汤加人民的国家认同。

第二，现代化的君主立宪制的建立使汤加避免了完全沦落为西方殖民地的命运。汤加王国在陶法阿豪·图普的带领下于 1875 年实行改革，仿效英国建立了完善的君主立宪制。帝国主义列强发现，把一个拥有宪法和完整的司法系统甚至拥有中等学校的国家变为殖民地，很难证明其合理性。② 1900 年，汤加

① 参见《汤加国家概况》，中华人民共和国外交部网站，http://www.fmprc.gov.cn/mfa_chn/gjhdq_603914/gj_603916/dyz_608952/1206_609502/。

② 约翰·戴森：《小国寡民话汤加》，傅吉军译，《世界博览》1989 年第 8 期，第 20～22 页。

和英国签订条约，英国成了汤加的保护国，汤加保留除外交权之外的所有权力和机构。1970 年汤加又恢复了全部主权。如此政治和社会的连续性在西南太平洋岛国中是唯一的，加强了汤加的国家凝聚力。

在民主化过程中，对比其他岛国，汤加并没有因国内各种利益集团的割据而出现政局动荡，而是实现了向民主化的成功过渡，体现了国家强有力的政治控制能力以及民众的国家认同感。现代化民主进程开拓到这小岛上时，一些具有一定经济基础的社会成员，如民选议员、教会牧师、工商业者等，组织发起了"汤加人权与民主运动"。[①] 面对民主化运动浪潮，2009 年 1 月，汤加成立政改委员会（Constitutional and Electoral Commission），讨论改革宪法、选举和政治制度等问题，计划在 10 月向议会提交改革草案，2010 年实施。在 2010 年的议会选举中，有 9 名贵族议员和 17 名平民议员胜出，平民议员在汤加议会中占大多数，这在汤加是第一次。因此，汤加国王宣布，选举当天是汤加王国"具有历史意义的一天"。此外，根据汤加新颁布的选举法，大选后，国王将成为只具有象征意义的国家元首，而首相则成为掌握实权的政府首脑。[②] 这种民主化的进程并没有受到贵族等社会势力的反对，民众也迅速接受了政治变革的结果，没有出现大的社会动荡，这足以说明政府在应变及控制社会方面具有良好的能力，同时也展现了汤加民众稳定的国家认同感。

总的来说，汤加国内表现为传统权威的强烈的民族认同是其国家认同能够发展并强化的内在原因，而与传统权威紧密结合从而得到提升的国家能力则是国家能够稳定发展的辅助因素，两者缺一不可。

小　结

本文选取巴布亚新几内亚、萨摩亚和汤加作为三个典型案例来说明南太平洋岛国的国家认同的现状，并分析其强弱的原因。这三个国家分别代表三种不

---

① 参见《汤加暴乱一周回顾》，中华人民共和国驻汤加王国大使馆经济商务参赞处网站，2006 年 12 月 8 日，http：//to. mofcom. gov. cn/aarticle/jmxw/200612/20061203980747. html。

② 参见《太平洋岛国汤加议会选举结果揭晓》，新华网，2010 年 11 月 26 日，http：//news. xinhuanet. com/world/2010－11/26/c_ 12819994. htm。

同程度的国家认同：巴布亚新几内亚的国家认同度很低，国内政治比较混乱；萨摩亚国民的国家认同度中等，政治稳定性居中；汤加国民的国家认同度最高，政治最稳定。研究发现，第一，就民族认同对国家认同的影响来说，在巴布亚新几内亚，由于民族（族群）众多，分裂的认同导致区域主义，在这种情况下，内部民族认同越强烈，国家认同就越低。而对单一民族国家萨摩亚和汤加来说，民族认同则推动国家认同的发展，两者共生共长，原因是两者之间存在诸多重合之处。第二，国家的能力对这三个国家的国家认同都具有重要影响，二者呈明显的正相关关系，即国家对社会的控制能力越强，国民的国家认同就越强。在巴布亚新几内亚，松散的政治体制和脆弱的国家无力进行建立国家认同所需的文化和制度建设，国民的国家认同感较低。在萨摩亚，中央政府缺乏实际控制地方的行政能力，使得国家的合法性基础面临危机，降低了国家认同。在汤加，国家的主要政治力量，特别是君主和贵族，建立了强有力的制度维持自己的政治权力，并通过传统文化特别是宗教加强自己权力的合法性，从而加强了民众对现有政治制度的认同，提升了国家认同感。

B.5
大洋洲岛国华人社会的发展

费 晟*

摘　要：

大洋洲岛屿地区华人社会最初形成于 19 世纪中后期，主要是近代中国劳工输出的结果，至第二次世界大战后，这一代华人基本实现了本土化。随着岛屿地区的民族独立与国家建设的不断推进以及中国改革开放事业的不断发展，从 20 世纪 80 年代起出现了新的华人移民岛国的热潮。新华人移民主要有三大来源，均对当地社会产生了影响，尤其是个体自由移民在当地的生活与经营活动造成了复杂的后果。从最近几年的态势看，不宜过分夸大大洋洲岛国社会的反华情绪问题，但要充分认识到新兴华人移民已经卷入了当地社会内部的冲突与矛盾，如果不进行有效疏导与管控，将影响我国与当地社会的积极健康关系的发展。

关键词：

大洋洲岛国　华人移民　反华情绪

长期以来，无论是学术界还是政府有关职能部门，对大洋洲岛屿地区的华人移民问题的关注都是不足的。原因并不难寻。首先，相比东南亚与美洲社会，这里并非近代历史上华人移民的主要输入地，海外华人社会规模不大。其次，从传统的地缘政治争夺看，这些地区不仅偏远而且似乎无足轻重。再次，

---

* 费晟，中山大学亚太研究院讲师、中山大学大洋洲研究中心研究员，博士，主要研究领域为澳大利亚社会与历史问题、大洋洲华人移民问题。

这里也并非改革开放后新移民的主要目的地。① 然而，从某种程度上看，这些认识也存在一些偏差。首先，从近代史上看，这里是最早接受华人移民的海外地区之一，而且华人移民的绝对数量也不可小视。其次，随着中国全球利益的发展与调整，大洋洲的战略地位不断上升，华人社会成为拓展我国影响尤其是开展公共外交的重要纽带与载体。再次，当前太平洋岛国社会普遍脆弱和动荡，而华人新移民群体已经卷入甚至激发了当地的许多问题，这给我国海外战略的实施提出了新任务乃至新挑战，因此加强对大洋洲岛屿国家华人移民社会的研究刻不容缓。本文的主要目的是扼要梳理华人移民社会在太平洋岛屿地区形成与离散的过程，明确新旧华人移民群体的特点，分析当前岛屿社会中反华情绪的成因与本质，以引发进一步的深入研究。

岛屿地区华人移民社会形成的历史

可以确信，早在西方殖民者抵达之前，中国与太平洋岛屿地区就产生了密切联系，尤其是在更靠近东南亚的美拉尼西亚地区。比如，1605 年西班牙航海家曾经证明巴布亚新几内亚岛附近部分岛屿是"久与中国人通商贸易之地区"。② 然而华人成规模移民大洋洲地区并对当地产生影响则源自 19 世纪 50 年代之后的华工出国潮，最根本原因是中国被强行吸纳入欧洲列强构建的全球殖民体系，中国劳动力资源开始接受全球市场经济体系的调配。

华人向大洋洲地区移民及离散需要分类理解。从移民类型上看，第一类是以移民澳大利亚及新西兰为代表的"赊单移民"。③ 这些移民数目巨大，难以

---

① 整个大洋洲地区包括澳大利亚与新西兰在内，学界有关华人移民史与现状的研究都乏善可陈，近年来比较有代表性的研究是张秋生的《澳大利亚华人华侨史》，有关大洋洲岛屿地区的研究，中文文献仅见于陈翰笙主编的《华工出国史料汇编》第八辑《大洋洲华工》以及澳大利亚学者刘渭平在香港出版的《大洋洲华人史事丛稿》。

② 〔澳〕刘渭平：《巴布亚新几内亚华侨简史》，载《大洋洲华人史事丛稿》，香港天地图书出版社，2000，第 84 页。

③ 赊单是广东话，英文为 Credit Ticket System，意即赊欠船票制，指出洋做工的苦力，无力购买船票，而由招工代理人垫付，到国外以工资加息抵还，直到还清为止。它和契约苦力制的区别"只是没有定期的文明契约"。参见张秋生《澳大利亚华人华侨史》，外语教学与研究出版社，1998，第 67 页。

精确估测，因为相对而言他们属于自由个体移民，即并非由殖民地的劳务公司所征募。从1851年开始，一直延续到1900年左右，在地移民数维持在5万人左右。第二类就是殖民地劳务公司直接出面征募的"契约劳工"（indentured labor）。第二次鸦片战争签订新约后，中国劳工出洋完全合法，于是从19世纪60年代起这种形式的募工便如火如荼地发展起来，一直到第二次世界大战之前都广泛存在，俗称"猪仔"。① 被直接送往太平洋岛屿地区的华工大多就是此类契约工，近至巴布亚新几内亚，远至法属波利尼西亚的地区均是其目的地。原因大体有两个：第一是太平洋岛屿地区迟至19世纪中后期才相继沦为列强的殖民地，用工需求也就到那时才激增；第二是岛屿地区自然与生活条件更艰苦，不通过有计划地乃至强征雇工就无法引入劳动力。因此从移民直接输出目的地来看，华人在大洋洲的离散是先集中于澳大利亚，然后波及岛屿地区。当然其中亦有许多可能是从澳大利亚再移民至周边岛屿地区的。②

以下是有关华人劳工在大洋洲岛屿离散的概况。③

法属波利尼西亚：1861年，经由香港开始向此地输送契约劳工。在官方有确切记录的年份中，规模维持在320~350人/年。截至1931年，法属波利尼西亚人口中有华人4056位，约占当地全部人口的1/10。

法属新喀里多尼亚：1860年开始经广州和澳门开始输入中国劳工，至1870年总计约500人。1923年后逐渐递增，至1931年亚裔人口达到12000人，其中华人规模不详，但仅次于越南人和爪哇人。

斐济：19世纪70年代后期开始经由厦门和汕头招募华工，至1913年已经吸收4000余人，至1934年华人规模为1436人。

巴布亚新几内亚：英、德、荷属殖民地都曾输入华工。英属部分在19世纪70年代开始有华工从澳洲被调入，荷属部分一直存在华人商贩，20世纪20

---

① 事实上1848年澳大利亚也通过这一渠道第一次吸引华人移民，但很快废止。而第二次鸦片战争后签订的一系列条约迫使清政府正式准许华工受西方公司雇佣合法出洋。

② 许多前往新西兰及波利尼西亚地区的华人移民就是从澳大利亚再移民而来的，主要是菜农和小商贩。参见陈翰笙编《华工出国史料汇编》第八辑，中华书局，1984。

③ 数据综合自《华工出国史料汇编》《大洋洲华人史事丛稿》等中文资料以及 David Wu, *The Chinese in Paupa New Guinea（1880-1890）*, The Chinese University Press, 1982；Nancy Tom, *The Chinese in West Samoa（1875-1985）*, Commercial Print Company, 1986 等英文材料。

年代后开始输入华人劳工，至 1935 年人数在 3000 人左右。德属部分 1885 年起经由汕头和香港开始输入华人工人，一度维持在 2000 人以上，1900～1914 年累计又有 3500 人被招募。第一次世界大战后德属部分殖民地归澳大利亚统治，继续征召华工。20 世纪 20 年代有华工 2000 人左右，商贩散工近 1000 人。至 1935 年，在当地注册的华人有 1448 人。

瑙鲁：1906 年经由汕头开始招募华工，然后于 1907 年、1911 年、1913 年三次统一征召华工，累计又有 3700 多人。由于后续劳动力补充不足，至 1921 年仅剩 597 名华人。1922 年开始又从香港招募华工，三年内招收近 700 人。后又断断续续由澳大利亚出面征召华工，到 1935 年华工数量为 921 人。

西萨摩亚：1900 年被美、德瓜分后，美国禁止中国劳工入境，德国则引进华工开发种植园，经汕头和香港招工。1903～1914 年共引入近 4000 名华工，至 1925 年岛上华工有 2312 人，至 1936 年萨摩亚境内华工据统计有 503 人。

根据上述情况，可以对历史上华人移民向大洋洲殖民地输出的概貌得出以下判断。首先，劳务输出是大洋洲岛屿国家吸收华人移民的主要形式，这是中国被拖入西方列强构筑的全球殖民体系的结果。中国与太平洋岛屿世界产生直接联系的时间至少已经有 150 年。其次，非法用工的情况在各地都存在，华人移民大洋洲岛屿地区的数量有数万人的规模，遗存的华人足以维持在地的海外华人社会。再次，珠三角、潮汕地区与闽南部分地区是太平洋岛屿最初的华人移民的来源地。从澳大利亚与新西兰移入的华人移民也是岛屿华人来源的一部分。最后，华人移民不仅从事农矿开发工作，也有相当数量的人成为小生意人或者从事其他第三产业之职业。

在第二次世界大战中，密克罗尼西亚与美拉尼西亚部分岛屿被日本侵占或沦为战场，许多华工被迫转移到澳洲或其他岛屿，比如瑙鲁的华工就被撤离到吉尔伯特群岛。这加剧了区域内华人社会的离散。到第二次世界大战之后，待遇苛刻的契约华工输出制度普遍被废止，许多作为托管地的岛屿也发布了华人移民禁令，由此一来，华人成批量、有组织地向太平洋岛屿地区移民也就停止了。此时该地区既有的华人移民都可被视为广义的第一代移民，只要没有回国，均会充分本土化（通过入籍归化或者联姻）并且转向经贸行业，后来在当地社会拥有较高的社会地位，与当地各方面的关系也比较融洽。

第二次世界大战后，华人移民社会普遍出现了加速本土化的现象。在此我们以大洋洲岛屿中面积最大、人口最多、华人社会规模最大的巴布亚新几内亚为例展开分析。此时华人社会面临的主要问题有两个。第一，多数有华人移民群体的岛屿殖民地实际沦为澳大利亚与新西兰的托管地。各托管当局都坚决推行澳大利亚国内的"白澳政策"，即禁止中国人继续移民，所以既有的华人社会加剧凋零或为了生存而与原住民加速通婚融合。第二，1949 年新中国成立以后，国民党政权败退台湾，绝大多数岛国华人群体中断了与大陆的联系，但"回归"台湾的条件又不具备，结果他们加速融入当地社会。大概到 20 世纪50 年代末，澳大利亚开始允许在托管地出生的华人入籍。1966 年澳洲托管当局统计数据显示，总共有 2455 名居民自认是华人，其中生于中国的华人是566 人，但只有 282 人还保留中国国籍。[①] 到 20 世纪 70 年代，当时的华人社会基本上与海峡两岸都不再有密切联系，其中国认同也进一步淡化。如 1971年，巴布亚新几内亚有 5 万外籍人士，其中华人有 3500 人，但几乎全部放弃了中国国籍或出生在当地。到 2000 年时，这种情况已经发展到人口普查中不再关注是否有中国人，因为几乎全部华裔人口都已经是巴新籍或澳籍。[②] 华人与当地土著通婚尤其强化了华人社会的本土化，其积极意义在于许多本土化了的移民在当地社会能迅速取得突出影响力。比如祖籍广州台山的陈仲民（Julius Chan）爵士，他生于 1939 年，父亲是种植园引进的华人契约工人，母亲是土著居民。陈仲民完全融入了当地社会，两次当选巴布亚新几内亚总理。事实上，类似情况在所罗门群岛、汤加、萨摩亚、斐济等并不鲜见。

新华人移民社会的形成及
大洋洲岛国当前的反华情绪

20 世纪六七十年代，大洋洲多数岛屿地区摆脱托管身份实现独立或自治，

① Hank Nelson, "The Chinese in Papua New Guinea", *Discussion Paper*, Research School of Asia and Pacific, April 2007, p. 2.

② Hank Nelson, "The Chinese in Papua New Guinea", *Discussion Paper*, Research School of Asia and Pacific, April 2007, p. 4.

这在很大程度上改变了其移民政策。各岛国均把发展商贸和吸引外资视为现代民族国家建设的手段。澳大利亚与新西兰等前宗主国固然继续通过必不可少的民事援助手段施加影响，但是这些国家移民政策的开放度是大幅提高了的。事实上，在20世纪70年代澳大利亚废止"白澳政策"特别是与新中国建立外交关系后，澳大利亚自身也摆出了吸收亚洲移民的姿态。从80年代中期起至90年代，澳大利亚实行"脱欧入亚"的国家发展战略，这也使得大洋洲岛国放松了对亚洲移民的管制，促成了华人新移民群体在大洋洲岛国的发展，也就是所谓"新华人移民"群体的诞生。

以新移民群体增长较快较多的巴布亚新几内亚为例。新华人移民的来源大体有三个。第一个是20世纪80年代以来东南亚华人企业在巴新开展资源开发活动，特别是森林砍伐活动。这些企业使用东南亚工人及华人工人建立了一整套的伐木业流水线，并且从一开始就与地方官员发生灰色关系，借此谋求利益最大化。这种来自马来西亚及印尼的华人务工者总计有6000人左右。①

第二个是进入21世纪以来越来越常见的中国劳工，即中国国有企业开发巴新矿产及其他资源带来的大量务工人员。这些公司往往遵循国内的习惯，对国际劳工法规和当地风俗不够熟悉，结果许多务工人员的日常活动引起当地人的反感。比如2007年就有报道批评："中国公司不遵守国际劳工组织通行的标准，矿区工地上的公共厕所是露天的而且是男女共用的，中间就隔着一堆原木，极其侵犯隐私。"另外，中国工人私下不分日期与场合的饮酒、聚餐活动也违背、触犯了当地人的一些习俗或禁忌。②

第三个来源最为复杂，也难以统计人数，那就是"未经许可"（unsanctioined）以个人身份进入的中国人。应该说，以个体经商者身份出境谋生是近年来中国人全球移民的重要途径，巴布亚新几内亚等大洋洲岛国也不例外。但是此类移民许多涉嫌偷渡或者以短期签证入境后逾期不归。这些个体户多来自福建与广东，主要是在居民区从事小商铺和经营饭店。结果引起当地舆论的不满，因为

---

① Hank Nelson, "The Chinese in Papua New Guinea", *Discussion Paper*, Research School of Asia and Pacific, April 2007, p. 6.

② *National*, February 8, 2007.

他们除了兜售根据当地法律不可随意出售的酒类饮料外，还通过大规模倾销中国制造的廉价商品导致当地同行破产。[①] 更有甚者，还有人从事有组织的贩毒售毒以及拐卖人口活动，屡次被当地警察查获。[②] 也有一些华人偷渡到巴新是为了进一步偷渡至澳大利亚，这也引起了当地社会一些人的反感。大体而言，新华人移民群体与老一代华人移民社会少有交集，他们对当地文化和法规了解不足，尊重与沟通也相对有限。

自 2005 年以来，因为长期积累的内部发展不平衡问题（以巴新、所罗门群岛为代表）以及社会政治运作不畅问题（以汤加、斐济、基里巴斯为代表），整个大洋洲岛国区域大范围出现了政治动荡与社会骚乱。在这些社会骚乱中，有大量仇富和反社会的打砸抢行为，华人生命财产安全遭受了重大威胁和损失。在欧美媒体的报道与分析中，当地族群的反华情绪似乎是这些社会骚乱的重要原因之一。尤其是在所罗门群岛的骚乱中，大量华人商铺和居所被毁。然而，通过分析，我们认为这种判断过度强调了华人新移民的错误，忽略了这些社会内部发展的深层次矛盾，即岛国社会在现代化发展不平衡的情况下，新华人移民群体与当地族群在低端零售产业出现了激烈竞争，而华人业主的经营能力与特点在极大程度上排挤了当地同行。

事实上，整个大洋洲岛国地区的财政在很大程度上依赖外援维持，而前宗主国的大型企业主要是利用大型项目掌控天然资源开发行业，很少涉足岛国社会经济部门中的第三产业。鉴于当地人有限的资本与技术，他们大多也只能从事一般服务业，因此，第三产业经济活力不足。因而，汤加、萨摩亚等岛国从 20 世纪 80 年代起就开始推行"外汇换护照计划"以吸引投资移民。截至 1998 年废止时，大致有近千华人利用这个契机移民，而抵达之后的华人几乎都是从事商业，他们很快主导了当地的第三产业。以汤加为例，该国 72% 的个体生意控制在中国移民手中，而在汤加总共 11 万人口中，华人只有 4000 人。原因是中国移民专注于零售业——他们是做小本生意的，比较好运作，还能轻松利用在中国国内的资源并且很容易得到家人、亲戚和

---

① *Post Cruiser*, November 10, 2006.

② Michael Field, "Anti-Chinese Racial Trouble Threatening South Pacific", http://www.michaelfield.org/chinapacific2.htm，访问日期：2014 年 4 月 14 日。

朋友的建议与支持。①但是，即便在社会骚乱中，是否存在针对华人的袭击也是值得商榷的，比如在汤加2006年的骚乱中，首都80%的CBD区域在暴乱中被捣毁，而其中只有25%左右的中国商铺遭受损失，相对是很少的。在许多暴乱分子试图烧毁商铺时，普通市民出面阻拦甚至保护商铺，包括中国人的商铺，因为担心纵火会危及自己的居民区。②汤加社会动荡的主要原因是对国王专权的不满，即使最公开的反华主张也是围绕限制国王权力展开的，因为"人们担心国王擅权，在一夜间直接凭个人意志就批准400个中国人移民汤加，进一步加剧行业竞争"。③可以说，岛国社会的反华情绪主要是当地阶级冲突导致的，华人个体户影响力问题只是相关议题之一。我们对新华人移民群体与当地民众的龃龉，最好从法律冲突维度加以理解，而不是过分从民族冲突维度加以分析。萨摩亚最大的报纸《萨瓦利》（Savali）甚至刊文指出："指责中国移民，说他们勤奋工作、经济上能干是不公平的。他们对南太平洋经济做出巨大贡献。与其抵制华人，不如学习他们怎么做生意。"④

不过，从2012年至2014年的情况看，太平洋岛国社会反华情绪的增长也与中国大企业在当地越来越强势的投资有关。因为该区域的经贸领域普遍被华人移民群体控制之后，大型投资行为如果也被中国资本"垄断"，必然引发复杂的联想。比如萨摩亚试图加大力度推进旅游业的发展，而中国公司对此表现出浓厚兴趣。2013年初，一家中国公司在首都阿皮亚附近获得了202公顷土地的使用权，打算修建宾馆、高尔夫球场，但是由于公司内部的问题，项目迟迟未动工。而不久以后北京的一家公司则试图继续类似的项目，包括租用土地160年同时要求免税。该公司还要求有权从国内引入3万名自己的工人而工作合同最短为三年，此外所有相关中国人在萨摩亚的生活和购物免税，所需建筑材料将从中国国内进口。另有一些报道称该公司需要额外的土地以建设机场、医院、学校与幼儿园，但是要求只能先满足中国人的相关需求。对此，萨摩亚

---

① Michael Field, "Anti-Chinese Racial Trouble Threatening South Pacific", http：//www.michaelfield.org/chinapacific2.htm，访问日期：2014年4月14日。

② "Or a Race Riot？", https：//libcom.org/history/tongan-riots_2006，访问日期：2014年4月14日。

③ "Or a Race Riot？", https：//libcom.org/history/tongan-riots_2006，访问日期：2014年4月14日。

④ Michael Field, "Anti-Chinese Racial Trouble Threatening South Pacific", http：//www.michaelfield.org/chinapacific2.htm，访问日期：2014年4月14日。

反对党领袖法珀（Palusalue Faapo II）公开表示："这极其荒谬，这充分说明萨摩亚渴望投资到了令人绝望的程度，而一旦允许这样的中国人进入萨摩亚，我们会被轻易榨干。"萨摩亚现任首相赛勒勒（Tuilaepa Sa'ilele）一直隐瞒这个项目，而他在消息泄露后也被迫公开表示"中国人很愚蠢"。反对党领袖强调使用"中国人"（the Chinese）而不用"中国机构""中国企业"这种表述，很大程度上煽动了一种反华情绪，而在萨摩亚目前的 18 万人口中，近 3 万人带有华人血统，这种表述很容易激起当地的族群对立。反对党领袖在 2005 年的一次发言中抱怨"中国人太多了"，现任旅游部长凯尔（Joe Keil）当时就予以回击，因为他本人就有中国血统。[①]

小　　结

华人社会在大洋洲岛屿地区的离散比较明显地分为两个阶段，一个与晚清时期中国劳工的海外输出有关，另一个与中国改革开放特别是近年来经济活动迅速国际化有关。这两种背景下形成的岛国华人社会具有鲜明的差别。新华人移民与当地社会的融合度较低，而且直接卷入了当地的社会冲突。就最近几年的情况看，新华人移民与当地社会的龃龉有加剧的趋势，对此还有若干议题有待深入研究和分析。首先，不宜过分夸大族裔冲突的问题，要对西方媒体就这一问题的渲染进行舆论引导，并思考如何加强与当地社会的沟通。其次，应该做好应对大洋洲岛国内部政治斗争中炒作族裔冲突议题的准备，要思考炒作反华议题的政治势力上台后的相应对策。再次，国内有关部门需要对新移民加以引导和培训，不应仅简单表态谴责新移民的不检点行为，也不是仅做好领事保护或及时撤侨即可，应思考学界与政府实务部门如何协作的问题。最后，国内有关部门应该对中国企业行为的文化与社会影响予以充分考量，除了要求尊重当地法规外，要考虑通过援助为当地经济"造血"的可能，思考中国大型投资企业与中国政府管理部门如何合作的问题。

---

① Claire Farrell，"Samoa：Will the Island Be 'Exploited' by Chinese Firms?"，http：//www.theforeignreport. com/2013/06/13/samoa-will-the-island-be-exploited-by-chinese-firms/，访问日期：2014 年 4 月 10 日。

国 别 篇

B

Country Reports

BLUE BOOK

B.6

2013 年澳大利亚政治发展与政局评析

费 晟*

摘 要：

> 2013 年澳大利亚政治局势主要受到工党分裂以及朝野两党准备
> 大选的影响。从年初开始，执政党工党内部就出现了公开的激
> 烈的权力斗争，频现惊人言行，直到 6 月 26 日前总理陆克文重
> 新组阁上台才使党将精力集中于选战。相对而言，在野的自由
> 党—国家党联盟显得团结有序，张弛有度，最终在 2013 年 9 月
> 7 日以明显优势赢得了大选。然而，自由党—国家党联盟的上台
> 也标志着澳大利亚保守主义政治传统的强势回潮。

关键词：

> 澳大利亚政治发展 工党 自由党

* 费晟，中山大学亚太研究院讲师、中山大学大洋洲研究中心研究员，博士，主要研究领域为澳
大利亚社会与历史问题、大洋洲华人移民问题。

一 2013 年澳大利亚政局走势总评

2013 年是澳大利亚政治生活中又一个关键之年，因为该年澳举行了举世瞩目的政府换届选举。最终，在过去 6 年执政的工党在大选中惨败，仅获得众议院 150 个席位中的 55 席，而自由党—国家党联盟赢得了 90 个席位，以绝对优势胜出。自由党党魁托尼·阿博特（Tony Abbott）如愿以偿出任澳大利亚联邦政府第 29 任总理。

毫不意外的是，2013 年澳大利亚高层政治活动基本围绕大选的备战工作展开，总体呈现跌宕起伏的三个阶段。第一个阶段是年初至 6 月下旬，其最主要的特点就是执政党工党内部矛盾不断激烈化和显性化，最终以陆克文（Kevin Rudd）取代吉拉德（Julia Gillard）重掌总理之位而达到高潮。可以说，正是选战的压力将工党内部早已暴露的派系利益分化催化到无法调和的地步。第二个阶段是陆克文再次就任总理后至 9 月 7 日联邦大选举行之时。这一时期陆克文竭尽所能整合工党资源以改变本党的竞选颓势。陆克文与自由党的托尼·阿博特展开了针锋相对的竞争。第三个阶段是大选结果揭晓之后，自由党—国家党联盟组建新政府开始执政。联盟政府确立起颇具特色的行政架构并开始落实基本执政理念，澳大利亚政坛也回归相对平静稳定的状态。自由党—国家党联盟的执政动作明显标志着澳大利亚政治保守主义思潮的抬头。

二 工党内斗的急剧恶化

2013 年整个上半年，澳大利亚政坛都因为执政党工党内部的戏剧化争斗而引人关注。一方面是不断有工党高层政客以突然袭击的方式表现对吉拉德领导能力的不信任，另一方面是作为党的最高领导人的吉拉德本人再三被证明无力维持执政团队的凝聚力，她本人也深陷个人政治旋涡当中。由此工党的执政威望一路下滑。

1 月 31 日，吉拉德宣布定于 9 月 14 日举行大选。然而仅仅两天后就有她的两名极为重要的支持者、内阁成员公开辞职，即检察总长妮古拉·罗克森（Nicola Roxon）和教育与劳工关系部长兼参议院工党领袖克瑞斯·伊文思（Chris Evans），后者甚至强烈要求退出参议院并最终在 4 月如愿，而吉拉德对此毫无准备。① 与此同时，工党的前国会议员克雷格·托马森（Craig Thomson）被维多利亚州警方逮捕，并受到 154 项指控（后来增加到 173 项），工党对此并无充分准备，陷入被动。然而随后的一场"准政变"让政府的困境进一步暴露在众人面前。3 月 21 日，文化部长兼地区发展部长西蒙·克里恩（Simon Crean）直接闯入总理办公室要求总理辞职，否则就公开抨击她。西蒙在工党高层政治生活中一直是极为活跃的角色，号称党的"战马"，而据信这一行动又响应了党内倒吉拉德派小团体"卢德派"② 的要求，充满阴谋色彩。在吉拉德断然拒绝辞职后，西蒙居然在当天下午 1 点召集各大媒体的记者举行了新闻发布会，宣称自己支持陆克文重新上台出任内阁总理，而他本人愿意充当其副手（Deputy Leader）候选人。③ 吉拉德立刻进行了反击，她强行解除了西蒙的所有行政职务并发表声明称决定于 4 点 30 分就工党高层领导人及其副手举行选举。当天下午有 20 名工党国会议员集体走进陆克文办公室请求其挑战吉拉德，并声称可以保证 40~45 张支持票。然而陆克文在最后关头仍然不愿意出头，理由是他之前曾经保证过不再挑战吉拉德，只有在工党绝大多数国会议员要求他回归时，他才会愿意重新上位。这并非没有道理，因为此时仍有大约 60% 的工党国会议员会站在吉拉德一边。因此，西蒙·克里恩发起的"逼宫"彻底失败。一名自由党的政治顾问、记者尼基·萨瓦（Niki Savva）形容这一事件时说："这是逼人在'疯子'（mad）和'坏蛋'（bad）

① 这两位本都是吉拉德的铁杆盟友，但在吉拉德执政后，都对吉拉德在某种程度上继续陆克文的独断风格日渐失望，同时认为吉拉德不善于提纲挈领，在备选中无法团结各方力量。参见 Mark Kenny and Jessica Wright, "Gillard in Turmoil", The Age, February 2, 2013, http://www.theage.com.au/federal-politics/political-news/gillard-in-turmoil-20130202-2dqut.html，访问日期：2014 年 4 月 4 日。

② 英文原文为"Ruddite"，原意是指工业化早期通过阴谋破坏机器而抗拒产业资本家的工人运动"卢德运动"，在这里实际是指工党前总理陆克文在党的高层的铁杆拥护者，他们在吉拉德上台后一直密谋夺权。这一团体也因陆克文（Kevin Rudd）姓氏谐音而获此戏称。

③ "How the Day Unfolded: Anatomy of a Failed Coup", Mar 21, 2013, http://www.crikey.com.au/2013/03/21/labor-spill-crean-brings-on-leadership-challenge/，访问日期：2014 年 4 月 1 日。

之间抉择，再没有比这更蠢的‘逼宫’活动了。"①

西蒙·克里恩发动的"逼宫"虽然未遂，但其导致的工党内部震动充分说明了吉拉德领导的团队已涣散至极。随后政府又有三名支柱阁员退出内阁，此外还有议会秘书长理查德·马乐思（Richard Marles）以及三位"党鞭"统统宣布辞职。

随着大选的临近以及议会休会期的到来，工党骨干对党内凝聚力的担忧不断加重，最终演化成了一场成功的"政变"。当时民调显示对吉拉德政府表示满意的仅有 28%，而不满意的高达 62%；在两党对比支持率中自由党以 57% 占优，自由党党魁托尼·阿博特预期支持率在 45% 左右。在议会最后一个活动周，即 6 月 24 日至 27 日，工党内部十余名议员开始筹划抛弃吉拉德转而支持陆克文上位以挽回颓势。6 月 26 日，议会内开始流传要求吉拉德让位的联名请愿书。尽管实际上并没有多少人真正签名，但是仍然迫使吉拉德核心团队在下午 4:00 宣布当晚举行党内选举，声称如果吉拉德不能获得党内多数支持就在下次大选时退出政坛，要求陆克文亦然。结果吉拉德的一名铁杆支持者比尔·绍顿（Bill Shorten）公开宣布自己将转投陆克文阵营，认为对本党的大选而言这是最好的选择。随后吉拉德派的十余人也公开了自己对陆克文的支持态度。在此情况下，陆克文在选举中获得 57 票胜出，不过吉拉德仍然赢得了 45 票，其中包括其多数阁员。这并不是陆克文先前所称的"赢得党内绝大多数支持"的结果，但他还是趁机重新上位了。尽管倒吉拉德的目标达成了，可这种场面再次让工党内部的大分裂曝光于众，以致工党一位议员接受采访时说："陆克文就是澳大利亚政治史上最大的错误。"② 至此，工党内斗达到最高潮后又以吉拉德被迫下野而告一段落。

三　工党内斗之分析

2013 年上半年工党堪称"丢人现眼"的政治表现博足了媒体与公众的眼球，也充分反映了其执政 6 年以来积累的诸多弊端与党内矛盾。有分析者归纳

---

① 这里分别是指吉拉德和陆克文。*The Australian*，22 March，2013。

② *The Australian*，June 27，2013.

指出："陆克文和吉拉德的争斗，迫使党内派系不时选边站队，严重破坏了党内团结，导致前工党领袖克林、原贸易部长埃默森、原国防部长史密斯等一批资深政治家赌上自身'政治生命'，被迫退出政坛，严重削弱了工党战斗力；两人轮番上台，致使非法难民船、碳税、矿产税等政策出现反复，缺乏连续性，失信于民，损害了工党形象，削弱了选民基础；内斗大戏的负面效应冲淡了民众对工党带领澳大利亚在国际金融危机中成功避免衰退等执政成绩和教育、医疗改革等惠民政策主张的关注。"① 换言之，工党内乱的原因在于其党内组织生活一直不够健康，而这种情况又随着政府施政能力不断遭受质疑与不满而持续激化。

首先，近年来工党政权一直不够稳固，一直处于无情善变的朋党斗争当中，令大众不齿。比如吉拉德的上台本身就是党内政变的结果。吉拉德的铁杆盟友妮古拉·罗克森从不掩饰自己对陆克文的厌斥之情，甚至在工党败选后公开发表电视演讲骂陆克文是个"大混蛋"（bastard），即便如此她也认为工党一直没有就突然逼迫陆克文下台做出全面解释，这对公众和陆克文都是不公平的。② 2007 年陆克文率领工党走出在联邦大选中连续四次失利的阴影成功上台，很大程度上有赖其同吉拉德组成了党内跨派系联盟。然而这也埋下了执政后双方"共患难易、同享福难"的伏笔，因为他以唯我独尊、专断独行的个性著称。2010 年初，对陆克文派不满的党内高层就开始策动吉拉德挑战陆克文，包括日后反过来又支持陆克文"逼宫"吉拉德的西蒙·克里恩等要员都做了落井下石之举。2010 年吉拉德率领工党谋求连任，工党出现了重大退步，这又动摇了同僚对吉拉德的信心。因为当年在众议院 150 个议席中，工党和自由党各自赢得 72 个席位，都没有获得 76 席的多数，形成了 1940 年以来首个"悬峙议会"。经过半个月的争夺，工党最后依靠绿党的 1 席及 3 位独立议员的支持才得以胜出组阁。投出最后关键一票的独立议员为自己的选择进行了长

① 颜谋锋：《2013 年澳大利亚大选分析及阿博特政府政策展望》，《当代世界》2013 年第 10 期，第 53~55 页。

② Matthew Grimson, "Nicola Roxon Calls on 'Bastard' Kevin Rudd to Quit Parliament in John Button Lecture", October 17, 2013, http://www.abc.net.au/news/2013 - 10 - 16/nicola-roxon-kevin-rudd-bastard-james-button-memorial-lecture/5027030，访问日期：2014 年 4 月 4 日。

达近 30 分钟的辩解演说，强调自己是为了避免大选重新举行才让工党获胜。[①] 所以早在四年前工党其实就已经走到了下台的边缘。由于以阴谋手段"逼宫"的行为未得到批判反思，陆克文便以其人之道还治其人之身。2012 年 2 月，在吉拉德内阁中出任外交部长的陆克文在访问美国期间突然宣布辞职并挑战吉拉德的领袖地位。尽管他最终在党团表决中失利，但进一步助长了高层斗争惯用突然袭击手段的风气。从此后吉拉德领导团队陷入了不断受流言侵扰与篡权威胁的状态，工党治政精力被严重分散。

到了 2013 年，由于工党执政漏洞百出，绿党与亲工党独立议员也开始与之分道扬镳。特别是绿党在年初正式解除了对吉拉德政府的支持协定，表现出强烈的政治切割姿态。工党与绿党互相攻讦，双方都指责对方违背了当初的协议精神。解除协议后绿党领袖克里斯汀·米耐（Christine Milne）立刻遭到了工党的刻薄讥讽。吉拉德在 3 月公开声称绿党"从来不是政府的一部分，面对政府重大改革议案时从来都不懂得合理打破僵局"。[②] 更有工党人士指责绿党为精神错乱的极端主义分子，是只会抗议而不懂得担当政府责任的政党。至此，工党政府执政根基完全动摇。

其次，工党上台以来执政成果的确不甚令人满意，一些改革措施影响了其民意支持度，这主要集中在经济和财政问题上。事实上，2007 年工党陆克文政府上台后民意支持度一度飙升至罕见的 75%，因为他强调多元文化价值、废除了前任政府压制工人福利及工会权利的法案，并且坦率地为澳大利亚历史上的种族歧视问题道歉，一改霍华德政府的保守狭隘态度，赢得了澳大利亚社会和国际社会的普遍好感。在 2008 年爆发的全球经济危机中，澳大利亚通过实施积极财政政策特别是利用对中国的资源出口盈利稳住了经济局势，成为西方国家中罕见地未受危机严重打击的经济体。正是看中了资源部门在国际市场中的巨额收益，陆克文在 2010 年 5 月宣布将从 2012 年 7 月起向矿业公司超过

---

① 因为澳大利亚宪法规定如果所有席位分配、组合完成后仍然没有获得绝对优势的政党联盟胜出，那么大选必须重新举行。而澳大利亚由于人口少，一直保持着强制选民投票的直选传统，大选成本极高。

② Alexandra Kirk, "Gillard Turns on Greens in Carbon Tax Debate", ABC website, March 17, 2011, http：//www. abc. net. au/news/2011－03－17/gillard-turns-on-greens-in-carbon-tax-debate/2653872.

市场利率以外的"超额盈利"征收40%的资源盈利税。这一建议事先并未与矿业巨头充分商榷，一经推出，立刻招致激烈反弹。作为澳大利亚经济支柱行业的矿业一旦表达不满，陆克文政府立刻受到了所有在野势力的围攻，最终也使得党内爆发了"倒陆政变"。吉拉德上台之后，立刻与矿业巨头达成了妥协，资源盈利税不了了之。而她面对的最大麻烦是针对碳排放征收的碳税。2010年大选时吉拉德许诺任期内不会推出碳税，但为了赢得绿党支持，她最终又同意征收碳税并利用在议会的优势通过了相关法案，结果这个法案不仅激起了反碳税法案民众的不满，而且让吉拉德背上了出尔反尔的骂名。更糟糕的是，吉拉德政府的财政理念被证明存在重大缺陷。她习惯用远景预期中可获得的收入来指导当下的财政预算制订，这明显地表现在对碳税的期待上，而之前与矿业巨头达成的矿税修正案至2013年初只给政府带来了不到1000万澳元的收入，与预期中的30亿澳元相差甚远。同时，秉持工党传统政治理念的她又要竭力维护高福利的社会政策，结果造成了严重的财政赤字与政府负债。2013/2014财年，政府实际收入比财政部长维尼·斯旺（Wayne Swan）的预期少了120亿澳元，而2008~2014年政府负债总计2500亿澳元。[1] 在未受经济危机严重打击的情况下澳大利亚政府财政出现上述问题，立刻被反对势力判定为执政无能。作为吉拉德的副手，维尼统管的财政事务也就成为政府最大的软肋。西蒙·克里恩在"逼宫"时就直指维尼称："政府不应该为了增加自己的盈余就对老百姓的盈余征税。维尼小宝宝啊，你可不是一出生就会跑啊。"[2]

最后，吉拉德的个人能力是否真的有问题？严格说，她力图用自己特殊的身份推动执政工作，但成效复杂而且负面效果日显。吉拉德的特殊身份在于她是一个独身女性，也是典型的知识女性和女权倡导者。她的职业出身为律师，而且一直致力于劳工运动，这使得她迅速成长为工党的中坚力量。她上任之初就强调自己的女性身份，赢得了智力精英的广泛欣赏，也赢得了基层社会革新派的大力支持。然而她要面对的现实政治权谋斗争并不因为她是女性而有任何缓解，事实上，她的女性主义话题不断被反对势力炒作利用，包括她缺乏大众

---

[1] John Wanna, "Commonwealth of Australia, January to June 2013", *Australian Journal of Political and History*, Volume 59, Issue 4, December 2013, p. 621.

[2] *Weekend Australian*, 6-7 April, 2013.

认知中的美女特征以及不婚不孕的立场。2012 年 11 月，反对派领袖阿博特攻击吉拉德称，工党施政无力是因为吉拉德没有育子经验而难担领导重任，结果吉拉德在国会发表了长达 15 分钟的演说回击阿博特有"厌女症"（misogyny），结果舆论反而认为她是利用女性主义打击对手、扯开话题、靠博取同情巩固实力。[①] 对此，工党全国副主席托尼·谢尔顿（Tony Sheldon）批评说，工党"充斥二流政客，处于灾难性的时刻，由于缺乏道德和政治目标而遭遇信仰危机"。[②]

这里反映的根本矛盾还是政客执政理想与现实执政手段之间的差距，比如前文已述的吉拉德为了获得绿党支持而违背竞选承诺，更令人失望的是，在面对工党民意支持率下滑、自由党煽动过分维护社会福利导致国家健康发展有可能受到影响时，吉拉德对是否修改 2009 年版"公平就业法"犹豫不决，做出几次迥异的表态并最终对保守势力有所妥协。此外，吉拉德在上台之初曾被寄予改变陆克文的执政风格的期望，因为后者因独断招致普遍不满。然而到 2013 年初，吉拉德团队的决策也出现了类似问题，除了财长的意见相对更受关照，其他内阁成员常常被排斥在决策过程之外，这埋下了她不断遭遇背叛的伏笔。

四　大选中的朝野斗争

2013 年澳大利亚政坛的重头戏是大选，作为执政党的工党虽然不断受到内乱丑闻干扰，却仍然推动了一些重要政务以博取支持，并且在此基础上有针对性地准备了竞选大纲。其主要策略是迎合大众口味，弱化反对党联盟与自己施政观点的差异。

2013 年 1 月下旬，吉拉德政府发表了国防白皮书。尽管一些专家对反恐局势好转仍有疑虑，但政府认为恐怖主义威胁已经下降，而网络攻击与大国威胁问题的严重性正在上升。相比 2012 年的国防白皮书，工党政府对待中国的

---

① Anne Summers，"Her Rights at Work：The Political Persecution of Australia's First Female Prime Minister"，*Economic and Labour Relations Review*，Volume 23，Issue 4，November 2012，p. 115.

② *Weekend Australian*，2 - 3 February，2013.

立场有所软化，不再表现出咄咄逼人的对抗态度。这种务实的立场在很大程度上与在野党的立场趋同。此外，吉拉德政府对外来劳工的态度也更倾向于保守。她收紧了457份外来务工签证的发放，声称这将拉低澳大利亚的工资水平，而这些外来人员的真实目的是想"插队"以尽快获得澳大利亚永久居留身份。这种态度与自由党—国家党联盟的移民政策见解也已没有太大区别。[①]此外，值得一提的是，工党大佬西蒙·克里恩在政治生命临终之际正式启动了长期被搁置的"有创造力的澳大利亚"（Creative Australia）计划。[②] 这对巩固知识阶层对工党的一贯支持起了重要激励作用。"有创造力的澳大利亚"这一计划要求政府加大对精英文化组织和政府文化机构的资助力度，甚至包括建议给每个联邦政治家2.3万澳元的基金，以便让他们挑选文艺界的好苗子加以培育。此外，在预算之外，联邦政府于4月16日突然宣布未来四年对大学的资助预算减少23亿澳元，目的是为Gonski教育改革计划筹措资金。[③] 这实际上是一种由集中关注精英教育转向兼顾大众基础教育与高等教育的转变。

陆克文再次上台之后立刻着手平衡工党内部利益，凝聚士气全力备战。他在两个层面上强化了工党已有的竞选策略：一方面是进一步在社会政策方面迎合大众口味，靠拢反对党联盟的立场，减少被对手攻击的弱点；另一方面是不遗余力地攻击反对党的软肋。比如在对待外来难民安置问题上，陆克文采取"离岸甄别"立场，强行要求所有非法移民不得进入澳大利亚，转往第三国安置。官方政策的调整使得在野党几乎失去了长期以来抨击政府的口实。与此同时，陆克文抓住自由党—国家党联盟执政经验不足尤其是缺乏外交经验的弱点猛攻：陆克文上台后立刻就与中国和美国领导人通电话，频繁召见各国驻澳使节以彰显自己在外交领域之广泛人脉。他也对一连串近邻完成了访问，迅速达成有关难民安置方面的协议以展现自己的办事效率。他还竭力插足叙利亚危

① 吉拉德在移民问题上一直有较为开放的态度，这一转折令对外来移民持开放态度的舆论大为失望，http://www.news.com.au/national/julia-gillard-says – 457 – temporary-visas-are-being-rorted/story-fnho52ip – 1226607616061，访问日期：2014年4月4日。
② 有关详情可参见：http://creativeaustralia.arts.gov.au/。
③ Geoff Maslen，"Higher Education Alarmed by A＄2.3 Billion Cut"，April 16，2013，http://www.universityworldnews.com/article.php? story =20130416090623139. 访问日期：2014年4月4日。

机，协调盟国立场。① 陆克文虽然明知不可能对此发挥重要作用，却也提醒公众自己具备处理复杂外交事务的能力并且乐于彰显澳大利亚的国际存在感。

然而这些举措都只是如强心针一般暂时强化了工党的竞选吸引力，大选的最终结果并不如他所愿。由于内耗大伤元气以及前期政策失误丧失民心甚深，大选以反对党联盟毫无争议的获胜结束。工党得票率创百年以来新低，仅获得55 个议席，比上次大选减少了 17 席。当然，舆论普遍认为如无陆克文苦撑危局，工党之败绩可能更加惨不忍睹。工党的失利反衬了反对党联盟的成功——2010 年大选中阿博特率领的党团赢得了 72 个议席，当时已创造澳大利亚在野党在执政党首个任期内最好的选举成绩。此次大选自由党—国家党联盟更是赢得了 90 席，一举掌握议会绝对多数，雪洗六年前败选之耻。反对党联盟获胜固然得益于工党的内斗，其本身表现也有可圈可点之处。一方面，阿博特一针见血地指出了工党政府政绩的不可靠性——过去几年政府在保持经济发展方面取得的成就很大程度上是历史惯性所致，尤其是自由党的霍华德政府令澳大利亚与中国建立起了牢固的经济联系。由于中国在此次全球经济危机中扮演了中流砥柱角色，庞大稳定的能源需求才是澳大利亚优势产业得以生存并谋得巨额利润的关键。另一方面，阿博特的团队内部一直保持稳定，公众形象较好，而多数影子内阁成员在霍华德政府时代就有执政经验，重新上台后亦很容易进入执政状态。由此一来，工党对反对党几乎不再构成任何实质性优势，在公众需要对政府重建信心的情况下，反对党联盟赢得选举毫不奇怪。②

五　阿博特内阁的组建及澳大利亚政治思潮之转向

2013 年 9 月 16 日，阿博特公布了新一届政府组成名单。内阁 19 名成员包含 16 名自由党成员及 3 名国家党成员，后者即副首相兼基础设施与地区发展

---

① John Wanna, "Commonwealth of Australia, January to June 2013", *Australian Journal of Political and History*, Volume 59, Issue 4, December 2013, p. 624.

② Colleen Ricci, "Issues in the News: Tony Abbott Wins Election", September 12, 2013, http://www.smh.com.au/national/education/issues-in-the-news-tony-abbott-wins-election - 20130912 - 2tlw0.html, 访问日期：2014 年 4 月 4 日。

事务部长沃伦·楚斯（Warren Truss），农业部长巴纳比·乔斯（Barnaby Joyce），以及土著事务部长尼格尔·斯库林（Nigel Scullion），而非内阁部长中除两名国家党成员外全部为自由党成员。观察整个政府的构成，最有趣的变化在于新政府没有一个主管科学事业的部长，却新设立了一个主管"澳新联军（ANZAC）纪念事务"的部长。这个名单一经公布就引起了大众的热议，因为它代表着澳大利亚保守主义政治思潮的急剧反弹。

澳大利亚是西方国家中长期以来政局最稳定的国家之一，主要政党的政治立场已有明晰的传统可循。应该说，这些政党及其代表政见与英国颇有相似之处——澳大利亚工党与自由党的对垒可以同英国工党与保守党的分野比拟。两党最基本的政见差异在于：澳大利亚工党相对更强调政府对社会的管理与对自由资本主义市场的干预，由此他们也更强调维护劳工利益与高福利社会制度。20世纪70年代以来工党又积极倡导自由民权与多元文化价值观，反对形成于澳大利亚殖民地时代并在建国后确立的"白澳政策"及狭隘的欧洲认同。相比之下，自由党在政治立场上更为保守：提倡古典资本主义市场经济理论、秉持"小政府"理念、强调澳大利亚的白人认同及所谓的澳大利亚民族主义，在文化与宗教方面也更乐于鼓吹基督教精神，尤其是在反堕胎问题上立场强硬。而就近三十年来的对外政策而言，工党的移民政策相对更开放，外交方面更接受嵌入亚洲的现实，而自由党政府的移民政策相对更封闭，对融入亚洲更为消极与抵触。所以，阿博特胜出之后，立刻有媒体强调这是"基督教保守主义"的胜利。[①]

另一个两党存有明显态度分歧的议题是如何对待澳大利亚政治生活中的民粹意识。澳大利亚开发较晚，而且支柱产业一直是畜牧业与农矿业，对体力劳工的需求量很大，于是历史上不断吸收大量来自国外社会底层的贫苦移民。由于移民群体中脑力劳动者相对较少，澳大利亚的社会大众文化传统中具有特别浓郁的反精英气质与乡土情结，强调"个人自由"的同时也特别强调"平等主义"及"兄弟情义"。工党本身是依靠产业工人的支持起家的，但是在第二次世界大战后的社会改革运动出现后也越来越依赖城市中产阶层的支持。这一人群大多受过高等教育，智力精英密度大，强调公共责任同时对多元文化持开

---

① *The Telegraph*, September 7, 2013.

放态度，也更强调澳大利亚对新移民的开放包容。而自由党脱胎于工党的反对派联盟，他们一方面强调自由放任的市场经济与个人奋斗，另一方面也特别强调文化保守主义与所谓的爱国主义，这对生活环境更闭塞的乡村人口及强调澳大利亚传统文化价值的人口有巨大吸引力。自由党党魁阿博特本人就常常以个人自由奋斗、男权主义及反智主义言行吸引草根民众。阿博特新政府特别设立一个部长职位专管"澳新联军纪念事务"却没有任命一个部长专管国家科学事务就是要表达一种保守主义立场。澳新联军纪念日是为了纪念第一次世界大战中澳大利亚与新西兰联军的贡献，尤其是他们在加里波利战役中的巨大付出。然而所谓的"澳新联军精神"已经成为澳大利亚爱国主义与民族主义的一个神话，粗犷勇敢、不畏牺牲及互爱互助的精神被包装成澳大利亚社会文化的象征和主流价值观。但是在 20 世纪 70 年代之后，随着对澳大利亚早期历史的批判和文化解构，这种主流价值观也受到多元文化的重大冲击。自由党重新上台后特别标榜所谓的"澳新联军精神"就是要强调自己的所谓爱国主义。对这一举措，知识阶层均表咋舌，但保守主义人士则高呼"阿博特的胜利意义重大，因为这意味着赤裸裸的保守立场一样能赢得胜利（genuine conservative policies can win elections）"。[①] 这对整个西方保守主义政治势力都堪称鼓舞。

可以说，新政府机构设置上的这种变化只是澳大利亚近年来政治保守主义思潮抬头的一个缩影而已，它其实在澳大利亚生活的方方面面都有表现。比如澳大利亚社会对移民问题的整体保守化倾向已经严重动摇了工党的传统政策，无论是吉拉德还是陆克文都不再敢大张旗鼓强调开放接纳移民，而是强调管制。再比如碳税问题及全球气候变迁议题，这不仅是涉及澳大利亚百姓税负的问题，也是关系到澳大利亚应该在多大程度上承担国际责任与道义使命的问题。对此持激进支持态度的是澳大利亚绿党，而它在 2010 年大选中赢得了国会议席，同时也获得了工党左翼的认可与执政邀请。但是到 2013 年民众对碳税的反对压力已经迫使工党立场倒退，这又导致了它与绿党的分道扬镳。更惨

---

① "The Election of Australia's New PM Tony Abbott Is Clear Evidence that Genuine Conservative Policies can Win Elections"，http://www.dailymail.co.uk/debate/article-2415635/The-election-Australias-new-PM-Tony-Abbott-clear-evidence-genuine-conservative-policies-win-elections.html，访问日期：2014 年 4 月 4 日。

淡的是绿党在 2013 年大选中不仅没有新增一席，下院得票率也从 11.8% 跌到 8.7%。① 相比之下一个非常显眼的情况是，立足于昆士兰、代表矿业垄断资本家利益的"帕尔默联盟党"（Palmer Union Party），在 2013 年才成立，可是在大选中赢得了 1 个众议员席位，同时还获得了两个参议员席位。这个党鼓吹小政府、取消碳税、加大对矿产业资助、提高矿产出口价格并排斥难民来澳大利亚避难。

所以说，工党某些政策的摇摆与倒退与其说是为了与自由党抗争，莫如说是对当前澳大利亚大众政治立场变化的妥协。绿党堪培拉地区的联络人喀麦隆·穆尔（Cameron Muir）就表示："在澳大利亚社会，一般来说受教育程度越高，就越偏左翼立场，但是现在，大众整体变得更加保守和狭隘了。"② 不过，相比于霍华德时代的极右翼政客保琳·汉森（Pauline Hanson）及她领导的"单一民族党"（One Nation Party）运动，2013 年澳大利亚政坛的右倾化并不足以引发国际社会的普遍忧虑，目前看它大体还是符合该国传统政治运作中的钟摆式政治平衡规律的。③

结　　论

2013 年澳大利亚政坛出现了近年来罕见的风起云涌之势。波诡云谲中折射出的是以下基本特点：工党不甚健康的组织生活积累了严重的内部矛盾，这导致了工党执政效果大打折扣、执政能力备受质疑、执政形象千疮百孔；而自由党—国家党联盟成功抓住了工党的软肋，利用同时也煽动了澳大利亚社会内政方面的保守主义思潮，不仅在大选中取得压倒性胜利，也将大幅扭转澳大利亚政坛六年来保持的政府积极干预社会生活的态势。

---

① 需要指出，绿党在墨尔本巩固了传统优势，保住了议会中的一席。此外，在中产阶级比较强大的城市，绿党仍然活跃。

② 2013 年 10 月笔者与当事人的访谈。

③ 保琳·汉森是一位女性政客，以受教育程度低、鼓吹白澳种族主义、敌视亚洲、反对同性恋等闻名。她以昆士兰为基地建立了"单一民族党"，一度拉拢澳大利亚社会中最保守的群体。由于超越近年来澳大利亚政治生活确立的基本理念底线，连保守的霍华德政府都对其嗤之以鼻。2003 年，她因涉嫌选举舞弊入狱并最终身败名裂。

2013～2014年新西兰
政治发展与选情分析

王婷婷*

摘　要：

2013年以来，新西兰政治发展平稳。国家党在施政纲领的指导下取得良好的施政效果，在民调中保持领先，正在积极争取实现三连任；工党一直努力改善2011年大选以来的颓势，寻求上台执政，但效果不佳；其他各政党发展状况不一，毛利党、联合未来党、行动党生存能力十分薄弱，绿党保持稳定，新西兰优先党成为左右局势的"造王者"等。另外，国家党政府决定继续维持MMP选举制度；全国选区增至71个等。基于此，就2014年9月大选前景而言，国家党处于边缘领先地位。

关键词：

新西兰　政治发展　选情分析

新西兰实行多党制内阁制，议会仅设众议院，议员由普选产生，任期3年。相对其他西方国家而言，新西兰大选比较频密，但过渡平稳。2014年9月，新西兰将举行第51届议会大选。如果国家党成功实现三连任，将继续努力通过双边和区域贸易协定推动本国企业进入国际市场以促进出口发展；提高基础设施、研究和开发支出；实施更充分利用新西兰天然资源的相关政策；继续维持审慎的财政政策；花费4.93亿纽元用于家庭和儿童福利，以解决收入不平等、健康和家庭问题等。如果工党获胜并上台执政，很可能聚焦解决高房

---

* 王婷婷，中山大学大洋洲研究中心助理研究员。

价、收入不公、低储蓄率、持续性经常账户赤字等问题，实施禁止外国人购买房产、"普遍性"强制储蓄金计划、开征资本利得税、加大家庭和儿童福利开支等政策。新西兰未来三年的政策面貌取决于哪个政党或政党联盟赢得大选。本文在论述2013年以来执政联盟发展状况、在野党发展状况及新西兰选举制度未变革与选区调整的基础上，对2014年9月的大选前景进行简单分析。

一 执政联盟喜忧参半

在2011年大选中，国家党获得121席中的59席，与毛利党（3席）、行动党（1席）和联合未来党（1席）组成"阁外联合政府"[①]，约翰·基担任总理，继续执掌新西兰政权。

作为执政党，影响连任的最大因素是执政效果。在此次任期内，国家党政府的施政纲领为：短期内，继续重建与援助坎特伯雷地区；中期来内，继续执行审慎的财政政策，解决庞大的财政赤字和高水平公共债务问题；长期内，集中刺激经济增长与生产力发展，以提高人民收入，提供更好的工作机会，改善人民生活水平。[②] 在此施政纲领的指导下，推进"混合所有制模式"（the Mixed Ownership Model）计划是其核心政策之一。该计划允许国家在至少保持51%股份（即保持控股地位）的前提下，部分出售四大国有独资能源企业的股份，包括大河电力（Mighty River Power）、子午线能源（Meridian Energy）、创世纪能源（Genesis Energy）、固体能源（Solid Energy），同时进一步减少对新西兰航空（Air New Zealand）的政府持股（当时为73%）。尽管毛利议会以法律手段阻止出售国有资产，反对党也通过承诺电力改革计划、发起全民公投、不断批评指责等阻碍部分出售计划的推进，国家党政府仍在2013年至2014年上半年基本落实了"混合所有制模式"政策，实现了其在2014年大选前完成所有出售项目的计划。

在落实过程中，政府分别出售了大河电力、子午线能源和创世纪能源三家

[①] 所谓"阁外联合政府"，是指政府的内阁部长由单一政党议员占据，阁外部长由两个或两个以上政党分享。

[②] Economist Intelligence Unit，"New Zealand"，*Country Report*，January 2013，p. 6.

国有能源公司 49% 的股份，以及新西兰航空 20% 的股份，共筹集 47 亿纽元。这一结果接近 2011 年政府预计的 50 亿至 70 亿纽元的最低目标。而固体能源因经营不善其股份尚未被出售，按照 2011 年政府委托相关机构评估的结果，固体能源 49% 的股权价值为 13.57 亿纽元。因此，从募资结果来看，约翰·基政府的"混合所有制模式"计划获得基本成功。这能够在一定程度上缓解新西兰的国家债务问题，有助于政府在 2014/2015 年度实现财政收支重返盈余的目标。同时，政府将用这笔资金投资教育、道路、医疗、宽带服务等基础设施建设，有助于提高新西兰民众的生活水平与改善经商环境。

总之，国家党政府的施政效果良好，这反映在民众对国家党以及总理约翰·基的认可和支持上。

2013 年以来，多家民调机构①的 53 次民意调查②显示，约翰·基及其领导的国家党一直处于领先地位。尽管由于 GCSB 泄密案、司法部长朱迪斯·柯林斯"喝奶门"等事件的影响偶有下降，但是国家党的支持率总体保持在 40% 以上，其中更有 9 次获得 50% 以上的支持率。2014 年 7 月，在《新西兰先驱报》的最新民调中，国家党支持率更是达到 54.9% 的新高，有望成为新西兰第一大党，并可以实现单独执政。与此同时，约翰·基在历次"首选总理"民调中的支持率也都保持在 40% 以上，且 2013 年 3 月、6 月、12 月及 2014 年 3 月、6 月的受欢迎程度都超过 60%，远远超过工党党魁及新西兰优先党党魁。

然而，其三个联盟党却正处于"多事之秋"。其最大的支持党——毛利党（Maori Party），目前在议会中占有三个席位。三位议员分别是联合党魁塔里安娜·图里娅（Tariana Turia）和皮塔·沙普尔斯（Pita Sharples）以及特·乌罗罗阿·弗拉维尔（Te Ururoa Flavell）。但就 2013 年以来毛利党的支持率及其所面临的不利因素而言，该党在 2014 年大选中保住现有的三个席位将是十分艰难的。

第一，公众支持率持续低迷。2013 年 1 月 2 日至 2 月 10 日，罗伊摩根研

---

① 本文未标明来源的民调数据皆来自布鲁顿调查公司（One News Colmar Brunton）、《新西兰先驱报》（*The New Zealand Herald*）、罗伊摩根研究（Roy Morgan Research）三家民调机构。

② 本文民意调查数据时间跨度为 2013 年至 2014 年 7 月下旬。

究进行了三次民调，毛利党支持率从2%下跌至1.5%，进而下跌至0.5%。其后，在三家机构进行的50次民调中，该党仅有2次获得2.5%的支持，11次支持率为2%，其余37次支持率低于2%。而在2014年3月《新西兰先驱报》的民调中，该党支持率竟跌至微不足道的0.2%。总之，2013年以来，该党支持率远低于其2011年11月约3%的支持率。第二，马纳党（Mana Party）对毛利人选票的争夺。2011年，毛利党议员霍恩·哈拉维拉（Hone Harawira）辞职，带领支持者成立马纳党。2013年以来，马纳党对毛利人选票的争抢不断增加。2013年6月29日，毛利选区Ikaroa-Rawhiti议席补选中（已故工党议员帕雷库拉·霍罗米亚的席位），毛利党得票排名第三，是该党首次在毛利人选区败于马纳党。第三，来自工党的竞争。工党前领袖戴维·希勒（David Shearer），早先已经表示打算于2014年大选时重新赢回当前由毛利党控制的三个选区席位。而在2013年1月下旬Te Karere Digi-Poll的民意测验中，工党取得毛利人34%受访者的支持，支持毛利党和马纳党的分别是28%与6%。① 此外，毛利党和马纳党继续争夺毛利选票将使工党在毛利选区席位的竞争中获益。第四，毛利党两位议员将于2014年大选前退休。2012年12月，该党联合党魁、议员塔里安娜·图里娅宣布2014年大选前退休；2013年7月初，该党另一位联合党魁皮塔·沙普尔斯宣布卸任联合党魁之职，并在下次大选前从议会退休。两位联合党魁的离开将增加毛利党未来的不确定性。

联合未来党（United Future）在议会仅拥有一个选区席位，议员是其党魁彼得·邓恩（Peter Dunne）。然而，彼得·邓恩却深陷"GCSB泄密案"丑闻。2013年4月，新西兰通信安全局（GCSB）的一份有关非法监听至少88名居民的报告被费尔法克斯传媒（Fairfax）《自治领邮报》的一名记者安德烈亚·万斯（Andrea Vance）披露给媒体。该报告的披露使同时担任GCSB部长的总理约翰·基特别尴尬。在调查发现彼得·邓恩涉嫌泄密后，约翰·基表示，邓恩应该要么完全配合调查要么辞职。6月7日，邓恩在拒绝公布他与安德烈亚·万斯之间的86封电子邮件的全部内容后被迫辞去税收部长（阁外）之职。与此同时，他领导的联合未来党更是几经波折。2013年5月31日，新西

---

① Economist Intelligence Unit，"New Zealand"，*Country Report*，March 2013，p. 21.

兰选举委员会因联合未来党注册党员未达到500人的最低门槛取消了该党的注册。联合未来党称，该党拥有超过500名党员，将会提供已更新的党员资料，积极向选举委员会争取重新注册。6月下旬，议长大卫·卡特（David Carter）裁定，联合未来党在重新注册成为政党前，将不再被考虑为议会政党，并剥夺其政党资金。邓恩先生作为独立议员留在议会，且继续履行与国家党之间的信任与支持协议，这将不影响重要法案的通过。直至2013年8月13日，联合未来党才重新注册成为政党。8月末，议长大卫·卡特宣布恢复邓恩党魁身份以及该党的政党资金。虽然彼得·邓恩于2014年1月被任命为内政部长，但是联合未来党已经被削弱了。2013年4月后的历次民调中，该党获得的最高支持率仅为0.7%，且多次没有获得任何支持，包括2014年7月发布的最新民调。

行动党（ACT）也仅有一位议会议员，即党魁约翰·班克斯（John Banks）。班克斯却因在2010年角逐奥克兰市长期间涉嫌违反选举经费规则，一直饱受争议。在该事件中，班克斯被指在竞选捐款申报中将来自互联网大亨金·达康（Kim Dotcom）和天空城娱乐中心执行长尼吉尔·莫里森（Nigel Morrison）的竞选捐款列为匿名捐款，其中金·达康捐赠了两笔各2.5万纽元，尼吉尔·莫里森捐赠了1.5万纽元，总计6.5万纽元。2013年10月16日，奥克兰地方法院裁定，班克斯需要就隐瞒部分政治捐款一事接受聆讯。当天，班克斯称此决定是错误的，将提出司法复核，同时表示为了避免此事干扰政府，辞去规章改革部长及小企业部长之职，但继续担任埃普索姆（Epsom）选区的议员。同彼得·邓恩一样，班克斯也将继续支持国家党。然而，官司缠身的班克斯直至12月3日，即高等法院下令他需要就此事接受审讯的次日，才发表声明称将于2014年3月行动党年会上辞去党魁之职，并不会在2014年大选中争取连任，这一迟缓行动严重威胁到行动党的生存能力。2013年10月28日至2014年2月2日，两家民调机构的6次民调显示，该党仅在罗伊摩根11月11日至24日的民调中获得0.5%的支持率，在其余5次民调中均未获得任何支持。而且，尽管班克斯的最终离开为行动党提供了重组的机会，但行动党并未选出一位能够重振该党的新党魁。2014年3月1日，新任党魁杰米·怀特（Jamie Whyte）走马上任，但他关于政府不应该干涉乱伦的奇谈怪论等，未给该党带来新的生机。2014年3月至4月，行动党的民调仍徘徊在0.5%左右。4月15日，行动党再出新招，任命华裔王小选（Kenneth Wang）为副党魁，希望通过"种族牌"提升党的支持水平。王小选提出"新新西兰人"（new New Zealanders）概念以争取包括华人在内的移民选票。他的任命似乎未能成功挽救行动党，该党最近三个月的支持率依然为0～1%。该党在2014年7月的最新民调中没有获得任何支持。而原党魁班克斯6月初被判有罪后，该党失去了唯一的议席。但因大选在即，将不会举行补选。

综上所述，尽管执政联盟仍占议会多数，且约翰·基及其领导的国家党持续拥有较高的民众支持率，但国家党没有自满的空间和余地。因为其联盟伙伴——毛利党、联合未来党和行动党正在经历日益减少的支持或正面临不确定的未来，这意味着它们在2014年大选中的生存能力减弱了，这将削弱国家党2014年大选后组成另一个联合政府的能力。基于2013年以来46.33%的平均民调支持率，国家党可能成为第一大党，但无法单独组建政府。因此，联盟伙伴的选择将是国家党面临的最大问题。

二　在野党发展状况

新西兰最大在野党——工党（Labour Party），在2011年大选中大败于国家党，仅获得27%的支持率，是近90年来得票率最低的一次，席位由43席大降至34席，原党魁菲尔·戈夫（Phil Goff）因此下台，戴维·希勒（David Shearer）于当年12月开始领导工党。希勒的主要任务就是提高工党支持率，增加其在2014年大选中组建政府的机会。但是2013年的一系列民调显示，希勒未能达成这一目标。

2013年1月至3月，三家机构进行了8次民调，工党获得平均约33%的支持率，可转化为42席，与国家党之间的支持差距为9.5%～17%。4月，工党支持率上升到35.5%，国家党支持率下滑至40.5%，两党支持差距缩小至5%。这得益于工党的新提议，即如果工党在2014年大选后执政，将成立一个新的政府机构，购买所有发电公司的电力，且拥有定价能力，以降低电价。然而，这种温和的增长被迅速侵蚀。希勒的又一新政策未能与选民实现共鸣。他建议禁止外国人购买现房，以解决住房短缺问题，受到许多移民特别是亚裔团体的猛烈批评。同时，他在国会中表现软弱，无法与约翰·基抗衡。2013 年 7 月底发布的一项民调显示，工党支持率下跌至 29%，而国家党的支持率回升至 51%。与此同时，希勒在 2013 年四次"首选总理"调查中仅获得平均 14.7%的支持率，远远落后于约翰·基平均 53.3%的支持率。在艰难掌舵 20 个月后，希勒于 2013 年 8 月 22 日发表声明说，"鉴于工党民调支持率未如预期获得显著提升"，①决定辞去党的领袖职务。

希勒辞职后，工党启动党首选举程序。此次选举改变了以往由工党议员单独选举党首的方式，采用更加"民主化"的新规则，即由工党议员、一般工党党员和六个附属工会共同选举党首，他们分别持有 40%、40%、20%的选票。这使候选人即使没有获得大多数工党议员的支持也可能获胜。三位候选人宣布竞选，分别是大卫·康立夫（David Cunliffe）、格兰特·罗伯逊（Grant Robertson）、肖恩·琼斯（Shane Jones）。三位候选人各有优劣。康立夫曾担任海伦·克拉克（Helen Clark）工党政府的卫生部长和通信技术部长，政治经验丰富，同时具有商业背景，且善于辩论，但是在工党党团内不受欢迎。格兰特·罗伯逊，时任工党副领袖，在工党党团内受欢迎，但他过于年轻（41 岁），又是同性恋，个人因素可能不利于他。肖恩·琼斯，拥有毛利人血统，很可能会得到工党毛利成员的支持，然而，他因 2010 年用部长信用卡支付色情电影费用而声名受损。最终，琼斯得到 7 位（共 34 位）工党议员的支持，以及一般党员和工会相对较少的拥护；罗伯逊获得最多的议员支持（16 位），但党员支持率只有 27%。相比之下，康立夫仅获得 11 位议员的支持，但一般党员和工会支持分别为 60%和 70%。因此，大卫·康立夫于 2013 年 9 月 15 日成为工党新领袖。

作为新党魁，康立夫要在仅一年的时间内，确立自己作为党魁和总理候选人的公信力，团结工党，更新工党政策，并重新与选民联系，为 2014 年大选与国家党竞争作准备。康立夫曾在竞选期间承诺将最低工资标准由目前的 NZ

---

① 《新西兰最大在野党领袖辞职》，新华网，2013 年 8 月 22 日，http：//news. xinhuanet. com/ world/2013 - 08/22/c_ 117050939. htm。

$13.75/h 提升至 NZ $15/h；当选后承诺维持工党建立新政府机构的电力政策，并停止实施私有化政策等。9 月 23 日，康立夫任命了影子内阁成员，包括他的竞争对手格兰特·罗伯逊、肖恩·琼斯，以及反对者安妮特·金等。这些在一定程度上修复了工党内部因领导人竞选造成的紧张关系，并提振了工党在民意调查中的表现。9 月 24 日，《新西兰先驱报》民调显示，工党的支持率上升至 37.7%，结合绿党 11.3% 的支持率，工党—绿党联盟将拥有足够的支持获得议会多数席位。随后，罗伊摩根研究在 9 月底和 10 月中发布的两项民调也显示了同样的结果。然而，11 月底的基督城东选区补选当天，康立夫违规在 Twitter 上号召选民投票给工党候选人波托·威廉姆斯（Poto Williams）。其后这位党魁又状况频发，如公布新生儿补贴新政策时错算了受益者；先是拒不承认竞选党魁时为了避免公布捐款者详情设立保密信托，随后又为此事道歉等，对自身以及工党都产生了严重的负面影响。2014 年 2 月中旬，康立夫的支持率跌至当选以来的最低位 8%，刷新了戴维·希勒 11% 的最低点。2014 年 2 月下旬至 4 月上旬，工党支持率从 2013 年 9 月中旬至 10 月下旬的 34% ~37.7% 跌至 28.5% ~32%。

2014 年 4 月 22 日，其表现最佳的议员之一肖恩·琼斯退出政坛，出任太平洋经济大使，工党再次遭受打击。琼斯的离职在一定程度上反映了他对工党今年大选获胜没有信心，这严重打击了工党本来就低落的士气；考虑到琼斯的毛利人血统，工党失去了能够帮助其赢回毛利议席的得力人物。太平洋经济大使是由国家党政府外交部新近创设的职位，因此工党指责国家党为了让琼斯离开议会故意设立此职。康立夫称，这一事件是国家党试图赢得 9 月大选的诡计。一些评论人士也认为，国家党作为执政党是在利用国家资源削弱竞争对手的实力。然而，琼斯离职是由其发展目标、身体健康状况及收入问题等个人因素决定的，更是工党内部分歧这一深层原因造成的。工党党内存在社会自由主义和社会保守主义两个阵营，双方在对待绿党、少数族裔、环保主义、性别等问题上的立场不同。肖恩·琼斯属于社会保守主义阵营。以对待绿党为例，琼斯强烈反对工党与绿党关系过于密切。因此，他的离职不仅使国家党获益，也使工党左翼人士大为高兴。

6 月中旬，党魁康立夫卷入华裔富商刘东华移民案，致使工党颓势更甚。

早前，康立夫与其他工党议员一直抨击国家党与刘东华"官商勾结"，国家党重臣莫里斯·威廉姆森（Maurice Williamson）因涉嫌干预警方调查刘东华家暴案，辞去海关、建筑、统计和土地信息部长职位。康立夫在接受媒体采访时坚称与刘东华没有任何联系，但随后《新西兰先驱报》网站披露其曾于 2003 年致信移民局，"询问"刘东华申请投资移民事宜。一直以来，工党为了扭转支持率低迷的情况，致力于寻找和攻击国家党的"道德弱点"。此次事件不仅重创工党形象，也使其失去了在大选中攻击对手的有力武器。2014 年 6 月 30 日至 7 月 13 日，罗伊摩根研究民调显示，工党支持率暴跌至 23.5%，为 2011 年大选以来最低水平。总的来说，康立夫的当选曾短暂推升工党支持率，但随后这位新党魁又频频使工党遭受重创，加之肖恩·琼斯离任等因素，工党在 9 月将败选已成为众多评论人士的基调。

其他在野党包括绿党、新西兰优先党、马纳党、保守党、网络党等。绿党（Green Party）是第二大在野党，工党潜在联盟伙伴。2011 年大选中获得 10.8% 的政党选票，国会席位从 9 席增至 14 席。2013 年以来，三家机构的 53 次民调显示绿党支持率虽偶有下降，但其中 48 次都保持在 10% 以上，最高曾获得 15% 的支持率。然而，绿党成员大卫·海伊（David Hay）挑战党魁罗素·诺曼（Russel Norman），被从 2014 年大选准候选人名单上删除，这种严厉的处罚使绿党一直标榜的民主透明的正面形象受到打击。同时，诺曼被保守党党魁控告诽谤也对绿党造成负面影响。2014 年 2 月，绿党支持率跌至 8%。不过随即就开始回升，3 月至 7 月平均支持率为 12.15%，依然是重要的反对力量。

新西兰优先党（New Zealand First），与左右政府都合作过，现任党魁为温斯顿·彼得斯（Winston Peters）。2011 年大选中获得 6.59% 的政党选票，在议会中拥有 8 个议席，但都是排名席位，完全依赖选民对该党的支持。2013 年 2 月，该党支持率暴跌，仅为 3.9%，主要是由于其议员的种种失态，特别是理查德·普罗瑟（Richard Prosser）的仇外言论产生了负面影响。按照此支持率，它将失去所有席位。在 2013 年以来的 53 次民调中，优先党超过半数的支持率低于保证党派席位的 5% 门槛。然而，2014 年 3 月 22 日以来，优先党多次获得 5% 以上的支持率，最高支持率为 7%，平均支持率约为 5.2%，逐渐成为左右大选局势的造王者。

马纳党（Mana Party），在议会占有一个席位，一直努力寻求与工党和其他小党建立联盟，以便在工党领导的联合政府中占有一席之地。网络党（Internet Party），由德裔互联网大亨金·达康资助创立，2014年3月27日正式成立。5月13日，经选举委员会批准后，正式注册为政党。2014年5月，马纳党与网络党签署短期协议，合并为网络马纳党（Internet Mana Party）参加9月的大选。网络马纳党可能会分散工党和绿党的选票。

保守党（Conservative Party），于2011年大选六个月前成立，未能在当年大选时进入国会。但从其2013年以来的发展状况看，很可能成为国家党的盟友。在2013年以来的民调中，该党的平均支持率约为1.48%。

三　维持 MMP 选举制度与选区调整

1996年，新西兰第45届大选首次采用"混合比例代表制"（Mixed-Member Proportional System，MMP），简单说来就是"将多数选举制与比例选举规则结合起来的选举制度"。① 根据这一选举制度，议会议席由选区议席和排名议席组成。选区议席，由各候选人在各选区按照"领先者当选制"（First-Past-the-Post，FPP）的原则竞争；排名议席，则是依据各政党在大选中所得选票按比例分配。为了避免政党过度碎片化，新西兰 MMP 选举制度还规定了进入议会的最低门槛，即至少获得5%的政党选票或至少赢得一个选区席位。同时，MMP 还包括"一选区席位制"，即如果一个政党在大选中获得一个选区席位，即便其没有获得5%的政党选票，也可以按照选票比例获得一定的排名席位。

近年来，MMP 选举制度的弊端逐渐显现，如大党与小党相互勾结，造成不公平的选举结果等。2008年大选前两周，国家党党魁约翰·基公开与行动党党魁约翰·班克斯在媒体前喝茶，昭示两党的盟友关系，暗示奥克兰埃普索姆选区的国家党支持者将选票投给班克斯。最终，行动党因获得奥克兰埃普索

---

① Matt Golder, "Democratic Electoral Systems Around the World, 1946 – 2000", *Electoral Studies*, Volume 24, Issue 1, March 2005, p. 111.

姆选区议席，以及获得了 3.6% 的政党选票，在议会中占有 5 个议席。相反，新西兰优先党虽然政党得票率为 4.1%，却因未能获得一个选区席位而与议会无缘。随着公众对于 MMP 选举制度的批评质疑不断，2011 年 11 月大选的同时也对选举制度进行了全民公投，虽然大部分选民还是赞成保留 MMP 选制，但是有"超过 46000 人在公投中对于如何改进 MMP 选举制度提出了意见"。①基于此，2012 年 11 月，新西兰选举委员会对 MMP 选举制度提出最终修改意见，包括撤销一选区席位制；将议会准入门槛降低至 4%；废除"超支议席"；选区席位与排名席位比例调整为 60∶40 等。这一改革建议不会使新西兰选举制度发生结构性变化，但是可能会改变未来的选举结果。

各党对改革建议态度不一，特别是对撤销"一选区席位制"。国家党自是不会欢迎改革，其曾在 2008 年和 2011 年大选中利用"一选区席位制"帮助小党获胜，保证联盟获得议会过半数席位；工党当然支持改革，因为"一选区席位制"的撤销可以对国家党造成"致命"打击，却对工党和绿党没有太大影响；绿党认为"一选区席位制"的规定不公平，支持改革；新西兰优先党支持维持 5% 的最低门槛，认为一个表现良好的政党是可以赢得 5% 的支持的；行动党亦反对降低国会准入门槛，因其党派主要依赖在一个选区获胜进入国会。此外，一些观察家认为降低准入门槛将会造成议会"小党林立"的局面，容易导致政治不稳定与政府效率低下。2013 年 5 月，司法部长朱迪斯·柯林斯（Judith Collins）表示，"由于各个政党之间缺乏共识，政府将拒绝专家小组提出的 MMP 选举制度改革的建议"。② 政府的决定遭到反对党攻击，认为此决定是基于政党优先而非公共利益优先。无论如何，2014 年大选将继续按照 MMP 选举制度进行选举。

另外，新西兰选举委员会还提出选区调整改革建议。根据新西兰选举制度，选区划分的人口基数约为 6 万人，以确保各选区有平等的代表权。2013 年人口普查发现，由于人口流动，原选区已不符合此项规定，特别是新西兰最

---

① 毛芃：《选举委员会检讨 MMP　公众意见开始提交》，《新西兰联合报》2012 年 8 月 20 日，http://www.ucpnz.com/story/read/10277。

② 叶韬：《缺乏共识！政府拒绝 MMP 选举制度改革》，《新西兰中文先驱报》2013 年 5 月 16 日，第 1 版，http://www.chnet.co.nz/Html/2013-5-16/News_50370.html。

大城市奥克兰人口显著增长。因此，选举委员会开始重新调整各选区范围，并于 2013 年 11 月 21 日公布了 2014 年与 2017 年大选的选区划分草案，内容包括改变 43 个选区的范围，原先的奥克兰 Waitakere 选区席位将会拆分到附近其他选区中；7 个毛利选区边界维持不变；奥克兰北岸 Upper Harbour 地区增设一个新选区等。调整后，国会议席总数仍是 120 席，但比例会有所改变。原来的选区议员和排名议员的比例是 70∶50，调整后为 71 个选区议员和 49 名排名议员。[1] 2014 年 4 月 17 日，选举委员会公布了最终调整方案，确定新增 Upper Harbour 选区，取消当前的 Waitakere 选区并将设立 Kelston 选区，奥克兰地区的选区达到 24 个。[2] 自此，各政党可以开始选择角逐选区议席的候选人。根据新西兰的 MMP 选制，选区范围变化对议会总体构成的影响是有限的，因为它的政党票才是决定每个政党国会议员总人数的主要因素。因此，从理论上讲，选区调整本身不会出现特别有利于某个政党的情况，但是新增的 Upper Harbour 选区可能有利于国家党。一方面，Upper Harbour 选区是从 Helensville 选区（约翰·基所在选区）、East Coast Bays 选区（新西兰外长默里·麦卡利所在选区）和 Te Atatu 选区（工党占优势选区）中各抽出一部分组成的，支持国家党的选民本身就比较多；另一方面，这一地区的老年人口和移民较多，增加了保守党获胜的机会，而保守党又可能与国家党联盟。因此，无论是保守党还是国家党赢得这一选区，最终都很有可能使国家党受益。

四　2014 年 9 月大选前景透视

2014 年 3 月 10 日，新西兰总理约翰·基（John Key）宣布将于 9 月 20 日举行议会选举，将日期提前是为了避免与 11 月举行的二十国集团峰会相撞。如今大选在即，大选后的政治景观可能会以各种方式改变，因此我们不能做出精确的预测。但至少可以在目前各政党发展状况的基础之上，结合 MMP 选举

---

① 平川：《选区调整　奥克兰新增一个选区——保守党有望成为最大赢家》，《新西兰中文先驱报》2013 年 11 月 22 日，第 1 版，http://www.chnet.co.nz/Html/2013－11－22/News_66564.html。

② See "New Electorate Boundaries Finalised", New Zealand Elections website, 17 April 2014, available at http://www.elections.org.nz/news-media/new-electorate-boundaries-finalised-0.

制度与选区调整的结果做出大概的判断。

考虑到约翰·基居高不下的人气以及国家党在民调中的领先优势，另一个国家党政府很可能形成，工党可能连续第三次败选。不过，国家党单独组建政府不太可能，继续执政将依然依赖其他小党的支持，尽管其几次民调的支持率显示其可以单独执政。因此，国家党实现第三次连任的关键在于"联盟党"的选择。

然而，其现有联盟党——毛利党、行动党、联合未来党表现均不理想，限制了国家党在 2014 年大选后拼凑联盟的选项。目前，行动党已决定由戴维·西蒙（David Seymour）代表行动党角逐埃普索姆选区的席位。但 2013 年以来，行动党的支持率绝大多数时候低于 1%，即使戴维·西蒙赢得该选区席位，该党也几乎不可能得到任何额外的排名席位。另外，行动党任命华裔王小选担任副党魁，希望争取移民选票，但是考虑到上次大选中，60% 的新移民没有参与投票，前景亦不容乐观。联合未来党的情况与行动党类似，其支持率已跌至如此之低以至于 2013 年 5 月被选举委员会撤销注册。尽管它在 2013 年 8 月恢复注册，但目前的支持率微不足道。毛利党则因两位联合创始人将于 2014 年大选前退休、工党和网络马纳党对毛利人选票的竞争等因素的影响持续衰弱，一年来支持率一直低于 3%，选举前景黯淡，保住现有三个席位的难度不小，仅有新党魁弗拉维尔有望保住他的席位。同时，弗拉维尔对于 2014 年大选后是否支持另一个国家党主导下的政府是谨慎的，他指出，与国家党合作可能不是毛利党的第一选择。

国家党为了确保连任，不得不争取新的潜在合作伙伴。国家党首先考虑的是保守党。尽管双方在反掌罚法、同性恋婚姻、征收碳税等议题上看法相差甚远，在现有联盟党乱了阵脚的情况下，保守党也不失为一个好的选择。因而，在选举委员会公布将增加 Upper Harbour 选区后，国家党似乎有意将 Upper Harbour 选区的席位提供给保守党党魁科林·克雷格（Colin Craig）。如果国家党帮助克雷格赢得一个选区席位（类似于通过"喝茶"帮助约翰·班克斯赢得一个选区席位），这将使保守党可在议会中按照政党票的比例获得额外的排名席位，而不必跨越最低 5% 的政党票门槛。假设保守党在 2014 年大选中获得约 4% 的政党票，就可以获得四个额外席位。但是后来，国家党的后起之秀——社会发展部长保拉·本内特（Paula Bennett）决定竞选 Upper Harbour 选区席位。克雷格有望当选的另一个"安全席位"是外交部长默里·麦卡利的 East Coast Bays 选区，但麦卡利没有意愿为其让路。这使得利用"安全议席"助推保守党进议会的策略一再受挫。另外，克雷格关于怀疑人类登月的言论，不需要国家党提携的表态，以及该党"公投结果必须对政府具有约束力"等"有所坚守"的政策竞选等也增加了两党联盟的难度。最后，保守党 2013 年以来的支持率一直低于 2011 年大选时的 2.65%，很难在 9 月的大选中获得 4% 的政党选票。因此，即便两党克服重重困难，在 East Coast Bays 选区达成协议，仅两党结盟并不能确保国家党实现三连任。

而当 2013 年 9 月工党—绿党联盟获得 49% 的支持，超过国家党领导的联合政府时，国家党感受到了更大的威胁。为了扩大在 2014 年连任的机会，约翰·基将不得不选择其政治敌人——温斯顿·彼得斯为可能的伙伴，尽管约翰·基六年来拒绝与彼得斯共事，而后者亦经常批评政府。2008 年和 2011 年大选前，约翰·基曾承诺不会与彼得斯形成联盟，称他宁愿留在在野党；2011 年大选前他还抨击新西兰优先党为"昨日之党"（party of yesterday）。彼得斯也毫不掩饰他不情愿与约翰·基共事，同时在议会一直强烈批评约翰·基的部分私有化计划。但是，彼得斯强烈反对工党承诺将养老金领取资格年龄从 65 岁提高到 67 岁的政策，约翰·基也反对提高退休年龄，这个共同点似乎可以为两党之间的联盟协议提供一点支撑。2013 年末，彼得斯提出养老金计划——KiwiSaver，即养老金应由政府包揽的建议，让国家党和工党都感到为难。他进一步宣称，该政策将成为新西兰优先党在大选后参与任何联合政府谈判的底线，更是增加了国家党的忧虑。但是，考虑到现有的联盟选择，国家党如果只选择保守党而拒绝与新西兰优先党合作，似乎是不明智的。

事实证明，为了实现三连任，国家党愿意与民粹主义的新西兰优先党进行艰难的联盟协议谈判。虽然随后 3 个月的民意调查显示国家党支持率回升，大致相当于甚至领先于工党—绿党联盟的支持率，约翰·基还是改变了态度，认可新西兰优先党将增加国家党在大选后组成联合政府的机会。2014 年 1 月 21 日，总理约翰·基宣布，他愿意接受与新西兰优先党党魁彼得斯公开谈判，但彼得斯一直未明确回应约翰·基的提议。虽然两党能否达成合作尚不明朗，但可以确定的是，基于新西兰优先党近 4 个月以来的支持率，新西兰优先党越来越成为国家党能否再次连任的关键。

值得注意的是，尽管自 2013 年以来工党—绿党联盟支持率在绝大多数时间低于执政联盟，该联盟并非没有胜选的机会。一方面，新西兰继续维持的 MMP 选举制度意味着对政党支持一个比较小的转变，就可以为工党与绿党在 2014 年组建联合政府敞开大门。况且，网络马纳党也可能加入工党—绿党联盟，为其提供一定的支持。另一方面，新西兰优先党作为"造王者"，并不一定支持国家党。彼得斯目前很谨慎地没有承诺支持任何一方，但是新西兰优先党的政策更多地与工党—绿党联盟相似，如禁止外国人在新西兰购买土地和房屋。2005 年大选时，时任国家党领袖唐·布莱士（Don Brash）与毛利党领袖、联合未来党领袖和行动领袖一起同温斯顿·彼得斯谈判组成政府的可能性，但彼得斯最终选择支持海伦·克拉克，结果工党得以实现连续三次执政。此外，曾遭政府通信安全局非法监听的金·达康资助成立的网络党，专门反对国家党。尽管规模很小，但它可能鼓励大批通常不投票的年轻选民投票，这可能给国家党的三连任进一步增添不确定性。

而左翼联盟目前面临的最大难题仍在于如何提高支持率，主要是工党的支持率。情况并不乐观。工党仅提出诸如成立新政府机构的电力政策、成立国有保险公司（Kiwi Assure）、落实"普遍性"强制储蓄计划及提供新生儿补贴等政策，截至目前工党似乎没有提出能够取代国家党现政府政策的更好选择，主要是抨击收入差距不断扩大以及政府的部分私有化计划等。且 2014 年 9 月大选业已临近，工党支持率很难在短时间内大有改善。同时，国家党政府于 2014 年 5 月 15 日公布的 2014/2015 年度财政预算显示，新西兰将实现 3.72 亿纽元财政盈余，并将花费 4.93 亿纽元用于家庭和儿童福利，这不仅抵消了工党新生儿补贴政策的吸引力，也显示了国家党执政的良好经济效果。2014 年 9 月的大选将由经济问题主导，总理约翰·基将热衷于强调他的政府良好的经济管理记录：带领国家度过 2008~2009 年全球金融危机和坎特伯雷地区两次毁灭性地震，经济强劲回升，消费者信心上升，失业率降低；公共支出受到严格控制，财政赤字缩减，政府即将达成 2014/2015 财政年度预算重返盈余的目标。同时，他很可能会警告说，工党—绿党联盟当选可能会损害公共财政，特别是在绿党党魁罗素·诺曼（他建议增加政府开支）获得内阁关键职位的情况下。

　　总而言之，国家党虽然自身发展状况良好，但是毛利党、联合未来党、行动党选举前景惨淡，新的潜在联盟保守党力量较弱，关键的新西兰优先党不一定会站在国家党一边，因此国家党仅处于边缘领先地位。各小党将在9月的大选中起关键作用。工党能否上台执政在一定程度上不是依赖该党自身支持率的提高，而是取决于国家党的联盟计划能否成功。

附表：

2013 年以来各政党民调结果统计

单位：%

民调机构	民调日期	国家党	工党	绿党	新西兰优先党	毛利党	马纳党/网络马纳党	行动党	联合未来党	保守党
R	2013.1.2～1.14	46.0	31.5	12.0	5.0	2.0	0.5	0.5	0.5	1.5
R	1.14～1.27	46.0	31.5	13.5	5.5	1.5	0.5	0.5		0.5
R	1.27～2.10	44.0	34.5	13.5	4.0	0.5	0.5	0.5	0.0	2.0
O	2.9～2.13	49.0	33.0	11.0	3.9	1.0	0.5	0.1	0.2	0.9
R	2.11～2.24	47.5	30.5	12.5	3.0	2.5	0.5	0.5	0.5	2.0
R	2.25～3.10	43.5	32.5	13.5	5.0	2.0	0.0	0.5	0.5	2.0
H	3.11～3.17	48.5	36.4	9.0	2.5	1.1	0.5	0.1		1.3
R	3.11～3.24	44.0	34.5	13.0	3.0	2.5	0.5	0.5	1.0	1.0
R	4.1～4.14	40.5	35.5	13.5	5.0	2.0	0.5	0.5	0.5	1.5
O	4.14～4.18	43.0	36.0	13.0	3.0	1.3	0.1	0.1	1.0	1.7
R	4.15～4.28	46.5	31.5	11.0	4.5	1.5	1.0	0.5	0.5	2.0
R	4.29～5.12	44.0	32.0	12.0	5.0	2.0	1.0	1.5	0.5	1.5
O	5.18～5.22	49.0	33.0	9.0	3.6	1.3	1.2	0.3	0.7	1.7
R	5.13～5.26	41.0	35.0	12.0	4.5	2.0	0.5	0.5		2.5
R	6.3～6.16	44.0	33.0	11.5	6.0	2.0	1.0	0.5	0.0	2.0
H	6.12～6.23	48.8	30.9	10.5	5.1	1.8	0.5	0.2	0.3	1.5
R	6.17～6.30	46.5	31.5	13.0	3.5	1.5	0.5		0.5	2.0
R	7.1～7.14	47.0	31.0	11.5	4.0	2.0	1.5	0.5		1.5
R	7.15～7.28	51.0	29.0	10.0	4.0	1.5	1.0	1.0	0.0	1.5
O	7.27～7.31	46.0	33.0	14.0	3.3	1.6	0.2	0.7	0.2	0.6
R	7.29～8.11	44.0	34.0	14.0	3.0	2.0	0.5	0.5		1.0

续表

民调机构	民调日期	国家党	工党	绿党	新西兰优先党	毛利党	马纳党/网络马纳党	行动党	联合未来党	保守党
R	8.12～8.25	44.0	31.5	14.0	5.5	2.0	0.5	0.5	0.5	1.0
R	8.26～9.8	41.0	32.5	15.0	6.5	1.0	0.5	1.0	0.5	1.5
O	9.14～9.28	47.0	34.0	12.0	3.6	1.3	0.0	0.2	0.3	0.8
H	9.17～9.23	43.7	37.7	11.3	4.4	0.8	0.7	0.1	0.0	1.0
R	9.16～9.29	42.0	37.0	11.5	4.5	1.0	0.5	0.5	0.5	2.0
R	9.30～10.13	41.5	37.0	12.5	5.0	1.5	0.5	0.5		0.5
O	10.19～10.23	45.0	34.0	13.0	3.9	1.4	0.3	0.5	0.1	1.6
R	10.14～10.27	42.0	35.5	11.0	4.5	1.5	0.5	1.0	0.5	2.5
R	10.28～11.10	45.5	32.0	12.5	5.0	1.0	1.0		0.5	1.5
R	11.11～11.24	44.5	34.0	11.0	3.5	1.0	1.0	0.5	0.5	2.0
R	11.25～12.8	45.0	30.5	14.5	5.0	1.5	1.0			2.0
H	12.9～12.17	46.8	35.4	10.8	3.9	1.3	0.9	0.0	0.0	0.7
R	2014.1.6～1.19	43.5	33.5	12.5	4.0	2.0	0.5		0.5	2.5
R	1.20～2.2	47.0	33.0	11.0	4.5	1.5	1.0			1.5
R	2.3～2.16	48.0	30.0	12.0	5.5	0.5	1.0	1.0	0.5	1.0
O	2.15～2.19	51.0	34.0	8.0	3.1	0.9	0.0	0.4	0.3	1.3
R	2.17～3.2	48.5	30.5	10.5	4.5	1.5	0.5	1.0	0.5	2.5
H	3.6～3.16	50.8	29.5	13.1	3.6	0.2	0.1	0.8	0.0	1.3
R	3.3～3.16	45.5	31.5	14.0	3.5	2.0		0.5	0.5	1.5
O	3.22～3.26	47.0	31.0	11.0	7.0	0.7	0.0	0.3	0.1	2.3
R	3.17～3.30	43.0	32.0	13.0	5.5	1.5	0.5	0.5	0.5	2.5
R	3.31～4.14	48.5	28.5	11.5	5.5	1.0	1.0	0.5	0.5	2.0
R	4.21～5.4	42.5	31.0	14.5	6.0	1.0	1.0	0.5	0.5	0.5
R	5.5～5.18	45.5	30.5	13.5	6.0	1.0	1.0	0.5		1.0
O	5.17～5.21	51.0	30.0	11.0	4.8	1.0	0.0	1.0	0.0	
R	5.19～6.1	52.5	29.0	9.0	4.5	1.5	0.5	1.0		1.0
R	6.2～6.15	49.5	28.0	12.0	4.0	1.0	2.5	0.5	0.0	1.5
H	6.6～6.16	50.4	30.5	10.7	3.6	0.8	1.4	0.7	0.1	1.5
O	6.21～6.25	50.0	29.0	12.0	4.0	1.0	2.0	1.0		1.0
R	6.16～6.29	48.0	28.0	12.0	5.5	1.5	2.5	1.0	0.0	1.0
R	6.30～7.13	51.0	23.5	15.0	6.0	1.0	1.5	0.5	0.5	1.0
H	7.10～7.17	54.9	26.5	9.9	4.6	0.5	2.2	0.0	0.0	1.5

注：R 代表 Roy Morgan Research，H 代表 Herald-DigiPoll，O 代表 One News Colmar Brunton。

资料来源：布鲁顿调查公司、《新西兰先驱报》、罗伊摩根研究三家民调机构。

B.8

澳大利亚阿博特政府的
东北亚政策剖析

李福建*

摘　要：

澳大利亚在东北亚拥有巨大的政治安全和经济利益。在当前亚太权力中心转移的情境下，澳大利亚的未来决定于东北亚格局的演变。澳大利亚新一届政府继续将发展与东北亚国家关系列入主要外事议程。总理阿博特于2014年4月上旬的东北亚之行凸显了联盟政府实用主义的外交传统及平衡与中、日、韩各国关系的意愿与能力。

关键词：

澳大利亚　阿博特政府　东北亚政策

2013年9月7日，澳大利亚举行了三年一次的大选。在大选之前，关于工党败北、自由党—国家党联盟（简称"联盟"）上台早已成为普遍预期。即使是为中国大众耳熟能详的陆克文在党内夺权成功，也未能扭转乾坤保住工党的执政地位。联盟阵营稳拿90个席位，一跃成为众议院第一大党，其领袖托尼·阿博特（Tony Abbott）受命组阁并担任新一届政府总理。他的得力助手、联盟副领袖、外交事务发言人毕晓普（Julie Bishop）出任新政府的外长，是澳大利亚历史上的首位女外长。2013年9月18日，新政府宣誓就职。这一次澳大利亚国内政治的"大地震"又会对其外交政策，特别是对其东北亚政策产生什么样的影响呢？

---

* 李福建，外交学院亚洲研究所助理研究员、中山大学大洋洲研究中心兼职研究员，博士，主要研究领域为中澳关系、东亚地区合作。

一 阿博特的东北亚之行

澳总理阿博特于 2014 年 4 月初展开的东北亚之行为我们分析新政府的东北亚政策提供了绝佳机会。对澳大利亚来讲，东北亚既是机遇也是挑战。中日韩三国总人口 15 亿，GDP 总额超过 15 万亿美元，是东亚乃至世界范围内的重要增长极。然而，东北亚的政治安全局势又十分复杂，既有朝鲜半岛、台湾海峡两岸的分裂，又有中日、日韩的岛屿纷争，尤其是美国近年来的战略"重返"又增添了几多不稳定因素。尽管如此，正如澳大利亚国立大学学者彼得·莱斯戴尔（Peter Drysdale）所言，中日韩三国之间的相互依赖关系使澳大利亚不得不将三者视为一体而统筹考量。① 阿博特因此依次访问了日本、韩国与中国。阿博特的"澳大利亚队"（The Australian Team）阵容强大，随行人员不仅包括诸多部长、州长，更有 600 余人的工商界代表团，凸显了本次"贸易之旅"的主题。此外，安全议题在阿博特的日、韩之旅中也十分突出。事实上，澳大利亚一直以来十分积极于编织以与美国的同盟关系为中枢的联盟网络，并协助美国加强在西太平地区的军事存在，日韩作为美国在东北亚的重要盟友，自然是澳大利亚的重要伙伴。②

（一）日本之行

阿博特在日本的访问被澳国内认为是成功的。经济上最大的成果是两国签署了"经济伙伴协定"（Economic Partnership Agreement）。这一协定确保了澳大利亚可获得对日本市场更大的进入机会。在阿博特与安倍的联合记者会上，阿博特给予这一协定极高的评价，宣称这一协定谈成后对两国产生的影响不亚

---

① Philip Wen, "Prime Minister Tony Abbott Caught in Tough Asian Trade Winds", *The Sydney Morning Herald*, April 6, 2014, http://www.smh.com.au/federal-politics/political-news/prime-minister-tony-abbott-caught-in-tough-asian-trade-winds – 20140405 – 365pi.html，访问日期：2014 年 5 月 3 日。

② John Garnaut, "Japan: Tony Abbott Must Tread Lightly on His North-east Aisa Trip", *The Age*, April 7, 2014, http://www.theage.com.au/comment/japan-tony-abbott-must-tread-lightly-on-his-northeast-asia-trip – 20140407 – zqrwr.html，访问日期：2014 年 5 月 3 日。

于安倍的外祖父岸信介与澳大利亚总理罗伯特·孟席斯于1957年签署的"商业协定"（Agreement on Commerce）。"经济伙伴协定"的谈判开始于2007年，时值阿博特的政治导师约翰·霍华德（John Howard）担任澳大利亚总理及安倍第一次执政时期。虽然双方从一开始便展示了极大的政治意愿，但农产品贸易中的保护主义政策仍然是谈判的最大难点之一。

日本是澳大利亚第二大出口市场及第二大贸易伙伴。2012/2013年度，双边贸易额为693亿澳元，占澳大利亚总贸易额的11%。协定的签署将为日、澳两国带来实际利益。澳大利亚对日本出口的97%将享受税率优惠或免关税。澳大利亚牛肉目前占日本进口的最大份额。协定签署后，日本对来自澳大利亚的餐馆用冷冻牛肉的税率将在18年内由38.5%降至19.5%，而销售到超市的冷冻牛肉的税率将在15年内降至23.5%。澳大利亚对日本的奶酪出口将获得免税准入待遇。对澳大利亚消费者而言，日本汽车及家电的价格将更低。日本赴澳大利亚投资也将变得更加容易。澳大利亚外资审查委员会对于日本在非敏感部门投资的审查门槛将由2.48亿澳元提高到10亿澳元。尽管如此，因联盟政府的选举政策所限，澳大利亚对农用地及农业相关投资的监管仍将较为严格。[1] 日澳间的自贸谈判所取得的进展不仅对日澳两国影响深远，并可能影响到正在进行中的"跨太平洋伙伴关系"（TPP）谈判，尤其是目前美日在农产品关税上始终难以达成协议的情况下，[2] 日澳推进自贸进程有助于打破日美之间的谈判僵局。[3]

阿博特此次访问也推动了日澳间的军事合作。阿博特此行前夕，日本刚刚解除长达五十年的武器出口禁令。双方同意将应用于潜艇开发的流体力学研究作为双边合作的优先领域。双方还决定日澳防长及外长将于2014

---

[1] Michelle Grattan, "Australia-Japan FTA Finalised after Long Gestation", *The Conversation*, April 7, 2014, http://theconversation.com/australia-japan-fta-finalised-after-long-gestation–25356, 访问日期：2014年5月3日。

[2] Craig Mark, "Abbott's Asia Trip Comes Off-For Now", *The Conversation*, April 12, 2014, http://theconversation.com/abbotts-asia-trip-comes-off-for-now–25377, 访问日期：2014年5月3日。

[3] "Japan-Australia EPA Accord Must Lead to Accelerating TPP Talks", *Japan News*, April 8, 2014, http://3coco.org/a/modules/d3pipes_3/index.php?page=clipping&clipping_id=5783, 访问日期：2014年5月3日。

年6月商定合作细节。两国还强调将加强海上合作，以应对所谓中国"咄咄逼人"的态势及朝鲜的核武和导弹。阿博特还受邀参加了日本国家安保会议的特别会议，以显示双方的互信程度。① 阿博特此行对日本的历史修正主义和右倾民族主义基本上未进行批判，对安倍的一系列不负责任做法均持姑息态度。② 澳大利亚加强与日本关系的核心考量是维护本地区既有秩序，这一秩序以美国为中心，但随着美国实力的下降，必然需要其盟友承担更多的责任。③ 日澳的接近对于美国"再平衡"战略的实施无疑是十分有利的。在日澳联合发布的新闻稿中，两国"重申美国对亚太地区的重要性"，且表达了"对美国再平衡的强烈支持"，甚至在澳国内还有声音讨论日澳结成正式同盟的可能性。④

（二）韩国之行

阿博特的韩国之行见证了《澳韩自由贸易协定》的签署。这一协定是韩国签署的第11个自贸协定，也是朴槿惠总统上任以来签署的第一个自贸协定。协议生效后，韩澳两国将有90%的货物享受税率减免，韩国对澳大利亚的葡萄酒、糖、奶制品及小麦等产品所课关税将有所降低，而澳大利亚也将拥有更多机会参与韩国的服务业市场。⑤ 此协定的一大亮点是引入了"投资者国家争端解决机制"（ISDS），即如果投资者认为在一国市场准入方面受到限制，可以超越一国之司法主权范围而诉诸国际法庭。引入这一机制可使外国投资获得

① "Abe, Abbott Agree on Joint Research on Submarine Technology", *Mainichi*, April 8, 2014, http://mainichi.jp/english/english/newsselect/news/20140408p2g00m0dm033000c.html, 访问日期：2014年5月3日。

② Craig Mark, "Abbott's Asia Trip Comes Off-For Now", *The Conversation*, April 12, 2014, http://theconversation.com/abbotts-asia-trip-comes-off-for-now-25377, 访问日期：2014年5月3日。

③ Nick Bisley, "Australia's Strategic Policy after the Northern Tour", *The Strategist*, April 17, 2014, http://www.aspistrategist.org.au/australias-strategic-policy-after-the-northern-tour/, 访问日期：2014年5月3日。

④ Hayley Channer, "Australia's Gains in Northeast Asia Pave the Way for Obama's Trip", *Asia Pacific Bulletin*, No. 258, April 22, 2014, http://www.eastwestcenter.org/sites/default/files/private/apb258_1.pdf, 访问日期：2014年5月3日。

⑤ "Korea and Australia Sign FTA", *NE Times*, January 13, 2014, http://www.netimes.co.kr/pages/newspaper/view.asp?newsseq=464, 访问日期：2014年5月3日。

有效保护。吉拉德政府曾反对这一条款。日澳自贸协定也不包含这一条款。因此，韩澳签署的自贸协定不仅对双边经贸关系意义重大，更是执政联盟将澳大利亚绑在经济自由化列车上的重要一步。[1]

在政治安全方面，韩国与澳大利亚发表了"安全、和平及繁荣联合声明"。在声明中，朴槿惠总统和阿博特总理表示认识到朝鲜半岛和平统一的重要性并敦促朝鲜放弃发展核武并改善人权。政治上，阿博特对韩国给予了支持，谴责朝鲜是对世界和平的威胁。[2] 阿博特对朴槿惠推动本地区和平与合作的愿景表示欢迎，并同意在朝韩议题及地区问题上与韩国加强合作。韩澳两国同意加强在安全及防务议题上的合作，同意召开网络政策磋商会议，开展维和行动合作及阻止大规模杀伤性武器的扩散。[3]

（三）中国之行

阿博特先访问日本的访问行程安排与陆克文刚上台时先访问中国的做法对比鲜明，突出了日澳关系的密切。阿博特的安排虽然看似将中国的重要性降低，但实际上其中国之行时间最长，活动也最丰富，对中国的重视不言而喻。他首先出席了在海南省举办的博鳌亚洲论坛，其后访问了北京与上海。阿博特上台以来，中澳关系经历了东海航空识别区问题[4]、马航失联客机搜救等数度考验。阿博特此行对于加强中澳关系意义重大。中国市场占澳大利亚出口额的30%强，且这一比例还在持续增加。澳大利亚越来越依赖中国的农产品市场及制药市场。反过来，澳大利亚仅是中国的第七大贸易伙伴。澳大利亚的决策精英从中国—东盟关系中看到东盟受益于中国经济，也希望通过中澳自贸协定

---

[1] Craig Applegate and Chris Sadleir, "FTA Gains Slight Now, But the Real Insurance May Lie in the Future", *The Conversation*, April 11, 2014, http://theconversation.com/fta-gains-slight-now-but-the-real-insurance-may-lie-in-the-future-25449，访问日期：2014 年 5 月 3 日。

[2] Craig Mark, "Abbott's Asia Trip Comes Off – For Now", *The Conversation*, April 12, 2014, http://theconversation.com/abbotts-asia-trip-comes-off-for-now-25377，访问日期：2014 年 5 月 3 日。

[3] "S. Korea, Australia Agree to Boost Security Cooperation", *KBS*, April 8, 2014, http://english.kbs.co.kr/news/news_view.html? No=101791&id=Po，访问日期：2014 年 5 月 3 日。

[4] 参见本书中王毅博士的《持续发展中的波动：中澳关系近况》一文。

确保澳大利亚的持续繁荣。① 中国方面对阿博特的来访也比较重视。虽然日澳接近在战略上对中国有一定威胁，但正如中国领导人不断表示的，中澳自贸协定谈判提速也是中方的一贯意愿。这一自由贸易区将确保中国安全地获得澳大利亚的大宗商品。但谈判也面临一些挑战，尤其是在对待中国国有企业在澳大利亚投资议题上，澳方政策仍然较为严苛。②

阿博特的中国之行一方面显示澳大利亚认为与中国的经济关系及与华盛顿的战略关系可以兼容；另一方面，更说明澳大利亚如有遏制中国的战略考虑将非常不切合实际。阿博特甚至在博鳌亚洲论坛上宣称"澳大利亚不是来中国做买卖，而是来做朋友的"（Australia is not in China to do a deal, but to be a friend）。虽然这种表述有些言不由衷，但澳大利亚谋求与中国发展经济关系的同时将民主、人权等议题淡化的做法是事实。然而，正如澳大利亚著名学者尼克·比斯利（Nick Bisley）所言，随着中澳经济联系的日益密切，将中澳经济关系与美澳战略关系完全剥离将越来越困难，澳大利亚必须面对的选择困境将越来越突出。③

二 实用主义外交传统

阿博特的东北亚之行"实用主义"色彩浓厚。而这种实用主义既源于阿博特的政治个性，也是对其政党的外交理念的传承。

（一）阿博特的政治性格

阿博特是一位个性鲜明的保守主义政客。他执着于以基督教信仰为核心的

① Mark Beeson, "Japan and Free Trade Creat Twin Challenges for Abbott in China", *The Conversation*, April 9, 2014, http://theconversation.com/japan-and-free-trade-create-twin-challenges-for-abbott-in-china-25149, 访问日期：2014 年 5 月 3 日。
② Craig Mark, "Abbott's Asia Trip Comes Off – For Now", *The Conversation*, April 12, 2014, http://theconversation.com/abbotts-asia-trip-comes-off-for-now-25377, 访问日期：2014 年 5 月 3 日。
③ Nick Bisley, "Australia's Strategic Policy after the Northern Tour", *The Strategist*, April 17, 2014, http://www.aspistrategist.org.au/australias-strategic-policy-after-the-northern-tour/, 访问日期：2014 年 5 月 3 日。

西方传统价值观。自由民主精神及对"英语世界"（Anglosphere）的信心似乎已渗入其骨髓。"英语世界"可能是最能概括阿博特外交政策思想的词了。[①]"英语世界"主要是指以英语为母语的五个"盎格鲁—撒克逊"国家，即美国、英国、澳大利亚、加拿大和新西兰，甚至还可以包括这些国家的最亲密盟友日本及北约。这五国之间的历史纽带显然是英国殖民主义的扩张。而从"英语世界"的支持者的角度来看，战后的基本国际经济秩序及国际政治秩序是由以美国为首的这些讲英语的国家共同塑造的。经济上的自由资本主义、全球化、布雷顿森林体系；战略上，用以控制世界的海权先是由英国保有，然后转移到美国；政治上，强调法治、民主与人权，"英语世界"被认为是当代世界秩序的创建者及维护者。冷战时期，五国逐步形成的情报分享系统是"英语世界"现实的纽带。因此，在战略界，"英语世界"又被称为"五眼联盟"（Five Eyes）。2013年7月，五国还在美国加州召开了首届国土安全部门联席会议，协调各方的反恐政策，显示出"英语世界"的鲜活存在。在阿博特的著作及演讲中，他从不认可"英语世界"正在衰落的观点，也不觉得中国的崛起所带来的世界经济秩序的变革对"英语世界"具有任何颠覆性，因此阿博特认为澳大利亚除了坚定地站在"英语世界"的阵营里没有别的什么选择。他极力支持美国加强在亚洲的存在，并坚持认为与美国的同盟关系是澳大利亚外交政策的基石，不可撼动。[②]在美国传统基金会的演讲中，阿博特甚至直言不讳地宣称，澳大利亚从未将美国视为"外国"。[③]

然而，这并不意味着阿博特轻视亚洲。恰恰相反，阿博特选前即承诺，联盟政府将更多地接触亚洲。与他的前任、"中国通"陆克文不同，阿博特一直将与日本的关系放在主要位置。2008年，陆克文在亚洲的首访选择中国而非

[①] 澳大利亚国内曾对"英语世界"（Anglosphere）的战略意义进行过深刻讨论，请见 Australian Strategic Policy Institute, "Keep Calm and Carry On: Reflections on the Anglosphere", *Strategic Insights*, No. 65, October, 2013; Mark Beeson, "'Anglosphere' or Regional Friend? Abbott's Foreign Policy Future", *The Conversation*, September 10, 2013, http://theconversation.com/anglosphere-or-regional-friend-abbotts-foreign-policy-future – 17984, 访问日期: 2014年5月4日。

[②] See Tony Abbott, *Battlelines*, Melbourne University Press, 2009.

[③] Tony Abbott, "The Australia-U. S. Alliance and Leadership in the Asia-Pacific", Speech at the Heritage Foundation, November 2, 2012, http://www.heritage.org/research/lecture/2012/11/the-australiaus-alliance-and-leadership-in-the-asiapacific, 访问日期: 2014年5月4日。

日本，引起了日本方面的不满，也招致了澳大利亚国内反对派的激烈批评。而阿博特极力避免"重蹈覆辙"。在 2013 年东亚峰会期间，阿博特与日本首相安倍晋三举行会谈，并称日本是澳大利亚"在亚洲最好的朋友"，并邀请安倍于 2014 年访问澳大利亚，还许诺将待之以在澳大利亚议会发表演讲的礼遇。阿博特认为日本成功的民主实践使其具备在国际上承担更大责任的资格，并支持日本逐步成为一个"正常"国家。①

（二）自由党—国家党联盟的政治传统

阿博特的保守主义倾向与其政治导师、前总理霍华德如出一辙。但霍华德长达十余年的执政（1996～2007）期间并没有出现与亚洲关系持续恶化的情况。霍华德一方面坚定不移地支持美国在阿富汗及伊拉克的战争，另一方面又大力发展了与中国及亚洲其他国家的经贸关系。在解决 1999 年东帝汶危机的关键时刻，澳大利亚扮演了干预者的角色，为此它"赢得"了亚太地区"副警长"的称号，并因此与印尼交恶。但是，澳大利亚又通过联合反恐及赈灾救助，很快修复了与印尼的紧张关系，霍华德与印尼总统苏西洛之间建立起来的信任关系甚至惠及阿博特。这种看似矛盾的事实，被澳大利亚著名战略学家迈克·卫斯理（Michael Wesley）称为"霍华德悖论"。②

事实上，"悖论"的背后正是实用主义的作风。与工党政府不同，自由党—国家党联盟的实用主义外交在言辞上并不十分亲近亚洲，甚至霍华德在上台前还被贴过种族主义者的标签，也没有表现出特别偏好多边主义的倾向，然而实际取得的效果与继任者陆克文政府时期的种种波折形成了鲜明对比。虽然陆克文比霍华德、阿博特及工党内的同志兼竞争者吉拉德有更多的外交工作经历及更系统的外交思想，并提出了如"亚太共同体"这样的宏大愿景，但是在外交实

---

① "Japan Our Best Asian Friend：Abbott"，news. com. au，October 9，2013，http：//www. news. com. au/national/breaking-news/japan-our-best-friend-in-asia-abbott/story-e6frfku9 – 1226735730901，访问日期：2014 年 5 月 4 日。

② See Michael Wesley，*The Howard Paradox：Australian Diplomacy in Asia，1996 – 2006*，ABC Books，2007.

践上理想主义色彩过于浓厚，反倒没有霍华德那般老练圆滑。可以预计，阿博特政府将会继续秉持这一老到的外交传统，一方面坚持其西方国家认同，紧密其与美国盟友的关系；另一方面却会紧紧抓住亚洲崛起的机会，特别是搭中国经济发展的快车。澳大利亚的工商界人士对此也有比较乐观的看法，认为一个崇尚自由资本主义的政党将会吸引更多来自亚洲，特别是中国的投资。

分析澳外长毕晓普上任以来的公开讲话进行分析便可看出，"经济外交"是一个关键词和参考点。① 毕晓普认为，开展经济外交可利用国际机会来实现澳大利亚的经济繁荣。在对亚洲关系上，贸易被列为澳大利亚三个政策优先领域之首。②

三 澳大利亚在东北亚的国家利益分析

然而，无论是阿博特个人的保守主义，还是自由党—国家党联盟的实用主义，归根结底都是要服务于澳大利亚的国家利益的。这就是在选举中外交政策议题并不会成为工党与联盟阵营辩论焦点的原因，因为一国的国家利益并不会因为政党的价值观不同而发生质的变化。在一定时间内，国家利益坐标基本是给定的，所有政党或政治领袖都只能在规定的范围内作为。下文将重点分析澳大利亚在东北亚的经济及政治安全利益。

（一）澳大利亚的繁荣取决于东北亚的繁荣

早在20世纪六七十年代，澳大利亚的经济交往范围就逐渐由以英联邦国家经济圈为主转向了更广阔的亚洲及世界市场。到了20世纪60年代中期，日本取代英国成为澳大利亚第一大出口市场。这对澳大利亚来说显然是一个突破，澳大利亚的经济命运第一次寄托在一个具有异种文明的国家身上。至20

---

① Melissa Conley Tyler and Doris McDonald-Seaton, "Portrait of a Minister: Julie Bishop's Economic Diplomacy", *The Strategist*, April 15, 2014, http://www.aspistrategist.org.au/portrait-of-a-minister-julie-bishops-economic-diplomacy/, 访问日期：2014年5月4日。

② 其他两项是安全合作及基于规则的国际秩序。

世纪 80 年代末期，日本经济达到顶峰，亚洲四小龙中的三个东北亚经济体，韩国、中国台湾及中国香港都已腾飞，更有中国已经进行了十余年改革开放，澳大利亚的决策者们敏锐地注意到了这一经济大势。皓若素，时任总理霍克的顾问，于 1990 年出版了他的著名报告《澳大利亚与东北亚的崛起》（*Australia and the Northeast Asia Ascendancy*），直接影响了其后二十多年的澳大利亚经济自由化改革。① 澳大利亚也因此成功搭上了东北亚经济崛起的顺风车，成为西方发达经济体中最具活力的国家之一，即使在全球金融危机的阴霾中，仍保持了接近 4% 的高速增长。自 2007 年开始，中国又取代日本成为澳大利亚第一大贸易伙伴。澳大利亚与东北亚的经济进一步密切相依。以 2011 年的对外经济数据为例，占澳大利亚出口半数以上的矿产品的主要买家便是东北亚三国。中、日、韩分别为澳大利亚的第一、第二及第四大贸易伙伴。中国及日本分别为澳大利亚的第一及第三大进口来源地。日本仅次于美国及英国，为澳大利亚的第三大外资来源地。中国香港为澳大利亚的第七大投资来源地。② 正如 2012 年澳大利亚政府白皮书《亚洲世纪中的澳大利亚》所宣示的那样，澳大利亚经济的未来在亚洲，③ 只有与东北亚经济体建立更紧密的联系，才能保障其持久繁荣。为此，澳大利亚积极与中国、日本及韩国展开自贸区谈判。虽然因为各国均面对一定的国内政治阻力，澳大利亚尤其对农业部门可能受到的不利影响有疑虑，谈判过程遭遇许多波折，但日澳协定、韩澳协定相继签署。中澳协定也预计可在 2014 年底前签署。基本实现联盟上台时的承诺。自贸区协议的"三连胜"，无疑将使澳大利亚更深入地融入东北亚经济圈之中。

---

① Ross Garnaut, *Australia and the Northeast Asia Ascendancy*, Australian Government Publishing Service, 1990；马克·比森、李福建：《中澳关系：地缘政治抑或地缘经济?》，《国际问题研究》2012 年第 3 期。

② Australian Government, "Trade at a Glance：2012", https://www.dfat.gov.au/publications/trade/trade-at-a-glance-2012.html，访问日期：2014 年 5 月 5 日。

③ 关于白皮书的分析，请见李福建《解读〈亚洲世纪中的澳大利亚〉》，载魏玲主编《东亚地区合作：2012》，经济科学出版社，2013；左林：《〈亚洲世纪中的澳大利亚〉白皮书评述》，载魏明海主编、喻常森副主编《大洋洲发展报告（2012~2013）》，社会科学文献出版社，2013，第 13~22 页。

（二）澳大利亚的安全与东北亚的安全密不可分

澳大利亚作为一个大陆型国家，有着得天独厚的地理位置。它的周边没有强权国家，地区热点问题似乎也很遥远，这足以让很多身处地区政治旋涡中的国家羡慕嫉妒。然而，这一切并未能减缓澳大利亚与生俱来的"焦虑症"①——澳大利亚这样一个以盎格鲁—撒克逊民族为主体的西方国家却身处亚洲文明的地缘背景之中。澳大利亚地广人稀，有着漫长的海岸线及大片无人居住的内陆地区，这让他们的政治精英始终难以拥有足够的自信只依靠自己的力量寻求安全，因此先受英国"母国"庇护，后与美国同盟，成为澳大利亚安全保障的基石。

二战中，日本虽然未能全面进军澳大利亚本土，但是达尔文及悉尼港均遭受了日军的直接攻击。印尼及南太的战线已经足够接近，再加上英军在东南亚的屈辱失败，澳大利亚人第一次近距离地感受到了死亡的威胁。第二次世界大战中，澳大利亚军队成为盟军在东南亚及南太战场上的重要力量。二战结束后，澳大利亚军队又成为驻日本占领军的主要部分。随后不久，冷战"铁幕"落下，美国急于重新武装日本，使之成为对抗共产主义在亚洲扩张的先锋。澳大利亚对此显然心有疑虑。作为补偿，美国同意在 1951 年与新西兰和澳大利亚签订《澳新美安全条约》。虽然这份条约未能如《北大西洋公约》那般将美国的军事保护明确化，但对澳大利亚来讲无疑是一针强心剂。从此，澳大利亚的安全便与美国的安全紧密地捆绑在了一起。在这以后的六十余年里，澳大利亚不遗余力地为美澳同盟关系贡献力量，几乎参与了美国在海外的每一次军事行动，希望以这种忠诚换取美国的信赖。考验二战后美澳关系的第一个关键时刻便是朝鲜战争。1950～1953 年间，共有 17000 名澳大利亚士兵参战，其中339 人阵亡。② 因此，自美澳同盟关系建立起，澳大利亚实际上就已经深入地参与到了东北亚安全事务中。

---

① Anthony Burke, *Fear of Security: Australia's Invasion Anxiety*, Cambridge University Press, 2008.

② Julia Gillard, "Australia And Korea: 50 Years of Friendship", Australia Korea Business Council, http://www.australiakorea50years.com/education/en/50 - years-of-friendship.html，访问日期：2014 年 5 月 5 日。

冷战的结束并没有在根本上使东北亚安全局势好转。朝鲜半岛依然分裂。自 20 世纪 90 年代中期以来，朝鲜坚持发展核武使整个东北局势持续紧张。而根据澳大利亚的一位前高级外交官的回忆，在朝核问题上，澳大利亚甚至也有意参与到多边谈判解决进程之中。[①] 澳大利亚的这种看似不自量力的做法似乎有些令人费解。事实上，澳大利亚对参与东北亚安全事务的积极态度背后是其不愿再一次被拖入一场和自己毫无直接联系的冲突，却有可能因为与美国的同盟关系而被迫卷入其中的焦虑心理。

韩国一直对澳大利亚参加朝鲜战争并始终支持韩国的对朝政策表示感激。2009 年 3 月，时任韩国总统李明博访问澳大利亚，与陆克文签署了一份旨在加强两国防务关系的安全条约。李明博在澳大利亚接受采访时将此安保宣言与本地区内军力快速增长相联系。[②] 韩澳两国还于 2013 年 7 月举行了首次防长与外长双部长会议（"2＋2"会议），决定加强陆海空军的合作。澳大利亚还对韩国新上任总统朴槿惠的东北亚和平合作构想及朝鲜半岛信任进程给予全力支持。

近年来，日本与澳大利亚之间的防务合作也进展迅速。这对昔日的敌人素有美国在亚太地区的"南北之锚"的声誉。2007 年 3 月，时任日本首相安倍晋三与澳大利亚总理霍华德签署了《日澳安全保障联合宣言》。[③] 这份宣言是日本与美国之外的国家缔结的首个安全条约。日澳不断重申美国在亚太地区保持战略存在的重要性，并在条约中就朝鲜核问题达成共识。日澳还自 2007 年 6 月开启了日澳防长与外长双部长会议。尽管日澳两国政府不断强调这一安全条约并不针对中国，这些举动却普遍被观察家们看作是所谓基于共同价值观的"美—日—澳"三边同盟的背书。

① "Beijing Workshop: Northeast Asian Political and Security Dynamics in Flux", Peking University Lowy Institute for International Policy Website, September 20, 2013, http: //www. lowyinstitute. org/events/northeast-asian-political-and-security-dynamics-flux.

② "Australia, South Korea Sign Security Pact", *ABC Radio Australia*, March 9, 2009, http: //www. radioaustralia. net. au/international/radio/onairhighlights/australia-south-korea-sign-security-pact, 访问日期：2014 年 5 月 5 日。

③ Ministry of Foreign Affairs of Japan, "Japan-Australia Joint Declaration on Security Cooperation", March 13, 2007, http: //www. mofa. go. jp/region/asia-paci/australia/joint0703. html, 访问日期：2014 年 5 月 5 日。

四 澳大利亚新政府的对华政策选择

基于以上利益考量，在中美及中日竞争激烈的背景下，澳大利亚仍然会坚持美澳同盟的国家战略，加强日澳及韩澳军事合作，不会在战略上轻易倒向中国。自2010年以来，东亚安全局势骤然紧张，澳大利亚的不安全感更加强烈，于是就更热切地盼望美国"重返"亚太。尽管澳大利亚前国防部副秘书长、战略家休·怀特教授不断呼吁要从战略高度重新思索澳大利亚的选择，认真对待"亚洲世纪"对澳大利亚的影响，不能将自己的命运寄托在中美博弈上，[①] 但是这种观点在澳大利亚国内支持者寥寥。澳大利亚的主流声音还未有从根本上改变战略定位的痕迹。澳大利亚著名智库罗伊国际政策研究所在新政府刚上台后发布的一份政策建议报告中对新政府提出六点建议，[②] 其第一点建议即加强澳大利亚的国防力量建设，理由是澳大利亚现在的防务开支紧缩使其难以保持在本地区的军事力量优势，进而无法配合美国"再平衡"战略的实施。虽然在同一份报告中，罗伊的专家们也提出要充实中澳战略伙伴关系的内涵，甚至提出进一步加强中澳军事交流，特别是人道主义救援方面的合作。然而很明显，积极加强防务力量与平衡好与中国的关系这两大目标之间不无矛盾。

对中澳关系持积极观点的人常将中澳经贸日趋紧密的联系作为主要理由。诚然，与中国的经贸关系在很大程度上决定了澳大利亚的繁荣与否。国际货币基金组织（IMF）的报告显示，如果中国经济下滑，中国周边受影响最大的两个国家即是蒙古与澳大利亚。[③] 中国已经是澳大利亚的第一大贸易伙伴，更是

---

① Hugh White, "Australia's Choice: Will the Land Down Under Pick the United States or China?", *Foreign Affairs*, September 4, 2013, http://www.foreignaffairs.com/articles/139902/hugh-white/australias-choice, 访问日期: 2014年5月5日。

② Lowy Institute for International Policy, "Judicious Ambition: International Policy Priorities for the New Australian Government", September, 2013, http://www.lowyinstitute.org/publications/judicious-ambition-international-policy-priorities-new-australian-government, 访问日期: 2013年9月22日。

③ Emiko Terazono, "IMF Warns of China Threat to Exporters", *Finical Times*, October 8, 2013, http://www.ft.com/intl/cms/s/0/952dbe44-2ff8-11e3-9eec-00144feab7de.html#axzz30nFOK5GV, 访问日期: 2014年5月5日。

澳大利亚铁矿的第一大买家。然而，正如比斯利指出的，中澳的经贸关系虽然重要，但是复杂程度较低，进出口的产品比较单一，也并没有形成生产网络上的深层次联系。中澳虽然有相互投资，且中国在澳的投资速度增长较快，但是中资在澳大利亚的外资中所占比例远不如美国和英国。从这个意义上讲，中澳之间的经贸依赖关系并不决定澳大利亚经济的生死存亡。[①] 悉尼大学的吴瑞利（James Reilly）更进一步指出，与中国经济依赖程度的加深使澳大利亚感受到的可能被中国控制的威胁感增强了，因而便自然采取加强与美国、日本及印度关系的对冲平衡策略。[②] 正是这样的盘算使任何一个执政党都不会轻易改变澳大利亚的外交政策基调。澳大利亚的经济选择与战略选择相背离的态势仍会持续。

　　精英的认识如此，澳大利亚经济上亲中、安全上亲美之政策也有深厚的民意基础。在罗伊国际政策研究所 2013 年的民调中，87% 的澳大利亚民众认为澳大利亚可以同时与中国及美国保持良好关系，但美国比中国更重要（认为美国更重要的人占 48%，认为中国更重要的人占 37%）。虽然，有九成民众认为政府应协助澳大利亚企业赴亚洲投资，但在对待中国投资上，有 57% 的民众有疑虑，认为澳大利亚政府已接受了太多来自中国的投资。而在安全上，仍有 41% 的受访者认为中国在未来 20 年对澳大利亚来讲可能会成为一个军事威胁。82% 的民众支持美澳间的同盟关系，61% 的人支持美国在澳大利亚驻军，较 2011 年上升了 6 个百分点。民调显示，澳大利亚民众一方面在战略上对中国的信任度还很有限，与美国的战略盟友关系仍然为民众所普遍支持；另一方面，在经济上却期望与中国及亚洲加强联系。民众层面有明显的乐观主义倾向，认为澳可以在对美及对华关系上保持平衡。[③]

① Nick Bisley, "'An Ally for All the Years to Come': Why Australia Is not a Conflicted US Ally", *Australian Journal of International Affairs*, Vol. 67, No. 4, 2013, pp. 403 – 418.

② James Reilly, "Counting on China? Australia's Strategic Response to Economic Interdependence", *Chinese Journal of International Politics*, Vol. 5, No. 4, 2012, pp. 369 – 394.

③ Alex Oliver, "The Lowy Institute Poll 2013", June, 2013, http://lowyinstitute.org/publications/lowy-institute-poll – 2013, 访问日期：2014 年 5 月 5 日。

五　结论

　　身处亚洲边缘的澳大利亚在"历史"与"地理"间摇摆。① 伴随亚太政治经济权力中心的转移，东北亚的繁荣与安全对澳大利亚的前途显得越加重要。阿博特政府，在实用主义外交哲学的指导下，试图以更加灵活务实的态度处理与东北亚国家的关系。经济外交是其东北亚政策的主线，自贸协定"三连胜"是阿博特执政初期的主要目标。然而，在战略安全上，新政府坚持美澳同盟的原则不会变化，澳大利亚还会继续加强与日本、韩国等美国盟友的安全合作关系，并可能在中美及中日博弈中略有偏倚，但会采取更加圆滑的方式以避免过于刺激中国。2014 年 4 月初的东北亚之行展示了阿博特政府维持与各国关系平衡的意图与能力，也为其整个任期的东北亚政策奠定了基调。

---

① Pauto Gorjao, "Australia's Dilemma Between Geography and History: How Consolidated Is Engagement with Asia?", *International Relations of the Asia-Pacific*, Vol. 3, No. 2, 2003, pp. 179 - 196; 许少民:《澳大利亚外交报告: 历史、地理与外交传统》, 载魏明海主编、喻常森副主编《大洋洲发展报告 (2012 ~ 2013)》, 社会科学文献出版社, 2013, 第 129 ~ 143 页。

B.9

澳大利亚的"船民政策"解析

王学东　李正举*

摘　要：

本文主要通过回顾澳大利亚对待"船民"的态度与政策来梳理澳大利亚政府对待"难民"的态度，以及澳大利亚社会各界所关注的焦点话题。"船民问题"实质上是澳大利亚政府处理难民问题的核心问题，因为如何对待船民及其引发的示范效应，一直以来都是澳大利亚政府及民间激烈争论的话题，更是澳大利亚执政党的棘手事务。本文首先梳理30多年来澳大利亚的"船民政策"，进而探讨"船民政策"背后的澳大利亚难民问题的本质所在。最后，在此基础上，分析澳大利亚对"难民"的政策与态度的总体趋势。

关键词：

澳大利亚　船民政策　难民问题　避难寻求者

引　言

对于澳大利亚而言，引起社会和国际关注的所谓"难民问题"，就是指"船民问题"，即一些人通过轮渡的方式，在未事先声明的情况下，带着政治避难目的来到澳大利亚。这些人通常来自亚洲的第三世界国家，以轮渡方式到来，通常被统称"船民"。

* 王学东，中山大学亚太研究院副教授、中山大学大洋洲研究中心副主任，博士，主要研究领域为澳大利亚气候变化政策、南太平洋岛国气候变化政策；李正举，中山大学大洋洲研究中心硕士研究生。

近年来，关于澳大利亚"难民"问题的报道越来越多，国际社会对其难民政策和难民生存状况也给予越来越多的关注。"难民问题"的处理已经成为澳大利亚凸显其国际形象的重要事件。但是，由于新闻报道往往缺乏全面的背景性知识，对澳大利亚难民问题的探究往往不够彻底，容易造成概念上的混淆。

谈到澳大利亚"难民"问题，首先要对几个概念进行明确定义。第一，"难民"（refugee）。根据联合国 1951 年《关于难民地位公约》和 1967 年《关于难民地位议定书》的定义，难民是指"现居住在原籍国或惯常居住国之外的其他地方，因为种族、宗教、国籍、隶属于某一特定社会团体或是因政治立场，有正当理由畏惧（well-founded fear）会遭到迫害，同时由于惧怕此种迫害不能或不愿接受原居住国的保护或返回该地的人"。① 第二，"避难寻求者"（asylum seekers）。根据国际难民署（UNHCR）的定义，避难寻求者是指离开出生国且处于其他国家内申请难民身份并等待难民申请得到确认过程的人们，即提出难民身份的申请认定但还没得到相关认定的人。② 避难寻求者和难民的关系是一种前后关系，想要成为难民必须要提出难民申请且要得到联合国或相关接收国政府的确认。"难民"一定曾经是"避难寻求者"，但"避难寻求者"不一定能够成为难民。第三，"船民"（boat people）。"船民"广泛见诸澳大利亚媒体或其他地方，被用来形容"通过轮渡的方式到达澳大利亚，且未事先声明，没有签证，同时怀有寻求政治避难目的的人"，③ 船民实质上就是通过海上方式到来的避难寻求者，该词汇最早于 20 世纪 70 年代被用来指代借助船只来到澳大利亚的印支避难寻求者。

通过分析这三个概念，能够梳理出三者之间的关系。辨别"难民"和"避难寻求者"两者的概念，能够看出澳大利亚难民问题其实质是指来到澳大利亚的申请难民身份者所引出来的问题，这些人并没有获得明确的难民身份的

① 邵波：《澳大利亚难民政策的演变（1945～2007）》，苏州科技学院人文学院历史系硕士学位论文，2011，第 1 页。

② Janet Phillips, Harriet Spinks, "Boat Arrivals in Australia since 1976", *Research Papers*, Parliamentary Library, 2013, p. 2.

③ See Katharine Betts, "Boatpeople and Public Opinion in Australia", *People and Place*, Vol. 9, No. 4, 2001.

认可，处于一个等待澳大利亚官方对其难民申请进行确认的过程中。同时，这些庇护申请者往往事先未经澳大利亚政府的允许，且往往是通过海上偷渡的方式到达澳大利亚的，即所谓"船民"。船民问题实际上是澳大利亚难民问题的核心问题，也是澳大利亚难民政策关切的核心。因此，本文的主要目的是概括澳大利亚的船民问题的产生及发展，并对各个时期的政策进行梳理，以期明了澳大利亚真正的难民问题。

一 澳大利亚船民政策的历史演变

澳大利亚在历史上具有接收难民的传统，在第二次世界大战结束后澳大利亚就开始接收安置国际难民，其半个多世纪以来的发展主要经历了四个时期："挑选进入"时期，主要是二战结束后不长的一段时间；第二个阶段是"控制进入"时期，主要是弗雷泽政府执政时期，即二战后至20世纪70年代末；第三个时期是"强制拘留"时期，主要是霍克、基延政府执政时期，即20世纪80年代末及90年代；第四个时期被概括为"境外关押"时期，主要是霍华德执政时期。这四个时期大体概括了澳大利亚战后难民接收安置的发展历程。由于"挑选进入"时期并没有产生多少争议和问题，所以关注度不高，而从第二个时期开始，难民的涌入开始产生了一系列问题，澳国内的关注度也开始提升，难民问题开始成为澳大选重要议题。从时间上看，船民的到来是第二个时期即"控制进入"时期开始的标志。船民的到来从统计数据上看具有明显的时间段差异，因此有关学者将船民到来潮概括为"四波浪潮"。①

（一）第一波船民潮及费雷泽政府时期的船民政策

第一波船民潮（1976～1981）危机是伴随1973年惠特拉姆政府"白澳政策"的废除以及1975年由美国支持的越南和柬埔寨政权的崩溃而到来的。②

① Janet Phillips, Harriet Spinks, "Boat Arrivals in Australia since 1976", *Research Papers*, Parliamentary Library, 2013, p. 1.
② 邵波：《澳大利亚难民政策的演变（1945～2007）》，苏州科技学院人文学院历史系硕士学位论文，2011，第26～30页。

1976 年 4 月第一艘载有 5 名船民的船只抵达了澳大利亚达尔文港口，开始了"印支船民"涌入澳大利亚的进程。① 刚开始澳大利亚民众对到来船民抱有同情心理，作为越南战争的参战国，澳大利亚自认为有责任帮助从越南逃离到本国的人重新在澳大利亚安家。然而，随着人数的不断增加（见表 1），澳大利亚民众对涌入船民的态度也发生了变化。由于国内的就业压力及对船民是"移民插队者"的怀疑，民众的态度发生了变化。在 1977 年大选中，"到来船民"（boat arrivals）成为一个主导性话题。由于民众反对意见的增加以及澳大利亚对"亚洲入侵"的传统恐惧感，同时对边界控制缺乏的忧虑和对船民难民身份的怀疑，"入侵、洪水、黄祸论"② 再次甚嚣尘上。一方面为了迎合选民，另一方面激增的船民也使澳大利亚政府感到担忧，因此，费雷泽政府执政时期，在 1977 年 5 月 23 日内阁会议上，以"外交和防务委员会"为主导，商讨并制定了新的难民政策。1977 年 5 月 24 日，时任移民部长的麦克勒向国会提交了一份声明，明确地提出，澳大利亚有人道主义责任和义务来安置难民，但澳大利亚政府必须掌握允许难民进入的决定权。③ 这一声明也奠定了澳大利亚日后难民政策的基础，在声明中明确提出的澳大利亚政府有权决定难民进入的原则也体现了这一阶段澳大利亚难民政策的主要特点——"控制进入"。

表 1　船民（boat people）到来者（1976 ~ 1981）*

单位：人数

年份	到来者	年份	到来者
1976	111	1979	304
1977	868	1980	—
1978	746	1981	30

＊本文中没有特殊标示的年份均为澳大利亚公历年（calender year）。

资料来源：邵波：《澳大利亚难民政策的演变（1945 ~ 2007）》，苏州科技学院人文学院历史系硕士学位论文，2011，第 28 页。

---

① 邵波：《澳大利亚难民政策的演变（1945 ~ 2007）》，苏州科技学院人文学院历史系硕士学位论文，2011，第 26 ~ 30 页。

② Chelsea P. Rodd, "Humanitarian Idealism versus Populist Point-scoring: An Historical Foray into Australia's Refugee Policy", Social Change in the 21st Century Conference, Centre for Social Change Research, Queensland University of Technology, 29 October 2004.

③ Roz Germov, Francesco Motta, *Refugee Law in Australia*, Oxford University Press, 2003, pp. 30 – 34.

弗雷泽政府时期，澳大利亚开始真正面对船民问题。虽然其接收难民的历史从二战结束后就已开始，但直到 1976 年船民的到来，才真正引起了社会和政府的重视，并由此产生了一系列问题。第一波船民潮时期，社会及政府对船民的认识还处于初级阶段，政府政策的制定及社会民众心态仍有波动起伏，一方面对其抱有同情心，但另一方面也心存恐惧。这一时期随着船民数量的上升，且正处于澳大利亚大选年，船民问题自然而然地成了两党讨论的重要议题。

（二）第二波船民潮及工党政府时期的船民政策

第二波船民潮[①]（1989～1998）开始于 1989 年 11 月，一艘名为"彭德湾"（Pender Bay）的船只载着 26 名柬埔寨人抵澳。[②] 截至 1992 年底，总共有 15 艘船载 654 人抵达澳大利亚（见表 2）。第二波船民潮从来源上主要分两部分，一部分人来自越南和柬埔寨，另一部分人是来自中国南方的"越南难民"（Sino-Vietnamese）[③]。这批船民和第一波船民潮船民的不同之处是他们大都不是直接从所在国通过轮渡的方式偷渡到澳大利亚的，而是在印度尼西亚和其他地区的难民营（比如中国难民营）待了很长一段时间之后才离开并前往澳大利亚的。这批船民的到来一开始引起了很大的社会关注，但不同于第一波时激烈的社会讨论，这些人到来后便被澳政府关押拘留，且关押了很长时间，社会对其关注度也慢慢降低。他们中的大部分人最终被送回国。这一时期民众对难民到来的反应变动较大，既对其抱有同情心态，同时由于对"大批北方人入侵"的传统恐惧感，民众要求对船民采取严厉措施的呼声日益高涨。时任工党政府总理的霍克指责这批难民是经济难民和插队者（queue jumper）[④]，会破坏澳大利亚的移民计划；移民部长和外交部长也对这些船民进行了批评。这些

---

① 关于第二波难民潮（1989～1998），学术界有不同意见，有学者将 1989～1994 年单独列为一波船民潮，也有直接将 1989～1998 年列为一波持续的难民潮的，本文采用澳大利亚学者 Janet Phillips 和 Harriet Spinks 的划分方法。

② 邵波：《澳大利亚难民政策的演变（1945～2007）》，苏州科技学院人文学院历史系硕士学位论文，2011，第 37 页。

③ "中国越南难民"是指从越南逃往中国且被安置在中国西南边境难民营内的越南难民。

④ Don McMaster, *Asylum Seekers: Australia's Response to Refugees*, Melbourne University Publishing, 2001, p. 75.

言论促使霍克政府采取严厉措施以限制和控制船民的涌入。工党政府随即援引《1958年移民法》中对非法移民者进行拘留的相关条款，先对这些船民在其难民身份核实期间进行拘留，然后决定他们的去留。[1] 这一政策也反映了澳大利亚这一时期难民政策的特征——"强制拘留"。

表2　到来船只及船民数量（1989～1998）

年份	船数（艘）	到来者（人）	年份	船数（艘）	到来者（人）
1989/1990	3	224	1994/1995	21	1071
1990/1991	5	158	1995/1996	14	589
1991/1992	3	78	1996/1997	13	365
1992/1993	4	194	1997/1998	13	157
1993/1994	6	194	1998/1999	42	921

资料来源：Janet Phillips, Harriet Spinks, "Boat Arrivals in Australia since 1976", *Research Papers*, Parliamentary Library, 2013, p. 23。

第二波船民潮时期主要处于澳大利亚工党执政时期。这一波船民潮由于人数较少且政府对其的处理往往是通过强制关押使船民远离公众视线，所以并没有引起太多的社会关注。这一阶段的船民政策更多的是解读之前的规章制度，并没有制定新的政策。

20世纪90年代是一个世界大变革的年代，苏东剧变及冷战的结束，一系列新兴民族国家的出现，在冷战大背景下受到压制的民族和种族矛盾逐渐成为国际上的主要问题。尽管在90年代逃往澳大利亚的船民人数相对较少，但其实是在国际大背景下受到压抑的一种结果。随着国际上国家融合和分离趋势的两极化发展，流离失所的国际难民一定会增加。因此，90年代相对平静的船民潮实质是"暴风雨的前夜"，预示着在进入21世纪后进入澳大利亚的船民数量将会激增。

（三）第三波船民潮及霍华德政府时期的船民政策

1. "坦帕事件"及其影响

第三波船民潮开始于1999年，当年来澳船只数达到75艘，船民人数激增

---

[1] 邵波：《澳大利亚难民政策的演变（1945～2007）》，苏州科技学院人文学院历史系硕士学位论文，2011，第37页。

到 4175 人（见表 4），在澳大利亚社会引起了轩然大波。第三波船民潮是澳大利亚难民政策发展的一个最关键的转折期，这一时期制定了一系列难民政策，同时这一阶段也是澳大利亚难民状况真正引起国际社会关注的时期。霍华德政府时期发生的"坦帕事件"是这一时期船民政策的一个缩影。2001 年 8 月 6日，一艘名为"坦帕号"（MV Tampa）的挪威货轮在驶抵印尼外海的时候，突然接到 SOS 国际求救信号。当"坦帕号"循着信号赶往出事海域的时候，船长和船员们看到一艘正在缓慢下沉且载着数百名乘客的小木船。这些人大多数来自伊拉克和阿富汗，逃到印尼并试图通过偷渡的方式到达澳大利亚的圣诞岛，该岛距珀斯有 2650 千米，离爪哇只有 350 千米，他们计划到那里寻求庇护。① "坦帕号"救起了这 433 名避难寻求者。一开始，"坦帕号"船长想将这些人送回印尼，但遭到了船上获救者的一致反对，不得已船长命令船只驶往澳大利亚的圣诞岛。澳大利亚政府获知这一消息后，禁止"坦帕号"进入澳大利亚海域。澳大利亚政府警告"坦帕号"船长，如果将这些获救者运到澳大利亚，澳政府将以人口贩卖罪对船长提起检控。② 由于船上获救者中有老人、妇女及儿童，并有一些病重者需要医治，"坦帕号"拒绝了澳政府的要求并继续驶往圣诞岛。8 月 29 日，在距离圣诞岛约 4 海里处，澳大利亚政府派遣 45名空中特勤人员登船控制了"坦帕号"。一方面船上的偷渡获救者不愿意重新回到印尼，另一方面澳大利亚政府也禁止这些偷渡者到达澳大利亚本土，"坦帕号"不得不在南太平洋公海上停留。"坦帕事件"发生后，迅速成为国际关注的焦点。国际社会纷纷谴责澳大利亚政府强硬的以及不人道的政策，并对船上的偷渡获救者表达同情。但霍华德政府坚持其强硬政策，禁止这些偷渡获救者到来。直到 9 月 1 日，澳大利亚与新西兰和瑙鲁达成协议，"坦帕号"货轮上的难民将被送往这两个国家，并在那里接受难民身份的确认，持续了一个星期的"坦帕号"危机才暂告平息。③ 直到最后，这些试图偷渡到澳大利亚的避

---

① 陈成琳：《试论坦帕事件与澳大利亚难民政策的转变》，江苏师范大学澳大利亚研究中心，http://ayzx.jsnu.edu.cn/s/441/t/2056/24/4c/info140364.htm，访问日期：2014 年 4 月 17 日。

② 陈成琳：《试论坦帕事件与澳大利亚难民政策的转变》，江苏师范大学澳大利亚研究中心，http://ayzx.jsnu.edu.cn/s/441/t/2056/24/4c/info140364.htm，访问日期：2014 年 4 月 17 日。

③ 参见杨丽明《"坦帕号"危机让澳大利亚丢脸》，人民网，2001 年 9 月 3 日，http://www.people.com.cn/GB/guoji/24/20010903/550096.html，访问日期：2014 年 4 月 17 日。

难寻求者也没能进入澳大利亚。

"坦帕事件"在当时引起了很大反响。澳大利亚禁止船只进入并对船上的病患者抱持忽视态度，联合国难民署及相关国家，如挪威、印尼等对澳大利亚持批评态度，认为澳大利亚的政策是不负责任且不具人道主义关怀的；澳大利亚国内也有部分民众认为强硬的政策有损澳大利亚中等强国的外交形象。但霍华德政府承受住了这些批评，并以"坦帕事件"为契机，制定实施了一系列新的船民政策。

2. 霍华德政府的强硬政策

第三波船民潮期间霍华德政府实行的政策被称为"太平洋解决方案"，主要包含三方面的内容。第一方面内容是在法律上重新定义澳大利亚移民区，即在《2001 年移民修正案法案》中新加入了一个"删除境外区域"概念到《1958 年移民修正法案》第 5（1）子项中，[①] 试图从法律方面缩小澳大利亚移民区域的领土范围，以规避国际难民中的"难民不退回原则"。第二个方面是授权澳大利亚国防部队检查和驱离载有船民的运输工具，在霍华德政府颁布的《保护我们的边界》白皮书中写道，"随着世界局势的改变，我们边境所面临的威胁也随之发生着变化。……保护我们的边界，除了要关注那些可能卷入军事冲突的事件，也要关注边境保护诸如非法移民"。[②] 在"坦帕事件"中，澳大利亚国防部队发挥了重要作用。第三个方面是在邻国修建拘留和审理中心，这一方面的政策是"太平洋解决方案"的核心内容，主要包括在巴布亚新几内亚的马努斯拘留中心以及在瑙鲁的拘留中心。以"太平洋解决方案"为主要内容的政策也构成了霍华德政府时期难民政策的主要特征，即"境外关押"。

这一时期澳大利亚船民政策发生重大转变的原因主要可以从三个方面进行分析。首先，从国际的角度来说，20 世纪末 21 世纪初是国际难民潮的高峰期。由于战争（阿富汗）、内乱（斯里兰卡）以及经济危机等，这一时期国际难民群体人数迅速上升。根据国际难民署的统计，在 2000 年国际社会上"需

---

① Roz Germov，Francesco Motta，*Refugee Law in Australia*，Oxford University Press，2003，p. 48.

② "Protecting Our Borders"，Australian Customs and Border Protection Service website，http：//www. customs. gov. au/site/page5799. asp，访问日期：2014 年 4 月 17 日。

要关注的人群"(包括难民、避难寻求者和流离失所者等)人数高达 2180 万,
而在 2003 年也高达 2060 万。① 澳大利亚这一时期船民的涌入是与国际难民人
数发展趋势相一致的。其次,从国内的角度来看,20 世纪 90 年代"保琳·汉
森主义"② 的兴起,种族排斥思想在澳大利亚再次甚嚣尘上,同时由于国内经
济状况不佳,失业率居高不下,外来移民往往会成为发泄不满的仇恨点。根据
社会学家凯瑟琳·贝特(Katharine Betts)在 2001 年所做的社会调查,71% 的
受调查者支持对到来的船民在申请难民过程中进行拘留(见表 3),而在 1993
年这一支持率才为 43% 。澳大利亚国内舆论将国内许多问题归因于船民,并
借船民问题对政府在经济上的无能进行批评,船民问题已经成为一个社会普遍
关注的话题。最后,从霍华德本人的角度来分析,霍华德是一个强硬主义者,
在其上台执政之前,他就对汉森主义抱持理解和欣赏的态度。在其执政后,由

表 3 对船民和拘留的态度(2001 年 8~9 月)

单位:%

	平均值	城市居民	其他地区居民
在他们申请审理完前拘留他们	71	70	72
在他们申请审理完前允许他们生活在社区里	21	23	19
不知道	8	7	9

资料来源:邵波:《澳大利亚难民政策的演变(1945~2007)》,苏州科技学院人文学院历史系硕士毕业论文,2011,第 61 页。

表 4 船只船民数量(1999~2003)

年份	船数(艘)	到来者(人)	年份	船数(艘)	到来者(人)
1999/2000	75	4175	2001/2002	9	3039
2000/2001	54	4137	2002/2003	0	0

资料来源:Janet Phillips, Harriet Spinks, "Boat Arrivals in Australia since 1976", *Research Papers*, Parliamentary Library, 2013, p. 23。

① 沈威:《澳大利亚难民政策的变化(2001~2011):从"太平洋解决方案"到"马来西亚解决方案"》,华东师范大学外语学院硕士学位论文,2012,第 29 页。
② 保琳·汉森主义即指一种在澳大利亚出现的极端单一种族主义,是"白澳政策"的延续,强调排斥外来移民;参见刘樊德《保琳·汉森今何在——保琳·汉森及其一族党的历程》,《当代亚太》1999 年第 7 期,第 15~19 页。

于澳大利亚国内经济压力增大，霍华德面临极大压力。一方面为了迎合选民的需要，另一方面也为了将自己刻画成一个强硬的维护澳大利亚国家利益的总理，霍华德实行强硬的难民政策，借"坦帕事件"① 在 2001 年大选年喊出了强硬口号"我们将决定谁来这个国家和在什么情况下来"。②

（四）第四波船民潮及陆克文、吉拉德政府时期的船民政策

第四波船民潮于 2008 年爆发。相比 2007 年的 3 艘船 25 名船民，2008 年突然上升至 23 艘船 985 名难民（见表5）。这一时期的难民主要来源于斯里兰卡、阿富汗、伊拉克等国家。第四波船民潮的爆发处于一个比较特殊的时期。2007 年陆克文领导的工党政府取代霍华德政府上台执政，批评上任政府以"楔政治"③ 来获取选民的支持。陆克文政府提出"大澳大利亚战略"，推行"更温和"（softer）的难民政策，废除了饱受争议的"太平洋解决方案"，改为设立国内难民处理中心来接待船民。然而，2008 年开始后船民数量的急剧增多，国内难民处理中心接待能力的饱和以及 2009 年"太平洋维京船"（Oceanic Viking)④ 事件的爆发，使陆克文政府的难民政策逐渐由"软"变"硬"。在 2009 年实行的"印尼解决方案"中，澳大利亚试图通过与印尼的合作，为印尼提供援助修建基础设施和监控来制止船民从印尼水域偷渡到澳大利亚，但这一政策饱受批评且易受两国外交关系波动的影响。饱受质疑的陆克文在 2010 年被吉拉德取代。吉拉德政府时期，船民数量呈现战后最高数目，在 2010 年为 4940 人，而到了 2012 年激增到 17202 人（见表5）。为了更好地解

---

① "坦帕事件"是指 2001 年 8 月 26 日，一艘名为"坦帕号"（MV Tampa）的挪威货船，在靠近澳大利亚的水域从一艘即将下沉的印尼船上救了 433 名试图去澳大利亚的寻求避难者，在试图将伤员及船员送往澳大利亚的过程中遭到了澳大利亚政府的拒绝，"坦帕号"进入澳大利亚领土，并由此引发的一系列外交事件。参见陈成琳《试论坦帕事件和澳大利亚难民政策的转变》，江苏师范大学澳大利亚研究中心，http://ayzx.jsnu.edu.cn/s/441/t/2056/24/4c/info140364.htm，访问日期：2014 年 4 月 14 日。

② James Jupp, *From White Australia to Woomera: The Story of Australian Immigration*, Cambridge University Press, 2007, p.191.

③ "wedge politics"，即"楔政治"，是指通过一定的政治策略将社会问题扩大化以获得政治支持并削弱反对派力量，加强对政府各部门的控制。

④ "Australia Announces to Resettle Oceanic Viking Refugee", http://news.xinhuanet.com/english2010/world/2010-10/15/c_13559004.htm，访问日期：2014 年 4 月 14 日。

决难民问题，吉拉德政府提出了"东帝汶解决方案"和"马来西亚解决方案"，即在邻国修建难民接待处理中心并尽可能就地解决难民安置问题，使难民不能抵达澳大利亚本土，即"离岸处理"原则。然而，这些解决方案广受批评，澳大利亚被认为是将压力转嫁给邻国，严重影响了澳大利亚和邻国的关系。并且这些方案在运行过程中，由于双方沟通不畅及其他各种问题，方案最终没能全部实施。2013 年陆克文重新执掌政权后，面对大批船民，2013 年 7 月宣布将所有乘船来澳大利亚的避难寻求者安置在巴布亚新几内亚的难民安置中心，如果符合联合国难民资格，他们将被长期安置在巴新。第四波船民潮是战后最大的一波，但一方面由于澳大利亚国内多数民众反感强硬的难民政策以及国际社会对澳大利亚难民情况关注度上升，这一时期的澳难民政策处于两难境地：既要对船民实行人道主义保护，同时又要维护澳大利亚的国家利益。澳大利亚两党针对这一问题进行了激烈辩论。在 2013 年澳大利亚大选时，难民问题成为与经济问题并重的议题。

表 5　船只船民数量（2008～2013）

年　份	船数	到来者(不包括船员)	到来者(包含船员)
2009	60	2726	2867
2010	134	6555	6900
2011	69	4565	—
2012	278	17202	—
2013 截至 6 月	196	13108	—

资料来源：Janet Phillips, Harriet Spinks, "Boat Arrivals in Australia since 1976", *Research Papers*, Parliamentary Library, 2013, p. 23。

二　当前澳大利亚的船民政策及展望

（一）大选年的争议

2013 年是澳大利亚的大选年，同时也是船民大量涌入的一年。6 月，陆克文击败吉拉德再次出任澳总理。为了控制船民的大量涌入，同时也为了在

9 月的大选中争取选民的支持,陆克文政府实行了一系列政策,并与阿博特领导的在野党进行了一系列辩论。这一时期,政府和民间都对船民的身份和其应得到什么样的待遇进行了广泛讨论。首先,船民到底是偷渡者还是避难寻求者。[①] 根据联合国难民法的要求,签字国有责任接收避难寻求者并对其难民申请进行确认。澳大利亚作为 UNHCR 的签字国,有责任接收避难寻求者并对其难民身份的申请进行审核。但是船民到底是不是合格的避难寻求者,或者说船民以偷渡的方式到达澳大利亚是不是合法的行为? 许多民众认为,即使船民是避难寻求者,但他们以偷渡的方式到来,严重威胁了澳大利亚的边境安全,而且这些偷渡而来的船民往往被指责为"插队者"。澳大利亚每年的难民接收人数是基本固定的,每年也有许多人通过合法途径向澳大利亚政府提出难民资格审核申请。然而,船民以偷渡方式到来,澳大利亚政府迫不得已要对其难民身份进行优先审核,这就对通过合法途径进行难民身份申请的人不公平。部分澳大利亚人认为,船民挤占了通过合法途径申请难民身份的有限名额,如果对船民实行宽容的态度,既是不合法的,也是不公平的。其次,船民是政治难民还是经济难民?[②] 按照 UNHCR 的规定,"难民"是指政治难民。经过审核发现,偷渡到澳大利亚的船民许多是经济难民,是为了寻找更好的生活条件而来,并不是真正的在原居住国遭受迫害而无法生存的政治难民。最后,船民在澳大利亚应获得的待遇问题。联合国难民署在 2011 年批评澳大利亚建在圣诞岛的难民接收所为 21 世纪的"奥斯维辛集中营"。[③] 船民在接收所里的待遇一直是讨论的重点。一方面,许多民众认为政府实行的是一种不人道的政策,大批船民被集中收留在接收所中,他们的人身及精神安全得不到保证,且许多老人、妇女、儿童得不到应有的照顾;但另一方面,由于政府修建接收所花费巨大,据统计,21 世纪最初十年,澳大利亚政府通过修建接收所来安置船民所花费的费用,平均每一名难民为 60 万美元左右。许

---

① Janet Phillips, "Asylum Seekers and Refugees: What Are the Facts?", *Background Notes*, Parliamentary Library, 2013, p. 5.

② Janet Phillips, "Asylum Seekers and Refugees: What Are the Facts?", *Background Notes*, Parliamentary Library, 2013, p. 9.

③ 《澳拟放宽难民政策 解除儿童在内的部分难民的拘留》,中国新闻网,2010 年 10 月 18 日,http://www.chinanews.com/gj/2010/10-18/2593837.shtml,访问日期:2014 年 4 月 16 日。

多民众认为政府不应该在这些非法偷渡者身上花费如此巨资。同时，船民的到来被认为会挤占当地人的就业机会，即使船民的人数相对较少，也往往会成为民众发泄不满的焦点。

（二）阿博特政府的政策及趋向

2013 年 9 月，阿博特联盟党政府取代工党政府上台执政。早在 2010 年，作为在野党党首的阿博特就批评工党政府温和的难民政策难以奏效，提出要恢复霍华德执政时期的强硬的难民政策。阿博特在竞选时的口号"禁止到来"（stop the boat）[①] 声称保证对船民采取严厉措施，包括给难民三年的临时性签证，不能与家人团聚、上诉和获得永久居住权且强制船民为福利计划工作。陆克文时代，对于偷渡来澳的难民政策是安置后转送他国，此举被批评为转嫁矛盾，嫁祸他人。阿博特上台后，采取更加严厉的船民政策，即动用军事力量逼迫难民船原路返回。[②] 在执政后，阿博特继续推行在巴新和瑙鲁的难民营计划，规定如果符合联合国难民公约认可的难民资格，他们将被长期安置在两国，而不能获得澳大利亚的永久居住资格。那些不符合难民资格的人，则将被送回原来的国家。这一政策其实质是希望彻底断绝船民偷渡后路，即使到来者符合难民资格也不会获得澳本土永久居住权，但这一政策遭到邻国以及联合国难民署的强烈批评，认为其是在以邻为壑，其转嫁难民包袱的行为被批评为"不人道"。[③] 2014 年 1 月 7 日，澳大利亚总理阿博特首次派遣舰艇强制驱逐了来自印度尼西亚的搭载难民的两艘船只，迫使该难民船在太平洋的一个小岛上搁浅。两艘搭载了大约 45 名来自中东和北非难民的船只，在澳大利亚海军的阻截下不得不退回印尼领海。[④] 阿博特还不断升级对试图前来澳大利亚的寻求庇护船的遣返政策，包括购买多达 16 艘

---

① 《阿博特击败陆克文上台执政》，新华网，http：//news. xinhuanet. com/yzyd/culture/20140113/c_118947457. htm，访问日期：2014 年 4 月 21 日。

② 《人民网年终盘点：2013 年澳大利亚关键词》，人民网，2013 年 12 月 27 日，http：//australia. people. com. cn/n/2013/1227/c364496 – 23963003. html，访问日期：2014 年 4 月 23 日。

③ 《澳新政断偷渡后路 转嫁难民包袱被批"不人道"》，中国新闻网，2013 年 8 月 1 日，http：//www. chinanews. com/gj/2013/08 – 01/5109463. shtml，访问日期：2014 年 4 月 23 日。

④ 张阳：《澳大利亚派遣海军舰艇逼退来自印尼的难民船》，环球网，2014 年 1 月 7 日，http：//world. huanqiu. com/exclusive/2014 – 01/4732544. html，访问日期：2014 年 4 月 23 日。

硬壳救生船。如果寻求庇护者所乘坐的船只不适合航海，那么他们就将被转移到这些救生船上，并被遣返。①

在阿博特上台之后不到一年的时间里，可以很明显地看到阿博特政府实行的是一种继承霍华德政府时期的严厉的船民政策，符合联盟党的一贯作风。且由于工党执政期间为了讨好民众不断增加福利措施，导致政府开支预算赤字增加；阿博特政府上台后面临收拾烂摊子的尴尬境地：如果减少福利则政党选举将受损；如果履行承诺则入不敷出，因此对于"船民问题"的态度也会从适度宽容变成适度从紧。

在阿博特执政时期，由于澳大利亚难民问题已经成为一个国际性问题，联合国对其难民政策一直存在批评意见，且周边国家对澳大利亚实行的"以邻为壑"政策也极为不满；同时国内的人道主义组织对政府所实行的强硬政策持强烈反对态度，认为澳大利亚的强硬政策会损害到澳大利亚所一直寻求创造的中等强国的国际形象。虽然阿博特政府强调要实行适度从紧的船民政策，但强硬的船民政策到底会取得什么样的成果，是否真的会实现他在竞选时所说的"禁止到来"的诺言，从目前的情况看，困难很大。

（三）船民问题对中国澳大利亚移民的影响

大选年关于"船民问题"的讨论也波及中国澳大利亚移民，他们被牵扯进了澳大利亚民众对政府移民政策的批评中。澳大利亚联邦移民部长鲍文在2013年8月10日表示，到2013年6月30日，刚结束的财政年度②内，中国首次超过英国成为澳大利亚最大的移民来源国，共有29547人成为澳永久居民，占移民总量的17.5%。③ 中国在澳大利亚的移民人数近几年来不断上升，在澳大利亚国内也引发了很大争论。首先，澳大利亚应优先接收人道主义移民还是技术性移民。在澳大利亚的移民政策里，难民属于人道主义

---

① 《澳海军就侵犯印尼领海道歉　澳印关系雪上加霜》，http：//international. caixun. com/rrsz/20140117 - CX03ccja. html，访问日期：2014 年 4 月 23 日。

② 澳大利亚的财政年度是指从上一年的 6 月至本年的 6 月。

③ 《中国成澳大利亚移民人数之首》，http：//au. soufun. com/news/11932338. htm，访问日期：2014 年 4 月 23 日。

移民，每年都有一定的数量限额，而技术性移民则相对比较宽松。陆克文政府上台后所实行的"大澳洲"政策，进一步降低了技术移民的标准，大批中国技术移民移居澳大利亚。由于澳大利亚每年接收的移民人口数量有限，部分民众认为大量的中国技术移民挤占了澳大利亚接收人道主义移民的名额。其次，"移民负担论"PK"大澳洲论"。[1] 根据澳大利亚统计局在2010年的一份统计调查，澳大利亚的年均人口增长为45.19万人，其中66%为海外移民，其2.1%的人口增长幅度超过了世界上的绝大多数国家。[2] 澳大利亚有学者认为澳大利亚或难以承受如此大规模的移民引入所带来的社会经济压力。[3] 中国技术移民大量涌入，被认为抢夺了澳大利亚人的工作机会。由于所谓的中国技术移民中的很大部分是低层次技术者，从事的是一些低端服务业，所以对当地普通人工作机会的冲击最为严重。而且中国移民往往会在当地大量购入房产并进行炒作，导致房地产价格高涨，当地民众非常不满。最后，对船民问题的担忧容易演变成对外来移民的不满。澳大利亚民众关心船民问题很重要的原因是认为船民以非法偷渡的方式到来会影响澳大利亚边界的安全，其实质是担心大规模的难民非法涌入会对当地人的工作及生活造成冲击。然而中国技术移民大规模的合法涌入已经使当地民众感受到船民大量涌入带来的问题，即大规模的外来移民已经有损本地人的利益。澳大利亚作为孤悬于太平洋的"盎格鲁—撒克逊"国家，一直以来都在担忧来自"北方的入侵"。船民几乎都是来自北方的亚洲国家，澳大利亚对船民的担忧是与其历史上对"来自北方的入侵"的不安全感息息相关的。中国移民的大规模涌入，再次使澳大利亚民众体会到了来自北方的威胁。中国是澳大利亚最大的外来移民国，中国移民遍布澳大利亚，往往稍有关于移民问题的风吹草动就会受到波及。

---

① 参见马小龙《中国移民数据起底》，澳洲新快网，2010年3月28日，http：//www.xkb.com.au/html/news/zuirehuati/2010/0328/30771.html，访问日期：2014年4月23日。

② 参见马小龙《中国移民数据起底》，澳洲新快网，2010年3月28日，http：//www.xkb.com.au/html/news/zuirehuati/2010/0328/30771.html，访问日期：2014年4月23日。

③ 参见马小龙《中国移民数据起底》，澳洲新快网，2010年3月28日，http：//www.xkb.com.au/html/news/zuirehuati/2010/0328/30771.html，访问日期：2014年4月23日。

三 船民问题存在争议的实质

船民的大量涌入会产生一系列问题，而澳大利亚船民问题存在争议的原因可以从经济、政治、安全、文化与国际关系五个方面来分析。

第一，船民在澳大利亚的大量涌入和存在，干扰了澳大利亚的经济，增加了政府的财政负担，对国家的经济发展整体布局产生了消极影响。船民往往两手空空地到来，澳大利亚政府不得不花费大量的人力、物力、财力来修建接收所收留安置他们。船民往往学历较低的且语言不通，这就迫使澳大利亚政府花费大量资金对他们进行语言和基本技能培训。政府的财政预算受到了严重影响。

第二，船民在澳大利亚大量存在影响了澳大利亚的国内政局和政策走向。当今澳大利亚政府十分关注国内人民的经济和社会需要，而船民的大量涌入必然会对国内人民的经济和社会需要造成一定的冲击，从而造成代表不同阶层利益的政党在船民问题上的对立与冲突，由此造成国家政局不稳。[①] 由于对船民抱同情态度，澳大利亚绿党往往能获得一部分民众的选票，这就导致了选举结果的不确定性。同时，为了顺应民意，澳大利亚执政党有时会陷入狭隘民族主义的陷阱。

第三，从安全角度来看，主要是船民的涌入会造成社会的不稳定。大量船民的涌入，加剧了澳大利亚的失业现象，对社会稳定和劳动力市场都造成了一定的冲击。由于船民往往是低学历的普通劳动者，他们的就业范围有限，只能从事一些低端行业，收入的不稳定以及工作前景的不确定容易使一部分船民沦为街头盲流，甚至加入黑社会，成为社会不稳定因素。同时，作为移居到国外的船民，其提高生活水平的要求难以得到满足，往往容易受到原来国家的极端主义势力的蛊惑，成为跨国犯罪分子甚至恐怖分子。巴厘岛事件后，澳大利亚政府收紧船民政策，坚定地实行强硬政策，很重要的原因是认为船民中可能混杂着恐怖分子，澳大利亚政府要保护本国的安全。

---

① 宋全成、赵雪飞：《论欧洲难民问题及其消极影响》，《人文杂志》2007年第2期，第65～71页。

第四，从文化角度来看，船民原有文化与澳大利亚主流文化产生冲突和撞击。船民大都来自亚洲第三世界国家，他们的文化取向和价值观与澳大利亚主流思想是不一致的。因此，我们看到，二战后澳大利亚接收欧洲难民并没有在国内引发很大争议，但船民的到来引起了激烈争论。这些外国移民和非法移民通常远离接纳国主流文化，并形成独立于接纳国主流文化的边缘文化。这就造成了接纳国通常情况下的社会文化的断裂。[①]

第五，从国家关系角度来看，为了限制船民的进入，澳大利亚需要和周边一些国家进行外交交涉。2001年"坦帕事件"发生后，澳大利亚和印尼政府互相推卸责任；2014年澳大利亚阿博特政府派遣军舰驱逐从印尼海域试图偷渡到澳大利亚的船只，且不惜进入印尼管辖海域，这一行为造成了两国外交关系的紧张，印尼方面对澳大利亚的举动进行抗议，并降低了外交交往层次。同时，澳大利亚的船民问题已经上升为一个国际社会关注的问题。联合国人权组织及国际难民署都不时对澳大利亚的船民政策发表意见，对船民问题的处理已经成为澳大利亚政府树立"中等强国外交形象"的一个很大的障碍。

四　结论

通过以上分析我们能够看出，澳大利亚的船民问题实质上就是来澳大利亚寻求获取难民身份的避难寻求者问题，这些避难寻求者往往是通过轮渡，以偷渡的形式到来的，他们被统称为"船民"。澳大利亚的船民的到来始于1976年，随后出现了四波明显的船民潮。第一波船民潮开始于1976年弗雷泽政府执政时期，这一时期的船民政策具有明显的"控制进入"特征；第二波船民潮开始于20世纪80年代末，并一直持续到1998年，这一阶段澳大利亚政坛主要由工党掌控，且制定了一系列政策来解决船民问题，这一时期的船民政策具有明显的"强制拘留"特征；第三波船民潮是澳大利亚船民政策的转折点，这一波船民潮始于1999年，且人数更多——相比1998年，在1999

---

① 宋全成、赵雪飞：《论欧洲难民问题及其消极影响》，《人文杂志》2007年第2期，第65～71页。

年到达澳大利亚的船民人数急剧上升，在霍华德执政时期，一方面有"坦帕事件"作为契机，同时也因为选举的需要，澳政府制定了一整套强硬的船民政策，这一时期的船民政策带有明显的"境外关押"的特征；2007年陆克文上台后，废除了其前任的一些强硬船民政策，随之而来的是2008年船民人数的大幅上升，引起了社会的强烈关注。陆克文和吉拉德工党政府为解决船民问题制订了一系列方案，但都没有取得明显的效果。在2013年——澳大利亚的大选年，澳两大政党就船民问题进行了一系列辩论。阿博特的联盟政府取代工党政府上台后，从他在任不到一年的时间里的作为可以看出，阿博特政府实行的是一种适度从紧的政策。1976年以来，为解决好船民问题，澳大利亚各届政府制定了一系列政策，关于船民处理的政策也已成为澳大选的重要议题。

船民的到来对澳大利亚的经济、政治、安全、文化及国际关系都产生了重要影响。而在船民问题争论中往往会牵涉到中国移民的话题，就是因为澳大利亚有人认为船民作为移民的一种，与中国移民一样，往往会对当地社会造成很大冲击，抢了当地人的就业机会，容易形成社会不稳定因素。外来移民更喜欢聚居并形成自己的文化圈子，与澳大利亚主流文化不相融；同时，船民问题也会影响澳大利亚与移民迁出国之间的关系，所以，船民的到来往往会在澳大利亚引起很大争论。

从图1可以看出，澳大利亚的船民到来从1976年开始出现，一直到1999年之前，人数相对而言比较少；到了1999年，船民到来出现了第一个高峰期，人数急剧上升；而到了2008年，船民的人数飙升到了一个非常高的数量，且一直持续至今。澳大利亚船民到来人数起伏很大，2003年到达人数为1人，而2012年到达人数上升到17202人。澳大利亚的船民问题真正引起国际关注也是在第一个船民到达高峰期，即霍华德执政时期；而到了2008年第二个船民到达高峰期，澳大利亚船民问题已经成了澳大利亚处理对外关系的重要议题。澳大利亚的船民问题未来将继续困扰澳大利亚。虽然目前澳大利亚已经出台了一系列政策，但船民的数量仍保持在一个较高的水平。如何处理好船民问题以及如何兼顾国内和国际影响，已经成了澳大利亚两党未来要着重讨论、关注的话题。

（人） 30000

25000

20000

15000

10000

5000

0

1976 1978 1980 1982 1984 1986 1988 1990 1992 1994 1996 1998 2000 2002 2004 2006 2008 2010 2012 （年份）

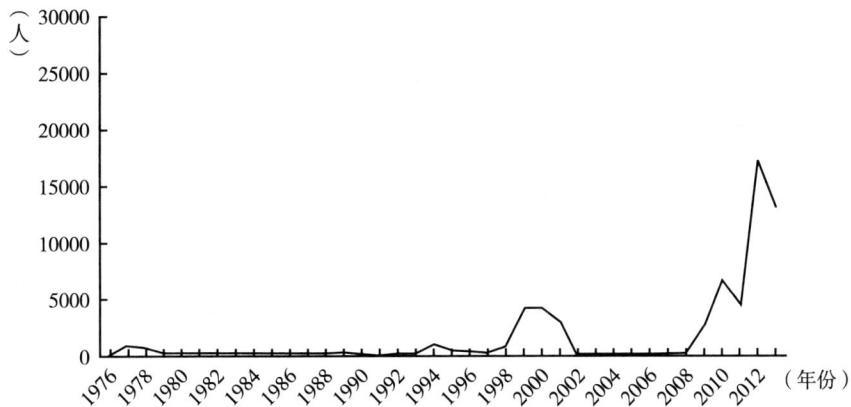

图 1　澳大利亚船民到来人数（1976～2012）

资料来源：Janet Phillips, Harriet Spinks, "Boat Arrivals in Australia since 1976", *Research Papers*, Parliamentary Library, 2013, p. 26。

新西兰廉政专员制度[*]

余章宝　鲁文慧^{**}

摘　要：

为了解决福利国家所引发的行政权力扩张而带来的弊政和怠政问题，新西兰引入了斯堪的纳维亚国家的廉政专员制度，这是一种对公众投诉行政部门展开独立调查从而维护公众权利的制度。该制度具有信访维权的防腐职能、鼓励组织内部揭发的反腐职能、处于弱势情境下的人权保护职能以及其他衍生职能。它有组织行为的独立性、解决问题的柔性和立场的价值中立性三个基本特征。

关键词：

新西兰　廉政专员　防腐反腐

新西兰政府在国际透明组织公布的清廉指数排名中连续多年位于榜首，^①新西兰的廉政专员制度功不可没。该制度在为公众提供了一种简单、低廉、直接申诉和救济途径的同时，大大提高了新西兰政府的廉洁度、执行力、公信力及国家治理和善治能力。

一　新西兰廉政专员制度建立的背景

1. "廉政专员"的由来

廉政专员（Ombudsman）来自斯堪的纳维亚语，意思是"可信赖可托付

---

* 本文为厦门大学"985 工程"公共管理重点学科建设项目成果。

** 余章宝，厦门大学公共事务学院教授、厦门大学新西兰研究中心主任，博士，主要研究领域为政治学、新西兰政治与公共政策；鲁文慧，厦门大学公共事务学院研究生。

① Transparency International Secretariat, "Corruption Perceptions Index 2013", December 3, 2013, p. 3, Transparency Interntional website, http://www.transparency.org/whatwedo/pub/cpi_2013.

的人"（entrusted person）或"委屈陈情代表"（grievance representative）①。现代意义上的廉政专员制度可以追溯到 1809 年的瑞典。随后，芬兰（1919 年）、丹麦（1954 年）和挪威（1961 年）相继建成了廉政专员制度。1962 年，新西兰效仿丹麦建立了廉政专员制度，成为第一个建立此制度的英语系国家。② 新西兰廉政专员公署（Office of the Ombudsman）是根据《1962 年议会专员（廉政专员）法》［Parliamentary Commissioner（Ombudsman）Act 1962］建立起来的。③ 起初，廉政专员公署仅限于调查人们对中央政府各部委及其机构的投诉，④ 并且廉政专员公署只设一名廉政专员，任期三年。新西兰议会在 1962 年 9 月 7 日任命了第一位廉政专员盖尔·波尔斯（Guy Powles）。1968 年，廉政专员公署的权限扩大到有权调查教育委员会和医疗委员会。⑤

新西兰廉政专员制度在《1975 年廉政专员法》（Ombudsman Act 1975）中得到进一步巩固，这一新廉政专员法将原来旧法中的"议会专员（廉政专员）"进一步明确为"廉政专员"，而且廉政专员公署可以有多名廉政专员，其中一个为首席廉政专员，负责管理专员公署、任命公署官员和工作人员、制定人事管理政策、协调和分配不同专员之间的工作。⑥ 这项新廉政专员法生效后，廉政专员公署增设一名廉政专员伊顿·赫尔利（Eaton Hurley），原来的廉政专员波尔斯于 1975 年 10 月晋升为新西兰第一位首席廉政专员，同时在奥克兰和基督城增加了两个廉政专员公署办公室。⑦ 在 1975 年新法中，又进一步将廉政专员公署的调查权限从原来的中央政府及其直属机构扩大到所有地方政府及其机构。⑧ 此后的 35 年间，新西兰廉政专员的管辖权迅速扩大，直到

---

① Anand Satyannad，"The Office of Ombudsman in New Zealand"，*Canterbury Law Review*，Volume 6，1997，p. 470.

② John F. Northey，New Zealand's Parliamentary Commissioner，in Donald Cameron Rowat，ed.，*The Ombudsman*，Georgo Allen & Unwin，1965，p. 135.

③ The Parliamentary Commissioner（Ombudsman）Act 1962，Section 1.

④ The Parliamentary Commissioner（Ombudsman）Act 1962，Section 11.

⑤ "Past Ombudsmen"，New Zealand Ombudsmen website，http：//www. ombudsman. parliament. nz/about-us/past-ombudsmen.

⑥ The Ombudsman Act 1975，Section 3.

⑦ Anand Satyannad，"The Office of Ombudsman in New Zealand"，*Canterbury Law Review*，Volume 6，1997，p. 472.

⑧ The Ombudsman Act 1975，Section 13.

2010 年稳定成型。

事实上，新西兰廉政专员公署的职权范围一直在扩大。《1982 年官方信息公开法》（Official Information Act 1982）将中央政府及其机构信息公开纳入廉政专员公署的职权范围。《1987 年地方政府信息及会议公开法》（Local Government Official Information and Meetings Act 1987）进一步将地方政府信息公开纳入廉政专员公署的监督范围。《1989 年酷刑罪法》（Crimes of Torture Act 1989）将廉政专员公署的调查权扩大到有关人权方面的监督。《2000 年检举人保护法》（Protected Disclosures Act 2000）则将反腐作为廉政专员公署的一项职能。《2004 年皇家实体法》（Crown Entities Act 2004）将皇家企业及其直属机构也纳入了廉政专员公署职权范围。①

2. "廉政专员"的制度化

虽然现代意义上最早的廉政专员制度可以追溯到 1809 年的瑞典，然而，"真正的廉政专员制度开始迅速扩展却始于二十世纪 60 年代"。② 众所周知，这一时期正是福利国家发展和兴盛的时期，因此，廉政专员制度与福利国家有着密不可分的关系。一位学者曾提到："没有人会惊讶于廉政专员制度诞生在福利国家。"③

二战结束后，西欧和北欧相继建立起福利国家。1948 年英国工党首相艾德礼宣称英国建成了福利国家。瑞典、芬兰、丹麦和挪威等北欧国家则构建了包揽人们从摇篮到坟墓的各项福利的国家。在 20 世纪六七十年代，西欧和北欧的福利国家建设达到了高峰。与此同时，芬兰、丹麦和挪威效仿瑞典建立起廉政专员制度来解决福利国家带来的行政权力监管问题。与此相同，新西兰建立廉政专员制度也是与其福利国家建设有关。

新西兰左翼工党于 1935 年掌握政权，在工党政府执政 14 年（1935～1949）期间，工党大力推行社会福利措施，建立起广泛的社会保障制度，二

---

① See The Crown Entities Act 2004.

② Linda C. Reif, *The Ombudsman*, *Good Governance*, *and the International Human Rights System*, the Netherlands Springer Berlin Heidelberg, 2004, p. 1.

③ "Richmond News Leader", *The Chicago Tribune*, November 28, 1965.

战后社会福利得到全面深入发展，① 因此，"在二十世纪 50 年代，国际劳工组织称新西兰为福利国家的一个典范"。② 实际上，此时的新西兰经济发展达到了一个高峰，失业率为零。具有传奇色彩的是，20 世纪 50 年代的新西兰，有一个月向政府登记失业的只有两位奥克兰市民，这两位失业者因此一夜成名，以至于中央劳工部长都知道他们俩。③

作为英联邦成员国的新西兰，其政治制度继承了英国的议会体制。④ 众所周知，在议会制下，理论上，行政部门受议会监督。然而，对于威斯敏斯特政府来说，政府是一党多数内阁政府，有权组阁的多数党的级别最高的几位部长通过本党的内部会议就能掌控议会多数，所以，在实际中，议会被多数政党内阁掌控着，也就是说内阁掌握实权，议会对行政部门的监督能力并没有理论上那样强大。

随着福利国家为民众提供越来越多的公共服务，政府部门的职能在不断扩张，行政部门的权力也在不断扩大，行政人员数量相应地急剧增加。因此"福利国家模式伴随着形成一个庞大的政府官僚机构"⑤ 是一个必然趋势，议会也因此对越来越强势的行政部门的监督显得力不从心。在缺少强有力的监管的情况下，政府在提供各种福利的过程中，不可避免地会出现寻租、自由裁量权滥用、官僚主义及公共服务效率和质量低下等问题，从而产生种种不当行政行为，比如行政管理中有欠公平、效率较低等现象层出不穷。

当公众遭遇政府的不公和不当行为时，只有两条救济途径：向法庭起诉或者向行政首长投诉。然而，走法律途径成本太高，因为起诉过程动辄几个月，而且还要付律师费用。如果走行政内部监督的渠道，即向上级行政部门投诉，

---

① 参阅余章宝《新西兰选制改革与当代联合政府》，《厦门大学学报》（哲学社会科学版）2013 年第 4 期，第 150 页。

② "A Model Welfare State, 1946 - 1969", The Encyclopedia of New Zealand website, http：// www. teara. govt. nz/en/family-welfare/page - 4.

③ Paul Carpinter, "History of the Welfare State in New Zealand", *Long-term Fiscal External Panel*, September 11, 2012, p. 4, available at http：//www. treasury. govt. nz/government/longterm/ externalpanel/pdfs/ltfep - s2 - 03. pdf.

④ 参阅余章宝《新西兰选制改革与当代联合政府》，《厦门大学学报》（哲学社会科学版）2013 年第 4 期，第 149 页。

⑤ Anand Satyannad, "The Office of Ombudsman in New Zealand", *Canterbury Law Review*, Volume 6, 1997, p. 471.

下级常常受到上级的偏袒，也就是说，行政内部监督的公正性值得怀疑。

随着公众受到的不公待遇越来越多，因投诉、救济得不到及时、有效的处理，引发的不满也日积月累。因此，客观上，新西兰需要一种可以独立行使审核行政权力的机构。

3. "廉政专员制度"的诞生

1960 年 11 月，正值新西兰大选之际，为赢得选票，当时作为反对党的国家党在与执政党工党的竞争中承诺要建立一个能够独立审核、监督行政部门行政行为的机构，并且，这是一个简单、易操作的申诉机构，任何关注行政决定的普通公民都有权要求审核。这个申诉机构将对议会负责而不是对政府负责。[①] 1960 年新西兰大选后，国家党在取代工党执政后，为兑现选举政治承诺建立了廉政公署。[②] 从这个意义上，我们可以说，新西兰廉政专员制度建立的直接动因是政党竞争的回应性政治。

应该指出的是，新西兰廉政专员制度的建立与前司法部长雷克斯·梅森（Rex Mason）和司法部常任长官、司法部秘书长约翰·罗伯森（John L. Robson）的个人努力分不开。1959 年，罗伯森和前司法部长梅森一起参加了在斯里兰卡举行的一场联合国研讨会，在该研讨会上，丹麦首位廉政专员斯蒂芬·赫维茨（Stephan Hurwitz）详细介绍了丹麦的廉政专员制度，梅森和罗伯森当时就对廉政专员制度非常感兴趣。[③] 回国后，他们以文献形式把廉政专员制度介绍到新西兰，因此，罗伯森和梅森是把廉政专员制度介绍到新西兰的"第一人"。尤其是罗伯森，他在起草廉政专员立法阶段花费很多精力，对立法起了至关重要的作用。[④]

1960 年底，国家党赢得大选，新任总理为兑现竞选时的承诺，将此事交

---

① Walter Gellhorn, "The Ombudsman in New Zealand", *California Law Review*, No. 5, Dec. 1965, p. 1164.

② Guy Powles, "The Citizen's Rights Against the Modem State, and Its Responsibilities to Him", *The International and Comparative Law Quarterly*, Vol. 13, No. 3, Jul. 1964, p. 773.

③ Walter Gellhorn, "The Ombudsman in New Zealand", *California Law Review*, No. 5, Dec. 1965, pp. 1164 – 1165.

④ Walter Gellhorn, "The Ombudsman in New Zealand", *California Law Review*, No. 5, Dec. 1965, pp. 1155 – 1211.

由新任的司法部长约西亚·哈南（Josiah R. Hanan）进行政策规划。司法部常任长官、司法部秘书长罗伯森协助提出并落实规划方案。

司法部于1961年8月第一次向众议院提交了一份关于廉政专员法案的草案，但由于这份法案准备时间不充分，内容刻板生硬、不够详尽，而且很多议员根本不知道廉政专员为何物，因此这份法案没有通过。1962年，司法部再次向众议院提交法案前，司法部邀请社会各界对廉政专员法案的原则和细节提出各项建议，以使他们在讨论的同时也更深入地了解了廉政专员制度。最终，1962年底，在议会讨论廉政专员法案时只修改了法案中的一条便通过了廉政专员法案，从而为公众提供了一种成本低、效率高、简单易行的行政救济途径。

总之，从约翰·金登的多源流理论来看，[①] 很明显福利国家造成的种种弊政和怠政属于问题流；梅森和罗伯森力荐丹麦的廉政专员制度方案就是政策流；国家党在与工党进行选举竞争时提出的承诺是一种政治流；司法部秘书罗伯森起着一种政策企业家的作用。当在1960年大选这个关键时间点上，问题流、政策流和政治流汇合到一起，从而打开了"政策之窗"，于是新西兰廉政专员制度就被国家党提上政策议程，并最终建立。

二 新西兰廉政专员制度的主要职能

新西兰廉政专员制度经过近半个世纪的演化和发展，已经趋于成熟。新西兰廉政专员公署总部设在首都惠灵顿。现任两位廉政专员分别是首席廉政专员贝弗莉·韦克姆女爵（Beverley Wakem）和普通廉政专员罗恩·帕特森（Ron Paterson）教授。[②]

目前，新西兰廉政专员制度主要根据以下五个法律条文展开工作，它们是《1975年廉政专员法》《1982年官方信息公开法》《1987年地方政府信息及会

---

① John W. Kingdon, *Agendas, Alternatives, and Public Policies*, Addison-Wesley Educational Publishers Inc., 2003, pp. 166 – 194.

② "Who is the Ombudsman?", New Zealand Ombudsman website, http://www. ombudsman. parliament. nz/about-us/who-is-the-ombudsman.

议公开法》《1989 年酷刑罪法》《2000 年检举人保护法》。[①] 这些法律共同界定了廉政专员的职能权限。概括地说，新西兰廉政专员制度具有行政维权的防腐职能、鼓励组织内部揭发的反腐职能、处于弱势情境下的人权保护职能及其他衍生职能。

第一，信访维权的防腐职能。瑞典最初设立廉政专员制度就是为了解决政府对公众不公造成权利伤害的问题。"它有点类似罗马时代保护平民的利益和权利不受贵族侵害的保民官（Tribune）"。[②] 现代意义上的廉政专员制度的建立，如芬兰、丹麦和挪威这三个国家，都是为了解决行政权力侵害公众权利的问题。关于这一点，从 1974 年国际律师协会（International Bar Association）首次对廉政专员所做的界定就可以看出："廉政专员是指具有宪法、立法机构或议会授权的机构，机构领导人是一位独立的高级官员，直接向立法机构或议会负责；接受人们对政府机构、政府官员和政府雇员的投诉；自主地行动；有权进行调查、提出纠正建议并发布调查报告"。[③] 该定义说明廉政专员具有和立法、司法和行政机构一样的宪法地位，同时也指出廉政专员的职责是对公众所投诉的行政部门及其工作人员进行独立调查的救济机构。

显然，廉政专员公署是独立于行政权力之外，对行政权力进行监督，从而保护公众个人权利的机构。新西兰在 1962 年创制廉政专员制度时就是限于这种传统的信访维权功能，当时规定：廉政专员接受公众对行政部门侵权的投诉，不接受对司法部门、法院、立法部门、军队、议员、私人企业的投诉。[④] 不过，此时的信访维权的对象仅限于中央政府及其直属机构。在《1975 年廉政专员法》中，将廉政专员公署的调查权从原来的中央政府扩大到市、区的地方政府及其机构。这样，新西兰廉政专员有权受理公众对各级政府行政作为与不作为的投诉，并独立地展开调查。应该指出的是，这时的信访维权对象是

---

① "Ombudsman Organisational Structure", New Zealand Ombudsman website, http://www. ombudsman. parliament. nz/about-us/organisational-structure.

② Anand Satyannad, "The Office of Ombudsman in New Zealand", *Canterbury Law Review*, Volume 6, 1997, p. 470.

③ Michael Frahm, *Australasia and Pacific Ombudsman Institutions: Mandates, Competences and Good Practice*, Springer Berlin Heidelberg, 2013, p. 12.

④ The Ombudsman Act 1975, Section 13.

那些直接伤害公众权利的弊政和怠政，主要包括行政作为或不作为（包括政府的决定、建议、法令）是①有违法律的；②虽然不违法，但是不合理、不公平、具有压制性的；③自由裁量权运用不当的；④行政行为全部或部分基于对法律的误解或对事实的误认的；⑤本身是完全错误的。①

应该强调的是，这种对弊政侵害的救济是廉政专员传统的维权职能。在1982 年以前，政府信息对公众是保密的，除非有正当理由才会公开。此时，公众只能通过廉政专员来帮他们获取政府的相关信息。1983 年 7 月，随着《1982 年官方信息公开法》的生效，廉政专员有权受理人们对中央政府及其机构没有执行信息公开法所进行的投诉，并对此展开调查。② 当《1987 年地方政府信息及会议公开法》在 1988 年 3 月生效后，廉政专员公署的权限进一步扩大到人们对地方政府信息公开的投诉进行独立调查。③

可见，这两个法律将从中央到地方各级政府的信息公开作为公众权利的一部分了。其涉及信息包括：政府文件、报告、政策、手册、指南、议程和会议备忘录、电子邮件和草稿等书面信息；也包括录音、录像及影响某人的决定却没有告知理由等。任何行政机构对公众提出的信息查询要及时回应，不得超过20 天的期限。如果公众遇到政府机构拒绝、删除、拖延、延误、收费、选择性发布都可以直接向廉政专员投诉。因此，从廉政专员公署的维权职能来看，这种维权从传统的弊政救济增加到现在知情权的救济，廉政专员的维权职能内涵也被充分扩大了。显然，新西兰廉政专员的政府信息公开的调查权和监督权，大大增强了政府的透明性和责任性。毫无疑问，"这也会增进公众对政府的信任从而有助于政府建立善治"。④

应该指出的是，这两种维权方式在程序上还保留着重要差别。传统的弊政投诉需要一个内部行政投诉过程在先的原则。新西兰廉政专员制度要求，在对

① The Ombudsman Act 1975，Section 22.

② "Ombudsman History"，New Zealand Ombudsman website，http：//www. ombudsman. parliament. nz/about-us/history.

③ "Ombudsman History"，New Zealand Ombudsman website，http：//www. ombudsman. parliament. nz/about-us/history.

④ Linda C. Reif，*The Ombudsman*，*Good Governance*，*and the International Human Rights System*，the Netherlands Springer Berlin Heidelberg，2004，p. 2.

政府的行政不作为投诉前，首先要求投诉人已经使用过行政内部投诉，即向相关政府部门最高执行官或政府机构的最高负责人投诉，只有在这种投诉无结果或者处理不满意的情况下，廉政专员才接受投诉人的投诉；① 而对于中央与地方政府对公众信息知情权侵害的投诉不需要投诉人有一个内部行政投诉过程，可以直接向廉政专员投诉。

第二，鼓励组织内部揭发的反腐职能。在新西兰廉政专员制度创立之初，它所具有的信访维权职能是解决政府的弊政和怠政，显然对政府的腐败能起到防微杜渐的作用，然而，它不具有反腐职能。真正标志着新西兰廉政专员公署具有反腐职能的法律是 2001 年 6 月生效的《2000 年检举人保护法》。该法将廉政专员公署列为保护检举人的法定权威机构之一。② 该法保护所有公共组织与私人组织的内部举报人（whistleblowing）对组织内部的腐败行为进行揭发。

该法将组织内部的腐败现象界定为"严重不法事情"（serious wrongdoing），其包括五大类：（a）非法、贪污、违规运用公共经费或资源；（b）对公共健康、安全或环境构成严重风险的作为与不作为；（c）对法律维护（包括犯罪行为的预防、调查、侦查及公平审判）构成严重风险的作为与不作为；（d）构成犯罪的作为、不作为；（e）公共部门组织员工滥权、不当歧视、严重过失或严重管理不当的作为与不作为。③

显而易见，《2000 年检举人保护法》鼓励公共组织和私人组织的员工将组织内部种种非法行为和贪污行为揭发出来，就是为强化公私组织内部的管理和监督，从而真正地将组织内部的腐败带到阳光之下。应该指出的是，为了平衡员工对组织的忠诚，新西兰廉政专员制度要求组织内部举报人首先经过行政内部举报过程和程序。对于所有公众组织而言，必须遵守内部举报先行的原则，对于私人组织则可以例外④——只要组织成员以书面或口头形式通知廉政专员公署，无论此人已经在举报还是正考虑要举报，廉政专员公署必须要提供有关举报的指导、帮助和建议，并对举报人提供相关人身保护和救济。由于

---

① The Ombudsman Act 1975, Section 17.

② See The Protected Disclosures Act 2000.

③ The Protected Disclosures Act 2000, Section 3（a-e）.

④ The Protected Disclosures Act 2000, Section 6c.

《2000年检举人保护法》涵盖了公私组织，因此，在保护举报人权利方面，廉政专员公署接受公众对私人组织的举报。

第三，处于弱势情境下的人权保护。新西兰廉政专员制度对于人权的保护主要是指对被拘留人员和残疾人员的权利保护。实际上，廉政专员公署成立之初就注意到有关拘禁、扣押和滞留方面的投诉。从20世纪70年代开始，来自监狱因犯投诉监狱环境中关于长时间被禁闭、卫生条件差及监狱超员等的案例不断增多。

2006年新西兰签署并加入《国际禁止酷刑和其他残忍、不人道或有辱人格的待遇或处罚公约任择议定书》（Optional Protocol to the Convention against Torture and other Cruel, Inhuman or Degrading Treatment or Punishment, OPCAT）。为了进一步落实该国际公约，2007年6月，《1989年酷刑罪法》开始生效。该法禁止任何机构和个人不人道地对待暂时被限制人身自由的群体和个人。这不仅包括已经判刑的囚犯、法庭在押候审的犯人，少年犯看守所等监狱场所，还包括其他强制性场所如滞留移民、医院监护、残疾人照料、精神病看护、儿童照顾等场所。

为了保证人们在这些场所受到歧视和虐待时能获得迅速有效的救济，《1989年酷刑罪法》确定廉政专员公署有权接受这些人权方面的申诉并做调查。其调查范围如下：受到不公正的对待，诸如被隔离、强迫或者羁押；有关拘留的信息、内部投诉渠道和档案记录不完整的情况；居住设施和生活条件差；以及对其他权利的保护，包括有关户外活动、教育和其他休闲活动等。廉政专员公署在保护这些人权方面，一改"民不告，官不理"的消极应诉保护姿态，即使在没有收到投诉的情况下，也有权自主地对有关场所进行检查。

2010年10月，廉政专员公署和人权委员会（Human Rights Commission）、儿童事务专员（Children's Commissioner）以及独立警察行为管理局（Independent Police Conduct Authority）构成国家预防机制（National Preventive Mechanisms, NPMs）共同监督《联合国残疾人权利保障公约》（United Nations Convention on the Rights of Persons with Disabilities）的执行情况。这样，廉政专员公署不仅是构成国家预防机制的一个重要的独立机制，而且也在有关残疾人的权利保障方面拥有相关职能。

第四，新西兰廉政专员制度除了以上职能外，还有其他的衍生职能。为了提高政府的善政能力，新西兰廉政专员公署不仅为行政侵权提供个案救济，而且还为政府提高行政管理水平提供咨询和指导，以尽量避免和减少公众投诉。新西兰廉政专员公署可以根据政府机构的需要为它们提供量身定制的培训服务。比如，指导政府如何应对公众的不合理投诉、如何完善行政决策和投诉处理程序、政府信息公开的规范性操作及政府如何正确地应对廉政专员公署调查等。为了增强公众的维权意识，新西兰廉政专员经常深入基层，比如参加各种社区节日活动（如全国农业展览节、消费者权利节）和社区会议、论坛（如新西兰多元文化论坛、社区法律中心研习班）为公众就廉政公署有关职能做主题演讲。

除此之外，新西兰廉政专员公署还积极参加各种国际合作和交流，它与区域廉政专员组织、国际廉政专员组织内部保持着信息分享、经验交流和学术研究及交流。新西兰廉政专员公署是澳大利亚—新西兰廉政专员联合会（Australian and New Zealand Ombudsman Association）、太平洋廉政专员联盟（Pacific Ombudsman Alliance）及国际廉政专员研究院（International Ombudsman Institute）的成员，并且目前新西兰首席专员韦克姆还是这个机构的现任主席。① 如前所述，新西兰是国际OPCAT签署国，因此有关公约的执行必须与联合国相关人权委员会展开合作并接受它们的监督。

三 新西兰廉政专员制度的基本特征

"在典型的廉政专员制度模式中，廉政专员公署是由立法机构任命的权威机构，因此是有权通过调查和评估政府行为来实行监督的行政机构"。② 虽然新西兰引入了斯堪的纳维亚廉政专员制度，保留着典型的廉政专员制度特征，可是，新西兰廉政专员制度有着自己的创新。它既不像"瑞典那样对法院判决具有审核权"，③ 也不像"英国和北爱尔兰那样，普通民众不能直接向

---

① "Ombudsman International Work", New Zealand Ombudsman website, http://www.ombudsman.parliament.nz/what-we-do/improve-fairness-for-all/international-work.

② Linda C. Reif, *The Ombudsman, Good Governance, and the International Human Rights System*, the Netherlands Springer Berlin Heidelberg, 2004, p. 2.

③ Linda C. Reif, *The Ombudsman, Good Governance, and the International Human Rights System*, the Netherlands Springer Berlin Heidelberg, 2004, p. 13.

廉政专员投诉，而是首先要向地方议员投诉，然后，由地方议员提交给廉政专员"。①

在新西兰，当公众与行政机构之间发生争议时，公众可以通过法律途径上诉到法庭、可以直接向立法机构和议员投诉，也可以直接向行政机构投诉。如果公众对法庭和立法机构所做的决定还有争议，则不属于廉政专员公署的职权范围。新西兰廉政专员只受理对行政机构投诉之后还不满意的投诉。如果说一般的"廉政专员制度是解决法院、立法机构和行政机构不能有效解决的行政管理方面的难题"② 的话，那么，新西兰廉政专员制度则是对政府侵权的法院救济和行政救济之外的一个补充救济形式。由于廉政专员制度独立于行政权力之外而且具有很高的公信力，从而区别于行政救济途经；由于公众投诉是免费的，并且公众不用承担进一步的举证成本，因此被称为"廉价的正义"（cheapened justice）③ 而区别于法院救济渠道。

正是因为新西兰廉政专员公署在提高政府善治方面取得了显著成效，这一成功经验引起了多个国家的关注。新西兰为廉政专员制度在其他国家和地区的推广发挥了至关重要的作用。④ 1967 年，英国下议院批准建立英国廉政专员制度，接着英联邦国家如加拿大、爱尔兰、澳大利亚，以及南太平洋国家如库克群岛、汤加、萨摩亚等国也纷纷建立了廉政专员制度。随后，世界上其他一些国家也相继设立了廉政专员制度。目前，作为解决个人与政府之间争议进行独立调查的廉政专员制度，已经扩散到全球 120 多个国家。⑤ 新西兰廉政专员制度与其他国家的廉政专员制度既存在一定的共性，也有自己的特点。这主要体现在以下几个方面。

---

① Anand Satyannad, "The Office of Ombudsman in New Zealand", *Canterbury Law Review*, Volume 6, 1997, p. 471.

② Linda C. Reif, *The Ombudsman, Good Governance, and the International Human Rights System*, the Netherlands Springer Berlin Heidelberg, 2004, p. 2.

③ Walter Gellhorn, "The Ombudsman in New Zealand", *California Law Review*, No. 5, 1965, p. 1173.

④ Lester B. Orfield, "The Scandinavian Ombudsma", *Administrative Law Review*, Vol. 19, No. 1, Nov., 1996, p. 17.

⑤ "Commonwealth Ombudsman History", The Commonwealth Ombudsman website, http://www.ombudsman.gov.au/pages/about-us/our-history/.

第一，组织行为的独立性。廉政专员制度是通过受理公众对行政部门的投诉来监督行政部门的行为，从而保护公众权力的。从它与行政部门的关系来看，目前世界上的廉政专员制度可以分为两类：一类是独立于行政部门，由议会产生并对议会负责的廉政专员，即典型的廉政专员或叫作"议会廉政专员"；另一类"廉政专员是由行政部门任命的并对行政部门负责，这类被称作'行政廉政专员'或'准廉政专员'"。① 例如，法国的廉政专员是由部长委员会（Council of Ministers）这一行政机构任命的。② 而大多数非洲和亚洲廉政专员是由行政部门任命的。③ 显然，从组织行为的独立性上来看，议会廉政专员的独立性肯定比行政廉政专员的独立性强。

新西兰廉政专员制度属于议会廉政专员类型，因此它具有很强的组织独立性。这种独立性主要体现在以下几个方面。在1962年创建廉政专员制度之初，廉政专员就是作为议会的代表来履行监督公共行政部门的职能的。为了保证廉政专员对议会负责，在1962年底通过的廉政专员法的第二节中就明确规定：廉政专员由众议院推荐经总督任命。这一原则在1975年新法第三节中得以重申。④ 新旧廉政专员法都要求就职的廉政专员在议会议长或议会书记官主持下向议会做任职宣誓，廉政专员只对议会负责，每年要向议会做年度工作报告。⑤ 为了保证廉政专员独立于行政部门，廉政专员的薪金与津贴均由议会直接拨款，⑥ 并且由议会任命审计员对专员财务情况进行审计和监督。⑦ 可见，"这种独立的责任机制和资金安排确保廉政专员公署具有完全的独立性，不受

① Linda C. Reif, The Ombudsman, Good Governance, and the International Human Rights System, the Netherlands Springer Berlin Heidelberg, 2004, p. 14.

② "Ombudsman of France", WikiMediation website, http：//en. wikimediation. org/index. php? title = Ombudsman_ of_ France.

③ Linda C. Reif, The Ombudsman, Good Governance, and the International Human Rights System, the Netherlands Springer Berlin Heidelberg, 2004, p. 14.

④ See The Parliamentary Commissioner (Ombudsman) Act 1962, Section 2；The Ombudsman Act 1975, Section 2.

⑤ The Parliamentary Commissioner (Ombudsman) Act 1962, Section 8 (2), 25；The Ombudsman Act 1975, Section 10, 29.

⑥ The Parliamentary Commissioner (Ombudsman) Act 1962, Section 8, 27；The Ombudsman Act 1975, Section 31.

⑦ The Ombudsman Act 1975, Section 21 (A).

行政部门的影响"。① 正如新西兰首位廉政专员波尔斯在就职演说中所强调的那样,"廉政专员是议会的人,目的就是保护公众个人的权利。实际上,保护好公众个人就是在保护整个社会"。②

第二,柔性解决问题之道。为了保证廉政专员对行政部门的监督,防止政府的弊政和怠政,提高政策的责任性和政府的透明性,新西兰廉政专员在宪法地位上被赋予了"硬权力"和"软权力"。

"硬权力"包括调查权、传唤权、信息获取权和入室权。廉政专员公署享有对被公众投诉的各级政府行政部门、公共组织、政府企业及其直属机构所做的决定、裁定、行政作为与行政不作为进行调查的权力;③ 廉政专员公署有询问和传唤任何公职人员做证的传唤权;④ 它也有权向任何政府部门及工作人员获取相关信息、文件、资料和会议记录,无论有关人员在职还是不在职,他们所需要的相关信息、文件和资料无论是处于某种被保护状态,还是被任何行政部门或组织控制,廉政专员公署都有权获取;⑤ 入室权(power of entry on premises)是指廉政专员有权直接进入政府部门和机构所在办公室进行调查,只有在进入之前才通知相关政府行政首长或机构负责人。⑥

新西兰廉政专员经过正式调查后有提出整改意见的建议权。在寄发相关部门和机构整改意见的同时,也将整改意见的抄件寄给相关部长。⑦ 如果相关部门和组织在接到整改建议后,在合理期限内拒绝采纳或回应,廉政专员有权将其整改建议的抄件寄给总理,并有权向议会汇报。⑧ 因此,新西兰廉政专员制度与其他一些国家不一样的地方在于,它既没有让行政部门和公职人员执行其建议的强制权力,也没有权力要求法庭来强制执行,只有没有强制约束力的建

---

① Anand Satyannad, "The Office of Ombudsman in New Zealand", *Canterbury Law Review*, Volume 6, 1997, p. 472.

② Guy Powles, "The New Zealand Ombudsman: The Early Days", *Victoria University of Wellington Law Review*, Volume 12, 1982, p. 207.

③ The Ombudsman Act 1975, Section 13.

④ The Ombudsman Act 1975, Section 19 (2).

⑤ The Ombudsman Act 1975, Section 19.

⑥ The Ombudsman Act 1975, Section 17.

⑦ The Ombudsman Act 1975, Section 22 (3).

⑧ The Ombudsman Act 1975, Section 22 (4).

议权和报告权的"软权力"。因此，有人把《1975 年廉政专员法》称为"软法"。①

然而，"自从波尔斯首任廉政专员并决定用非正式的方法解决投诉以来"，②"新西兰廉政专员很少运用建议权，而更加愿意用非正式的调查方式"。③ 实际上，新西兰廉政专员很少运用这些具有宪法地位的"硬权力"和"软权力"，更多的是运用"非正式"（informal）的协商、沟通、斡旋和妥协等方式来解决问题，这已经成为新西兰廉政专员制度的一个特色。

通常，廉政专员处理公民投诉时尽量不启用正式的调查权，而是首先启用非正式的调查程序，通过"前期援助组"（early assistance team）和"前期和解组"（early resolution team）促成投诉人与行政部门之间的对话、谅解与和解。在前期非正式调查程序无效的情况下，廉政专员公署才运用正式调查权。可是，廉政专员在进行调查之前首先通知相关政府部门或相关机构的首席行政官或负责人，在调查中或调查后也会与他们沟通。④如果相关部门愿意改变原来的对公众不利的行政作为，这种正式调查随时会结束。

在正式调查过程中，廉政专员很少使用传唤权和入室权，他们主要通过信件与相关机构和相关知情人联系，在办公室会见相关见证人，偶然也会进行现场调查。在调查过程，也会促使投诉人与政府之间的调解与和解。

即使经过调查后，在形成正式整改建议之前，廉政专员还是愿意通过与相关政府部门进行非正式的协商和调解，劝说政府去接受廉政专员的意见，尽量不使用正式的书面整改建议。⑤ 实际上，新西兰廉政专员也较少直接向议会提交报告。这种尽量通过大量的调解、协商来解决公众与政府之间争议的方式被人

---

① Steven Van Roosbroek, Steven Van de Walle, "The Relationship Between Ombudsman, Government, and Citizens: A Survey Analysis", *Negotiation Journal*, Volume 24, Issue 3, July 2008, p. 289.

② Mai Chen, "New Zealand's Ombudsmen Legislation: The Need for Amendments after Almost 50 Years", *Victoria University of Wellington Law Review*, Volume 41, Issue 4, 2010, p. 737.

③ Mai Chen, "New Zealand's Ombudsmen Legislation: The Need for Amendments after Almost 50 Years", *Victoria University of Wellington Law Review*, Volume 41, Issue 4, 2010, p. 731.

④ The Ombudsman Act 1975, Section 18 (1 – 5).

⑤ Linda C. Reif, *The Ombudsman, Good Governance, and the International Human Rights System*, the Netherlands Springer Berlin Heidelberg, 2004, p. 15.

们称为"可替代性的争议解决方式"（alternative dispute resolution，ADR）① 或"友善解决方式"（friendly solution），② 我们称之为"柔性解决方式"。

正是由于新西兰廉政专员制度在建立之初就创造性地发明了这种署外协商与妥协的柔性解决问题的方式，它既避免了与公共行政部门的公开冲突，也为民众寻求到了合理的救济措施，因此其在公共行政部门和新西兰民众中享有很高的社会声望。

一方面这种柔性解决问题的方式大大提高了廉政专员公署的工作效率。实际上，新西兰廉政专员公署现有工作人员只有 68 人，③ 然而他们每年要承办上万起投诉。根据新西兰廉政专员公署的年度报告，在 2011/2012 年度廉政专员公署接受公众的投诉共 10636 件；④ 在 2012/2013 年度则受理投诉 13684 件。⑤ 显然，这种高效率主要得益于这种非正式的柔性解决之道。

另一方面，新西兰廉政专员的柔性解决问题方式也使得公共行政部门对廉政专员制度起初的怀疑与敌意被打消，从而在 1975 年新法中得以巩固。廉政专员的建议权虽然没有强制力，可是行政部门很尊重和愿意接受廉政专员的建议。也许是因为廉政专员对公共行政部门提出建议较少，所以他们为数不多的建议被绝大多数有关行政部门积极主动地采纳，可见，廉政专员在处理投诉时确实为公众提供了实质性的帮助。

第三，立场的价值中立性。新西兰廉政专员制度是监督行政机构的一个议会办公室。廉政专员在受理普通公民对强大的官僚机构的投诉时，为公民提供了一种简单、低廉和直接的申诉和救济途径。如果说议会对行政权力的监督属

---

① Linda C. Reif, *The Ombudsman, Good Governance, and the International Human Rights System*, the Netherlands Springer Berlin Heidelberg, 2004, p.15.

② Linda C. Reif, *The Ombudsman, Good Governance, and the International Human Rights System*, the Netherlands Springer Berlin Heidelberg, 2004, p.16.

③ "Ombudsman Organisational Structure", New Zealand Ombudsman website, http://www.ombudsman.parliament.nz/about-us/organisational-structure.

④ Office of the Ombudsmen, *Annual Report 2011/2012*, p.5, New Zealand Ombudsman website, http://www.ombudsman.parliament.nz/system/paperclip/document_files/document_files/466/original/annual_report_2011_-_2012.pdf?1351806199.

⑤ Office of the Ombudsmen, *Annual Report 2011/2012*, p.6, New Zealand Ombudsman website, http://www.ombudsman.parliament.nz/system/paperclip/document_files/document_files/466/original/annual_report_2011_-_2012.pdf?1351806199.

于政治监督的话，那么，廉政专员制度的监督完全是法律和行政管理技术方面的监督，它与政治立场没有关系。廉政专员既不会站在公众立场对政府部门进行抨击，也不会站在政府立场来压制公众的质疑；他既不受公众的影响，也不受政府的影响，仅仅根据事实、法律和个人职业伦理进行公正判断。

实际上，为了保证廉政专员立场的中立性，在制度设计上就要求廉政专员不能在任何公共部门或私人部门供职，既不能是议员、政府部门和地方政府的官员，也不能在任何信托基金以及其他营利组织任职。[①] 为了保证廉政专员立场的中立性，在制度设计上，对廉政专员设立了种种保护措施。廉政专员法规定，廉政专员具有免受质疑的特权和法律豁免权。只要专员没有越权，廉政专员所做出的整改建议不能被上诉到任何法庭，受到法庭的挑战、复查和撤销。[②] 同时，首席廉政专员和廉政专员在其职权内所任命的任何职员、所给出的处理建议、所做的报告及所发表的看法，具有民事或刑事的豁免权，任何法庭无权传唤他们到庭质证。[③] 不仅如此，为了排除议会政治可能的影响，1975 年新法将廉政专员的任期从原来与议会共进退的 3 年修改为 5 年，可连选连任至 72 岁。[④]

新西兰廉政专员制度的一个核心理念就是"增进全体公正"（Improve Fairness for All）。[⑤] 这一理念在廉政专员公署工作的各方面都有体现。如前所述，廉政专员无论是在非正式调查还是在正式的调查过程中，他们都与政府部门或是公共组织沟通，希望让投诉人与其通过协商和对话解决问题。就是廉政专员准备做出处理意见之前，还要通知投诉人和被投诉的政府部门、组织或个人，使其享有听证与陈述的机会。[⑥] 新西兰廉政专员既为公众个人提供行政侵权的救济，也帮助政府提高行政管理水平；廉政专员既深入社区教育提高公众的维权意识，也为政府机构如何更好地行使权力提供培训。正如他们自己所强调的那样，"廉政专员公署是一个独立的和公正的调查机构，不是公众利益的

---

① The Ombudsman Act 1975, Section 4.

② The Ombudsman Act 1975, Section 25.

③ The Ombudsman Act 1975, Section 26.

④ The Ombudsman Act 1975, Section 5.

⑤ "Improve Fairness for All", New Zealand Ombudsman website, http://www.ombudsman. parliament. nz/what-we-do/improve-fairness-for-all.

⑥ The Ombudsman Act 1975, Section18 (4).

倡导机构"。① 它不会像儿童专员那样为儿童争取更多利益，也不会像环境专员那样为公众主张环保利益。廉政专员只调查当事人的投诉是否成立，不对公众与政府之间的争论做价值判断。从这个意义上来说，新西兰廉政专员制度提供的是一种价值中立机制——接受公众对政府行政行为关于个人权利受到损害进行投诉的一种机制；对民众所投诉的政府行为进行独立取证的一种调查机制；化解政府与公众之间争议的一种争端解决机制。

---

① "Who Else can Help"，New Zealand Ombudsman website，http：//www. ombudsman. parliament. nz/who-else-can-help.

B.11

新西兰的预算制度改革
与财政的可持续性*

张 光**

摘 要:

2008 年全球金融危机对各国财政的可持续性提出了严峻挑战。
新西兰是能够以较好的财政状况应对这一挑战的少数发达国家
之一，并可望在 2014/2015 财年恢复财政收支盈余。新西兰之
所以能够做到这一点，是由于它自 20 世纪 80 年代中叶以来坚
持进行以财政可持续性、稳定性为目标的政府财政和预算制度
改革。本文回顾了这些改革的成因、内容、执行情况和效果，
着重讨论了新西兰的《公共财政法》（1989）和《财政责任法》
（1994）所规定的政府财政责任原则及与其配套的政府会计和财
务报告制度改革，以及新西兰政府自 20 世纪 90 年代初以来依
次使用的三种控制财政支出的预算方法。新西兰的改革对于在
保持财政可持续性上面临越来越大挑战的中国具有重要的借鉴
意义。

关键词:

新西兰　金融危机　财政可持续　预算　支出控制

2008 年的全球金融危机，对众多国家的财政可持续性提出了严峻挑战。
所谓财政可持续性，可定义为"政府满足其当前和未来财政责任的能力。而

---

* 本文为厦门大学繁荣哲学社会科学项目成果。

** 张光，厦门大学公共事务学院教授、厦门大学新西兰研究中心副主任，博士，主要研究领域为
公共财政、地方政府。

政府的财政责任则是由它在税收、支出和借债上的决策所决定的。因此，财政可持续性指的是政府能否在将来不做重大调整的情况下维持其现行政策，或者，其政策将导致过度的累积债务，除非政府采取行动改变政策"。[1] 发端于美国的2008年金融危机，通过贸易和金融渠道，传导到其他国家，幸免者几乎没有。随着发达国家为了做平资产负债平衡表纷纷撤回流动性资金，众多新兴市场和发展中国家遭遇了严重的资金外流危机。许多国家采取了积极的应对政策，最重要的包括宽松的货币政策，金融体系再注资，对私人和企业部门进行救助，实施积极的财政刺激项目。[2] 这些政策措施或直接或间接地影响了众多国家的财政可持续性。如表1所示，就整体而言，发达国家在2008年金融

表1　新西兰、经济发达国家和新兴市场国家的财政状况（2006～2013）

单位：（占GDP的）%

年份		2006	2007	2008	2009	2010	2011	2012	2013
经济发达国家	总平衡	-1.4	-1.1	-3.5	-9.0	-7.8	-6.6	-5.9	-4.7
	基本平衡	0.3	0.5	-1.9	-7.4	-6.2	-4.8	-4.2	-3.0
	总债务	76.9	74.2	81.3	94.9	101.5	105.5	110.2	109.3
	净债务	48.2	46.3	51.9	62.4	67.5	72.7	77.4	78.1
新兴市场国家	总平衡	0.4	0.3	0.0	-4.6	-3.1	-1.7	-2.1	-2.2
	基本平衡	2.9	2.5	1.9	-2.5	-1.1	0.4	-0.2	-0.4
	总债务	36.9	35.4	33.5	36.0	40.3	36.7	35.2	34.3
	净债务	30.5	26.9	23.2	27.9	28.1	26.7	24.7	23.6
新西兰	总平衡	4.1	3.2	1.5	-1.5	-5.1	-4.9	-2.6	-1.9
	基本平衡	3.7	3.0	1.2	-2.0	-5.5	-4.8	-2.4	-1.8
	总债务	19.3	17.2	20.1	25.9	32.0	37.2	38.2	38.3
	净债务	8.8	6.5	7.4	11.7	17.0	22.2	26.4	28.8

注：总平衡为政府收入和捐赠收入之和与支出和净借出之和之间的差。基本平衡：从总平衡中再扣除政府支付的净利息支出（利息收入减去利息支出）。总债务：需要政府在将来归还本金的所有债务或责任，包括所有公共部门的债务，不仅包括直接的显性的政府债务，也包括金融或非金融的国有企业的债务、中央银行的债务，也包括担保等联系在一起的或有负债。净债务：总债务扣除所有公共部门（不仅政府）的金融资产。

资料来源：IMF Fiscal Affairs Dept., *Fiscal Monitor: Taxing Times*（Table 1，Table 4，Table 5，Table 8），Washington，D. C.：IMF，October 2013。

[1]　Robert A. Buckle and Amy A. Cruickshank，"The Requirements for Long-run Fiscal Sustainability"，*New Zealand Treasury Working Paper 13/20*，July 2013，p. 3.

[2]　Carlos A. Primo. Braga and Gallina A. Vincelette，eds.，*Sovereign Debt and the Financial Crisis: WillIs This Time Different*，The World Bank，2011，p. 2.

危机后财政状况急剧恶化。尽管金融危机对新兴市场国家的财政状况的影响要远远低于对发达国家的影响，但 2008 年的金融危机也使它们的财政收支从盈余转为赤字，国家债务水平显著上升。

与 20 世纪 80 年代的债务危机和 90 年代的亚洲金融危机等的主要受害者是发展中国家不同，2008 年全球金融危机中受创最大的是西方国家，特别是美国和欧洲发达国家。然而，在西方发达国家之中，仍然有少数国家的财政表现与众不同。新西兰就是其中之一。如表 1 所示，与西方发达国家的一般状况相比，新西兰是以较好的财政状况迎来 2008 年金融危机的。而后，尽管金融危机也使新西兰财政运行状况从 2008 年的盈余转为 2009 年的赤字，债务水平显著上升，但同经济发达国家的平均水平相比，新西兰的境况要好得多，它在危机后的财政可持续性能力恢复方面也表现更好。单就财政赤字和债务规模这两个数据而言，新西兰在金融危机前后的表现，与新兴市场国家相近。

冰冻三尺非一日之寒。新西兰财政在应对 2008 年金融危机上的较好表现，与该国从 20 世纪 80 年代中叶开始、90 年代中叶深化并持续至 21 世纪第一个十年的经济改革特别是公共预算改革密切相关。从 1994 年实施《财政责任法》开始，直到 2008 年，新西兰财政运行年年保持平衡或盈余。Wyplosy 通过比较包括日本在内的 20 个西方发达国家 1960～2011 年的财政运行状况，认为新西兰和瑞典、丹麦一道属于政府财政纪律较好的国家。三个国家都把财政赤字年数控制在半数以下，其余国家则除了挪威和芬兰以外，大抵每 5 年中的 4 年有财政赤字，最甚者为葡萄牙和意大利——无一年不是赤字。而法国、希腊和奥地利三国最近出现的财政平衡或盈余年竟然在 20 世纪 70 年代石油危机之前（见表 2）。①

Bruce White 在其最近发表的一项研究中把新西兰宏观经济发展分为四个阶段：改革之前（1984 年之前）；改革阶段（1984 年至 20 世纪 90 年代初）；宏观经济状况大改善阶段（20 世纪 90 年代初到 2007 年）；金融危机至今阶段

---

① See Charles Wyplosy, "Fiscal Rules: Theoretical Issues and Historical Experiences", in Alberto Alesina and Francesco Giavazzi eds., *Fiscal Policy after the Financial Crisis*, The University of Chicago Press, 2013, pp. 495 – 529.

（2008 年以后）（见图 1）。① 本文将分四部分来讨论新西兰的财政可持续性发展问题。第一、二部分分别讨论经济改革前和改革时期的相关发展，分别与

表 2　西方发达国家财政赤字年所占比重（1960～2011）

	澳大利亚	奥地利	比利时	加拿大	德 国
赤字年占比（%）	80	82	96	76	78
最后盈余年	2008	1974	2006	2007	2008
	丹 麦	西班牙	芬 兰	法 国	英 国
赤字年占比（%）	48	78	20	90	84
最后盈余年	2008	2007	2008	1974	2001
	希 腊	爱尔兰	意大利	日 本	荷 兰
赤字年占比（%）	80	80	100	68	88
最后盈余年	1972	2007		1992	2008
	挪 威	新西兰	葡萄牙	瑞 典	美 国
赤字年占比（%）	4	46	100	42	92
最后盈余年	2011	2008		2008	2000

资料来源：Charles Wyplosy, "Fiscal Rules: Theoretical Issues and Historical Experiences", p. 496, in Alberto Alesina and Francesco Giavazzi eds., *Fiscal Policy after the Financial Crisis*, The University of Chicago Press, 2013。

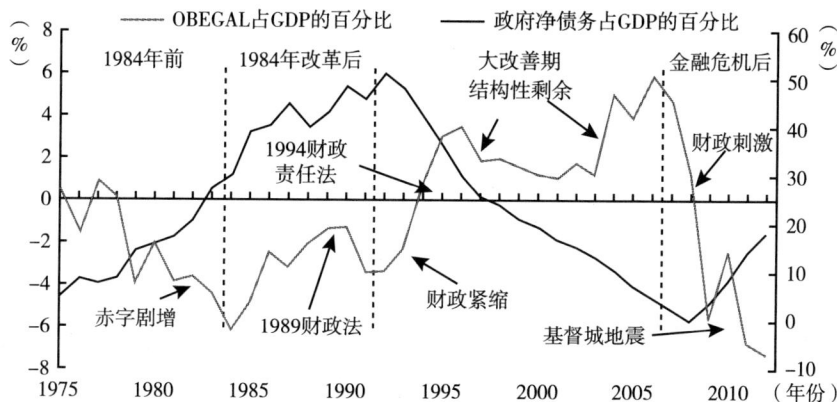

图 1　新西兰财政平衡和债务状况（1975～2013）

注：OBEGAL 系 Operating Balance Before Gains and Losses（未计算收益和损失之前的营运收支平衡）的缩写。最重要的收益和损失来自金融资产和金融负债的公允价值（fair value）变动。OBEGAL 排除了波动性很大的金融资产和负债的收益和损失，能够比一般的营运收支平衡更好地反映政府的财政收支状况。

资料来源：Bruce White, "Macroeconomic Policy in New Zealand: From the Great Inflation to the Global Financial Crisis", *New Zealand Treasury Working Paper 13/30*, December 2013, p. 47。

① See Bruce White, "Macroeconomic Policy in New Zealand: From the Great Inflation to the Global Financial Crisis", *New Zealand Treasury Working Paper 13/30*, December 2013.

White 的第一和第二阶段相对应。第三部分覆盖 White 的第三和第四阶段。第四部分对新西兰的经验教训做一总结，并指出它们对我们思考金融危机后的中国财政可持续性问题的启发和可供借鉴之处。

一

新西兰是从 1984 年开始对其公共部门进行市场导向的改革的。新西兰财政在 20 世纪 80 年代上半叶所呈现的不可持续性，是这一改革的主要背景之一。在 20 世纪 50 年代和 60 年代，西方国家经济普遍持续稳步增长，唯独新西兰表现欠佳。1955 年，新西兰的人均 GDP 仅低于美国和加拿大，在西方发达国家中位列第三，1982 年却降至第十五位。[①] 新西兰经济的相对衰落，固然有主要贸易对象英国加入欧盟从而失去欧洲特惠出口市场，国际贸易条件恶化等外在原因，但战后新西兰历届政府采取的极其强烈的贸易保护主义和干预主义政策乃是最重要的原因。如 1984 年的工党政府财长 Graham Scott 在其所著《新西兰政府改革》一书中所言，新西兰于 1984 年开始的改革面临的是这样一个局面，"政府对经济的干预和控制，与任何其他发达经济体相比，要更广泛更严格。就政府对价格、工资等收入等重要方面的影响而言，新西兰的政府控制与那个时期的东欧国家的控制相去不远"。[②]

新西兰政府的干预主义政策，在 20 世纪 80 年代初达到顶点。在 1973 年的石油危机冲击之后，新西兰采取了十分宽松的财政政策，意欲通过财政刺激使经济摆脱萧条。于是，财政赤字骤然从 1974/1975 财年的相当于 GDP 的 4% 剧增至 1975/1976 财年的近 11%。新西兰在第一次石油危机后做出的财政刺激反应，在当时深受凯恩斯宏观经济理论影响的经合组织国家中并非罕见。然而，当 20 世纪 70 年代后半叶至 80 年代初英、美等发达国家开始实行紧缩的财政政策时，新西兰为了应对第二次石油危机带来的通货膨胀、贸易赤字和经

[①] Patrick Massey, *New Zealand: Market Liberalization in a Developed Economy*, St. Martin's Press, 1995, p. 11.

[②] Graham C. Scott, *Government Reform in New Zealand*, IMF, 1996, p. 5.

济下滑等问题，实行了干预力度更大的经济政策和扩张性更强的财政政策。"1982 年 7 月实施了工资、价格、利率和汇率全面冻结"的政策。[①] 1979 ～ 1984 年，财政年年赤字，到 1984 年 3 月财政赤字达到占 GDP 9% 的水平。Massey 的研究表明，从 1973 年到 1984 年，在经合组织国家中，新西兰是结构性财政赤字（按占 GDP 比重测量）增长最快，波动也最大的三个国家之一（另两个国家为爱尔兰和瑞典）。波动大，意味着同其他大多数国家相比较，新西兰财政赤字规模的变动更多地受到决策者的随意裁量的影响。新西兰宽松的财政政策导致其累计债务水平急剧上升，从 1975 年占 GDP 的 41% 升至 1984 年的 64%（见图 1）。[②]

为什么新西兰财政在 1973～1984 年期间，在赤字财政不可持续的道路上越走越远？原因之一是 20 世纪 70 年代的新西兰政府和其他诸多西方政府一样，相信凯恩斯主义的反循环理论，即在经济衰退时，政府应当通过赤字财政保持总需求以维持充分就业。此外，在 20 世纪 70 年代，福利国家在西方发达国家已经是根深蒂固的存在。经济衰退自然会增加国家在福利方面（如失业救济）的开支，而这也是符合凯恩斯主义的反循环理论的。然而，因为反循环和福利国家的赋权支出所增加的财政支出，并不能解释新西兰在 20 世纪 80 年代上半叶所经历的财政赤字规模和不可持续现象。证据之一是在控制了商业循环因素后，新西兰财政收支在 1977～1978 年接近平衡，然后在 1979～1984 年转为年年赤字，1984 年调整循环因素后结构性的财政赤字高达 GDP 的 7%。显然，除了反循环和福利国家的责任兑现外，还有其他原因导致新西兰于 20 世纪 80 年代上半叶陷入财政不可持续的困境。其中最重要的是国家党政府于 20 世纪 80 年代初推出"做大"（think big）投资项目。国家党政府推出这个投资项目所声称的主要理由有二：一是通过工业项目投资达到进口替代，减少进口，平衡国际贸易的目的；二是通过投资及其建设项目的运营，增加国内就业。"做大"项目以国

---

① Bruce White，"Macroeconomic Policy in New Zealand：From the Great Inflation to the Global Financial Crisis"，*New Zealand Treasury Working Paper 13/30*，December 2013，p. 3.

② See Patrick Massey，*New Zealand：Market Liberalization in a Developed Economy*，St. Martin's Press，1995.

家向国际市场借债的方式解决融资问题。它在借用和耗费大量资金后,非但没有解决反而加剧了国际收支不平衡和失业问题。新西兰在1982年中实施的工资、价格、利率和汇率全面冻结政策就是在"做大"项目失败后不得已导入的。

20世纪70年代末和80年代上半叶新西兰政府对经济的积极干预和扩张财政政策,虽然使该国经济增长率勉强维持在年均2%的水平,却导致财政赤字和国家债务高企,恶化了国际收支、通货膨胀和就业状况。在这期间,新西兰的年均通货膨胀率高达12.2%。1984年,新西兰的国际收支赤字接近GDP的10%;登记失业人数从1974年的不足1000人增至1983年的76000人(见表3)。新西兰的主权债务标准普尔评级从AAA级下降为1983年的AA+级、1986年的AA级和1991年的AA⁻级。

在上述现象出现的时候,新西兰的预算和政府会计制度与1984年改革后的相关制度有很大区别。政府会计依靠的是现金收付制,而非后来采用的权责发生制。宏观财政分析主要集中在政府行为对总需求的短期影响上。20世纪70年代新西兰政府及其部门常常进行小预算操作。所谓小预算操作指的是在年度预算之间或之外,政府及其部门往往还提出新增的小型预算,对原有的预算予以这样那样的修正。这种小预算的存在使得各政府部门只关注自身的预算规模的增减,而对于政府项目的中长期效果以及它们对国家财政可持续性的影响则兴趣阙如。

表3　新西兰宏观经济变动（1978～2012）

年份	1978～1984	1985～1992	1993～2007	2008～2012	1978～2012
失业率(占劳动力%)	2.8	7.1	5.8	6.2	5.6
CPI膨胀率(年均%)	12.2	6.3	2.4	2.4	5.6
痛苦指数(通胀率+失业率)	15	13.4	8.2	8.6	11.2
经常收支盈余(占GDP%)	-5.1	-4.3	-5.2	-4.7	-4.9
财政盈余(占GDP%)	-3.9	-2.7	2.4	-3.4	-3
真实GDP增长(年均%)	2.2	1.2	3.7	0.8	2.4

资料来源:Bruce White, "Macroeconomic Policy in New Zealand: From the Great Inflation to the Global Financial Crisis", *New Zealand Treasury Working Paper 13/30*, December 2013, p. 45。

二

1984 年，随着工党取代国家党执政，新西兰开始了一系列激进的市场导向的公共部门改革。这些改革集中反映在自 20 世纪 80 年代中叶以来通过并实施的几部重要的法律上，它们是《国有企业法》（1986）、《国家部门法》（1988）、《储备银行法》（1989）、《公共财政法》（1989）和《财政责任法》（1994）。这些法律及其实施对新西兰的财政可持续性产生了直接或间接的重要影响。

《国有企业法》要求在政府服务和商品的提供可以以商业的方式进行的情况下，政府应通过建立与私人企业相似的组织形式来提供这些商品和服务。这意味着，既存的国有企业所承担的非商业性功能必须从它们那里剥离，转由其他政府机构承担。然后，所有的国有企业都必须按照私人公司的方式加以管理，与私人部门平等竞争，自负盈亏，或者私有化。这一改革使得新西兰政府对国有企业的长期巨额补贴成为不必要，根据时任财政部长 Roger Douglas 在 1986 年的一次谈话，在过去 20 年间，新西兰政府使用纳税人的钱，向国有企业注入了 50 亿纽元（1986 年价格）的资金。国有企业的商业化改革据称收到了良好的效果。OECD 对新西兰的调研报告指出，到 1989 年，政府对国有企业的补贴，除了铁路的以外，已经几乎完全消失，而大部分国有企业均有盈利。① Scott 指出，在国企改革之前，政府从高达 200 亿纽元的国有资产那里没有获得任何财政收益。而在 1992 年，国有企业向国家提供了 5.37 亿纽元的分红，相当于当年国家货物贸易税收入的 10%。同时，国家还从国有企业那里获得了相同规模的税收收入。②

国有企业私有化也是新西兰国企改革的一个重要方式。从 1987 年开始，包括新西兰航空、新西兰电信和新西兰国家保险公司等在内的国企被私有化。在当时，新西兰的私有化被公认为在西方国家中是最彻底的。《经济学人》杂

---

① Patrick Massey, *New Zealand：Market Liberalization in a Developed Economy*, St. Martin's Press, 1995, p. 138.

② Graham C. Scott, *Government Reform in New Zealand*, IMF, 1996, p. 24.

志于 1993 年 7 月发表报告称，过去 5 年中，新西兰的国有企业出售额相当于 GDP 的 3%，而普遍被视为鼓吹私有化最厉害的英国政府的相对应数据不过 1%。根据 Massey 提供的 1988 年 3 月到 1993 年 12 月成交的国有企业资产出售价格数据，总共 28 次交易售价合计高达 169.52 亿纽元，相当于这 6 年新西兰政府财政总收入 1616.82 亿纽元的 10.48%。[①] 因出售国有资产而获得的收入，至少部分用于偿还政府债务等有助于财政可持续性的用途。

《国家部门法》和《公共财政法》主要针对国家核心公共服务（如教育、国防、健康）的提供和运作而制定的法律。前者规定，新西兰内阁的每个部长有责任向相应的部门行政首长提出该部门的公共服务所应达到的绩效目标。而如何达到绩效目标的决策权完全由部门行政首长掌握。在新西兰，内阁大臣（ministers）属于政治家，随政党选举胜败而去留。内阁大臣通常为 20 人左右，以首相为首。例如，2014 年 1 月 28 日在任的内阁大臣共 20 人。部门行政首长（department chief executives）则属于公务员（官僚）系列。新西兰的行政部门负责提供政府的核心公共服务，基本上一类公共服务即设有一个部，其数目通常大于内阁部长人员数。因此，一个内阁大臣往往同时担任两个或两个以上的部长。例如，现任内阁成员 Hon Steven Joyce 同时担任经济发展部长、科学和创新部长、小企业部长，以及高等教育、技能和就业部长，他代表政府分别与这四个部门的行政首长确定各个部门的年度公共服务的绩效指标。

《国家部门法》界定了内阁部长和行政首长的职权和责任。该法和《公共财政法》一道，规定双方需要每年达成服务绩效协议。该协议规定需要提供哪些服务，确定服务质量和成本，以及为确保有效率地使用资源而制定的管理目标。《国家部门法》规定，部门行政首长不再如以前那样为长久的政府高级雇员，而是需要与政府签订 5 年的任期合同，延期与否取决于其任职绩效。按照《国家部门法》，行政首长是其所在部门的全体雇员的法人代表，而以前他们都是新西兰政府的雇员。这一调整给予了行政首长雇用和解雇、决定雇员薪

---

① Patrick Massey, *New Zealand: Market Liberalization in a Developed Economy*, St. Martin's Press, 1995, p. 142; New Zealand Treasury, "Fiscal Time Series Historical Indicators 1972 – 2013", http://www.treasury.govt.nz/government/data, Nov. 11, 2013.

资水平和工作条件的权力。① 换言之,《国家部门法》的出台,使新西兰政府工作岗位不再是"铁饭碗"。如 Mulgan 和 Aimer 所言,《国家部门法》"为公务员设定了一个与私人部门相近的雇佣框架"。②

《储备银行法》赋予新西兰中央银行更加独立、更有利于对其问责的法律地位。它规定中央银行的职责仅仅是制定并执行为达到宏观价格稳定目的所需要的货币政策。

《公共财政法》及其修正案和《财政责任法》一道,为新西兰的财政管理奠定了法律基础。前者对新西兰的财政管理做了全面的规定,该法总共包括 8 个部分,内容涉及财政拨款（第 1 部分）,财政责任（第 2 部分）,政府及其部门的财务等信息报告和披露（第 3 ~ 5 五部分）,借款、债券、衍生交易、投资、银行关联、担保等行为（第 6 部分）,信托货币（第 7 部分）,以及一般规定（第 8 部分）。《公共财政法》的拨款部分规定了新西兰国会的拨款方式,并给予行政首长有关财务管理的权力和责任,要求各部门和整个政府基于目标和绩效而非投入做预算和财务报告。为此,所有的政府部门会计需要从现金收付制转为权责发生制,因为后者能够更好地反映政府各部门的服务成本和财务状况。这一部分主要着眼于财政管理的微观层面。

《公共财政法》的财政责任部分则从宏观管理的层面规定了政府的财政责任及其行为方式。这部分内容在 1994 年通过的《财政责任法》那里得到了重申和完善。当财政和支出选择委员会向国会提交这个法案时,它表示这个法案将是"新西兰自 1840 年以来最重要的经济和财政立法之一"。该委员会力促"国会领导"确保政府的财政收支之道是一条能够"降低债务、重振政府财政地位"的道路,而非为了眼前利益讨好选民任由财政地位恶化。正如时任财政部长理查德森后来所言,"《财政责任法》是一个地标性的立法,因为它为负责任地运行财政政策建立了一个法定框架。如世上众多议会制国家所再清楚不过地知道的那样,财政责任是一件做到很难、失掉容易的事情。《财政责任法》力图纠正预算过程中常常出现的导致财政状况恶

---

① Graham C. Scott, *Government Reform in New Zealand*, IMF, 1996.
② Richard G. Mulgan and Peter Aimer, *Politics in New Zealand*, Auckland University Press, 2004, p. 141.

化的扭曲"。①

为此，让我们继续引用理查德森的评价：这个法案之所以被提出，是为了在财政政策上达到《储备银行法》意欲在货币政策上达到的目的——提供一个能够促进良好的、可信的并能够抵御危及财政稳定性的政策的法律框架。为了达到这个目的，法律规定了一系列负责任的财政行为原则，并要求政府财政在高度透明的状态下运行，以确保国会和公众的知情权和监督权（见图2）。

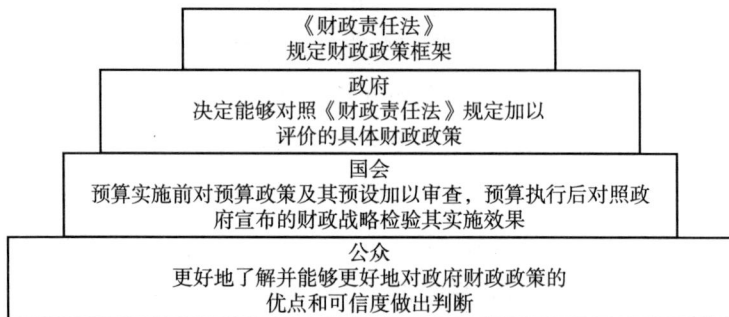

图2　《财政责任法》与财政政策运作

资料来源：Ruth Richardson, "Opening and Balancing the Books: The New Zealand Experience", in Public Sector Committee, ed., *Occasional Paper* 3: *Perspectives on Accrual Accounting*, The International Federation of Accountants, 1996, p. 11。

《财政责任法》规定了五条财政责任原则，它们是政府在形成财政政策过程中、国会在判断政府政策之优劣时必须参照的标尺。理查德森对各条原则的功用做了很好的解释。下面，我们结合他的解释逐一介绍这五个原则。②

（a）削减债务至审慎之水平，以对将来可能对国家债务产生负面影响的因素提供缓冲。为此，在审慎债务水平达成之前，须保证每个财政年度的经常支出小于经常收入。

---

① Ruth Richardson, "Opening and Balancing the Books: The New Zealand Experience", in Public Sector Committee, ed., *Occasional Paper 3: Perspectives on Accrual Accounting*, The International Federation of Accountants, 1996, pp. 5 – 11.

② Ruth Richardson, "Opening and Balancing the Books: The New Zealand Experience", in Public Sector Committee, ed., *Occasional Paper 3: Perspectives on Accrual Accounting*, The International Federation of Accountants, 1996, pp. 7 – 8.

理查德森的解释：第一条原则承认当时新西兰的债务水平太高了，而为了减小经济受不利因素影响的脆弱性，必须使债务水平显著下降。为达到这一目的，应该使经常收支保持盈余。

（b）一旦审慎水平达到后，须通过保证在一个合理的时期内使经常总支出不超过经常总收入，使审慎债务水平得以保持。

理查德森的解释：第二条原则意味着在债务水平削减之后，它应当（一般地说）不再增大。政府尤其不该"为支付消费而借债"。这是一个中长期目标。在短期，经济循环因素可导致政府收支暂时偏离平衡。

（c）政府总净资产达到并保持在为将来可能对净资产产生不利影响的事件提供缓冲的水平。

理查德森的解释：这个原则认识到影响财政地位的因素，除了债务之外，还有一系列其他因素。例如，人口的老龄化给财政带来的健康和养老支持的负担，可能就不反映在通常的债务范围之中，但政府必须保持足够的净资产水平，以应对未来终将到来的人口老龄化。

（d）审慎地管理政府面对的财政风险。

理查德森的解释：第四条原则基于财政脆弱性的视角，要求政府积极地管理与政府资产、负债和预算外事项（如担保）有关的风险。

（e）政府制定并实施的政策，应当力求与对未来税率的合理预期相一致。

理查德森的解释：第五条原则强调了税收和支出水平的稳定性对私人部门计划从而对增长的重要性。

为了履行政府的财政责任，政府预算的公开、政府财务状态的科学测量及其报告就成为政府及其部门了解自身财政状况、国会和公众对政府进行问责的必要步骤。为此，新西兰按照普遍接受的会计准则，对其政府预算会计和财务报告制度进行了大幅度的改革。按照理查德森的看法，这些政府会计和财务报告改革对新西兰的预算和财政管理带来了两大好处："它们让财政欺瞒无处藏身，并鼓励政府把注意力放在政策的长期后果上"。[1]

---

[1] Ruth Richardson, "Opening and Balancing the Books: The New Zealand Experience", in Public Sector Committee, ed., *Occasional Paper 3: Perspectives on Accrual Accounting*, The International Federation of Accountants, 1996, p. 8.

新西兰的政府会计和财务报告制度改革分两个阶段完成。第一阶段始于1989年的《公共财政法》。该法要求每一个政府部门都必须提出如下部门财务报告：财务状况报告、营运报告（收入和开支）、现金流动报告、目标报告、服务绩效报告、承诺报告、或有负债报告、未使用开支（unappropriated expenditure）报告、会计政策报告和与上年相比实际数据比较表。在这个制度下，部门首长对部门预算的制定、执行和财务报表的提供负有全部责任。各部门通常通过从私人部门聘请会计专业人才来完成从现金收付制到权责发生制的财务报告和预算会计制度的过渡。

在各个政府部门预算会计和财务报告完成向权责发生制的转换之后，以此为基础，新西兰政府开始按照权责发生制编制覆盖整个政府财政行为的预算和财务报告。1991年新西兰政府预算就是按照新的会计准则编制出来的。1994年的《财政责任法》则进一步要求政府在预算执行之前、执行中和执行后发表一系列财政政策报告，以表明政府的预算和财政行为符合财政可持续性原则。

首先，在每个财年开始（7月1日）的3个月前即3月31日之前，政府必须发表《预算政策报告》。该报告必须讲明政府财政政策的长期目标，并确认这些目标与负责任的财政管理原则相符合。它还需要政府就未来三年预算的战略优先点做出规定，并指出这些战略优先点将如何指导预算的编制。此外，它还需要指出政府在未来3年中，在一系列具体的财政指标如经常支出、经常盈余或赤字、总债务和净资产上的财政行为意图，并就这些意图与负责任的财政原则之间的一致性做出评价。如果这些意图有任何与负责任的财政原则不相符合的情形，报告必须说明理由。最后，报告需要就当期的政策意图与前一年的预算政策报告所表明的政策意图是否相符做出判断。

其次，在当期财年开始的第一天，政府需要提供《财政战略报告》和《经济与财政进展》两个报告。前者必须就当前的经济与财政形势同上一年的《财政战略报告》所提供的信息与意图是否一致做出判断，如果形势发生了变化，指明新的修正了的政策意图。它需要包括对关键财政变量在未来10年内的变动的预测，对《预算政策报告》中宣布的长期战略目标的达到进程做出说明，对任何与此前提出的政策意图不符合之处做出解释。

《经济与财政进展》需要包括如下事项：对当前财年及其后两年的经济和财政变量预测；经济变量包括 GDP、消费价格、雇佣、失业和经常账户平衡表；财政变量包括经常支出、经常盈余或赤字、总债务和净资产等。报告还需包括所有可能对未来财政状况造成重要影响的政府决定和其他情况。

最后，政府必须在每年 12 月之前发表《半年经济与财政进展》报告；在每个财年结束之后的 6 周之内，完成并提出一套基于权责发生制的政府财务报告。除了这些定期发表的预算政策和财务报告外，政府还被要求经常性地披露政府预算和财务信息。例如，在每次大选之前，政府必须向国会提供特别的财政和经济状况报告。

总之，1989 年的《公共财政法》及其修正案，和 1994 年的《财政责任法》意欲通过财政责任原则的约束，加之以预算执行前的预算和财务公开、预算执行后对财政战略的审查，来确保政府有足够的动机以一种可持续的、负责任的方式运行财政。

新西兰是在其财政最不可持续的 20 世纪 80 年代中叶开始进行市场化改革的。这场改革从微观政府部门和国有企业开始，逐步而迅速地扩展到财政金融等宏观领域。到 20 世纪 90 年代初，尽管经济下滑到了低谷（见表 3），改革在财政稳定和可持续性上却终见成效。例如，在 1990 年末，尽管经济尚未从 1987 年的股票市场大崩溃后的萧条中复苏，1990 年 11 月的小（修正）预算和 1992 年的预算均坚持财政收缩。尽管这在短期上可能使经济进一步萎缩（1992 年新西兰经济负增长），但从长远看，为新西兰经济的可持续性复苏和发展奠定了良好的财政基础。如图 1 所示，到 1993 年，新西兰的预算执行出现了财政结构性盈余的良好局面。

三

财政的可持续性是新西兰 1984 年以来的财政和政府改革的主要目标之一。1989 年的《公共财政法》及其修正案和 1994 年的《财政责任法》为实现财政的可持续性奠定了法律基础、提供了基本框架。然而，新西兰政府特别是财政当局还需要通过预算控制方法，才能把两个法律规定的原则落到实处。从

1989 年以来，新西兰政府依次实行了三种预算控制方法：固定名义基数法、财政规定法和财政管理方法。[1]

固定名义基数法（fixed nominal baselines）

在通过《公共财政法》的 1989 年之前，新西兰的年度预算，无论是在其制订阶段还是在执行过程中，都常常因人力成本的变动而变动，而人力成本变动主要又是公共部门工资谈判的结果。营运预算和资本预算通常每年都要调整，以反映成本的变动。

自 20 世纪 90 年代初开始，新西兰政府引入固定名义基数法以控制预算支出规模。所谓"基数"指的是在 3 年的预测期内预算支出控制数额。政府支出被分成两个部分："公式驱动型"和"固定型"（即其名义基数保持不变）。前者适用于非具体部门的福利性支出，如与通货膨胀挂钩的失业保险金、与工资水平挂钩的公共养老金、与人口因素挂钩的健康和教育支出。这些资金约占政府全部支出的 83%。后者即固定型支出的变化，需要特别的政策决定。它们的增加，需要政府相关支出部门证明其生产力的增长速度低于通货膨胀率。例如，在新西兰政府对 1994～1996 年的财政支出预估中，支出增长仅仅允许出现在那些可挂钩的领域里，其他领域的支出规模一律冻结。[2]

财政规定（fiscal provisions）

固定名义基数法的实施使得真实人均经常财政支出在 1990/1991 财年到 1995/1996 财年之间下降了 12%。同时，新西兰经济从 20 世纪 90 年代初开始步入快速增长的轨道，这意味着财政收入的增长。结果，在 20 世纪 90 年代中叶，新西兰的财政经常收支出现了相当于 GDP 4% 的盈余。这些发展使新西兰政府调整了财政支出控制政策。在 1997 年的预算中，新西兰政府采取了一种比固定名义基数法宽松的支出控制手段，规定在 1998～2000 财政年度中，政府将在财政预测支出额的基础上，总共增加 50 亿纽元的支出。这 50 亿纽元为这 3 年新增支出的上限。这一为未来多年财政支出增长规定量的上限的做法被

---

[1] Tracy Mears, Gary Blick, Tim Hampton and John Janssen, "Fiscal Institutions in New Zealand and the Question of a Spending Cap", *New Zealand Treasury Working Paper 10/07*, 2010, p. 6.

[2] Bryce Wilkinson, *Restraining Leviathan: A Review of the Fiscal Responsibility Act 1994*, New Zealand Business Roundtable, 2004, p. 8.

新西兰当局称为财政规定。根据这一规定，并非所有的财政支出都受到增量上限的限制。前述公式驱动型支出，如因失业率增大而增加的失业保险支出，就不受增量上限的限制。其他的所有支出增加都必须受制于增量上限。支出增量上限除了适用于经常支出外，也适用于资本支出。

财政管理方法（fiscal management approach）

从 2002 年预算开始，新西兰政府再度改变财政支出控制方法，采取了所谓财政管理方法。这个方法沿用至今。根据这个方法，新增收入和支出被命名为营运裕度（Operating Allowance）和资本裕度（Capita Allowance），前者用于经常收支中的新增部分，后者则用于资本收支中的新增部分。在这个方法下，财政收入、支出规模和资本收支规模可以以如下三种方式改变。

第一种方式是因当前政策环境而导致支出、收入和资本的期待值变动。在支出上，这类变化通常来自需求驱动的项目。例如，在当前的预算支出预测中，应把新西兰养老金基金（New Zealand Superannuation）随着人口老龄化而上升的成本计入。结果，在 2010 年预算中，新西兰养老金基金投入在 2010 年为 82.87 亿新元，在 2011 年为 88.22 亿新元，在 2014 年为 100.781 亿新元。

第二种方式是因为政府新的政策举措被纳入营运裕度和资本裕度，从而导致支出、收入和资本规模扩大。政府在制订预算、设置营运裕度和资本裕度时，关键问题是如何把新增的财政投入分配给政府的优先领域。此外，在预算过程中安排营运和资本裕度时，应着眼于达到政府中期营运收支平衡和债务控制目标。例如，如果政府改变新西兰养老金的支付率，或者改变领取养老金的资格，那么，这些政策决定对财政的影响必须被置于做决策当年规定的营运裕度内加以考虑和计量。这些新增的财政支出将被计入政府财政支出的基数之中，成为未来预估的财政支出的一部分。

第三种导致支出、收入和资本规模的变动的方式，是既有的支出项目因其为需求驱动或公式驱动的性质，决定它们的支出规模变动不受政府的直接控制，从而导致对它们的支出规模的预测发生变动。例如，如果对年满 65 岁或更年长的人口的规模的预估做出修正，或者对平均工资增长率预估做出修正，那么，新西兰养老基金的成本预估则将相应发生变动。这是因为新西兰养老基金的支付水平与年龄和工资增长挂钩，如新西兰养老基金的预估成本从 2009 年预算的 82.46 亿纽元增至 2010 年预算的 82.87 亿纽元。

自 1993 年到 2008 年金融危机发生之前，新西兰经济经历了长达 14 年的稳定增长，年均增长率达 3.7%。也是从 1993 年（或者 1994 年，取决于测量方式）开始，直到 2008 年，新西兰财政无一年赤字，年年保持盈余。这一发展固然与新西兰经济基本面转好相关，但与它在 20 世纪八九十年代进行的财政改革特别是《公共财政法》和《财政责任法》的出台及其实施高度相关。新西兰政府认识到，这些财政盈余可能具有景气循环的性质，而且也深知人口老龄化给预算带来的压力，因此，直到 2005/2006 年之前，财政盈余一直被用来偿付国家债务，且从 2003 年开始用来充实新西兰养老基金。2004 年，修订后的《公共财政法》要求财政部每 4 年提出一个关于未来至少 40 年的财政展望的报告。这些措施使得新西兰的财政稳健化。结果，新西兰政府总支出（包括中央和地方的一般支出和社保支出）占 GDP 的比重，从 20 世纪 90 年代中叶的超过 40% 逐年降至 2004 年的 36.9%（见图 3）。后者为当年 33 个经济合作发展组织国家的最低（第八名）。

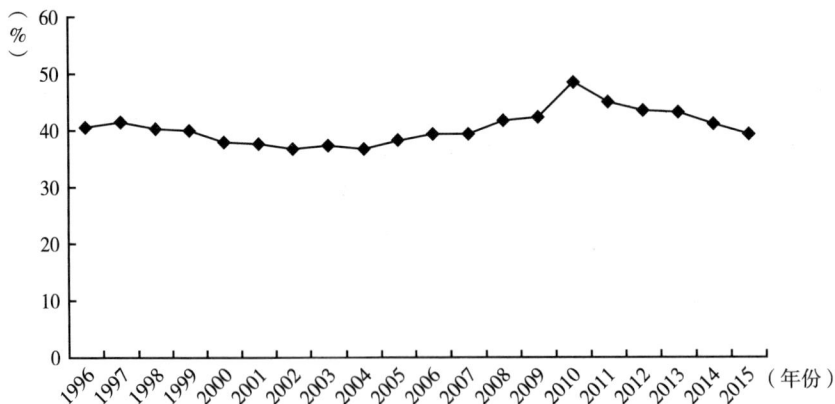

图 3　新西兰财政支出占 GDP 的比重（1996～2015）

注：2013～2015 年数据为预估数。

资料来源：OECD, *OECD Economic Outlook*, Vol. 2014, No. 1, 2014, Annex Table 25。

然而，大约从 2005/2006 年开始，也即新西兰的黄金增长时期行将结束之际，新西兰政府认为持续多年的财政盈余是结构性而非循环性的盈余，于是决定在扩大财政支出规模的同时减税，导致新西兰的财政盈余占 GDP 的比重，从 2006 年起一反它自 1999 年起逐年增长的趋势，转而走低（见图1）。① 而后，随着全球金融危机导致的大萧条的到来，原先料想的结构性盈余完全落空，出现的是未曾预期的大幅财政赤字（见图1）。

2008 年全球性金融危机的爆发大大改变了包括新西兰在内的发达国家的经济和财政局势。财政刺激是绝大多数发达国家应对金融危机的必选动作，新西兰也不例外。而且，2011 年新西兰第二大城市基督城遭遇强地震，又增加了扩大国家财政支出的必要。

新西兰经济不可避免地受到金融危机的严重影响。如新西兰中央银行副行长 Spencer 年所言，"新西兰所有的是一个小的开放经济体，一个与国际金融体系高度一体化的金融体系。因此，毫不奇怪，新西兰受到全球金融危机及其带来的全球衰退的严重影响"。② 从 2006 年 5 月到 2012 年 11 月，有 52 家新西兰金融公司破产，相关损失达 31.12 亿美元，相当于新西兰 GDP 的 1.92%。③ 2008 ~ 2012 年，新西兰的年均经济增长率仅为 0.8%，失业率升至 6.2%（见表3）。2009 年，新西兰实施了一个计划额高达占 GDP 3.8% 的财政刺激计划，其主要内容为减税，停止向新西兰养老金基金注资，并进行经济基础设施投资。根据 Khatiwada 对 2009 年实行财政刺激计划的 32 个国家的研究，按财政刺激计划额占 GDP 比重排序，新西兰与匈牙利同为第 7 名，仅次于中国（13%）、沙特（11.3%）、马来西亚（7.4%）、美国（5.6%）、墨西哥（4.7%）、阿根廷（3.9%）。④ 结果，新西兰从 1994 年开始的长达 14 年之久的年年财政盈余，终于从 2009 年起变成年年赤

① O. Parkyn, "Estimating New Zealand's Structural Budget Balance", *New Zealand Treasury Working Paper 10/08*, November 2010, p. 21.

② Grant Spencer, "Prudential Lessons from the Global Financial Crisis", A speech delivered to Financial Institutions of NZ 2012 Remuneration Forum in Auckland, May 3, 2012, New Zealand Reserve Bank website, http://www.rbnz.govt.nz/research _ and _ publications/speeches/2012/4770342.html.

③ Noel Yahanpath and Mahbubul Islam, "New Zealand's Response to Its Recent Financial Crisis, from Banking, Non-banking and Macro-prudential Perspectives", *Eastern Institute of Technology Working Paper*, 2013, p. 4.

④ Sameer Khatiwada, "Stimulus Packages to Counter Global Economic Crisis: A Review", *Discussion Paper*, International Institute for Labor Studies, August 2009.

字：按占 GDP 比重计，2009 年为 2.1%，2010 年为 3.3%，2011 年为 9.3%，2012 年为 4.5%。这些赤字导致新西兰政府的净债务余额从 2009 年的相当于 GDP 的 9.3% 增至 2012 年的 24.8% 和 2013 年的 26.2%（见表 1、图 1）。[①] 与此同时，新西兰财政支出占 GDP 的比重从 2008 年的 41.7% 骤增至 2010 年的 48.5%（见图 3）。新西兰财政地位从十余年保持盈余、降低债务转向赤字与增加债务，固然可部分归咎于其于 2006 年开始的财政扩张政策（增加支出和减税），但金融危机及其导致的经济衰退和税基的缩小无疑是新西兰财政状况恶化的主因。

然而，如本文开头所言，新西兰财政和经济在 2008 年金融危机后的表现，在经济合作与发展组织国家中，仍然是最优的国家之一。20 世纪 80 年代中叶开始的经济改革，特别是自 90 年代初开始的系统的财政可持续性改革，直到 2006 年之前，得到了锲而不舍的贯彻。结果，2008 年金融危机袭来之际，新西兰以当年财政收支仍旧保持盈余，净债务余额仅为 GDP 的 5.5% 所营造的良好的财政空间，[②] 启动了财政的自动稳定器功能，转向了积极的财政刺激政策。换言之，正是由于新西兰政府在金融危机到来之前的十余年坚持实施节支开源的审慎的财政政策，它才能在 2008~2012 年以赤字融资的方式维持国家的总需求水平。

于是，在西方发达国家中，新西兰看来有望率先走出金融危机及其导致的衰退的阴影，并把财政政策的重点目标从刺激经济复苏转回长期的财政可持续。新西兰财政部长 English 于 2013 年 12 月发表的有关 2014 年预算的《预算政策报告》报告了如下的观察和预期。

[①] See Charles Wyplosy, "Fiscal Rules: Theoretical Issues and Historical Experiences", in Alberto Alesina and Francesco Giavazzi, eds., *Fiscal Policy after the Financial Crisis*, University of Chicago Press, 2013, pp. 495 – 525; New Zealand Government, "Half Year Economic and Fiscal Update 2013", Decmber 17, 2013, New Zealand Treasury website, http://www.treasury.govt.nz/budget/forecasts/hyefu2013.

[②] Peter Heller, "Back to Basics-Fiscal Space: What It Is and How to Get It", *Finance & Development*, Vol. 42, No. 2, 2005, IMF website, http://www.imf.org/external/pubs/ft/fandd/2005/06/basics.htm.

- 在 2013 年上半年，新西兰 GDP 增长率达 2.5%，为经合发展组织国家增长最快的国家之一。而且，在这年的后半年，新西兰经济增长有望提速，预期在 2015 年 3 月之前年平均增长 3.6%，此后年均增长率可望保持在 2.3% 的水平。

- 2012/2013 财年的实际支出比年初预期的少 34 亿纽元（占 GDP 的 1.6%），政府经常收支有望在 2014/2015 财年转为盈余，国家净债务余额在 2020 年前降至 GDP 的 20% 以下。①

该报告中"负责任地管理政府财政"一节是以下面的一段话结束的：

政府将致力于建设一个能够缓解近年袭击我国的经济和地震的影响的财政体系。这就意味着需要让债务回归审慎的水平，并重建政府平衡表中的其他元素，包括恢复向新西兰养老基金注资，建设应对自然灾害的能力。……确保财政盈余使政府有能力选择对有效的公共服务进行投资，这些服务有利于社会进步，并减少未来的成本。

四

作为一个只有 400 万人口的小国，在过去的几十年间，使新西兰闻名于世的，不只是它的乳品产业和绮丽风光，还有它自 20 世纪 80 年代以来的经济改革实践。毫不夸张地说，在市场导向政府体制改革方面，新西兰领先世界。新西兰也从改革中获得了巨大收益。20 世纪 80 年代的新西兰，年度财政赤字超过 GDP 的 6%，债务累积到了完全无法持续的水平。经济增长几近于零，高通胀，低消费者和投资者信心……这一切导致新西兰陷入货币危机，迫使政府于 80 年代中叶和 90 年代初进行大幅度的经济和财政改革。这些改革使得政府支

---

① See New Zealand Government，"Budget Policy Statement 2014"，Decmber 17，2013，New Zealand Treasury website，http：//www. treasury. govt. nz/budget/2014/bps.

出占 GDP 的比重降低了 7 个百分点，使政府雇员减少了一半，使总债务余额对 GDP 比从 1986 年的 72% 下降至 2006 年的不到 20%。这些表现为新西兰抵御 2008 年金融危机及其带来的萧条提供了较大的财政空间。

正如马骏所言，目前，中国政府面临的财政风险越来越大，它在未来能够保持财政可持续已成为一个越来越具挑战性的问题。[①] 按照笔者估算，中国的财政总支出（包括预算内、预算外、社保基金、国有土地出让收入基金等基金以及纳入财政的国有企业经营支出等）占 GDP 的比重，在 2013 年已经达到 GDP 的 38.5%，与新西兰当前的水平（见图 3）相去不远。同时，根据中国国家审计署 2013 年的审计结果，截至 2013 年 6 月底，中国各类政府债务占 GDP 的比重达 53.22%，远远高于 2013 年底新西兰的债务水平（按总额计为 37%）。考虑到中国面临的国际经济形势依然严峻、出口增长乏力、众多产业产能过剩、两位数经济增长的表现已经完全成为过去、人口老龄化已经到来的事实，中国的财政政策必须优先考虑财政稳定、财政可持续性问题。新西兰的经验值得中国重视和学习。

[①] 参见马骏《中国公共预算面临的最大挑战：财政可持续》，《国家行政学院学报》2013 年第 5 期；马骏：《从财政危机走向财政可持续：智利是如何做到的?》，《公共行政评论》2014 年第 11 期。

B.12

斐济民族冲突之嬗变

吕桂霞*

摘 要:

由于历史原因, 土著斐济人与印度裔斐济人之间的矛盾和冲突十分尖锐, 再加上二战后印度裔斐济人人口的增加及政治地位的上升, 最终导致了1987年的两次政变以及2000年和2006年的政变。直到2012年, 随着大酋长委员会的废除和2013年宪法的修订, 斐济的民族冲突才真正得以缓解, 并开启了民族融合进程。

关键词:

民族冲突 土著斐济人 印度裔斐济人 政变 宪法

斐济共和国 (the Republic of Fiji) 是目前世界上民族矛盾和种族冲突最为严重的国家之一, 仅在1987年就因种族冲突发生了两次军事政变, 2000年和2006年又接连发生了两次政变。个中缘由, 虽众说纷纭, 但归根结底与斐济境内两大民族, 即土著斐济人 (Indigenous Fijians)① 与印度裔斐济人 (Indo-Fijians) 的种族矛盾与冲突密不可分。

一 1987年大选与军事政变

自1970年独立以来, 斐济的政局一直相对比较平稳, 以至于不论是公众还是学术界人士都认为斐济社会是在相当和平的环境中向前发展的。为此, 斐

---

* 吕桂霞, 聊城大学历史文化与旅游学院教授、聊城大学太平洋岛国研究中心政情政治与对外关系研究所所长, 博士, 主要从事斐济研究。

① 即 iTaukei。

济总理卡米塞塞·马拉（Kamisese Mala）曾将斐洛发展道路阐述为一条"和平之路"或称"太平洋之路"（Pacific Way），以强调斐济的和平与社会稳定。①

斐济独立后，虽然政权长期掌握在以马拉为首的斐济联合党（the Alliance Party）② 手中，军队也主要由斐济族军人控制，然而掌控国家经济命脉的印度裔斐济人似乎并没有感到不满，斐济社会一直维持着十分微妙的平衡。其中一个非常重要的原因就是，从 20 世纪 60 年代初开始，印度裔斐济人开始向美国、加拿大、澳大利亚、新西兰和英国移民，70 年代和 80 年代逐渐增加，达到每年约 4000 人。众多印度裔斐济人的移出，使得从 1956 年开始的印度裔斐济人的人口优势逐渐丧失，直到 1986 年，处于人口数量劣势的印度裔斐济人才再次超过土著斐济人，占总人口的 48.7%，而土著斐济人则下降至 46%。③

在这种情形下，斐济开始了议会大选，结果在 1987 年 4 月的选举中，斐济政局的微妙平衡被打破，代表印度族的民族联盟党（National Federation Party，NFP）在大选中获胜，击败了马拉领导的、代表土著斐济人利益的保守政府，并与工党④（Fiji Labour Party，FLP）联合组建起印度族人占多数的政府，蒂莫西·巴万德拉（Timoci Bavadra）当选总理。对此，土著斐济人十分担心，他们害怕斐济最终会成为印度族人的国家，本族会沦为"次等土著人"，也唯恐印度族人控制的政府会剥夺土著斐济人的土地和权利，遂群起反对，游行示威和骚乱活动此起彼伏，要求恢复土著斐济人对政府的控制权。

1987 年 5 月 14 日上午，斐济首都苏瓦的政府大厦时钟刚打 10 下，10 名脸蒙防毒面罩、手持武器的斐济军人，在陆军中校西蒂文尼·兰布卡（Sitiveni Rabuka）的率领下，冲进正在举行会议的议会大厅。在没有遭到任何

① Michael C. Howard, *Fiji: Race and Politics in an Island State*, UBC Press, 1991, p. 7.
② 1956 年成立，要求保护斐济人土地所有权和酋长会议的地位，主张斐济总理由斐济人担任，在立法议会中，斐济人要处在对所有其他种族的绝对多数地位。
③ 根据斐济统计局的数据，至 1986 年 8 月 31 日，斐济总人口为 715375 人，其中土著斐济人为 329305 人，印度裔斐济人为 348704 人，参见 Fiji Bureau of Statistics, "*Census of Population NY Ethnicity 1881 - 2007*", http://www.statsfiji.gov.fj/index.php/search?searchword = Census% 20of% 20population&ordering = popular&searchphrase = any。
④ 斐济工党于 1985 年 7 月成立，是在各大工会支持下以印度族为主体组成的多民族政党，主要代表中下层印度族人利益，在广大印度族蔗农、工会成员、部分知识分子和青年中影响较大。

抵抗的情况下，将包括斐济新任总理蒂莫西·巴万德拉在内的全体内阁成员和部分议员押进一辆等候在外的军车。随后，斐济电台广播了兰布卡的一项声明，宣称军队已经控制了斐济。这是自 1970 年独立以来，斐济发生的首次军事政变，也是南太平洋地区现代史上的第一次政变。

尽管政变没有发生流血事件，却一度冲击了南太平洋地区并引起其他地区国家的关注和不安。① 政变一开始就遭到国内外的反对：首都苏瓦（Suva）、第一大岛——维提岛（Viti Levu）等地的一些商人纷纷关闭商店表示抗议，此后还发生了罢工、示威和种族冲突；美国、英国、澳大利亚、新西兰和巴布亚新几内亚等国都谴责这次政变。其他南太平洋岛国如所罗门群岛和瓦努阿图等则表示，希望斐济人民在没有外来干涉的情况下通过选举组成合法政府。

政变发生后，兰布卡首先想赢得国家元首佩纳亚·加尼劳（Penaia Ganilau）总督的认可，但两次晤谈都没有成功。加尼劳在政变的当天晚上通过一家商业电台宣布全国处于紧急状态，接管政府行政权力，并在一项文告中宣布，政府总理及其内阁成员的位置保持空缺，国家的一切行政权力由总督掌管。兰布卡立即派军队查封了这家商业电台，并搜走了加尼劳总督的讲话录音。15 日凌晨 1 时，兰布卡通过电台宣布成立"临时政府"，即部长委员会，并迅速公布了一份新"内阁名单"，建立了以他本人为首，几乎清一色联盟党成员的新"内阁"。接着，兰布卡在会见外国记者时声称，他将主持制定一部斐济新宪法，保证斐济永远不会再让印度族血统的人在政府中占支配地位。为使这种"永久性的统治"有一个比较牢固的基础，新宪法还将确定斐济族人拥有 80%的土地所有权和保留斐济传统的生活方式。16 日，兰布卡发出警告，如果临时政府得不到总督的承认，斐济就可能脱离英联邦，成立共和国。②

就在政变当局与总督僵持不下之时，斐济的另一特殊机构——大酋长委员会（the Great Council of Chiefs）在苏瓦召开会议，并最终表示拥护政变当局。由于大酋长委员会是管理土著斐济人事务的最高权力机构，在斐济一直有极高的地位，因此加尼劳总督不可能不顾及它的态度。5 月 22 日，政变当局与加

---

① 高士兴：《斐济政变的前前后后》，《瞭望》1987 年第 2 期，第 7 页。
② 徐长银等：《世界风云实录》，北京日报出版社，1988，第 105 页。

尼劳总督和大酋长委员会达成妥协，成立看守政府。25 日，新成立的看守政府接管了政府权力。此后，苏瓦商店开始恢复营业，居民生活也逐渐趋于正常。

1987 年 9 月 23 日，斐济联合党与民族联盟党达成协议，组成了土著斐济人与印度裔斐济人共享权力的新政府。然而，政变的发动者兰布卡却不满意，认为此举并未实现斐济族人统治的目标，于是在 9 月 25 日再次发动政变。如果说第一次政变的目的是为了保护土著斐济人的利益，那么，第二次政变的目的则是为了脱离大英帝国的控制，且不再奉英国女王伊丽莎白二世为斐济国家元首，建立以总统为首的斐济共和国。[1]

10 月 5 日，兰布卡在苏瓦与加尼劳总督、巴万德拉及在 4 月的大选中被挫败的前总理马拉就斐济前途举行会谈。在会谈中，巴万德拉拒绝了兰布卡提出的在议会中斐济族人应占多数，在政府中总理、外长和内政部长应由斐济族人担任的"最低限度要求"，会谈宣告破裂。

10 月 6 日，兰布卡宣布斐济为共和国。10 月 15 日，英女王接受加尼劳辞去斐济总督职务的请求。10 月 16 日，英联邦国家政府首脑会议决定，由于斐济宣布为共和国，斐济作为英联邦成员国的地位从此终止。12 月 5 日，加尼劳宣布就任斐济共和国总统，并组成了以马拉为总理的新内阁。新内阁主要由马拉领导的联盟党和军政府的成员组成，马拉兼任外长和公共事务部长，兰布卡任内政、国家青年勤务和辅助军勤务部长。

二 修宪、大选与 2000 年军事政变

1987 年政变后，兰布卡政府宣布废止 1970 年宪法，并于 1990 年 7 月颁布了新宪法，即 1990 年宪法。

由于 1990 年宪法的首要任务就是保护斐济原住民（土著斐济人）的土地权、传统文化、价值观等"至高无上的权利"，因此该宪法明确承认大酋长委员

---

[1] See Michael C. Howard, *Fiji: Race and Politics in an Island State*, UBC Press, 1991, Chapter 7 – 9; Victor Lal, *Fiji Coups in Paradise: Race, Politics and Military Intervention*, Zed Books Ltd., 1990.

会在宪法上的地位，并将其组织和职权制度化，主要包括：①在政府组织上，使斐济原住民身份成为担任总理的必要条件；②修改国会议员的选举方式，规定按民族分别投票，在下议院 70 席议员中斐济原住民分配 37 席，从而使其掌握稳定的多数席位；在上议院 34 席议员中，分别由大酋长委员会提名 24 席，罗图马①议会提名 1 席，其他族群选出 9 席，最后再交由总统正式任命。

1990 年宪法实施后，印度裔斐济人感到生存空间受到严重压缩，中产阶级的知识分子和技术人员纷纷移民海外。估计到 1995 年移居海外的人数已经达到 7 万多人，约占斐济总人口的 10%。这些移出者大多是企业的负责人以及技术人员和医师，他们在斐济社会中占有重要地位，是社会的核心阶层，因此，给斐济的经济发展带来了重大打击，给斐济社会造成较大影响，也使得国外投资减少、失业率增加。② 国际社会也认为这部宪法是"民族歧视"宪法，尤其是新西兰担心国内的毛利人也会效仿。

由于印度裔斐济人大量移民国外，斐济原住民的人口已逆转为占据多数，因此兰布卡所领导的斐济人宪政党在 1992 年 5 月举行的国会大选中赢得第一大党地位。6 月，兰布卡组阁之后与印度裔的在野党领袖合作成立"宪法审查委员会"（Constitution Review Commission），开始了 1990 年宪法的修订工作。1996 年，该委员会向国会提出新宪法草案，之后在国会成立"两院联席特别委员会"进行审查。草案经国会审议通过，并于 1997 年 7 月 25 日由马拉总统签署。公告一年后，该宪法于 1998 年 7 月正式实施。

根据 1997 年宪法，众议院 71 席议员均由普选产生，席次分配为：斐济原住民 23 席、印度裔 19 席、罗图马人 1 席，其他族裔 3 席，其余的 25 席开放竞选。议员任期均为 5 年。在参议院 32 席中，大酋长委员会提名 14 席、总理提名 9 席、反对党领袖提名 8 席、罗图马议会提名 1 席，提名基本不会发生变

---

① 罗图马是斐济的领地，由罗图马岛和附近的小岛组成，居民主要使用罗图马语，是斐济的少数民族。根据斐济统计局的数字，1986 年罗图马人为 8652 人，占全部人口的 1.2%。参见 Fiji Bureau of Statistics, "Census of Population NY Ethnicity 1881 – 2007", http：//www. statsfiji. gov. fj/index. php/search？searchword = Census% 20of% 20population&ordering = popular&searchphrase = any。

② 蔡中涵：《斐济大酋长会议在现代政治之角色》，《台湾原住民研究论丛》（创刊号）2007 年 6 月，第 43 页。

化，只不过在形式上需要得到总统的任命。①

《1997 年宪法》实施两年后，于 1999 年 5 月举行了下议院的第一次选举，结果印度裔政党"斐济劳工党"（Indo-Fijian Labour Party, FLP）主导的人民联盟（the Peoples Coalition）大胜，在 71 席中获得过半数席位（37 席），印度裔党魁马亨德拉·乔杜里（Mahendra Chaudhry）就任新总理并组建新政府。在乔杜里依据宪法组建新政府时，前执政党总理兰布卡要求担任副总理，但遭到拒绝。于是，兰布卡辞去斐济人宪政党主席和国会议员职务，并在 1999 年 6 月当选大酋长委员会主席，与新政府形成对立态势。

印度裔领导的新政府拒绝兰布卡入阁，引起土著斐济人的强烈不安，再加上租借印度裔土地的契约期限问题一直没有得到妥善解决，使得他们愈加担心在印度裔政府下会失去土地。另外，这一时期印度裔斐济人仍然持续移居海外，国外投资没有任何增加，经济发展也并未出现复苏趋势。在这样不安定的情势之下，2000 年 5 月 19 日，反对派议员山姆·斯佩特（Sam Speight）之子、斐济著名商人乔治·斯佩特（George Speight）发动了政变。

2000 年 5 月 19 日，在斯佩特的率领下，7 名武装人员对斐济议会大厦发动突袭，将正在开会的 52 名政府官员和反对党成员扣为人质，其中包括斐济总理马亨德拉·乔杜里和 7 名内阁部长。随后，斯佩特在斐济电台对外界发表讲话，宣布由他策划领导的政变已经获得成功。下午，斐济总统卡米塞塞·马拉发表讲话，指责当日斯佩特领导发动的政变为非法，并宣布全国进入紧急状态。第二天，斯佩特在扣押人质的国会大厦通过电视转播宣布就任斐济新总理，并成立新内阁。然而，斐济军方和警方领导人明确表示，尊重马拉总统的权威。实际上军队和警察的态度已宣告了政变行动的失败。

20 日，军警与占领议会大厦的武装人员形成对峙。当天下午，在签署了一份支持政变领导人斯佩特的文件后，武装分子释放了扣押的 20 名议会职员。21 日凌晨，又释放了 6 名斐济土著族议会职员。随后，4 名印度族人质也获释。不过，武装分子拒绝释放总理乔杜里，并声称乔杜里在签署辞职书后才能

---

① "The 1997 Constitution of Fiji", World Intellectual Property Organization website, http://www.wipo.int/wipolex/en/text.jsp? file_ id = 184423.

获得自由。根据斐济国家电视台的报道，斯佩特曾用枪指着乔杜里的头，威逼他要求总统马拉下令将围困国会大厦的军队撤走，乔杜里则让斯佩特"尽管开枪"，并表示"我们不会让任何不合理的东西合法化"。

虽然斐济的政治危机在表面上陷入了僵局，但在幕后，各方的态度都在发生着变化。人质危机发生后，斐济前总理兰布卡立刻来到武装分子占领的议会大厦进行斡旋，他很快成了这次事件的焦点人物。20日、21日，兰布卡的态度显得比较强硬，他要求斯佩特及其人员放下武器，释放所有人质，向总统马拉投降。然而，仅仅一天之后，兰布卡的态度发生了微妙变化。他在22日接受斐济电视台采访时首次表示出对政变者的同情。同时还表示，他将不再担任斐济政府与政变发动者之间的调停人。

兰布卡的这一姿态使斐济局势变得更加扑朔迷离，有人已开始怀疑在政变后向斐济总统马拉宣誓效忠的斐济军队和警察部队是否像人们先前认为的那样与政变毫无关系。据兰布卡称，参与政变的武装分子就是斐济军队中精锐的特种部队的成员，武装分子并不听命于斯佩特，而是直接受一名指挥官的领导。

有报道曾明确指出，该政变的领导者并非斯佩特，而是兰布卡在前一天透露的那个指挥官——退休上校利加瑞。利加瑞20世纪60年代曾在英国特种部队受训，是斐济某军事组织的领导人，19日随斯佩特冲入议会大厦的武装人员都是该组织的成员，当时利加瑞也在其中。更值得注意的是，这一军事组织和利加瑞本人一直都是效忠兰布卡的。所以，兰布卡在其中的作用究竟如何就要打上一个问号了。

与此同时，斐济总统马拉的态度像兰布卡一样也发生了变化。他在22日表示，他不能保证政变危机结束后现政府仍能恢复权力。分析家指出，马拉的意思已经表达得很明确了，即武装人员释放总理乔杜里，乔杜里获释后就下台。

29日，斐济军方采取断然行动宣布全国实施军事管制并下令戒严48小时，同时接管国家权力，与此同时，马拉总统宣布辞职，斐济陷入了自政变以来最严重的宪法危机。据政变亲历者司马兰天回忆，政变发生后斐济一片萧条，不仅商店紧闭、行人行色匆匆，而且街上多处可见军人荷枪实弹，并有军车停在主要街道上，军队在多处设检查点，管制交通。[①] 30 日晚，号称斐济族裔平等捍卫者、斐济三军总司令的海军准将姆拜尼马拉马（Josaia Voreqe Bainimarama）宣布接管政权，但他同时也表示军人政府的首要任务是使斐济恢复和平与稳定，他本人无意出任新政府总理。

6 月 1 日，姆拜尼马拉马宣布将成立临时军政府，并由酋长埃佩利·纳拉蒂考（Epeli Nailatikau）暂时执掌政权。然而，成立军政府的设想遭到了政变领导人斯佩特的反对，最后双方达成协议，同意将由大酋长委员会决定未来新政府的具体形式。

其实矛盾早就发生了变化。我们知道，2000 年军事政变的发生是由土著斐济人与印度裔斐济人之间的矛盾引发的一场政治危机，但实际上在这次危机发生后，除劳工部长曾试图出面维护民选政府的合法地位外，斐济政界几乎无人为之辩解，斐济人似乎已经平静地接受了乔杜里政府的垮台，大家更为关心的是新政府将如何组成以及由谁来掌管政府。军方和政变分子在废除以维护种族平等为宗旨的 1997 年宪法和组织一个由斐济族人掌权的政府问题上达成共识。

斐济军人接管国家权力的行动引起了南太平洋地区国家及美国、联合国的关注。此前，联合国和澳大利亚等国指责斐济军方没有采取有力行动镇压斯佩特等叛军。新西兰、英国、印度都对政变发动者进行了强烈谴责。澳大利亚外长亚历山大·唐纳（Alexander Downe）谴责给予斯佩特等人大赦的决定，认为给恐怖分子大赦是不可接受的，同时对斐济的局势及被扣人质的安危表示关注。由于此次政变与种族对抗密切相关，土生土长的斐济人逐渐支持政变从而使其合法化了。但是，占人口 44% 的印度人肯定不会就此罢休。因此，斐济局势走向充满不确定性。

三 团结的斐济党、国会大选与 2006 年军事政变

2000 年政变后，斐济成立了以莱塞尼亚·恩加拉塞（Laisenia Qarase）为总理的看守政府。2001 年 5 月，恩加拉塞领导组建了团结的斐济党（United

---

[①] 司马兰天：《斐济政变亲历记（5 月 30 日～6 月 8 日）》，《世界知识》2000 年第 13 期，第 20 页。

社长致辞

我们是图书出版者,更是人文社会科学内容资源供应商;

我们背靠中国社会科学院,面向中国与世界人文社会科学界,坚持为人文社会科学的繁荣与发展服务;

我们精心打造权威信息资源整合平台,坚持为中国经济与社会的繁荣与发展提供决策咨询服务;

我们以读者定位自身,立志让爱书人读到好书,让求知者获得知识;

我们精心编辑、设计每一本好书以形成品牌张力,以优秀的品牌形象服务读者,开拓市场;

我们始终坚持"创社科经典,出传世文献"的经营理念,坚持"权威、前沿、原创"的产品特色;

我们"以人为本",提倡阳光下创业,员工与企业共享发展之成果;

我们立足于现实,认真对待我们的优势、劣势,我们更着眼于未来,以不断的学习与创新适应不断变化的世界,以不断的努力提升自己的实力;

我们愿与社会各界友好合作,共享人文社会科学发展之成果,共同推动中国学术出版乃至内容产业的繁荣与发展。

社会科学文献出版社社长
中国社会学会秘书长

2014 年 1 月

　　"皮书"起源于十七、十八世纪的英国，主要指官方或社会组织正式发表的重要文件或报告，多以"白皮书"命名。在中国，"皮书"这一概念被社会广泛接受，并被成功运作、发展成为一种全新的出版形态，则源于中国社会科学院社会科学文献出版社。

　　皮书是对中国与世界发展状况和热点问题进行年度监测，以专家和学术的视角，针对某一领域或区域现状与发展态势展开分析和预测，具备权威性、前沿性、原创性、实证性、时效性等特点的连续性公开出版物，由一系列权威研究报告组成。皮书系列是社会科学文献出版社编辑出版的蓝皮书、绿皮书、黄皮书等的统称。

　　皮书系列的作者以中国社会科学院、著名高校、地方社会科学院的研究人员为主，多为国内一流研究机构的权威专家学者，他们的看法和观点代表了学界对中国与世界的现实和未来最高水平的解读与分析。

　　自20世纪90年代末推出以经济蓝皮书为开端的皮书系列以来，至今已出版皮书近1000余部，内容涵盖经济、社会、政法、文化传媒、行业、地方发展、国际形势等领域。皮书系列已成为社会科学文献出版社的著名图书品牌和中国社会科学院的知名学术品牌。

　　皮书系列在数字出版和国际出版方面成就斐然。皮书数据库被评为"2008~2009年度数字出版知名品牌"；经济蓝皮书、社会蓝皮书等十几种皮书每年还由国外知名学术出版机构出版英文版、俄文版、韩文版和日文版，面向全球发行。

　　2011年，皮书系列正式列入"十二五"国家重点出版规划项目，一年一度的皮书年会升格由中国社会科学院主办；2012年，部分重点皮书列入中国社会科学院承担的国家哲学社会科学创新工程项目。

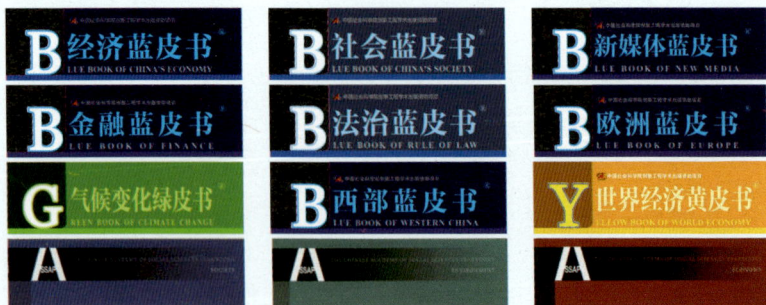

经 济 类

经济类皮书涵盖宏观经济、城市经济、大区域经济，
提供权威、前沿的分析与预测

经济蓝皮书

2014 年中国经济形势分析与预测

李 扬 / 主编　　2013 年 12 月出版　　定价 :69.00 元

◆　　本书课题为"总理基金项目"，由著名经济学家李扬领衔，
联合数十家科研机构、国家部委和高等院校的专家共同撰写，
对 2013 年中国宏观及微观经济形势，特别是全球金融危机及
其对中国经济的影响进行了深入分析，并且提出了 2014 年经
济走势的预测。

世界经济黄皮书

2014 年世界经济形势分析与预测

王洛林　张宇燕 / 主编　　2014 年 1 月出版　　定价 :69.00 元

◆　　2013 年的世界经济仍旧行进在坎坷复苏的道路上。发达
经济体经济复苏继续巩固，美国和日本经济进入低速增长通
道,欧元区结束衰退并呈复苏迹象。本书展望 2014 年世界经济,
预计全球经济增长仍将维持在中低速的水平上。

工业化蓝皮书

中国工业化进程报告（2014）

黄群慧　吕 铁　李晓华 等 / 著　　2014 年 11 月出版　　估价 :89.00 元

◆　　中国的工业化是事关中华民族复兴的伟大事业，分析跟踪
研究中国的工业化进程，无疑具有重大意义。科学评价与客
观认识我国的工业化水平，对于我国明确自身发展中的优势
和不足，对于经济结构的升级与转型，对于制定经济发展政策,
从而提升我国的现代化水平具有重要作用。

金融蓝皮书

中国金融发展报告（2014）

李　扬　王国刚 / 主编　　2013 年 12 月出版　　定价 :65.00 元

◆　由中国社会科学院金融研究所组织编写的《中国金融发展报告（2014）》，概括和分析了 2013 年中国金融发展和运行中的各方面情况，研讨和评论了 2013 年发生的主要金融事件。本书由业内专家和青年精英联合编著，有利于读者了解掌握 2013 年中国的金融状况，把握 2014 年中国金融的走势。

城市竞争力蓝皮书

中国城市竞争力报告 No.12

倪鹏飞 / 主编　　2014 年 5 月出版　　定价 :89.00 元

◆　本书由中国社会科学院城市与竞争力研究中心主任倪鹏飞主持编写，汇集了众多研究城市经济问题的专家学者关于城市竞争力研究的最新成果。本报告构建了一套科学的城市竞争力评价指标体系，采用第一手数据材料，对国内重点城市年度竞争力格局变化进行客观分析和综合比较、排名，对研究城市经济及城市竞争力极具参考价值。

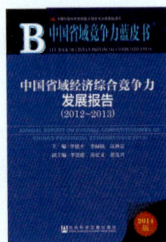

中国省域竞争力蓝皮书

"十二五"中期中国省域经济综合竞争力发展报告

李建平　李闽榕　高燕京 / 主编　　2014 年 3 月出版　定价 :198.00 元

◆　本书充分运用数理分析、空间分析、规范分析与实证分析相结合、定性分析与定量分析相结合的方法，建立起比较科学完善、符合中国国情的省域经济综合竞争力指标评价体系及数学模型，对 2011~2012 年中国内地 31 个省、市、区的经济综合竞争力进行全面、深入、科学的总体评价与比较分析。

农村经济绿皮书

中国农村经济形势分析与预测 (2013~2014)

中国社会科学院农村发展研究所　国家统计局农村社会经济调查司 / 著

2014 年 4 月出版　　定价 :69.00 元

◆　本书对 2013 年中国农业和农村经济运行情况进行了系统的分析和评价，对 2014 年中国农业和农村经济发展趋势进行了预测，并提出相应的政策建议，专题部分将围绕某个重大的理论和现实问题进行多维、深入、细致的分析和探讨。

西部蓝皮书

中国西部经济发展报告（2014）

姚慧琴　徐璋勇／主编　　2014 年 7 月出版　　估价：69.00 元

◆　本书由西北大学中国西部经济发展研究中心主编，汇集了源自西部本土以及国内研究西部问题的权威专家的第一手资料，对国家实施西部大开发战略进行年度动态跟踪，并对 2014 年西部经济、社会发展态势进行预测和展望。

气候变化绿皮书

应对气候变化报告（2014）

王伟光　郑国光／主编　　2014 年 11 月出版　　估价：79.00 元

◆　本书由社科院城环所和国家气候中心共同组织编写，各篇报告的作者长期从事气候变化科学问题、社会经济影响，以及国际气候制度等领域的研究工作，密切跟踪国际谈判的进程，参与国家应对气候变化相关政策的咨询，有丰富的理论与实践经验。

就业蓝皮书

2014 年中国大学生就业报告

麦可思研究院／编著　　王伯庆　周凌波／主审
2014 年 6 月出版　　定价：98.00 元

◆　本书是迄今为止关于中国应届大学毕业生就业、大学毕业生中期职业发展及高等教育人口流动情况的视野最为宽广、资料最为翔实、分类最为精细的实证调查和定量研究；为我国教育主管部门的教育决策提供了极有价值的参考。

企业社会责任蓝皮书

中国企业社会责任研究报告（2014）

黄群慧　彭华岗　钟宏武　张　蒽／编著
2014 年 11 月出版　　估价：69.00 元

◆　本书系中国社会科学院经济学部企业社会责任研究中心组织编写的《企业社会责任蓝皮书》2014 年分册。该书在对企业社会责任进行宏观总体研究的基础上，根据 2013 年企业社会责任及相关背景进行了创新研究，在全国企业中观层面对企业健全社会责任管理体系提供了弥足珍贵的丰富信息。

社 会 政 法 类

社会政法类皮书聚焦社会发展领域的热点、难点问题，
提供权威、原创的资讯与视点

社会蓝皮书

2014年中国社会形势分析与预测

李培林　陈光金　张　翼／主编　2013年12月出版　定价：69.00元

◆　本报告是中国社会科学院"社会形势分析与预测"课题组2014年度分析报告，由中国社会科学院社会学研究所组织研究机构专家、高校学者和政府研究人员撰写。对2013年中国社会发展的各个方面内容进行了权威解读，同时对2014年社会形势发展趋势进行了预测。

法治蓝皮书

中国法治发展报告 No.12（2014）

李　林　田　禾／主编　　2014年2月出版　　定价：98.00元

◆　本年度法治蓝皮书一如既往秉承关注中国法治发展进程中的焦点问题的特点，回顾总结了2013年度中国法治发展取得的成就和存在的不足，并对2014年中国法治发展形势进行了预测和展望。

民间组织蓝皮书

中国民间组织报告（2014）

黄晓勇／主编　　2014年8月出版　　估价：69.00元

◆　本报告是中国社会科学院"民间组织与公共治理研究"课题组推出的第五本民间组织蓝皮书。基于国家权威统计数据、实地调研和广泛搜集的资料，本报告对2013年以来我国民间组织的发展现状、热点专题、改革趋势等问题进行了深入研究，并提出了相应的政策建议。

社会保障绿皮书

中国社会保障发展报告（2014）No.6

王延中 / 主编　2014 年 9 月出版　定价 :79.00 元

◆　社会保障是调节收入分配的重要工具，随着社会保障制度的不断建立健全、社会保障覆盖面的不断扩大和社会保障资金的不断增加，社会保障在调节收入分配中的重要性不断提高。本书全面评述了 2013 年以来社会保障制度各个主要领域的发展情况。

环境绿皮书

中国环境发展报告（2014）

刘鉴强 / 主编　　2014 年 5 月出版　　定价 :79.00 元

◆　本书由民间环保组织"自然之友"组织编写，由特别关注、生态保护、宜居城市、可持续消费以及政策与治理等版块构成，以公共利益的视角记录、审视和思考中国环境状况，呈现 2013 年中国环境与可持续发展领域的全局态势，用深刻的思考、科学的数据分析 2013 年的环境热点事件。

教育蓝皮书

中国教育发展报告（2014）

杨东平 / 主编　2014 年 5 月出版　定价 :79.00 元

◆　本书站在教育前沿，突出教育中的问题，特别是对当前教育改革中出现的教育公平、高校教育结构调整、义务教育均衡发展等问题进行了深入分析，从教育的内在发展谈教育，又从外部条件来谈教育，具有重要的现实意义，对我国的教育体制的改革与发展具有一定的学术价值和参考意义。

反腐倡廉蓝皮书

中国反腐倡廉建设报告 No.3

李秋芳 / 主编　2014 年 1 月出版　　定价 :79.00 元

◆　本书抓住了若干社会热点和焦点问题，全面反映了新时期新阶段中国反腐倡廉面对的严峻局面，以及中国共产党反腐倡廉建设的新实践新成果。根据实地调研、问卷调查和舆情分析，梳理了当下社会普遍关注的与反腐败密切相关的热点问题。

行业报告类

行业报告类皮书立足重点行业、新兴行业领域，
提供及时、前瞻的数据与信息

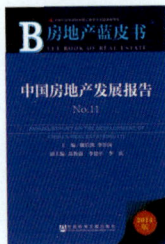

房地产蓝皮书

中国房地产发展报告 No.11（2014）

魏后凯　李景国 / 主编　　2014 年 5 月出版　　定价：79.00 元

◆　本书由中国社会科学院城市发展与环境研究所组织编写，秉承客观公正、科学中立的原则，深度解析 2013 年中国房地产发展的形势和存在的主要矛盾，并预测 2014 年及未来 10 年或更长时间的房地产发展大势。观点精辟，数据翔实，对关注房地产市场的各阶层人士极具参考价值。

旅游绿皮书

2013~2014 年中国旅游发展分析与预测

宋　瑞 / 主编　　2013 年 12 月出版　　定价：79.00 元

◆　如何从全球的视野理性审视中国旅游，如何在世界旅游版图上客观定位中国，如何积极有效地推进中国旅游的世界化，如何制定中国实现世界旅游强国梦想的线路图？本年度开始，《旅游绿皮书》将围绕"世界与中国"这一主题进行系列研究，以期为推进中国旅游的长远发展提供科学参考和智力支持。

信息化蓝皮书

中国信息化形势分析与预测（2014）

周宏仁 / 主编　　2014 年 7 月出版　　估价：98.00 元

◆　本书在以中国信息化发展的分析和预测为重点的同时，反映了过去一年间中国信息化关注的重点和热点，视野宽阔，观点新颖，内容丰富，数据翔实，对中国信息化的发展有很强的指导性，可读性很强。

企业蓝皮书

中国企业竞争力报告（2014）

金　碚/主编　　2014年11月出版　　估价：89.00元

◆　中国经济正处于新一轮的经济波动中，如何保持稳健的经营心态和经营方式并进一步求发展，对于企业保持并提升核心竞争力至关重要。本书利用上市公司的财务数据，研究上市公司竞争力变化的最新趋势，探索进一步提升中国企业国际竞争力的有效途径，这无论对实践工作者还是理论研究者都具有重大意义。

食品药品蓝皮书

食品药品安全与监管政策研究报告（2014）

唐民皓/主编　　2014年7月出版　　估价：69.00元

◆　食品药品安全是当下社会关注的焦点问题之一，如何破解食品药品安全监管重点难点问题是需要以社会合力才能解决的系统工程。本书围绕安全热点问题、监管重点问题和政策焦点问题，注重于对食品药品公共政策和行政监管体制的探索和研究。

流通蓝皮书

中国商业发展报告（2013~2014）

荆林波/主编　　2014年5月出版　　定价：89.00元

◆　《中国商业发展报告》是中国社会科学院财经战略研究院与香港利丰研究中心合作的成果，并且在2010年开始以中英文版同步在全球发行。蓝皮书从关注中国宏观经济出发，突出中国流通业的宏观背景反映了本年度中国流通业发展的状况。

住房绿皮书

中国住房发展报告（2013~2014）

倪鹏飞/主编　　2013年12月出版　　定价：79.00元

◆　本报告从宏观背景、市场主体、市场体系、公共政策和年度主题五个方面，对中国住宅市场体系做了全面系统的分析、预测与评价，并给出了相关政策建议，并在评述2012~2013年住房及相关市场走势的基础上，预测了2013~2014年住房及相关市场的发展变化。

国别与地区类

国别与地区类皮书关注全球重点国家与地区，
提供全面、独特的解读与研究

亚太蓝皮书

亚太地区发展报告（2014）

李向阳 / 主编　　2014年1月出版　　定价 :59.00 元

◆　本书是由中国社会科学院亚太与全球战略研究院精心打造的又一品牌皮书，关注时下亚太地区局势发展动向里隐藏的中长趋势，剖析亚太地区政治与安全格局下的区域形势最新动向以及地区关系发展的热点问题，并对 2014 年亚太地区重大动态作出前瞻性的分析与预测。

日本蓝皮书

日本研究报告（2014）

李　薇 / 主编　　2014年3月出版　　定价 :69.00 元

◆　本书由中华日本学会、中国社会科学院日本研究所合作推出，是以中国社会科学院日本研究所的研究人员为主完成的研究成果。对 2013 年日本的政治、外交、经济、社会文化作了回顾、分析与展望，并收录了该年度日本大事记。

欧洲蓝皮书

欧洲发展报告 (2013~2014)

周　弘 / 主编　　2014年5月出版　　估价 :89.00 元

◆　本年度的欧洲发展报告，对欧洲经济、政治、社会、外交等面的形式进行了跟踪介绍与分析。力求反映作为一个整体的欧盟及 30 多个欧洲国家在 2013 年出现的各种变化。

拉美黄皮书

拉丁美洲和加勒比发展报告（2013~2014）

吴白乙 / 主编　2014 年 4 月出版　定价 :89.00 元

◆　本书是中国社会科学院拉丁美洲研究所的第 13 份关于拉丁美洲和加勒比地区发展形势状况的年度报告。本书对 2013 年拉丁美洲和加勒比地区诸国的政治、经济、社会、外交等方面的发展情况做了系统介绍，对该地区相关国家的热点及焦点问题进行了总结和分析，并在此基础上对该地区各国 2014 年的发展前景做出预测。

澳门蓝皮书

澳门经济社会发展报告（2013~2014）

吴志良　郝雨凡 / 主编　2014 年 4 月出版　定价 :79.00 元

◆　本书集中反映 2013 年本澳各个领域的发展动态，总结评价近年澳门政治、经济、社会的总体变化，同时对 2014 年社会经济情况作初步预测。

日本经济蓝皮书

日本经济与中日经贸关系研究报告（2014）

王洛林　张季风 / 主编　2014 年 5 月出版　定价 :79.00 元

◆　本书对当前日本经济以及中日经济合作的发展动态进行了多角度、全景式的深度分析。本报告回顾并展望了 2013~2014 年度日本宏观经济的运行状况。此外，本报告还收录了大量来自于日本政府权威机构的数据图表，具有极高的参考价值。

美国蓝皮书

美国问题研究报告（2014）

黄 平　倪 峰 / 主编　2014 年 6 月出版　估价 :89.00 元

◆　本书是由中国社会科学院美国所主持完成的研究成果，它回顾了美国 2013 年的经济、政治形势与外交战略，对 2013 年以来美国内政外交发生的重大事件以及重要政策进行了较为全面的回顾和梳理。

地方发展类

地方发展类皮书关注大陆各省份、经济区域，
提供科学、多元的预判与咨政信息

社会建设蓝皮书

2014年北京社会建设分析报告

宋贵伦/主编　2014年9月出版　估价：69.00元

◆　本书依据社会学理论框架和分析方法，对北京市的人口、就业、分配、社会阶层以及城乡关系等社会学基本问题进行了广泛调研与分析，对广受社会关注的住房、教育、医疗、养老、交通等社会热点问题做了深刻了解与剖析，对日益显现的征地搬迁、外籍人口管理、群体性心理障碍等进行了有益探讨。

温州蓝皮书

2014年温州经济社会形势分析与预测

潘忠强　王春光　金浩/主编　2014年4月出版　定价：69.00元

◆　本书是由中共温州市委党校与中国社会科学院社会学研究所合作推出的第七本"温州经济社会形势分析与预测"年度报告，深入全面分析了2013年温州经济、社会、政治、文化发展的主要特点、经验、成效与不足，提出了相应的政策建议。

上海蓝皮书

上海资源环境发展报告（2014）

周冯琦　汤庆合　任文伟/著　2014年1月出版　定价：69.00元

◆　本书在上海所面临资源环境风险的来源、程度、成因、对策等方面作了些有益的探索，希望能对有关部门完善上海的资源环境风险防控工作提供一些有价值的参考，也让普通民众更全面地了解上海资源环境风险及其防控的图景。

广州蓝皮书

2014 年中国广州社会形势分析与预测

张　强　　陈怡霓　杨　秦 / 主编　2014 年 9 月出版　　估价 :65.00 元

◆　本书由广州大学与广州市委宣传部、广州市人力资源和社会保障局联合主编,汇集了广州科研团体、高等院校和政府部门诸多社会问题研究专家、学者和实际部门工作者的最新研究成果,是关于广州社会运行情况和相关专题分析与预测的重要参考资料。

河南经济蓝皮书

2014 年河南经济形势分析与预测

胡五岳 / 主编　　2014 年 3 月出版　定价 :69.00 元

◆　本书由河南省统计局主持编纂。该分析与展望以 2013 年最新年度统计数据为基础,科学研判河南经济发展的脉络轨迹、分析年度运行态势;以客观翔实、权威资料为特征,突出科学性、前瞻性和可操作性,服务于科学决策和科学发展。

陕西蓝皮书

陕西社会发展报告（2014）

任宗哲　石　英　牛　昉 / 主编　2014 年 2 月出版　定价 :65.00 元

◆　本书系统而全面地描述了陕西省 2013 年社会发展各个领域所取得的成就、存在的问题、面临的挑战及其应对思路,为更好地思考 2014 年陕西发展前景、政策指向和工作策略等方面提供了一个较为简洁清晰的参考蓝本。

上海蓝皮书

上海经济发展报告（2014）

沈开艳 / 主编　　2014 年 1 月出版　定价 :69.00 元

◆　本书系上海社会科学院系列之一,报告对 2014 年上海经济增长与发展趋势的进行了预测,把握了上海经济发展的脉搏和学术研究的前沿。

广州蓝皮书

广州经济发展报告（2014）

李江涛　朱名宏 / 主编　2014 年 6 月出版　估价 : 65.00 元

◆　本书是由广州市社会科学院主持编写的"广州蓝皮书"系列之一，本报告对广州 2013 年宏观经济运行情况作了深入分析，对 2014 年宏观经济走势进行了合理预测，并在此基础上提出了相应的政策建议。

文 化 传 媒 类

义化传媒类皮书透视文化领域、文化产业，
探索文化大繁荣、大发展的路径

新媒体蓝皮书

中国新媒体发展报告 No.4(2013)

唐绪军 / 主编　2014 年 6 月出版　　估价 : 69.00 元

◆　本书由中国社会科学院新闻与传播研究所和上海大学合作编写，在构建新媒体发展研究基本框架的基础上，全面梳理 2013 年中国新媒体发展现状，发表最前沿的网络媒体深度调查数据和研究成果，并对新媒体发展的未来趋势做出预测。

舆情蓝皮书

中国社会舆情与危机管理报告（2014）

谢耘耕 / 主编　2014 年 8 月出版　　估价 : 85.00 元

◆　本书由上海交通大学舆情研究实验室和危机管理研究中心主编，已被列入教育部人文社会科学研究报告培育项目。本书以新媒体环境下的中国社会为立足点，对 2013 年中国社会舆情、分类舆情等进行了深入系统的研究,并预测了 2014 年社会舆情走势。

经济类

产业蓝皮书
中国产业竞争力报告（2014）No.4
著(编)者：张其仔　2014年5月出版 / 估价：79.00元

长三角蓝皮书
2014年率先基本实现现代化的长三角
著(编)者：刘志彪　2014年6月出版 / 估价：120.00元

城市竞争力蓝皮书
中国城市竞争力报告No.12
著(编)者：倪鹏飞　2014年5月出版 / 定价：89.00元

城市蓝皮书
中国城市发展报告No.7
著(编)者：潘家华 魏后凯　2014年7月出版 / 估价：69.00元

城市群蓝皮书
中国城市群发展指数报告(2014)
著(编)者：刘士林 刘新静　2014年10月出版 / 估价：59.00元

城乡统筹蓝皮书
中国城乡统筹发展报告（2014）
著(编)者：程志强、潘晨光　2014年9月出版 / 估价：59.00元

城乡一体化蓝皮书
中国城乡一体化发展报告（2014）
著(编)者：汝信 付崇兰　2014年8月出版 / 估价：59.00元

城镇化蓝皮书
中国新型城镇化健康发展报告（2014）
著(编)者：张占斌　2014年5月出版 / 定价：79.00元

低碳发展蓝皮书
中国低碳发展报告（2014）
著(编)者：齐晔　2014年3月出版 / 定价：89.00元

低碳经济蓝皮书
中国低碳经济发展报告（2014）
著(编)者：薛进军 赵忠秀　2014年5月出版 / 估价：79.00元

东北蓝皮书
中国东北地区发展报告（2014）
著(编)者：鲍振东 曹晓峰　2014年8月出版 / 估价：79.00元

发展和改革蓝皮书
中国经济发展和体制改革报告No.7
著(编)者：邹东涛　2014年7月出版 / 估价：79.00元

工业化蓝皮书
中国工业化进程报告（2014）
著(编)者：黄群慧 吕铁 李晓华 等
2014年11月出版 / 估价：89.00元

国际城市蓝皮书
国际城市发展报告（2014）
著(编)者：屠启宇　2014年1月出版 / 定价：69.00元

国家创新蓝皮书
国家创新发展报告（2013~2014）
著(编)者：陈劲　2014年6月出版 / 估价：69.00元

国家竞争力蓝皮书
中国国家竞争力报告No.2
著(编)者：倪鹏飞　2014年10月出版 / 估价：98.00元

宏观经济蓝皮书
中国经济增长报告（2014）
著(编)者：张平 刘霞辉　2014年10月出版 / 估价：69.00元

减贫蓝皮书
中国减贫与社会发展报告
著(编)者：黄承伟　2014年7月出版 / 估价：69.00元

金融蓝皮书
中国金融发展报告（2014）
著(编)者：李扬 王国刚　2013年12月出版 / 定价：65.00元

经济蓝皮书
2014年中国经济形势分析与预测
著(编)者：李扬　2013年12月出版 / 定价：69.00元

经济蓝皮书春季号
2014年中国经济前景分析
著(编)者：李扬　2014年5月出版 / 定价：79.00元

经济信息绿皮书
中国与世界经济发展报告（2014）
著(编)者：杜平　2013年12月出版 / 定价：79.00元

就业蓝皮书
2014年中国大学生就业报告
著(编)者：麦可思研究院　2014年6月出版 / 估价：98.00元

流通蓝皮书
中国商业发展报告（2013~2014）
著(编)者：荆林波　2014年5月出版 / 定价：89.00元

民营经济蓝皮书
中国民营经济发展报告No.10（2013~2014）
著(编)者：黄孟复　2014年9月出版 / 估价：69.00元

民营企业蓝皮书
中国民营企业竞争力报告No.7（2014）
著(编)者：刘迎秋　2014年9月出版 / 估价：79.00元

农村绿皮书
中国农村经济形势分析与预测（2013~2014）
著(编)者：中国社会科学院农村发展研究所
　　　　　国家统计局农村社会经济调查司 著
2014年4月出版 / 估价：69.00元

企业公民蓝皮书
中国企业公民报告No.4
著(编)者：邹东涛　2014年7月出版 / 估价：69.00元

企业社会责任蓝皮书
中国企业社会责任研究报告（2014）
著(编)者：黄群慧 彭华岗 钟宏武 等
2014年11月出版 / 估价：59.00元

气候变化绿皮书
应对气候变化报告（2014）
著(编)者：王伟光 郑国光　2014年11月出版 / 估价：79.00元

区域蓝皮书
中国区域经济发展报告（2013~2014）
著(编)者:梁昊光　2014年4月出版 / 定价:79.00元

人口与劳动绿皮书
中国人口与劳动问题报告No.15
著(编)者:蔡昉　2014年6月出版 / 估价:69.00元

生态经济（建设）绿皮书
中国经济（建设）发展报告（2013~2014）
著(编)者:黄浩涛　李周　2014年10月出版 / 估价:69.00元

世界经济黄皮书
2014年世界经济形势分析与预测
著(编)者:王洛林　张宇燕　2014年1月出版 / 定价:69.00元

西北蓝皮书
中国西北发展报告（2014）
著(编)者:张进海　陈冬红　段庆林
2013年12月出版 / 定价:69.00元

西部蓝皮书
中国西部发展报告（2014）
著(编)者:姚慧琴　徐璋勇　2014年7月出版 / 估价:69.00元

新型城镇化蓝皮书
新型城镇化发展报告（2014）
著(编)者:沈体雁　李伟　宋敏　2014年9月出版 / 估价:69.00元

新兴经济体蓝皮书
金砖国家发展报告（2014）
著(编)者:林跃勤　周文　2014年9月出版 / 估价:79.00元

循环经济绿皮书
中国循环经济发展报告（2013~2014）
著(编)者:齐建国　2014年12月出版 / 估价:69.00元

中部竞争力蓝皮书
中国中部经济社会竞争力报告（2014）
著(编)者:教育部人文社会科学重点研究基地
　　　　南昌大学中国中部经济社会发展研究中心
2014年7月出版 / 估价:59.00元

中部蓝皮书
中国中部地区发展报告（2014）
著(编)者:朱有志　2014年10月出版 / 估价:59.00元

中国科技蓝皮书
中国科技发展报告（2014）
著(编)者:陈劲　2014年4月出版 / 定价:69.00元

中国省域竞争力蓝皮书
"十二五"中期中国省域经济综合竞争力发展报告
著(编)者:李建平　李闽榕　高燕京　2014年3月出版 / 定价:198.00元

中三角蓝皮书
长江中游城市群发展报告（2013~2014）
著(编)者:秦尊文　2014年6月出版 / 估价:69.00元

中小城市绿皮书
中国中小城市发展报告（2014）
著(编)者:中国城市经济学会中小城市经济发展委员会
　　　　《中国中小城市发展报告》编纂委员会
2014年10月出版 / 估价:98.00元

中原蓝皮书
中原经济区发展报告（2014）
著(编)者:刘怀廉　2014年6月出版 / 估价:68.00元

社会政法类

殡葬绿皮书
中国殡葬事业发展报告（2014）
著(编)者:朱勇　副主编　李伯森　2014年9月出版 / 估价:59.00元

城市创新蓝皮书
中国城市创新报告（2014）
著(编)者:周天勇　旷建伟　2014年7月出版 / 估价:69.00元

城市管理蓝皮书
中国城市管理报告2014
著(编)者:谭维克　刘林　2014年7月出版 / 估价:98.00元

城市生活质量蓝皮书
中国城市生活质量指数报告（2014）
著(编)者:张平　2014年7月出版 / 估价:59.00元

城市政府能力蓝皮书
中国城市政府公共服务能力评估报告（2014）
著(编)者:何艳玲　2014年7月出版 / 估价:59.00元

创新蓝皮书
创新型国家建设报告（2013~2014）
著(编)者:詹正茂　2014年5月出版 / 定价:69.00元

慈善蓝皮书
中国慈善发展报告（2014）
著(编)者:杨团　2014年5月出版 / 定价:79.00元

法治蓝皮书
中国法治发展报告No.12（2014）
著(编)者:李林　田禾　2014年2月出版 / 定价:98.00元

反腐倡廉蓝皮书
中国反腐倡廉建设报告No.3
著(编)者:李秋芳　2014年1月出版 / 定价:79.00元

非传统安全蓝皮书
中国非传统安全研究报告（2014）
著(编)者:余潇枫　2014年5月出版 / 估价:69.00元

妇女发展蓝皮书
福建省妇女发展报告（2014）
著（编）者:刘群英　2014年10月出版 / 估价:58.00元

妇女发展蓝皮书
中国妇女发展报告No.5
著（编）者:王金玲　高小贤　2014年5月出版 / 估价:65.00元

妇女教育蓝皮书
中国妇女教育发展报告No.3
著（编）者:张李玺　2014年10月出版 / 估价:69.00元

公共服务满意度蓝皮书
中国城市公共服务评价报告（2014）
著（编）者:胡伟　2014年11月出版 / 估价:69.00元

公共服务蓝皮书
中国城市基本公共服务力评价（2014）
著（编）者:侯惠勤　辛向阳　易定宏
2014年10月出版 / 估价:55.00元

公民科学素质蓝皮书
中国公民科学素质报告（2013~2014）
著（编）者:李群　许佳军　2014年3月出版 / 定价:79.00元

公益蓝皮书
中国公益发展报告（2014）
著（编）者:朱健刚　2014年5月出版 / 估价:78.00元

国际人才蓝皮书
中国国际移民报告（2014）
著（编）者:王辉耀　2014年1月出版 / 定价:79.00元

国际人才蓝皮书
中国海归创业发展报告（2014）No.2
著（编）者:王辉耀　路江涌　2014年10月出版 / 估价:69.00元

国际人才蓝皮书
中国留学发展报告（2014）No.3
著（编）者:王辉耀　2014年9月出版 / 估价:59.00元

国家安全蓝皮书
中国国家安全研究报告（2014）
著（编）者:刘慧　2014年5月出版 / 定价:98.00元

行政改革蓝皮书
中国行政体制改革报告（2013）No.3
著（编）者:魏礼群　2014年3月出版 / 定价:89.00元

华侨华人蓝皮书
华侨华人研究报告（2014）
著（编）者:丘进　2014年5月出版 / 估价:128.00元

环境竞争力绿皮书
中国省域环境竞争力发展报告（2014）
著（编）者:李建平　李闽榕　王金南
2014年12月出版 / 估价:148.00元

环境绿皮书
中国环境发展报告（2014）
著（编）者:刘鉴强　2014年5月出版 / 定价:79.00元

基本公共服务蓝皮书
中国省级政府基本公共服务发展报告（2014）
著（编）者:孙德超　2014年9月出版 / 估价:69.00元

基金会透明度蓝皮书
中国基金会透明度发展研究报告（2014）
著（编）者:基金会中心网　2014年7月出版 / 估价:79.00元

教师蓝皮书
中国中小学教师发展报告（2014）
著（编）者:曾晓东　2014年9月出版 / 估价:59.00元

教育蓝皮书
中国教育发展报告（2014）
著（编）者:杨东平　2014年5月出版 / 定价:79.00元

科普蓝皮书
中国科普基础设施发展报告（2014）
著（编）者:任福君　2014年6月出版 / 估价:79.00元

口腔健康蓝皮书
中国口腔健康发展报告（2014）
著（编）者:胡德渝　2014年12月出版 / 估价:59.00元

老龄蓝皮书
中国老龄事业发展报告（2014）
著（编）者:吴玉韶　2014年9月出版 / 估价:59.00元

连片特困区蓝皮书
中国连片特困区发展报告（2014）
著（编）者:丁建军　冷志明　游俊　2014年9月出版 / 估价:79.00元

民间组织蓝皮书
中国民间组织报告（2014）
著（编）者:黄晓勇　2014年8月出版 / 估价:69.00元

民调蓝皮书
中国民生调查报告（2014）
著（编）者:谢耕耘　2014年5月出版 / 定价:128.00元

民族发展蓝皮书
中国民族区域自治发展报告（2014）
著（编）者:郝时远　2014年6月出版 / 估价:98.00元

女性生活蓝皮书
中国女性生活状况报告No.8（2014）
著（编）者:韩湘景　2014年4月出版 / 定价:79.00元

汽车社会蓝皮书
中国汽车社会发展报告（2014）
著（编）者:王俊秀　2014年9月出版 / 估价:59.00元

青年蓝皮书
中国青年发展报告（2014）No.2
著(编)者:廉思　2014年4月出版 / 定价:59.00元

全球环境竞争力绿皮书
全球环境竞争力发展报告（2014）
著(编)者:李建平　李闽榕　王金南　2014年11月出版 / 估价:69.00元

青少年蓝皮书
中国未成年人新媒体运用报告（2014）
著(编)者:李文革　沈杰　季为民　2014年6月出版 / 估价:69.00元

区域人才蓝皮书
中国区域人才竞争力报告No.2
著(编)者:桂昭明　王辉耀　2014年6月出版 / 估价:69.00元

人才蓝皮书
中国人才发展报告（2014）
著(编)者:潘晨光　2014年10月出版 / 估价:79.00元

人权蓝皮书
中国人权事业发展报告No.4（2014）
著(编)者:李君如　2014年7月出版 / 估价:98.00元

世界人才蓝皮书
全球人才发展报告No.1
著(编)者:孙学玉　张冠梓　2014年9月出版 / 估价:69.00元

社会保障绿皮书
中国社会保障发展报告（2014）No.6
著(编)者:王延中　2014年9月出版 / 估价:69.00元

社会工作蓝皮书
中国社会工作发展报告（2013~2014）
著(编)者:王杰秀　邹文开　2014年8月出版 / 估价:59.00元

社会管理蓝皮书
中国社会管理创新报告No.3
著(编)者:连玉明　2014年9月出版 / 估价:79.00元

社会蓝皮书
2014年中国社会形势分析与预测
著(编)者:李培林　陈光金　张翼　2013年12月出版 / 定价:69.00元

社会体制蓝皮书
中国社会体制改革报告No.2（2014）
著(编)者:龚维斌　2014年4月出版 / 定价:79.00元

社会心态蓝皮书
2014年中国社会心态研究报告
著(编)者:王俊秀　杨宜音　2014年9月出版 / 估价:59.00元

生态城市绿皮书
中国生态城市建设发展报告（2014）
著(编)者:李景源　孙伟平　刘举科　2014年6月出版 / 估价:128.00元

生态文明绿皮书
中国省域生态文明建设评价报告（ECI 2014）
著(编)者:严耕　2014年9月出版 / 估价:98.00元

世界创新竞争力黄皮书
世界创新竞争力发展报告（2014）
著(编)者:李建平　李闽榕　赵新力　2014年11月出版 / 估价:128.00元

水与发展蓝皮书
中国水风险评估报告（2014）
著(编)者:苏杨　2014年9月出版 / 估价:69.00元

土地整治蓝皮书
中国土地整治发展报告No.1
著(编)者:国土资源部土地整治中心　2014年5月出版 / 定价:89.00元

危机管理蓝皮书
中国危机管理报告（2014）
著(编)者:文学国　范正青　2014年8月出版 / 估价:79.00元

小康蓝皮书
中国全面建设小康社会监测报告（2014）
著(编)者:潘璠　2014年11月出版 / 估价:59.00元

形象危机应对蓝皮书
形象危机应对研究报告（2014）
著(编)者:唐钧　2014年9月出版 / 估价:118.00元

行政改革蓝皮书
中国行政体制改革报告（2013）No.3
著(编)者:魏礼群　2014年3月出版 / 定价:89.00元

医疗卫生绿皮书
中国医疗卫生发展报告No.6（2013~2014）
著(编)者:申宝忠　韩玉珍　2014年4月出版 / 定价:75.00元

政治参与蓝皮书
中国政治参与报告（2014）
著(编)者:房宁　2014年7月出版 / 估价:58.00元

政治发展蓝皮书
中国政治发展报告（2014）
著(编)者:房宁　杨海蛟　2014年6月出版 / 估价:98.00元

宗教蓝皮书
中国宗教报告（2014）
著(编)者:金泽　邱永辉　2014年8月出版 / 估价:59.00元

社会组织蓝皮书
中国社会组织评估报告（2014）
著(编)者:徐家良　2014年9月出版 / 估价:69.00元

政府绩效评估蓝皮书
中国地方政府绩效评估报告（2014）
著(编)者:贠杰　2014年9月出版 / 估价:69.00元

行业报告类

保健蓝皮书
中国保健服务产业发展报告No.2
著(编)者:中国保健协会 中共中央党校
2014年7月出版 / 估价:198.00元

保健蓝皮书
中国保健食品产业发展报告No.2
著(编)者:中国保健协会
　　　　中国社会科学院食品药品产业发展与监管研究中心
2014年7月出版 / 估价:198.00元

保健蓝皮书
中国保健用品产业发展报告No.2
著(编)者:中国保健协会 2014年9月出版 / 估价:198.00元

保险蓝皮书
中国保险业竞争力报告(2014)
著(编)者:罗忠敏 2014年9月出版 / 估价:98.00元

餐饮产业蓝皮书
中国餐饮产业发展报告(2014)
著(编)者:中国烹饪协会 中国社会科学院财经战略研究院
2014年5月出版 / 估价:59.00元

测绘地理信息蓝皮书
中国地理信息产业发展报告(2014)
著(编)者:徐德明 2014年12月出版 / 估价:98.00元

茶业蓝皮书
中国茶产业发展报告 (2014)
著(编)者:李闽榕 杨江帆 2014年9月出版 / 估价:79.00元

产权市场蓝皮书
中国产权市场发展报告(2014)
著(编)者:曹和平 2014年9月出版 / 估价:69.00元

产业安全蓝皮书
中国烟草产业安全报告(2014)
著(编)者:李孟刚 杜秀亭 2014年1月出版 / 定价:69.00元

产业安全蓝皮书
中国出版与传媒安全报告(2014)
著(编)者:北京交通大学中国产业安全研究中心
2014年9月出版 / 估价:59.00元

产业安全蓝皮书
中国医疗产业安全报告(2013~2014)
著(编)者:李孟刚 高献书 2014年1月出版 / 定价:59.00元

产业安全蓝皮书
中国文化产业安全蓝皮书(2014)
著(编)者:北京印刷学院文化产业安全研究所
2014年4月出版 / 定价:69.00元

产业安全蓝皮书
中国出版传媒产业安全报告(2014)
著(编)者:北京印刷学院文化产业安全研究所
2014年4月出版 / 定价:89.00元

典当业蓝皮书
中国典当行业发展报告(2013~2014)
著(编)者:黄育华 王力 张红地
2014年10月出版 / 估价:69.00元

电子商务蓝皮书
中国城市电子商务影响力报告(2014)
著(编)者:荆林波 2014年5月出版 / 估价:69.00元

电子政务蓝皮书
中国电子政务发展报告(2014)
著(编)者:洪毅 王长胜 2014年9月出版 / 估价:59.00元

杜仲产业绿皮书
中国杜仲橡胶资源与产业发展报告(2014)
著(编)者:杜红岩 胡文臻 俞瑞
2014年9月出版 / 估价:99.00元

房地产蓝皮书
中国房地产发展报告No.11(2014)
著(编)者:魏后凯 李景国 2014年5月出版 / 定价:79.00元

服务外包蓝皮书
中国服务外包产业发展报告(2014)
著(编)者:王晓红 李皓 2014年9月出版 / 估价:89.00元

高端消费蓝皮书
中国高端消费市场研究报告
著(编)者:依绍华 王雪峰 2014年9月出版 / 估价:69.00元

会展经济蓝皮书
中国会展经济发展报告(2014)
著(编)者:过聚荣 2014年9月出版 / 估价:65.00元

会展蓝皮书
中外会展业动态评估年度报告(2014)
著(编)者:张敏 2014年8月出版 / 估价:68.00元

基金会绿皮书
中国基金会发展独立研究报告(2014)
著(编)者:基金会中心网 2014年8月出版 / 估价:58.00元

交通运输蓝皮书
中国交通运输服务发展报告(2014)
著(编)者:林晓言 卜伟 武剑红
2014年10月出版 / 估价:69.00元

金融监管蓝皮书
中国金融监管报告(2014)
著(编)者:胡滨 2014年5月出版 / 定价:69.00元

金融蓝皮书
中国金融中心发展报告(2014)
著(编)者:中国社会科学院金融研究所
　　　　中国博士后特华科研工作站 王力 黄育华
2014年10月出版 / 估价:59.00元

金融蓝皮书
中国商业银行竞争力报告（2014）
著(编)者:王松奇　2014年5月出版 / 估价:79.00元

金融蓝皮书
中国金融发展报告（2014）
著(编)者:李扬 王国刚　2013年12月出版 / 定价:65.00元

金融蓝皮书
中国金融法治报告（2014）
著(编)者:胡滨 全先银　2014年9月出版 / 估价:65.00元

金融蓝皮书
中国金融产品与服务报告（2014）
著(编)者:殷剑峰　2014年6月出版 / 估价:59.00元

金融信息服务蓝皮书
金融信息服务业发展报告（2014）
著(编)者:鲁广锦　2014年11月出版 / 估价:69.00元

抗衰老医学蓝皮书
抗衰老医学发展报告（2014）
著(编)者:罗伯特·高德曼 罗纳德·科莱兹
　　　　尼尔·布什 朱敏　金大鹏 郭弋
2014年9月出版 / 估价:69.00元

客车蓝皮书
中国客车产业发展报告（2014）
著(编)者:姚蔚　2014年12月出版 / 估价:69.00元

科学传播蓝皮书
中国科学传播报告（2014）
著(编)者:詹正茂　2014年9月出版 / 估价:69.00元

流通蓝皮书
中国商业发展报告（2013~2014）
著(编)者:荆林波　2014年5月出版 / 定价:89.00元

旅游安全蓝皮书
中国旅游安全报告（2014）
著(编)者:郑向敏 谢朝武　2014年6月出版 / 估价:79.00元

旅游绿皮书
2013~2014年中国旅游发展分析与预测
著(编)者:宋瑞　2014年9月出版 / 定价:79.00元

旅游城市绿皮书
世界旅游城市发展报告（2013~2014）
著(编)者:张辉　2014年1月出版 / 估价:69.00元

贸易蓝皮书
中国贸易发展报告（2014）
著(编)者:荆林波　2014年5月出版 / 估价:49.00元

民营医院蓝皮书
中国民营医院发展报告（2014）
著(编)者:朱幼棣　2014年10月出版 / 估价:69.00元

闽商蓝皮书
闽商发展报告（2014）
著(编)者:李闽榕 王日根　2014年12月出版 / 估价:69.00元

能源蓝皮书
中国能源发展报告（2014）
著(编)者:崔民选 王军生 陈义和
2014年10月出版 / 估价:59.00元

农产品流通蓝皮书
中国农产品流通产业发展报告（2014）
著(编)者:贾敬敦 王炳南 张玉玺 张鹏毅 陈丽华
2014年9月出版 / 估价:89.00元

期货蓝皮书
中国期货市场发展报告（2014）
著(编)者:荆林波　2014年6月出版 / 估价:98.00元

企业蓝皮书
中国企业竞争力报告（2014）
著(编)者:金碚　2014年11月出版 / 估价:89.00元

汽车安全蓝皮书
中国汽车安全发展报告（2014）
著(编)者:中国汽车技术研究中心
2014年4月出版 / 估价:79.00元

汽车蓝皮书
中国汽车产业发展报告（2014）
著(编)者:国务院发展研究中心产业经济研究部
　　　　中国汽车工程学会 大众汽车集团（中国）
2014年7月出版 / 估价:79.00元

清洁能源蓝皮书
国际清洁能源发展报告（2014）
著(编)者:国际清洁能源论坛（澳门）
2014年9月出版 / 估价:89.00元

人力资源蓝皮书
中国人力资源发展报告（2014）
著(编)者:吴江　2014年9月出版 / 估价:69.00元

软件和信息服务业蓝皮书
中国软件和信息服务业发展报告（2014）
著(编)者:洪京一 工业和信息化部电子科学技术情报研究所
2014年6月出版 / 估价:98.00元

商会蓝皮书
中国商会发展报告 No.4（2014）
著(编)者:黄孟复　2014年9月出版 / 估价:59.00元

商品市场蓝皮书
中国商品市场发展报告（2014）
著(编)者:荆林波　2014年7月出版 / 估价:59.00元

上市公司蓝皮书
中国上市公司非财务信息披露报告（2014）
著(编)者:钟宏武 张旺 张蕙 等
2014年12月出版 / 估价:59.00元

食品药品蓝皮书
食品药品安全与监管政策研究报告（2014）
著(编)者:唐民皓　2014年7月出版 / 估价:69.00元

世界能源蓝皮书
世界能源发展报告（2014）
著(编)者:黄晓勇　2014年9月出版 / 估价:99.00元

私募市场蓝皮书
中国私募股权市场发展报告（2014）
著(编)者:曹和平　2014年9月出版 / 估价:69.00元

体育蓝皮书
中国体育产业发展报告（2014）
著(编)者:阮伟　钟秉枢　2014年9月出版 / 估价:69.00元

体育蓝皮书·公共体育服务
中国公共体育服务发展报告（2014）
著(编)者:戴健　2014年12月出版 / 估价:69.00元

投资蓝皮书
中国投资发展报告（2014）
著(编)者:杨庆蔚　2014年4月出版 / 定价:128.00元

投资蓝皮书
中国企业海外投资发展报告（2013~2014）
著(编)者:陈文晖　薛誉华　2014年9月出版 / 定价:69.00元

物联网蓝皮书
中国物联网发展报告（2014）
著(编)者:龚六堂　2014年9月出版 / 估价:59.00元

西部工业蓝皮书
中国西部工业发展报告（2014）
著(编)者:方行明　刘方健　姜凌等
2014年9月出版 / 估价:69.00元

西部金融蓝皮书
中国西部金融发展报告（2014）
著(编)者:李忠民　2014年10月出版 / 估价:69.00元

新能源汽车蓝皮书
中国新能源汽车产业发展报告（2014）
著(编)者:中国汽车技术研究中心
　　　　日产（中国）投资有限公司
　　　　东风汽车有限公司
2014年9月出版 / 估价:69.00元

信托蓝皮书
中国信托业研究报告（2014）
著(编)者:中建投信托研究中心　中国建设建投研究院
2014年9月出版 / 估价:59.00元

信托蓝皮书
中国信托投资报告（2014）
著(编)者:杨金龙　刘屹　2014年7月出版 / 估价:69.00元

信托市场蓝皮书
中国信托业市场报告（2013~2014）
著(编)者:李旸　2014年1月出版 / 定价:198.00元

信息化蓝皮书
中国信息化形势分析与预测（2014）
著(编)者:周宏仁　2014年7月出版 / 估价:98.00元

信用蓝皮书
中国信用发展报告（2014）
著(编)者:章政　田侃　2014年9月出版 / 估价:69.00元

休闲绿皮书
2014年中国休闲发展报告
著(编)者:刘德谦　唐兵　宋瑞
2014年6月出版 / 估价:59.00元

养老产业蓝皮书
中国养老产业发展报告（2013~2014年）
著(编)者:张车伟　2014年9月出版 / 估价:69.00元

移动互联网蓝皮书
中国移动互联网发展报告（2014）
著(编)者:官建文　2014年5月出版 / 估价:79.00元

医药蓝皮书
中国医药产业园战略发展报告（2013~2014）
著(编)者:裴长洪　房书亭　吴瀓心
2014年3月出版 / 定价:89.00元

医药蓝皮书
中国药品市场报告（2014）
著(编)者:程锦锥　朱恒鹏　2014年12月出版 / 估价:79.00元

中国林业竞争力蓝皮书
中国省域林业竞争力发展报告No.2（2014）
（上下册）
著(编)者:郑传芳　李闽榕　张春霞　张会儒
2014年8月出版 / 估价:139.00元

中国农业竞争力蓝皮书
中国省域农业竞争力发展报告No.2（2014）
著(编)者:郑传芳　宋洪远　李闽榕　张春霞
2014年7月出版 / 估价:128.00元

中国总部经济蓝皮书
中国总部经济发展报告（2013~2014）
著(编)者:赵弘　2014年5月出版 / 定价:79.00元

珠三角流通蓝皮书
珠三角商圈发展研究报告（2014）
著(编)者:王先庆　林至颖　2014年8月出版 / 估价:69.00元

住房绿皮书
中国住房发展报告（2013~2014）
著(编)者:倪鹏飞　2013年12月出版 / 定价:79.00元

资本市场蓝皮书
中国场外交易市场发展报告（2014）
著(编)者:高峦　2014年9月出版 / 估价:79.00元

21

资产管理蓝皮书
中国信托业发展报告（2014）
著(编)者:智信资产管理研究院　2014年7月出版 / 估价:69.00元

支付清算蓝皮书
中国支付清算发展报告（2014）
著(编)者:杨涛　2014年5月出版 / 定价:45.00元

文化传媒类

传媒蓝皮书
中国传媒产业发展报告（2014）
著(编)者:崔保国　2014年4月出版 / 定价:98.00元

传媒竞争力蓝皮书
中国传媒国际竞争力研究报告（2014）
著(编)者:李本乾　2014年9月出版 / 估价:69.00元

创意城市蓝皮书
武汉市文化创意产业发展报告（2014）
著(编)者:张京成　黄永林　2014年10月出版 / 估价:69.00元

电视蓝皮书
中国电视产业发展报告（2014）
著(编)者:卢斌　2014年9月出版 / 估价:79.00元

电影蓝皮书
中国电影出版发展报告（2014）
著(编)者:卢斌　2014年9月出版 / 估价:79.00元

动漫蓝皮书
中国动漫产业发展报告（2014）
著(编)者:卢斌　郑玉明　牛兴侦　2014年9月出版 / 估价:79.00元

广电蓝皮书
中国广播电影电视发展报告（2014）
著(编)者:庞井君　杨明品　李岚
2014年6月出版 / 估价:88.00元

广告主蓝皮书
中国广告主营销传播趋势报告N0.8
著(编)者:中国传媒大学广告主研究所
　　　　中国广告主营销传播创新研究课题组
　　　　黄升民　杜国清　邵华冬等
2014年5月出版 / 估价:98.00元

国际传播蓝皮书
中国国际传播发展报告（2014）
著(编)者:胡正荣　李继东　姬德强
2014年9月出版 / 估价:69.00元

纪录片蓝皮书
中国纪录片发展报告（2014）
著(编)者:何苏六　2014年10月出版 / 估价:89.00元

两岸文化蓝皮书
两岸文化产业合作发展报告（2014）
著(编)者:胡惠林　肖夏勇　2014年6月出版 / 估价:59.00元

媒介与女性蓝皮书
中国媒介与女性发展报告（2014）
著(编)者:刘利群　2014年8月出版 / 估价:69.00元

全球传媒蓝皮书
全球传媒产业发展报告（2014）
著(编)者:胡正荣　2014年12月出版 / 估价:79.00元

视听新媒体蓝皮书
中国视听新媒体发展报告（2014）
著(编)者:庞井君　2014年6月出版 / 估价:148.00元

文化创新蓝皮书
中国文化创新报告（2014）No.5
著(编)者:于平　傅才武　2014年4月出版 / 定价:79.00元

文化科技蓝皮书
文化科技融合与创意城市发展报告（2014）
著(编)者:李凤亮　于平　2014年7月出版 / 估价:79.00元

文化蓝皮书
中国文化产业发展报告（2014）
著(编)者:张晓明　王家新　章建刚
2014年4月出版 / 定价:79.00元

文化蓝皮书
中国文化产业供需协调增长测评报（2014）
著(编)者:王亚楠　2014年2月出版 / 定价:79.00元

文化蓝皮书
中国城镇文化消费需求景气评价报告（2014）
著(编)者:王亚南　张晓明　祁述裕
2014年5月出版 / 估价:79.00元

文化蓝皮书
中国公共文化服务发展报告（2014）
著(编)者:于群　李国新　2014年10月出版 / 估价:98.00元

文化蓝皮书
中国文化消费需求景气评价报告（2014）
著(编)者:王亚南　2014年2月出版 / 估价:79.00元

文化蓝皮书
中国乡村文化消费需求景气评价报告（2014）
著(编)者:王亚南　2014年5月出版 / 估价:79.00元

文化蓝皮书
中国中心城市文化消费需求景气评价报告（2014）
著(编)者:王亚南　2014年9月出版 / 估价:79.00元

文化蓝皮书
中国少数民族文化发展报告（2014）
著(编)者:武翠英 张晓明 张学进
2014年9月出版 / 估价:69.00元

文化建设蓝皮书
中国文化发展报告（2013）
著(编)者:江畅 孙伟平 戴茂堂
2014年4月出版 / 定价:138.00元

文化品牌蓝皮书
中国文化品牌发展报告（2014）
著(编)者:欧阳友权 2014年4月出版 / 定价:79.00元

文化软实力蓝皮书
中国文化软实力研究报告（2014）
著(编)者:张国祚 2014年7月出版 / 估价:79.00元

文化遗产蓝皮书
中国文化遗产事业发展报告（2014）
著(编)者:刘世锦 2014年9月出版 / 估价:79.00元

文学蓝皮书
中国文情报告（2013~2014）
著(编)者:白烨 2014年5月出版 / 估价:59.00元

新媒体蓝皮书
中国新媒体发展报告No.5（2014）
著(编)者:唐绪军 2014年6月出版 / 估价:69.00元

移动互联网蓝皮书
中国移动互联网发展报告（2014）
著(编)者:官建文 2014年6月出版 / 估价:79.00元

游戏蓝皮书
中国游戏产业发展报告（2014）
著(编)者:卢斌 2014年9月出版 / 估价:79.00元

舆情蓝皮书
中国社会舆情与危机管理报告（2014）
著(编)者:谢耘耕 2014年8月出版 / 估价:85.00元

粤港澳台文化蓝皮书
粤港澳台文化创意产业发展报告（2014）
著(编)者:丁未 2014年9月出版 / 估价:69.00元

地方发展类

安徽蓝皮书
安徽社会发展报告（2014）
著(编)者:程桦 2014年4月出版 / 定价:79.00元

安徽经济蓝皮书
皖江城市带承接产业转移示范区建设报告（2014）
著(编)者:丁海中 2014年4月出版 / 定价:69.00元

安徽社会建设蓝皮书
安徽社会建设分析报告（2014）
著(编)者:黄家海 王开玉 蔡宪 2014年9月出版 / 估价:69.00元

北京蓝皮书
北京公共服务发展报告（2013~2014）
著(编)者:施昌奎 2014年2月出版 / 定价:69.00元

北京蓝皮书
北京经济发展报告（2013~2014）
著(编)者:杨松 2014年4月出版 / 定价:79.00元

北京蓝皮书
北京社会发展报告（2013~2014）
著(编)者:缪青 2014年5月出版 / 定价:79.00元

北京蓝皮书
北京社会治理发展报告（2013~2014）
著(编)者:殷星辰 2014年4月出版 / 定价:79.00元

北京蓝皮书
中国社区发展报告（2013~2014）
著(编)者:于燕燕 2014年8月出版 / 估价:59.00元

北京蓝皮书
北京文化发展报告（2013~2014）
著(编)者:李建盛 2014年4月出版 / 定价:79.00元

北京旅游绿皮书
北京旅游发展报告（2014）
著(编)者:鲁勇 2014年7月出版 / 估价:98.00元

北京律师蓝皮书
北京律师发展报告No.2（2014）
著(编)者:王隽 周塞军 2014年9月出版 / 估价:79.00元

北京人才蓝皮书
北京人才发展报告（2014）
著(编)者:于淼 2014年10月出版 / 估价:89.00元

城乡一体化蓝皮书
中国城乡一体化发展报告·北京卷（2014）
著(编)者:张宝秀 黄序 2014年6月出版 / 估价:59.00元

创意城市蓝皮书
北京文化创意产业发展报告（2014）
著(编)者:张京成 王国华 2014年10月出版 / 估价:69.00元

创意城市蓝皮书
重庆创意产业发展报告（2014）
著(编)者:程宁宁　2014年4月出版 / 定价:89.00元

创意城市蓝皮书
青岛文化创意产业发展报告（2013~2014）
著(编)者:马达　2014年9月出版 / 估价:69.00元

创意城市蓝皮书
无锡文化创意产业发展报告（2014）
著(编)者:庄若江　张鸣年　2014年8月出版 / 估价:75.00元

服务业蓝皮书
广东现代服务业发展报告（2014）
著(编)者:祁明　程晓　2014年1月出版 / 估价:69.00元

甘肃蓝皮书
甘肃舆情分析与预测（2014）
著(编)者:陈双梅　郝树声　2014年1月出版 / 定价:69.00元

甘肃蓝皮书
甘肃县域经济综合竞争力报告（2014）
著(编)者:刘进军　柳民　曲玮　2014年9月出版 / 估价:69.00元

甘肃蓝皮书
甘肃县域社会发展评价报告（2014）
著(编)者:魏胜文　2014年9月出版 / 估价:69.00元

甘肃蓝皮书
甘肃经济发展分析与预测（2014）
著(编)者:朱智文　罗哲　2014年1月出版 / 定价:69.00元

甘肃蓝皮书
甘肃社会发展分析与预测（2014）
著(编)者:安文华　包晓霞　2014年1月出版 / 定价:69.00元

甘肃蓝皮书
甘肃文化发展分析与预测（2014）
著(编)者:王福生　周小华　2014年1月出版 / 定价:69.00元

广东蓝皮书
广东省电子商务发展报告（2014）
著(编)者:黄建明　祁明　2014年11月出版 / 估价:69.00元

广东蓝皮书
广东社会工作发展报告（2014）
著(编)者:罗观翠　2014年9月出版 / 估价:69.00元

广东外经贸蓝皮书
广东对外经济贸易发展研究报告（2014）
著(编)者:陈万灵　2014年9月出版 / 估价:65.00元

广西北部湾经济区蓝皮书
广西北部湾经济区开放开发报告（2014）
著(编)者:广西北部湾经济区规划建设管理委员会办公室
　　　广西社会科学院　广西北部湾发展研究院
2014年7月出版 / 估价:69.00元

广州蓝皮书
2014年中国广州经济形势分析与预测
著(编)者:庾建设　郭志勇　沈奎　2014年6月出版 / 估价:69.00元

广州蓝皮书
2014年中国广州社会形势分析与预测
著(编)者:易佐永　杨秦　顾涧清　2014年5月出版 / 估价:65.00元

广州蓝皮书
广州城市国际化发展报告（2014）
著(编)者:朱名宏　2014年9月出版 / 估价:59.00元

广州蓝皮书
广州创新型城市发展报告（2014）
著(编)者:李江涛　2014年8月出版 / 估价:59.00元

广州蓝皮书
广州经济发展报告（2014）
著(编)者:李江涛　刘江华　2014年6月出版 / 估价:65.00元

广州蓝皮书
广州农村发展报告（2014）
著(编)者:李江涛　汤锦华　2014年8月出版 / 估价:59.00元

广州蓝皮书
广州青年发展报告（2014）
著(编)者:魏国华　张强　2014年9月出版 / 估价:65.00元

广州蓝皮书
广州汽车产业发展报告（2014）
著(编)者:李江涛　杨再高　2014年10月出版 / 估价:69.00元

广州蓝皮书
广州商贸业发展报告（2014）
著(编)者:陈家成　王旭东　荀振英
2014年7月出版 / 估价:69.00元

广州蓝皮书
广州文化创意产业发展报告（2014）
著(编)者:甘新　2014年10月出版 / 估价:59.00元

广州蓝皮书
中国广州城市建设发展报告（2014）
著(编)者:董皞　冼伟雄　李俊夫
2014年8月出版 / 估价:69.00元

广州蓝皮书
中国广州科技与信息化发展报告（2014）
著(编)者:庾建设　谢学宁　2014年8月出版 / 估价:59.00元

广州蓝皮书
中国广州文化创意产业发展报告（2014）
著(编)者:甘新　2014年10月出版 / 估价:59.00元

广州蓝皮书
中国广州文化发展报告（2014）
著(编)者:徐俊忠　汤应武　陆志强
2014年8月出版 / 估价:69.00元

贵州蓝皮书
贵州法治发展报告（2014）
著(编)者:吴大华　2014年3月出版 / 定价:69.00元

贵州蓝皮书
贵州人才发展报告（2014）
著(编)者:于杰　吴大华　2014年3月出版 / 定价:69.00元

贵州蓝皮书
贵州社会发展报告（2014）
著(编)者:王兴骥　2014年3月出版 / 定价:69.00元

贵州蓝皮书
贵州农村扶贫开发报告（2014）
著(编)者:王朝新　宋明　2014年9月出版 / 估价:69.00元

贵州蓝皮书
贵州文化产业发展报告（2014）
著(编)者:李建国　2014年9月出版 / 估价:69.00元

海淀蓝皮书
海淀区文化和科技融合发展报告（2014）
著(编)者:陈名杰　孟景伟　2014年5月出版 / 估价:75.00元

海峡经济区蓝皮书
海峡经济区发展报告（2014）
著(编)者:李闽榕　王秉安　谢明辉（台湾）
2014年10月出版 / 估价:78.00元

海峡西岸蓝皮书
海峡西岸经济区发展报告（2014）
著(编)者:福建省人民政府发展研究中心
2014年9月出版 / 估价:85.00元

杭州蓝皮书
杭州市妇女发展报告（2014）
著(编)者:魏颖　揭爱花　2014年9月出版 / 估价:69.00元

杭州都市圈蓝皮书
杭州都市圈发展报告（2014）
著(编)者:董祖德　沈翔　2014年5月出版 / 定价:89.00元

河北经济蓝皮书
河北省经济发展报告（2014）
著(编)者:马树强　金浩　张贵　2014年4月出版 / 定价:79.00元

河北蓝皮书
河北经济社会发展报告（2014）
著(编)者:周文夫　2014年1月出版 / 定价:69.00元

河南经济蓝皮书
2014年河南经济形势分析与预测
著(编)者:胡五岳　2014年3月出版 / 定价:69.00元

河南蓝皮书
2014年河南社会形势分析与预测
著(编)者:刘道兴　牛苏林　2014年1月出版 / 定价:69.00元

河南蓝皮书
河南城市发展报告（2014）
著(编)者:谷建全　王建国　2014年1月出版 / 定价:59.00元

河南蓝皮书
河南法治发展报告（2014）
著(编)者:丁同民　闫德民　2014年3月出版 / 定价:69.00元

河南蓝皮书
河南金融发展报告（2014）
著(编)者:喻新安　谷建全　2014年4月出版 / 定价:69.00元

河南蓝皮书
河南经济发展报告（2014）
著(编)者:喻新安　2013年12月出版 / 定价:69.00元

河南蓝皮书
河南文化发展报告（2014）
著(编)者:卫绍生　2014年1月出版 / 定价:69.00元

河南蓝皮书
河南工业发展报告（2014）
著(编)者:龚绍东　2014年1月出版 / 定价:69.00元

河南蓝皮书
河南商务发展报告（2014）
著(编)者:焦锦淼　穆荣国　2014年5月出版 / 定价:88.00元

黑龙江产业蓝皮书
黑龙江产业发展报告（2014）
著(编)者:于渤　2014年10月出版 / 估价:79.00元

黑龙江蓝皮书
黑龙江经济发展报告（2014）
著(编)者:张新颖　2014年1月出版 / 定价:69.00元

黑龙江蓝皮书
黑龙江社会发展报告（2014）
著(编)者:艾书琴　2014年1月出版 / 定价:69.00元

湖南城市蓝皮书
城市社会管理
著(编)者:罗海藩　2014年10月出版 / 估价:59.00元

湖南蓝皮书
2014年湖南产业发展报告
著(编)者:梁志峰　2014年4月出版 / 定价:128.00元

湖南蓝皮书
2014年湖南电子政务发展报告
著(编)者:梁志峰　2014年4月出版 / 定价:128.00元

湖南蓝皮书
2014年湖南法治发展报告
著(编)者:梁志峰　2014年9月出版 / 估价:79.00元

湖南蓝皮书
2014年湖南经济展望
著(编)者:梁志峰　2014年4月出版 / 定价:128.00元

湖南蓝皮书
2014年湖南两型社会发展报告
著(编)者:梁志峰　2014年4月出版 / 定价:128.00元

湖南蓝皮书
2014年湖南社会发展报告
著(编)者:梁志峰　2014年4月出版 / 定价:128.00元

湖南蓝皮书
2014年湖南县域经济社会发展报告
著(编)者:梁志峰　2014年4月出版 / 定价:128.00元

湖南县域绿皮书
湖南县域发展报告No.2
著(编)者:朱有志 袁准 周小毛　2014年7月出版 / 估价:69.00元

沪港蓝皮书
沪港发展报告(2014)
著(编)者:尤安山　2014年9月出版 / 估价:89.00元

吉林蓝皮书
2014年吉林经济社会形势分析与预测
著(编)者:马克　2014年1月出版 / 定价:79.00元

济源蓝皮书
济源经济社会发展报告(2014)
著(编)者:喻新安　2014年4月出版 / 定价:69.00元

江苏法治蓝皮书
江苏法治发展报告No.3(2014)
著(编)者:李力 龚廷泰 严海良　2014年8月出版 / 估价:88.00元

京津冀蓝皮书
京津冀发展报告(2014)
著(编)者:文魁 祝尔娟　2014年3月出版 / 定价:79.00元

经济特区蓝皮书
中国经济特区发展报告(2013)
著(编)者:陶一桃　2014年4月出版 / 定价:89.00元

辽宁蓝皮书
2014年辽宁经济社会形势分析与预测
著(编)者:曹晓峰 张晶　2014年1月出版 / 定价:79.00元

流通蓝皮书
湖南省商贸流通产业发展报告No.2
著(编)者:柳思维　2014年10月出版 / 估价:75.00元

内蒙古蓝皮书
内蒙古经济发展蓝皮书(2013~2014)
著(编)者:黄育华　2014年7月出版 / 估价:69.00元

内蒙古蓝皮书
内蒙古反腐倡廉建设报告No.1
著(编)者:张志华 无极　2013年12月出版 / 定价:69.00元

浦东新区蓝皮书
上海浦东经济发展报告(2014)
著(编)者:沈开艳 陆沪根　2014年1月出版 / 估价:59.00元

侨乡蓝皮书
中国侨乡发展报告(2014)
著(编)者:郑一省　2014年9月出版 / 估价:69.00元

青海蓝皮书
2014年青海经济社会形势分析与预测
著(编)者:赵宗福　2014年2月出版 / 定价:69.00元

人口与健康蓝皮书
深圳人口与健康发展报告(2014)
著(编)者:陆杰华 江捍平　2014年10月出版 / 估价:98.00元

山西蓝皮书
山西资源型经济转型发展报告(2014)
著(编)者:李志强　2014年5月出版 / 定价:98.00元

陕西蓝皮书
陕西经济发展报告(2014)
著(编)者:任宗哲 石英 裴成荣 2014年2月出版 / 定价:69.00元

陕西蓝皮书
陕西社会发展报告(2014)
著(编)者:任宗哲 石英 牛昉　2014年2月出版 / 定价:65.00元

陕西蓝皮书
陕西文化发展报告(2014)
著(编)者:任宗哲 石英 王长寿　2014年3月出版 / 定价:59.00元

上海蓝皮书
上海传媒发展报告(2014)
著(编)者:强荧 焦雨虹　2014年1月出版 / 定价:79.00元

上海蓝皮书
上海法治发展报告(2014)
著(编)者:叶青　2014年4月出版 / 定价:69.00元

上海蓝皮书
上海经济发展报告(2014)
著(编)者:沈开艳　2014年1月出版 / 定价:69.00元

上海蓝皮书
上海社会发展报告(2014)
著(编)者:卢汉龙 周海旺　2014年1月出版 / 定价:69.00元

上海蓝皮书
上海文化发展报告(2014)
著(编)者:蒯大申　2014年1月出版 / 定价:69.00元

上海蓝皮书
上海文学发展报告(2014)
著(编)者:陈圣来　2014年1月出版 / 定价:69.00元

上海蓝皮书
上海资源环境发展报告(2014)
著(编)者:周冯琦 汤庆合 任文伟　2014年1月出版 / 定价:69.00元

上海社会保障绿皮书
上海社会保障改革与发展报告(2013~2014)
著(编)者:汪泓　2014年9月出版 / 估价:65.00元

上饶蓝皮书
上饶发展报告（2013~2014）
著（编）者：朱寅健　2014年3月出版／定价:128.00元

社会建设蓝皮书
2014年北京社会建设分析报告
著（编）者：宋贵伦　2014年9月出版／估价:69.00元

深圳蓝皮书
深圳经济发展报告（2014）
著（编）者：吴忠　2014年6月出版／估价:69.00元

深圳蓝皮书
深圳劳动关系发展报告（2014）
著（编）者：汤庭芬　2014年6月出版／估价:69.00元

深圳蓝皮书
深圳社会发展报告（2014）
著（编）者：吴忠　余智晟　2014年7月出版／估价:69.00元

四川蓝皮书
四川文化产业发展报告（2014）
著（编）者：侯水平　2014年2月出版／定价:69.00元

四川蓝皮书
四川企业社会责任研究报告（2014）
著（编）者：侯水平　盛毅　2014年4月出版／定价:79.00元

温州蓝皮书
2014年温州经济社会形势分析与预测
著（编）者：潘忠强　王春光　金浩　2014年4月出版／定价:69.00元

温州蓝皮书
浙江温州金融综合改革试验区发展报告
（2013~2014）
著（编）者：钱水土　王去非　李义超
2014年9月出版／估价:69.00元

扬州蓝皮书
扬州经济社会发展报告（2014）
著（编）者：张爱军　2014年9月出版／估价:78.00元

义乌蓝皮书
浙江义乌市国际贸易综合改革试验区发展报告
（2013~2014）
著（编）者：马淑琴　刘文革　周松强
2014年9月出版／估价:69.00元

云南蓝皮书
中国面向西南开放重要桥头堡建设发展报告（2014）
著（编）者：刘绍怀　2014年12月出版／估价:69.00元

长株潭城市群蓝皮书
长株潭城市群发展报告（2014）
著（编）者：张萍　2014年10月出版／估价:69.00元

郑州蓝皮书
2014年郑州文化发展报告
著（编）者：王哲　2014年7月出版／估价:69.00元

中国省会经济圈蓝皮书
合肥经济圈经济社会发展报告No.4(2013~2014)
著（编）者：董昭礼　2014年4月出版／估价:79.00元

国别与地区类

G20国家创新竞争力黄皮书
二十国集团（G20）国家创新竞争力发展报告（2014）
著（编）者：李建平　李闽榕　赵新力
2014年9月出版／估价:118.00元

阿拉伯黄皮书
阿拉伯发展报告（2013~2014）
著（编）者：马晓霖　2014年4月出版／定价:79.00元

澳门蓝皮书
澳门经济社会发展报告（2013~2014）
著（编）者：吴志良　郝雨凡　2014年4月出版／定价:79.00元

北部湾蓝皮书
泛北部湾合作发展报告（2014）
著（编）者：吕余生　2014年7月出版／定价:79.00元

大湄公河次区域蓝皮书
大湄公河次区域合作发展报告（2014）
著（编）者：刘稚　2014年8月出版／定价:79.00元

大洋洲蓝皮书
大洋洲发展报告（2014）
著（编）者：魏明海　喻常森　2014年7月出版／估价:69.00元

德国蓝皮书
德国发展报告（2014）
著（编）者：李乐曾　郑春荣等　2014年5月出版／估价:69.00元

东北亚黄皮书
东北亚地区政治与安全报告（2014）
著（编）者：黄凤志　刘雪莲　2014年6月出版／估价:69.00元

东盟黄皮书
东盟发展报告（2013）
著（编）者：崔晓麟　2014年5月出版／定价:75.00元

东南亚蓝皮书
东南亚地区发展报告（2013~2014）
著（编）者：王勤　2014年4月出版／定价:79.00元

俄罗斯黄皮书
俄罗斯发展报告（2014）
著（编）者:李永全　2014年7月出版 / 估价:79.00元

非洲黄皮书
非洲发展报告No.15（2014）
著（编）者:张宏明　2014年7月出版 / 估价:79.00元

港澳珠三角蓝皮书
粤港澳区域合作与发展报告（2014）
著（编）者:梁庆寅 陈广汉　2014年6月出版 / 估价:59.00元

国际形势黄皮书
全球政治与安全报告（2014）
著（编）者:李慎明 张宇燕　2014年1月出版 / 定价:69.00元

韩国蓝皮书
韩国发展报告（2014）
著（编）者:牛林杰 刘宝全　2014年6月出版 / 估价:69.00元

加拿大蓝皮书
加拿大发展报告（2014）
著（编）者:仲伟合　2014年4月出版 / 定价:89.00元

柬埔寨蓝皮书
柬埔寨国情报告（2014）
著（编）者:毕世鸿　2014年6月出版 / 估价:79.00元

拉美黄皮书
拉丁美洲和加勒比发展报告（2013~2014）
著（编）者:吴白乙　2014年4月出版 / 定价:89.00元

老挝蓝皮书
老挝国情报告（2014）
著（编）者:卢光盛 方芸 吕星　2014年6月出版 / 估价:79.00元

美国蓝皮书
美国问题研究报告（2014）
著（编）者:黄平 倪峰　2014年5月出版 / 估价:79.00元

缅甸蓝皮书
缅甸国情报告（2014）
著（编）者:李晨阳　2014年9月出版 / 估价:79.00元

欧亚大陆桥发展蓝皮书
欧亚大陆桥发展报告（2014）
著（编）者:李忠民　2014年10月出版 / 估价:59.00元

欧洲蓝皮书
欧洲发展报告（2014）
著（编）者:周弘　2014年9月出版 / 估价:79.00元

葡语国家蓝皮书
巴西发展与中巴关系报告2014（中英文）
著（编）者:张曙光 David T. Ritchie
2014年8月出版 / 估价:69.00元

日本经济蓝皮书
日本经济与中日经贸关系研究报告（2014）
著（编）者:王洛林 张季风　2014年5月出版 / 定价:79.00元

日本蓝皮书
日本发展报告（2014）
著（编）者:李薇　2014年3月出版 / 定价:69.00元

上海合作组织黄皮书
上海合作组织发展报告（2014）
著（编）者:李进峰 吴宏伟 李伟　2014年9月出版 / 估价:98.00元

世界创新竞争力黄皮书
世界创新竞争力发展报告（2014）
著（编）者:李建平　2014年9月出版 / 估价:148.00元

世界能源黄皮书
世界能源分析与展望（2013~2014）
著（编）者:张宇燕 等　2014年9月出版 / 估价:69.00元

世界社会主义黄皮书
世界社会主义跟踪研究报告（2013~2014）
著（编）者:李慎明　2014年3月出版 / 定价:198.00元

泰国蓝皮书
泰国国情报告（2014）
著（编）者:邹春萌　2014年6月出版 / 估价:79.00元

亚太蓝皮书
亚太地区发展报告（2014）
著（编）者:李向阳　2014年1月出版 / 估价:59.00元

印度蓝皮书
印度国情报告（2012~2013）
著（编）者:吕昭义　2014年5月出版 / 定价:89.00元

印度洋地区蓝皮书
印度洋地区发展报告（2014）
著（编）者:汪戎　2014年3月出版 / 估价:79.00元

越南蓝皮书
越南国情报告（2014）
著（编）者:吕余生　2014年8月出版 / 估价:65.00元

中东黄皮书
中东发展报告No.15（2014）
著（编）者:杨光　2014年10月出版 / 估价:59.00元

中欧关系蓝皮书
中欧关系研究报告（2014）
著（编）者:周弘　2013年12月出版 / 定价:98.00元

中亚黄皮书
中亚国家发展报告（2014）
著（编）者:孙力　2014年9月出版 / 估价:79.00元

皮书大事记

☆ 2012年12月，《中国社会科学院皮书资助规定（试行）》由中国社会科学院科研局正式颁布实施。

☆ 2011年，部分重点皮书纳入院创新工程。

☆ 2011年8月，2011年皮书年会在安徽合肥举行，这是皮书年会首次由中国社会科学院主办。

☆ 2011年2月，"2011年全国皮书研讨会"在北京京西宾馆举行。王伟光院长（时任常务副院长）出席并讲话。本次会议标志着皮书及皮书研创出版从一个具体出版单位的出版产品和出版活动上升为由中国社会科学院牵头的国家哲学社会科学智库产品和创新活动。

☆ 2010年9月，"2010年中国经济社会形势报告会暨第十一次全国皮书工作研讨会"在福建福州举行，高全立副院长参加会议并做学术报告。

☆ 2010年9月，皮书学术委员会成立，由我院李扬副院长领衔，并由在各个学科领域有一定的学术影响力、了解皮书编创出版并持续关注皮书品牌的专家学者组成。皮书学术委员会的成立为进一步提高皮书这一品牌的学术质量、为学术界构建一个更大的学术出版与学术推广平台提供了专家支持。

☆ 2009年8月，"2009年中国经济社会形势分析与预测暨第十次皮书工作研讨会"在辽宁丹东举行。李扬副院长参加本次会议，本次会议颁发了首届优秀皮书奖，我院多部皮书获奖。

社会科学文献出版社
SOCIAL SCIENCES ACADEMIC PRESS (CHINA)

社会科学文献出版社成立于1985年，是直属于中国社会科学院的人文社会科学专业学术出版机构。

成立以来，特别是1998年实施第二次创业以来，依托于中国社会科学院丰厚的学术出版和专家学者两大资源，坚持"创社科经典，出传世文献"的出版理念和"权威、前沿、原创"的产品定位，社科文献立足内涵式发展道路，从战略层面推动学术出版的五大能力建设，逐步走上了学术产品的系列化、规模化、数字化、国际化、市场化经营道路。

先后策划出版了著名的图书品牌和学术品牌"皮书"系列、"列国志"、"社科文献精品译库"、"中国史话"、"全球化译丛"、"气候变化与人类发展译丛""近世中国"等一大批既有学术影响又有市场价值的系列图书。形成了较强的学术出版能力和资源整合能力，年发稿3.5亿字，年出版新书1200余种，承印发行中国社科院院属期刊近70种。

2012年，《社会科学文献出版社学术著作出版规范》修订完成。同年10月，社会科学文献出版社参加了由新闻出版总署召开加强学术著作出版规范座谈会，并代表50多家出版社发起实施学术著作出版规范的倡议。2013年，社会科学文献出版社参与新闻出版总署学术著作规范国家标准的起草工作。

依托于雄厚的出版资源整合能力，社会科学文献出版社长期以来一直致力于从内容资源和数字平台两个方面实现传统出版的再造，并先后推出了皮书数据库、列国志数据库、中国田野调查数据库等一系列数字产品。

在国内原创著作、国外名家经典著作大量出版，数字出版突飞猛进的同时，社会科学文献出版社在学术出版国际化方面也取得了不俗的成绩。先后与荷兰博睿等十余家国际出版机构合作面向海外推出了《经济蓝皮书》《社会蓝皮书》等十余种皮书的英文版、俄文版、日文版等。

此外，社会科学文献出版社积极与中央和地方各类媒体合作，联合大型书店、学术书店、机场书店、网络书店、图书馆，逐步构建起了强大的学术图书的内容传播力和社会影响力，学术图书的媒体曝光率居全国之首，图书馆藏率居于全国出版机构前十位。

作为已经开启第三次创业梦想的人文社会科学学术出版机构，社会科学文献出版社结合社会需求、自身的条件以及行业发展，提出了新的创业目标：精心打造人文社会科学成果推广平台，发展成为一家集图书、期刊、声像电子和数字出版物为一体，面向海内外高端读者和客户，具备独特竞争力的人文社会科学内容资源供应商和海内外知名的专业学术出版机构。

中国皮书网

发布皮书研创资讯，传播皮书精彩内容
引领皮书出版潮流，打造皮书服务平台

栏目设置：

☐ 资讯：皮书动态、皮书观点、皮书数据、 皮书报道、皮书新书发布会、电子期刊

☐ 标准：皮书评价、皮书研究、皮书规范、皮书专家、编撰团队

☐ 服务：最新皮书、皮书书目、重点推荐、在线购书

☐ 链接：皮书数据库、皮书博客、皮书微博、出版社首页、在线书城

☐ 搜索：资讯、图书、研究动态

☐ 互动：皮书论坛

www.pishu.cn

中国皮书网依托皮书系列"权威、前沿、原创"的优质内容资源，通过文字、图片、音频、视频等多种元素，在皮书研创者、使用者之间搭建了一个成果展示、资源共享的互动平台。

自2005年12月正式上线以来，中国皮书网的IP访问量、PV浏览量与日俱增，受到海内外研究者、公务人员、商务人士以及专业读者的广泛关注。

2008年10月，中国皮书网获得"最具商业价值网站"称号。

2011年全国新闻出版网站年会上，中国皮书网被授予"2011最具商业价值网站"荣誉称号。

权威报告　热点资讯　海量资源

当代中国与世界发展的高端智库平台

皮书数据库 www.pishu.com.cn

　　皮书数据库是专业的人文社会科学综合学术资源总库，以大型连续性图书——皮书系列为基础，整合国内外相关资讯构建而成。包含七大子库，涵盖两百多个主题，囊括了近十几年间中国与世界经济社会发展报告，覆盖经济、社会、政治、文化、教育、国际问题等多个领域。

　　皮书数据库以篇章为基本单位，方便用户对皮书内容的阅读需求。用户可进行全文检索，也可对文献题目、内容提要、作者名称、作者单位、关键字等基本信息进行检索，还可对检索到的篇章再作二次筛选，进行在线阅读或下载阅读。智能多维度导航，可使用户根据自己熟知的分类标准进行分类导航筛选，使查找和检索更高效、便捷。

　　权威的研究报告，独特的调研数据，前沿的热点资讯，皮书数据库已发展成为国内最具影响力的关于中国与世界现实问题研究的成果库和资讯库。

皮书俱乐部会员服务指南

1. 谁能成为皮书俱乐部会员?

- 皮书作者自动成为皮书俱乐部会员;
- 购买皮书产品（纸质图书、电子书、皮书数据库充值卡）的个人用户。

2. 会员可享受的增值服务:

- 免费获赠该纸质图书的电子书;
- 免费获赠皮书数据库100元充值卡;
- 免费定期获赠皮书电子期刊;
- 优先参与各类皮书学术活动;
- 优先享受皮书产品的最新优惠。

阅 读 卡

3. 如何享受皮书俱乐部会员服务?

（1）如何免费获得整本电子书?

　　购买纸质图书后，将购书信息特别是书后附赠的卡号和密码通过邮件形式发送到pishu@188.com，我们将验证您的信息，通过验证并成功注册后即可获得该本皮书的电子书。

（2）如何获赠皮书数据库100元充值卡?

　　第1步：刮开附赠卡的密码涂层（左下）;

　　第2步：登录皮书数据库网站（www.pishu.com.cn），注册成为皮书数据库用户，注册时请提供您的真实信息，以便您获得皮书俱乐部会员服务;

　　第3步：注册成功后登录，点击进入"会员中心";

　　第4步：点击"在线充值"，输入正确的卡号和密码即可使用。

Fiji Part，SDL）。该党以基督教民主联盟（the Christian Democratic Alliance）的成员及部分保守人士为基础，主张在实现全国民族和解的同时更多地照顾土著斐济人和罗图马人的利益，确保斐济族拥有最高权力。在2001年的议会大选中，团结的斐济党得票率虽然只有26%，远低于斐济工党的32%，却因"斐济人优先"的原则成为议会第一大党，在71个席位中占据32个。

2002年8月25日至9月1日，斐济再次举行国会选举。为显示斐济政府通过自由公平的选举来恢复宪政民主政体的决心，斐济内阁特邀联合国、英国、欧盟等届时派观察团前往观选，共同监督大选投票及计票过程，在选举结束后继续停留5天观察当地人民的反应。大选结果是71席国会议员中，看守政府总理恩加拉塞领导的团结的斐济党获31席，2000年5月政变中被废黜的印度裔前总理乔杜里所属的斐济劳工党获27席，政变的支持者保守联盟（the Conservative Alliance，CA）获6席，恩加拉塞继任总理。

为了维护土著斐济人的权益，恩加拉塞政府提出了一系列议案，包括给予土著斐济人进入沿海富裕地区优先权的《促进和解、宽容和团结法案》（Reconciliation，Tolerance，and Unity Bill），并要求赦免2000年政变的发动者，包括被以叛国罪判刑入狱的斯佩特。这些议案不仅引起了占斐济人口40%的印度裔斐济人的强烈反对，也激起了部分斐济精英如姆拜尼马拉马的不满，他们担心此举将会使斐济更加不稳定。为此，姆拜尼马拉马扬言，倘若议会通过这些议案，他将军事接管斐济。

在这种情形下，2006年5月6日至13日，斐济开始了大选，结果恩加拉塞领导的团结的斐济党再度获胜。再度当选的恩加拉塞积极推动《促进和解、宽容和团结法案》，引起了姆拜尼马拉的不满。他认为这些法案伤及族裔平等，仅有利于土著斐济人而不利于印度裔斐济人，故多次警告恩加拉塞，甚至威胁说要迫使其下台，然而恩加拉塞不为所动。10月，由于双方互相攻击，斐济政坛的情势更加恶化：一方面，姆拜尼马拉马继续以武力相威胁，要求政府撤销这些法案；另一方面，恩加拉塞试图撤销姆拜尼马拉马的军事指挥权，但遭到军方抵制。姆拜尼马拉马向恩加拉塞提出9项要求，包括撤销特赦2000年政变者等有争议的议案，解除澳大利亚警察总监安德鲁·休斯（Andrew Hughes）的职务，停止对姆拜尼马拉马煽动叛乱的指控与司法调查等，但恩加拉塞并未接受这些条件。①

2006年12月5日清晨6时30分，政变再次发生。恩加拉塞总理的官邸突然被包围，40多名武装士兵手持M16步枪进入官邸，开走了总理专车和备用车。总理恩加拉塞、外交外贸部长卡利奥帕蒂·塔沃拉（Kaliopate Tavola）、总检察长和司法部长恩戈里尼亚西·巴列（Qoriniasi Bale）等沦为人质。虽然军方否认政变，但恩加拉塞总理直言不讳地指出："军事政变显然正在发生，他们已经解除了警察的武装，控制了政府各部，掌握了全国重镇，现在又包围了官邸，设立了哨卡，虽说一个小时后他们离开了，但他们没收了我和我的部长们的车，让我根本没法上班。"

《斐济时报》5日的头版头条以粗黑体刊登文章称："我们的国家正在经历'温吞水式的军事政变'。"当晚，总统约瑟法·伊罗伊洛（Josefa Iloilovatu）要求恩加拉塞满足军方的要求下台，并解散了议会，以支持军事行动。被困的总理恩加拉塞虽然曾打电话给澳大利亚总理约翰·温斯顿·霍华德（John Winston Howard），希望"澳大利亚军队能介入"，但遭到霍华德的拒绝。随后，澳大利亚外交部向澳大利亚公民发出警告，澳大利亚的3艘军舰抵达斐济外海，随时准备撤侨。

5日下午，姆拜尼马拉马在首都举行记者招待会，正式宣布他已经掌管了国家，解除了恩加拉塞的总理职务，任命了过渡政府总理。虽然他表示自己是根据宪法赋予的特别权力解除了恩加拉塞的职务的，但是他也许诺很快会还权于伊洛伊洛总统，由总统任命过渡政府，然后举行大选恢复民主。

姆拜尼马拉马正式掌控国家的言论激怒了新西兰和澳大利亚。新西兰总理克拉克在议会宣布，与斐济的国防关系因政变而遭重挫，所有斐济军官及其家庭成员都不许进入新西兰。澳大利亚政府也表示，它将采取类似新西兰的制裁措施，而英联邦和南太平洋论坛表示将中止斐济的成员资格。

政变重创了斐济原本脆弱的糖业和旅游业，而这两大产业恰是斐济的支柱。和前三次政变时一样，政变的风声刚一传出，赴斐济的旅游人数就骤然下

---

① Jon Fraenkel, "The Fiji Coup of December 2006: Who, What, Where and Why?", in Jon Fraenkel and Stewart Firth, eds., *From Election to Coup in Fiji: The 2006 Campaign and Its Aftermath*, ANUE Press, 2007, p. 425.

降。澳大利亚政府发布旅游警告说："斐济持续的政治紧张可能导致秩序混乱和暴力事件频发，建议近期不要到斐济旅游观光。"

几次政变后，越来越多的印度裔斐济人开始移民澳大利亚、新西兰、美国和加拿大，少数则移民到太平洋岛屿的其他国家、英国或其他欧洲国家。

四 2013 年斐济宪法与民族和解的初现

2006 年政变后，斐济上诉法院于 2009 年 4 月做出裁定，认为姆拜尼马拉马领导的过渡政府不符合宪法，并建议伊洛伊洛总统重新任命看守政府总理，解散议会并尽快举行大选。在法院做出裁定次日，伊罗伊洛宣布废除斐济宪法并进入公共紧急状态，斐济进入了宪法真空期。

2009 年 4 月 11 日，伊罗伊洛重新任命姆拜尼马拉马为过渡政府总理。2012 年 1 月 2 日，姆拜尼马拉马在其发布的新年文告中宣布，斐济将于 1 月 7 日取消自 2009 年 4 月以来实施的公共紧急状态，旨在为 2 月就新宪法举行的磋商铺平道路，他将于未来数周内宣布新宪法全国协商进程。① 对此，联合国秘书长潘基文表示欢迎，他在 2012 年 1 月 4 日的声明中表示，这是斐济"朝恢复国家宪法秩序迈出的积极一步"。

2012 年 3 月 9 日，姆拜尼马拉马正式宣布启动新宪法协商程序，从而为 2014 年举行大选、还政于民铺平道路。新宪法协商程序主要包括民众宣教、宪法协商及起草宪法几个阶段。宪法委员会将在广泛征求民意的基础上起草宪法草案，力争使其在 2013 年 2 月底前获得通过。在宪法草案制订过程中，各族群、各党派和社会团体都提出了自己的意愿和诉求，斐济新宪法委员会共计收到了 1093 份意见书，并根据这些建议修改了宪法草案。

2013 年 9 月 6 日，斐济总统埃佩里·奈拉蒂考（Ratu Epeli Nailatikau）在总统府签署了 2013 年斐济宪法，并宣布新宪法从 2013 年 9 月 7 日开始生效。对这部斐济历史上的第四部宪法，总统奈拉蒂考给予了很高的评价，认为该宪

---

① 《斐济宣布将取消公共紧急状态》，新华网，http://news.xinhuanet.com/world/2012-01/02/c_111356260.htm。

法不仅为2014年自由、公平的选举铺平了道路，而且确保每一个斐济人的声音都可以毫无障碍地被听到。斐济临时政府总理姆拜尼马拉马则把这部宪法描述为"民主的蓝图"，称其标志着斐济的"新开端"。他认为2013年宪法将使斐济迈入世界上最伟大的自由民族国家的行列。①

2013年斐济宪法不仅正式结束了斐济宪法的真空期，而且它第一次消除了以种族为基础的选民册、以种族为基础的议会席位划分、以地区为基础的代表制，废除了不经选举而产生的上院——大酋长委员会。宪法规定斐济最高权力部门议会实行一院制，共设50席。议会选举每4年举行一次，在全国设单一选区，凡年满18周岁的斐济公民均有投票权，一人一票，在比例代表制下选举最能代表其利益的候选人。在议会拥有最多席位的党派领导人出任政府总理。总统是国家元首并象征性地担任斐济武装部队统帅。②

与此前的宪法相比，新宪法在诸多方面有明显不同。

首先，2013年斐济宪法不以种族定义和划分人群，而是使每一名斐济公民都获得"斐济人"称谓，这不仅符合人人平等这一最根本的民主原则，而且也使斐济的民族冲突和矛盾得到了缓和。

其次，在语言上，宪法明文规定，"英语、斐济语和印度斯坦语③享有同等地位"，"斐济各国家机关必须使用英语、斐济语和印度斯坦语处理相应的业务"；斐济最高权力部门议会的工作用语为英语、斐济语和印度斯坦语，议会法案必须以英语制定，但公开发表时，可使用英语、斐济语和印度斯坦语。

第三，在宗教信仰上，宪法承认宗教对现代斐济历史和发展的重要作用，规定宗教信仰自由，并将之写入《人权法案》作为国家的基本准则。同时，要求国家平等地对待所有宗教，不得规定任何宗教信仰，任何国家机关不得以任何方式倡导任何宗教派别或宗教信仰等。

第四，在公民权利方面，宪法规定法律面前人人平等，所有斐济公民享有

---

① "President Signs Long-awaited Fiji Constitution into Law", *Australia Network News*, September 19, 2013, http://www.abc.net.au/news/2013-09-06/fiji-Constitution-assent/4941404.

② "Blueprint for a Better Fiji: The 2013 Constitution is Unveiled", Fijian Elections Office website, http://www.electionsfiji.gov.fj/2013-constitution/.

③ 也称"印地语"。

平等地位，平等享有一切权利、公民权益和特权，平等地承担公民的义务和责任，不得因出生、年龄、民族、社会根源、种族、肤色、语言、宗教、道德心、信仰、文化、性别、性别、性别认同、性取向、怀孕、婚姻状况、残疾、社会地位或经济地位不同而被区别对待，甚至歧视。

第五，这份用英语制定的长达 98 页的新宪法，第一次被翻译成斐济语和印度斯坦语。

第六，新宪法还给予了每一位土地所有者公平地开采地下资源的权利。

2013 年斐济宪法实际上是将土著斐济人与印度裔斐济人及其他族群的人放在同等地位上，平等地对待每一位斐济人。这些新变化不仅加速了斐济民主化的进程，而且也有助于消除土著斐济人与印度裔斐济人之间的隔阂，从而为斐济的民族和解铺平道路。目前，斐济的大选正在紧张进行之中，相信斐济人民会做出正确的选择，以维护斐济的安定团结和经济发展。

中国与大洋洲关系篇

China-Oceania Relationship

B.13

持续发展中的波动：中澳关系近况

王　毅*

摘　要：

中澳关系的最新状况可以从纵向和横向两个不同角度加以考察。从纵向角度，本文描述分析了最近三年来两国关系的发展情况，包括吉拉德、陆克文和阿博特时期的对华政策；从横向角度，本文概述了双方在各主要领域的交往现状，涉及政治、经贸和战略关系。通过分析可以看出，中澳关系近年来虽然呈现持续发展的势头，但双方的摩擦也愈加频繁，如何增强互信成为双方面临的重大挑战，两国做出的政策选择将决定未来中澳关系的发展轨迹。

关键词：

中澳关系　波动　政治互信　经贸交流

---

* 王毅，澳大利亚格里菲斯大学亚洲研究所研究员、语言学院中英语言及翻译专业主任、博士生导师，博士，主要研究领域为国际关系、国际媒体及管理、语言与翻译、澳中关系、澳大利亚对外政策等。

从实质层面来看，中澳关系自从 1972 年两国建交以来，始终保持着不断发展的势头，经贸往来尤其如此。然而，就交往程度而言，这种发展势头每隔一段时间便会受到不和谐因素的干扰，尤其体现在政治战略领域。中澳关系近几年的情况也不例外，在持续发展的同时，间或出现这样那样的波动。但不同于以往的是，波动的频率在加快，这一特点从最近三年的情况就可见一斑。

鉴于 2010 年以前的中澳关系，已经在现有文献中得到了详细阐述，[①] 本文主要就近三年来中澳关系的最新进展和发展现状加以概括总结，并对未来面临的政策选择提出若干想法和建议。

一　三起三落

上文提到波动频率加快这一特点，在近些年的双边关系中愈加明显，仅最近三年中就出现了三起三落。这三年间，澳大利亚政坛不同寻常，先后有吉拉德（2010 年 6 月到 2013 年 6 月）、陆克文（2013 年 6 月到 9 月）和阿博特（2013 年 9 月至今）三位总理上台执政，他们不仅给澳大利亚国内政治留下了各自的印记，而且对中澳关系的三起三落产生了直接影响。

第一次起落

第一次起落发生在吉拉德执政的前半期。2010 年 6 月，担任总理刚刚两年半的陆克文受到其副手朱莉亚·吉拉德（Julia Gillard）的挑战，被迫下台；吉拉德在工党大多数议员支持下取代了陆克文，成为澳大利亚历史上首位女总理。与外交官出身的陆克文相比，吉拉德缺乏外交经验，她本人对此也毫不讳言，称外交不是自己的强项，不是毕生所爱，[②] 这样的表态预示着她的政府很

---

① 喻常森、常晨光：《中澳关系面面观》，载魏明海主编、喻常森副主编《大洋洲发展报告（2012～2013）》，社会科学文献出版社，2013。喻常森和常晨光的文章概括介绍了中澳建交四十年来双边关系的总体状况。更多详细情况请参见 Yi Wang（王毅）的 *Australia-China Relations post 1949: Sixty Years of Trade and Politics*（published in 2012 by Ashgate）一书及其中文版（王毅：《1949 年以来的澳中关系：60 年贸易与政治》，社会科学文献出版社，2014），该书系统论述了新中国成立六十多年以来中澳关系的发展历程。

② "Foreign policy is not my passion. It's not what I've spent my life doing", Julia Gillard interviewed on 7:30 Report, *ABC*, Oct. 5, 2010.

可能专注国内政治，不会在外交上有多大建树。然而，作为一个中等强国的领导人，吉拉德无法回避外交工作，尤其不能忽视同中国这个最大贸易伙伴的关系，实际上，吉拉德政府后来的表现打消了人们最初的疑虑。

吉拉德上任后经过一段时间的休整，终于在 2011 年 4 月踏上了访问中国的行程，随行的不仅有政府高级官员，而且有澳商贸界的重量级人物，包括必和必拓、力拓和澳新银行的总裁。访问期间，吉拉德会见了时任中国国家主席胡锦涛和总理温家宝，重申了对澳中关系的高度重视，表明澳大利亚政府无意遏制中国崛起，希望深化澳中关系;① 中方领导人也做出积极回应，温家宝表示，双边关系发展势头良好，希望中澳间的互利共赢合作迈上一个新台阶。② 双方重点讨论了经贸合作，包括中澳自由贸易协议的进展；访问期间，双方签署了清洁能源、海关、旅游和服务业等方面的合作协议。作为西方领导人访华必不可少的议题——人权问题也被提及，吉拉德就少数民族、宗教自由及胡士泰和吴植辉等个案表达了澳方的看法，但没有像她的前任陆克文那样，刻意渲染双方在人权上的分歧。③

同三年前陆克文的首次正式访华相比，自称不谙外交的吉拉德这次访问显得更加低调、务实，正如一些分析人士指出的，吉拉德对外交事务缺乏激情恰恰是一种福音，④ 不但不会妨碍中澳关系的发展，反而有助于双方抛掉昔日的包袱，放弃不切实际的期盼，使中澳关系重新走上正轨。两国关系在吉拉德上任之初就已经走出低谷，而这次访问给中澳关系带来了新的起色，不仅扭转了陆克文时期一度尴尬的政治关系，而且标志着双方交往恢复到最高层级。

---

① Matthew Franklin, "Julia Gillard Rejects Need to Contain China", *The Australian*, 27 April 2011, http：//www. theaustralian. com. au/national-affairs/julia-gillard-rejects-need-to-contain-china/story-fn59niix－1226045266144, last accessed on 10 January 2014.

② 廖雷：《温家宝与澳大利亚总理吉拉德举行会谈》，新华网，2011 年 4 月 26 日，http：//news. xinhuanet. com/politics/2011－04/26/c_ 121350475. htm，访问日期：2014 年 1 月 10 日。

③ Matthew Franklin, "Julia Gillard Rejects Need to Contain China", *The Australian*, 27 April 2011, http：//www. theaustralian. com. au/national-affairs/julia-gillard-rejects-need-to-contain-china/story-fn59niix－1226045266144, last accessed on 10 January 2014.

④ John Lee, "PM may Trump Rudd in Managing China", *The Australian*, 21 April 2011, http：//www. cis. org. au/media-information/opinion-pieces/article/2832 － pm-may-trump-rudd-in-managing-china, last accessed on 10 January 2014.

尽管如此，中澳双边关系无法超脱于国际关系中其他主体的相互作用，尤其是世界主要国家在亚太地区的活动，正是这种活动使得刚刚恢复高层交往的中澳关系面临新的挑战。有些中文媒体注意到，吉拉德没有像陆克文那样，把中国作为她上任后的首访对象，吉拉德这次访华是她亚洲之行的第三站，到达北京之前她已经访问了日本和韩国。[①] 更引人注目的是她访亚之前一个月，对美国进行了高调访问，以庆祝澳美同盟六十周年。同样是为了庆祝美澳同盟六十周年，美国总统奥巴马于当年 11 月回访澳大利亚，并在访问期间宣布了一项决定，使中澳关系再度降温。

2011 年 11 月，奥巴马和吉拉德一起宣布了一项美在澳永久驻军的新计划，美国将在澳大利亚北部的达尔文港建立一个军事指挥中心，从 2012 年中开始部署一个连的海军陆战队队员，然后逐年增加，五年后最终达到 2500 人，而且增加进出澳大利亚的军机架次，分步骤扩大在澳军事活动规模，并同澳军队举行经常性的联合演习。中澳评论界都认为，这是针对中国的举动，旨在应对中国军力的增强。[②] 中国媒体指出，这是二战以来，美国第一次在南太平洋部署如此大规模的战斗部队，也是几十年来第一次在澳大利亚长期驻军。中国外交部发言人刘为民表示，在国际经济低迷、促发展成为国际共识和焦点的背景下，强化和扩大军事同盟不合时宜。[③] 这种表态虽然较为温和，但是同几个月前欢迎吉拉德访华时的口气相比，已有天壤之别。

无独有偶，此后不久，中澳之间又因华为投资事件发生了争执。中国大型民营电信企业华为技术有限公司准备参与澳大利亚全国宽带网建设工程，这在澳国内引起了一些人的反对，他们认为华为同中国军方有说不清的关系，不适宜参与全国宽带网这一命脉工程的建设。最后，澳大利亚工党政府于 2012 年初，根据情报部门的强烈建议，决定禁止华为参与该工程。中国立即对此表

---

① 参见《吉拉德拟 4 月访华　或赴成都为澳新领馆揭幕》，环球网，2013 年 2 月 8 日，http：//world. huanqiu. com/exclusive/2013 - 02/3630894. html，访问日期：2014 年 1 月 11 日。

② 当即对此做出反应的澳方学者包括 Alan Dupont 和 Hugh White，参见 Peter Hartcher，"US Marine base for Darwin"，*Sydney Morning Herald*，Nov. 11，2011，http：//www. smh. com. au/national/us-marine-base-for-darwin - 20111110 - 1n9lk. html。

③ 李景卫、刘扬：《奥巴马访澳正式宣布驻军》，新华网，2011 年 11 月 17 日，http：//news. xinhuanet. com/world/2011 - 11/17/c_ 122296522. htm，访问日期：2014 年 1 月 11 日。

态，认为澳方决定有失公正。中国商务部发言人称，澳大利亚不应该在没有事实证据的情况下，以安全为由禁止华为这样有良好记录的公司参加正常商业竞争。[1] 上述围绕达尔文驻军的争端已使中澳政治关系急速降温，而华为事件更让这种关系雪上加霜。

再创新高

2012 年 5 月，吉拉德派遣新上任的外长鲍勃·卡尔（Bob Carr）访华，以修复受到上述问题困扰的双边关系，但未能消除分歧，直到 2012 年下半年，也就是澳工党政府对华为发出禁令半年后，双方冷却的关系才开始回暖。这种转机的出现与澳方的两个举动不无关系，一个是《亚洲世纪中的澳大利亚》白皮书的出台，另一个是关于库比农场（Cubbie Station）收购案的决定。

2012 年 10 月 28 日，吉拉德总理发布了人们谈论已久的"亚洲世纪白皮书"，这是她上任第一年就委托财政部前秘书长亨利（Ken Henry）承办的一项重大任务，以便为澳大利亚抓住亚洲崛起的机遇、实现更大的繁荣提供蓝图。白皮书从五大方面提出了澳在 2025 年前需要实现的目标，涵盖经贸、投资、政治、外交和文化教育等领域，突出强调了拥抱亚洲的主题。白皮书有很多篇幅涉及中国，对中国的发展持积极乐观的态度，将中文定为需要普及的重点亚洲语言之一。

几乎与此同时，争议已久的库比农场收购案也告一段落。库比农场坐落在昆士兰州东南部，面积 9 万多公顷，是澳大利亚最大的私人农场，其水库蓄水量超过悉尼海港的总水量。由于长期干旱和经营不善，总负债超过 3 亿澳元，于 2009 年被破产托管，澳政府曾试图将其收归国有，但未能如愿，然后改由外资竞标收购，中国山东如意集团成为最有竞争力的海外买家。消息一传出，再次引发澳国内关于"中国资本入侵"的担忧和争论，不少保守派议员（尤其是国家党议员乔伊斯）和利益集团反对将这样大规模的土地及其资源出卖

---

[1] Geoffrey Barker and David Ramli, "China's Huawei Banned from NBN", *Australian Financial Review*, 24 March 2012, http: //www. afr. com/p/technology/china _ giant _ banned _ from _ nbn _ 9U9zi1oc3FXBF3BZdRD9mJ, last accessed on 11 January 2014. 同时，参见赵小侠《澳大利亚外长称中国"终将接受"华为竞标禁令》，新浪网，2012 年 5 月 18 日，http: //news. sina. com. cn/w/ 2012 - 05 - 18/091724437242. shtml，访问日期：2014 年 1 月 11 日。

给中资企业，经过长时间的纷争，最后交由澳政府主管部长定夺。

国库部长斯万（Wayne Swan）最终于 2012 年 8 月批准了如意集团收购库比农场 80% 股份的申请，虽然这项决定附带一些较为苛刻的条件（比如要求如意集团在 3 年内将股份减持到 51% 等），但比起针对华为的禁令，仍然是一个进步。此前，澳政府也对另外一家备受关注的中国企业（兖州煤业公司）在澳收购申请开了绿灯。这些企业的投资不仅给澳大利亚经济注入了急需的资金，创造了就业机会，也在客观上增加了中澳往来的密度，对双方政治关系的升温起到了铺垫的作用。

当新一年（2013 年）开始的时候，两国外交官已经积极筹备吉拉德第二次正式访华的事宜了。访问前夕，吉拉德向媒体表示，希望就高层交往、贸易多元化、应对气候变化、防务和教育交流等议题同中国领导人磋商。她特别提及双方的防务交流，指出两军之间存在长期的高层交流，已达 16 年之久，她还暗示了邀请中国人民解放军参加澳美联合军事演习的可能性，尤其是联合搜救和人道救援方面。[①] 这显然是针对中方不满达尔文驻军决定而做出的善意表示，说明吉拉德接受了有关方面包括澳学界早先提出的建议。[②]

2013 年 4 月，吉拉德率领阵容庞大的政府代表团先后访问了北京、上海，并参加了博鳌论坛，随行的有澳外交部长和贸易部长等多名政府核心成员。吉拉德一行借此机会同包括习近平主席和李克强总理在内的中国新领导人正式会面。双方除了共叙友谊，还一致同意构建相互信任、互利共赢的战略伙伴关系，并为此建立两国总理年度定期会晤机制，这种最高层次的定期会晤机制是中澳交往史上前所未有的，为提升两国关系注入了新动力。访问期间，双方还签署了融资、可再生能源、禁毒和发展援助等领域的合作协议，其中最引人注目的是澳元与人民币直接兑换协议，澳元从此成为继美元、日元之后，可以在

---

① Naomi Woodley, "Gillard to Target Four Areas on China Trip", *ABC*, 6 April 2013, http：//www. abc. net. au/news/2013 – 04 – 06/gillard-to-target-four-areas-on-china-trip/4613566.

② 印尼总统苏西洛曾在美宣布达尔文驻军决定后不久，向吉拉德提议邀请中国参加美澳联合军演，受到澳重视；澳学界也有类似的建议，如 Linda Jakobson, "Australia-China Ties：In Search of Political Trust", *Lowy Institute Policy Brief*, June 2012, p. 9；Daryl Morini, "Julia Gillard's China Play", *The Diplomat*, 27 April 2013, http：//thediplomat. com/2013/04/julia-gillards-china-play/.

中国大陆外汇市场进行直接交易的第三种外国货币，给两国企业特别是中小企业投资合作带来了便利。

中澳两国媒体不仅广泛报道了这次访问，而且对访问成果普遍给予了积极评价，[①] 澳大利亚媒体尤其如此，即使不太关注国际事务的大众读物都提到吉拉德访华取得的成果，并特别指出，此前只有英、德、俄等少数几个国家同中国领导人建立了年度定期会晤机制，吉拉德能使澳大利亚跻身于这些主要国家行列，实在难能可贵。有些评论人士认为，这是惠特拉姆40年前同中国建交以来最重大的突破之一。[②] 这样高的评价是否言过其实还有待商榷，但吉拉德的第二次访华的确将2011年底以来一度低迷的两国关系推向了新高潮。

然而好景不长，吉拉德还未来得及巩固访问成果，就因民意支持率过低，在两个月后的工党大改组中失去领导地位，辞去了总理职务。二度出山的陆克文虽然以会说普通话著称，但上台后忙于党内整顿和筹备大选活动，无暇顾及竞选以外的诸多事务，发展对华关系也自然被暂时搁置一边。中澳关系虽然没有因此出现明显下滑，但似乎陷入了短期休眠状态。

第三次波动

在2013年9月的澳联邦大选中，自由党—国家党联盟击败了陆克文领导的工党，自由党领袖托尼·阿博特（Tony Abbott）成为澳大利亚第29任总理。阿博特1957年出生于英国，孩提时代随父母移居澳大利亚，先后在悉尼大学和牛津大学就读，接受过神职人员培训，也做过记者。阿博特自20世纪90年代开始从政，1998年进入霍华德政府内阁，先后担任就业部长和卫生部长，2009年底成为自由党领袖。

阿博特当选总理次日，中国总理李克强发去贺电，表示愿与澳政府一起推

---

① 如中新社和中国新闻网引述驻澳大使陈育明谈吉拉德访华四大成果，2013年5月15日，http://www.chinanews.com/gn/2013/05-15/4820122.shtml；澳媒体也异乎寻常地普遍赞誉吉拉德访问的成果，包括各大报纸（*The Australian*，*SMH*，*The Age*，*AFR*）和主要广播电视新闻网络（*ABC*，*SBS* 和商业频道）。

② Phillip Hudson, "Prime Minister Julia Gillard the Real Deal in China", *Herald Sun*, 11 April 2013, http://www.heraldsun.com.au/news/opinion/prime-minister-julia-gillard-the-real-deal-in-china/story-e6frfhqf-1226618581963, last accessed 13 January 2013.

动中澳关系发展。中国媒体也广泛报道了阿博特获胜的消息，有些报道特别提到这位具有"硬汉"形象的新总理竞选时承诺"亚洲优先"的政策，说他上任后会优先访问印尼、中国、日本和韩国。① 显然，中方希望澳大利亚新政府可以给中澳关系带来新气象；那么阿博特能否抓住这一契机，给两国关系带来新起色呢？答案很快就揭晓了。

2013 年 10 月初，上台不到一个月的阿博特前往印尼巴厘岛参加亚太经合峰会，借机会晤了出席峰会的习近平主席，并做出了善意的表示。阿博特称，中国国力日益上升，给世界带来利益，而不是挑战，澳大利亚的繁荣很大程度上取决于快速增长的中澳贸易，他表示愿意在执政期间致力于强化两国关系，做中国的好朋友。他还表明澳政府愿意加快两国自由贸易谈判，欢迎中国企业赴澳投资，希望同中国在二十国集团和亚太经合组织框架内加强合作。习近平主席欢迎阿博特的积极表态，并向他发出了访华邀请。习近平指出，中方一向从战略高度和长远角度看待和发展中澳关系，愿同澳方一道努力，推动中澳战略伙伴关系不断深入发展，使中澳关系成为不同社会制度、不同历史文化、不同发展阶段国家和谐共处、互利共赢的典范，他希望双方进一步巩固两国互信、经贸、人文和安全这四个纽带。②

"典范"一词虽然不是中方第一次使用，但习近平此次使用这个词绝不是轻易为之，而是表明他对两国关系抱有积极态度和乐观期许。阿博特同样受到鼓舞，会谈后向外界表示，他有信心在 12 个月内同中国达成自由贸易协议，从而结束 2005 年以来旷日持久的谈判。③ 双方这种乐观态度向世人展示，两国关系正经历一段新的蜜月期。

---

① 《硬汉阿博特当选澳总理 对华政策颇受关注》，中国新闻网，2013 年 9 月 8 日，http：//www. chinanews. com/gj/2013/09 – 08/5258798. shtml，访问日期：2014 年 1 月 11 日。

② Sid Maher and Peter Alford，"Tony Abbott to Xi Jinping：We'er Open for Business"，*The Australian*，7 Oct. 2013，http：//www. theaustralian. com. au/national-affairs/policy/us-reassures-on-pivot-abbott-to-xi-were-open-for-business/story-fn59nm2j – 1226733888315，last accessed on 13 January 2014；张朔：《习近平会见澳大利亚总理阿博特》，中国新闻网，2013 年 10 月 6 日，http：//www. chinanews. com/gn/2013/10 – 06/5346688. shtml，访问日期：2014 年 1 月 13 日。

③ "Abbott Confident of Getting Free-trade Deal with China in 12 Months"，*ABC News*，7 Oct. 2013，http：//www. abc. net. au/news/2013 – 10 – 07/abbott-confident-of-securing-free-trade-deal-with-china/5003086，last accessed on 13 January 2014.

然而，这种蜜月期并非总是甜蜜的。就在巴厘岛峰会期间，美、澳、日三国外长举行了三方战略对话，并就中国东海和南海局势发表联合声明，反对可能改变该地区现状的"强制性或单方面行动"。中国外交部发言人华春莹做出回应，告诫三国不要以同盟关系为借口，介入领土主权争议，她敦促有关国家谨言慎行，防止问题复杂化。① 中方做出这样的反应是意料之中的，尽管如此，对于澳大利亚来说，这种反应总体上是低调的、就事论事的，主要矛头并没有明确指向阿博特政府。

然而，仅仅一个半月后，情况发生了巨大变化。2013 年 11 月 23 日，中国宣布划定东海防空识别区，范围包括钓鱼岛所在海域上空。这一举动引起美、日等国的不满，美国还派遣两架 B－52 轰炸机，在不预先知会中方的情况下进入防空识别区。与此同时，澳大利亚外长毕晓普发表声明，反对任何强行或者单方面改变东海现状的行为，她认为中国划定识别区的时机和方式不合适，不利于地区稳定，并召见中国驻澳大使马朝旭，要求中方对划定识别区的用意做出解释。②

如果说一个多月前中方对美日澳三国声明的反应相对低调，那么毕晓普这次就东海防空识别区的表态真正惹怒了北京。中国外交部立即向澳方提出严正交涉，并表达了强烈不满，外交部发言人洪磊指出，澳外长对中国的正当行为说三道四是完全错误的，中方不予接受，他敦促澳方纠正错误，以免损害中澳合作关系。面对北京的愤怒，毕晓普拒绝改变立场，总理阿博特和国防部长霍吉（Joe Hockey）也一唱一和，站出来支持她的立场。③ 这样一来，两国关系再度陷入僵局，短暂的蜜月期也因此戛然而止。

这种局面也给毕晓普一周后访华的行程增添了始料未及的内容。作为澳大利亚新政府的外长，她的首次访华本应是友好之旅，但毕晓普于 2013

---

① 《中国敦促美日澳勿插手南海争端》，路透社，转引自参考消息网，2013 年 10 月 8 日，http：//china. cankaoxiaoxi. com/2013/1008/282316. shtml，访问日期：2014 年 1 月 13 日。

② Karen Barlow, "Australia Expresses Concern over China Air Defence Zone", *ABC*, 26 Nov. 2013，http：//www. abc. net. au/news/2013－11－26/an－aust-calls-in-china-ambassador-over-air-defence-zone-announc/5117974，last accessed on 14 January 2014.

③ 李景卫：《澳对中国东海防空识别区说三道四》，人民网，2013 年 11 月 29 日，http：//world. people. com. cn/n/2013/1129/c1002－23689783. html，访问日期：2014 年 1 月 15 日。

年 12 月 6 日抵达北京时，两国就防空识别区的争执成为人们关注的焦点。外界注意到毕晓普在北京受到"冷遇"，中国外长王毅在同她会谈之前，以罕有的方式，当着记者的面对其加以"训斥"，批评澳政府的言行触及了中方的核心利益，损害了双方的互信、影响了两国关系的健康发展，中国人民对此深为不满。毕晓普在回应时，虽然坚持原有的立场，但口气上有所缓和。①

事件爆发后，澳国内舆论界和学术界就此展开了讨论，对毕晓普的强硬对华立场有支持的，也有反对的，支持者包括罗伊国际政策研究所所长 Michael Fullilove，他认为堪培拉的立场是合情合理的；② 反对者包括澳国立大学教授怀特（Hugh White），他认为阿博特政府在中日领土争端中明显偏袒日本，若不及时改弦易辙，将可能在经济上受到中国的惩罚。③

至本文截稿时，中澳双方尚未走出这一事件的阴影。④ 而从历史角度来讲，这不过是历史长河中的一丝波澜。例如，霍华德政府上台伊始，在对华关系上也曾有过类似的挫折，但双方通过共同努力最终克服了困难，反而使两国关系更上一层楼。中澳建交四十多年以来经历了风风雨雨，每次遇到障碍，双方都最终以大局为重，捐弃前嫌，闯过难关。从长远角度来看，最近三年来双边关系出现的一系列波折不足为奇，愈加频繁的波动恰恰反映了中澳交往密度的不断增加，磕磕绊绊是密切交往中不可避免的，实际上，中澳之间的实质关系始终在向前发展。

---

① 叶靖斯：《因东海争议遭中国训斥　澳大利亚外长毕晓普低调回应》，BBC 中文网，2013 年 12 月 7 日，http：//www. 171english. cn/bbc/zhongwen/2013/december/xunchi. html，访问日期：2014 年 1 月 15 日。

② Anthony Bubalo and Michael Fullilove, "Tony Abbott's Diplomatic Wobbles Reveal Challenges of New World Order", *The Age*, 11 Jan. 2014, http: //www. theage. com. au/comment/tony-abbotts-diplomatic-wobbles-reveal-challenges-of-new-world-order – 20140110 – 30lzl. html, last accessed on 15 January 2014.

③ Hugh White, "China will Inflict Pain if Abbott Blunders on", *Sydney Morning Herald*, 24 Dec. 2013, http: //www. smh. com. au/comment/china-will-inflict-pain-if-abbott-blunders-on – 20131223 – 2zueu. html, last accessed on 15 January 2014.

④ 2014 年 3 月马来西亚 MH370 航班失踪后，中澳两国在联合搜救工作中显示出务实合作的精神，这为阿博特 4 月访华创造了良好氛围。阿博特访华期间，失踪航班的搜索进展成为双方的首要议题，有关东海防空识别区的争端也被暂时搁置，这在客观上促进了双边关系的改善。

二 全面发展，不断深化

的确，两国关系在各个领域都不断深化，近些年来尤其如此。2010～2013年这三年间，双边贸易持续高速增长，累计增加了60%，总额达到1400亿澳元。中国成为澳大利亚最大的贸易伙伴，不仅是澳出口产品的最大市场，而且是其进口产品的最大来源地。澳大利亚成为中国的第八大贸易伙伴，为中国建设提供了大量的资源和能源产品，主要包括铁矿石、煤炭、氧化铝和液化天然气，占澳对华出口的80%以上，另外，农牧产品、清洁食品和节能产品也占有相当的份额，比如受中国人青睐的羊毛和棉花大量销往中国市场，分别占澳同类出口的74%和68%。中国向澳大利亚出售的商品主要有机电产品、纺织品、鞋类产品、旅游用品、工业制品、塑料和化工产品等。在全球金融危机、西方市场普遍低迷的情况下，纺织品等主要对澳出口商品持续增加，中国服装和中国制造的日用产品在澳大利亚各地的商店里随处可见。[①]

曾经亲历上述发展的中国前驻澳大使陈育明形象地描述了中澳之间快速增长、不断加深的相互依赖关系："中澳双边贸易额三年内增长57%，是40年前的1300倍，一天相当于建交初期的三年。中国进口的铁矿石一半来自澳大利亚，大江南北高楼大厦中牢牢嵌入澳大利亚的铁元素，澳大利亚的广场上铺着中国的花岗岩。两国老百姓用自己的货币在对方商店里购物。澳大利亚人在超市和商场买的是中国商品，中国人餐桌上摆着澳大利亚葡萄酒和乳酪。"[②]

双向投资也迅速增加。近三年来，中国成为澳大利亚前三大投资来源国之

---

① 本节贸易、投资数字和相关信息系作者根据中澳两国官方机构数据和最新媒体报道整理而成，主要资料来源包括澳大利亚外交贸易部年度报告（2010～2013）、澳统计局年报（2010～2013）、中国驻澳使馆网站、双方领导人和大使讲话等。

② 《驻澳大利亚大使陈育明在离任招待会上的致辞：鲲鹏展翅，志在千里》，中华人民共和国外交部网站，2013年8月15日，http://www.fmprc.gov.cn/mfa_chn/dszlsjt_602260/ds_602262/t1066604.shtml，访问日期：2014年1月16日。陈育明驻澳时间为2010年10月至2013年8月，基本涵盖了本文涉及的三年；几乎与此同时，澳大利亚驻华大使孙芳安（Frances Adamson）从2011年8月起至今一直在任。这期间，澳大利亚政府更迭频繁，总理和外长分别三度易人；中国也经历了领导层换届。尽管如此，两国外交工作层面的交往保持了相对稳定，为外交政策的延续性和双边关系的持续发展提供了保障。

一，仅次于美国和英国，直接在澳投资 2012 年达到 167 亿澳元，澳大利亚已成为中国海外投资的主要目的地之一。尽管如此，中资在澳国内的海外总投资中所占比例不到 2%，仍有很大发展空间，关键要看澳政府是否有决心清除相关投资壁垒。与此同时，澳大利亚在华投资也迅速增长，2012 年达到 84 亿澳元，共约 1 万个项目，比 2005 年增长 10 倍，然而澳在华投资规模相对较小，只占澳海外总投资的 2.3%。若要进一步扩大对华投资，不仅要看澳企业的实力，还取决于中国投资环境的不断改善。

尽管两国政府关系时有波动，但民间往来持续增长。过去三年，两国人员往来翻了一番，达到 137 万人次，其中赴澳中国留学生高达 16 万人，前往澳大利亚的中国游客每年超过 60 万人次，中文在澳大利亚已经成为英文以外使用最广泛的语言。两国间文化、教育、科技和其他各领域的交流也出现水涨船高、不断深化的发展趋势，双方近年互办文化年和文化周活动，既适应又促进了这种趋势。2011 年 4 月具有半官方色彩的澳中论坛应运而生，为双方进行更广泛的对话提供了新平台，参加对话的不仅有政府官员，还有学界、商界、媒体和社会其他方面的代表，该论坛每年在中澳两国轮流举办，中方承办单位是中国人民外交学会，澳方承办单位是澳大利亚国立大学。

民间交往的扩大也促进了两国关系向更深、更广层次的发展，到目前为止，中澳之间已经建立了 80 多对友好省州和姊妹城市关系。2013 年 4 月，澳大利亚同广东省签署协议，成立澳大利亚—广东商务合作理事会，为两地企业提供合作平台，理事会成员都是双方的企业，由澳大利亚外交贸易部和广东省外经贸厅负责指派，并且定期轮换，第一批成员包括双方各十个企业，澳方有博斯格钢铁和澳新银行等，广东企业包括华为和中兴。这是澳大利亚同中国省级单位直接合作的新尝试，显示了务实精神及深化合作的决心。

从整体上来说，中澳之间已经建立了多层次、多渠道的互动和沟通机制，除了新近建立的领导人年度对话机制，还有两国外长之间的外交战略对话、两国商贸和经济部门的部长级对话、气候变化部长级会谈，以及农业、教育、科技、文化、领事、旅游、环境等各个领域不同级别的对话机制。澳大利亚在华使领馆网络是澳驻外代表机构中最健全的网络之一，虽然澳大利亚近些年来为了节省开支，裁减了不少驻外人员和机构，驻华机构却有增无减，有至少12个政府机构直接派员在驻华使领馆办公，其规模和数量超过澳派驻其他亚洲国家的代表机构。到目前为止，澳大利亚除了在北京设有使馆，已经在上海、广州、香港和成都开设了领事馆。澳大利亚还准备在条件允许的情况下开设驻沈阳领事馆。这从一个侧面反映出澳政府对中澳关系的重视。

与此同时，中澳战略关系也有了长足发展，双方高层和官员经常就亚太地区的局势和区域安全问题交换意见，两国在多边场合也保持经常性的接触，这些场合包括亚太经合组织、东盟地区论坛、东亚峰会和二十国集团首脑会晤等。不仅如此，两国军队和防务部门的交流也日益增多。

中澳两军之间存在着多种形式的往来，包括国防部和总参谋部之间的定期磋商、国防官员对话和培训交流、军舰互访、联合搜救演习等，比如，2010年9月，澳大利亚海军护卫舰"Warramunga号"访问了青岛港和湛江港；中国海军"郑和号"和"绵阳号"军舰同时对悉尼港和达尔文港做了回访。2011年底，澳国防军同中国人民解放军一起在四川省进行了人道救援演习；2012年10月，中国军队同澳大利亚和新西兰军队在澳布里斯班举行了代号为"合作精神"的人道主义救援减灾联合演练，演练课目是洪灾人道主义医疗救援，包括经验交流、桌面推演、士兵演练和实地考察四个阶段。为了加强两军互信，2013年9月双方还在澳大利亚举办了中澳军事文化周，包括两国军乐团联合演出和两军交往图片展等项内容。①

进入2014年，尽管中澳政治层面在东海识别区问题上的分歧尚有待解决，但两国防务战略定期磋商仍然如期举行。2014年1月13日，正当中国人准备迎接农历马年之际，中国人民解放军副总参谋长王冠中率代表团前往堪培拉参加中澳第16次防务战略磋商，就新一年两军重点交流项目和今后5年交往规划进行商议。王冠中表示，三个月前习近平主席会见阿博特总理时，希望继续强化两国安全纽带，推动中澳战略伙伴关系深入发展，在此背景下，中方愿与澳方共同努力，充分发挥防务战略磋商机制的作用。澳国防军副总司令马克·

---

① 韩超：《中澳军事文化友谊周活动开幕》，人民网，2013年9月28日，http：//military. people. com. cn/n/2013/0928/c1011-23068669. html，访问日期：2014年1月17日。

宾斯金（Mark Binskin）做出了积极回应，希望与中方在海洋军事管理、战略政策披露、教育互换、实战演习和高端互访等方面展开进一步的合作。①

三　未来的抉择

由于语言文化、社会制度和意识形态的差别，中澳两国之间存在一定隔阂，缺乏足够的相互信任，给两国关系带来了不稳定因素，无论是东海识别区问题，还是华为投资问题，这几年双边关系的波动都与此相关。若要使中澳关系平稳向前发展，关键是要增进两国政府和两国人民之间的互信，而要增进互信就要加强交流，这种交流包括两个层面，一是政府层面，二是民间层面。

如上所述，两国政府间业已存在多种对话渠道，应当充分加以利用，除了畅谈友谊、求同存异，还可以在分歧点上多下些功夫，因为这样的对话大多是闭门讨论，比较适合解决分歧。遇到分歧较大的问题，如人权、南海、东海和贸易争端等，除了各说各的立场，可以多花些时间解释所持立场背后的原因和苦衷，并鼓励换位思考，让谈判双方设身处地地为对方提出解决问题的可能方案。当然，实在纠缠不清的问题，也只能以求同存异的方式暂时搁置。

确实，中澳之间有些问题不是通过改进对话形式，也不是通过增加政府间交流就可以解决的，还需要民意的支持，尤其是澳大利亚方面。一些经常同中国打交道的澳大利亚政客和官员可以私下对中方的立场表示理解，但无法公开自己的想法，原因是怕选民不高兴。从近些年的民意调查来看，澳公众对中国崛起抱有戒心，不仅对中国的战略意图心存疑虑，而且不支持过多中国资金进入澳大利亚。因此，中国要同澳大利亚实现互信，除了加强政府间的交流，更重要的是赢得澳民众的理解和信任。

其实，中国近年来在公共外交上已经做了不少努力，这种努力使中国符号在国际上的认知度大大提高，但西方民众对中国的善意并未随之增加。这是一

---

① 《王冠中赴澳主持第 16 次中澳防务战略磋商》，中国新闻网，2014 年 1 月 15 日，http：//www. chinanews. com/mil/2014/01 – 15/5737027. shtml，访问日期：2014 年 1 月 17 日；《澳中举行防务战略磋商　同意加强军事合作》，澳洲新快网，2014 年 1 月 16 日，http：//www. xkb. com. au/html/news/aozhoushizheng/2014/0116/119481. html，访问日期：2014 年 1 月 17 日。

个国家由弱到强的过程中经常遇到的现象，中国近二十年发展速度如此惊人，难免树大招风，受人指摘。西方虽然没有"枪打出头鸟"的说法，但澳大利亚和其他一些国家都有"砍倒高罂粟"（Tall Poppy Syndrome）的心态，对中国迅速崛起过程中的某些举动心存芥蒂，实属难免。这同20世纪80年代霍克政府时期形成鲜明对照，当时中国改革开放刚刚起步，被视为弱者，澳大利亚许多民众从心底里希望看到中国进步，每当中国取得一点成绩，澳公众都会为中国加油，这种乐观向上的情绪经常见诸报端，为霍克政府积极推动对华友好政策提供了良好的民意基础。

现在的中国被包括澳大利亚在内的西方视为强者，因此受到了非同一般的审视，这是一个大国崛起时无法回避的现实。面对这一现实，中国更有必要保持谦虚谨慎的国际姿态，并对中小国家表现出宽厚的大国风范，比如，习近平、李克强这届领导班子上任后不久，欣然同意吉拉德提出的领导人年度会晤机制的建议，这在澳大利亚受到政府和民间的普遍好评，认为中国放下大国身段，显示了合作的诚意。相比之下，当中国对澳某些言行做出强硬表态时，往往被澳民众看作是耍大牌，因而被当作"高罂粟"来加以防范。强硬的手段有时是必要的，而且见效较快，但用多了容易引起反感，不利于长期互信的建立。正如中国古话所说，桃李不言，下自成蹊，大国在同中小国家打交道时也常常应验这个道理。邓小平先生当年提出"沉着应对、韬光养晦"的忠告现在仍值得借鉴，若运用得当，未必不能达到实至名归的效果。

当然，今天的国际关系比邓小平时代更加错综复杂，除了有形的交往之外，看不见的战线上也进行着愈发激烈的较量，尤其是虚拟空间的角力。中澳之间近年来不时传出间谍、黑客之类的指控与反指控，国家行为和个人行为往往难以区分，让旁观者莫衷一是，使民众疑心重重，更增加了建立互信的难度，这也是华为投资受挫的症结所在。要在这方面达成共识绝非易事，但双方可以指派网络安全专家组成联合工作小组，就共同关心的事宜进行交流，进而制订国家网络行为准则，帮助识别个人黑客行为，减少误判。

就战略合作而言，双方在加强战略对话的同时，可以逐步增加两军之间的互动。澳方有意邀请中国部队参加澳美在达尔文等地的联合军事行动，一旦发出正式邀请，若中方能积极响应，会有助于培养澳方的善意和信心。另外，两国可以在多边外交中加强配合，比如，澳方有些人士注意到，2014 年中国和澳大利亚分别担任亚太经合组织和 20 国集团的主席国，希望双方可以在彼此关心的议题上加强协调，为推动共同利益发挥更大作用。也有澳学者向政府建议，加强同中国在南太地区的合作，① 中国不妨积极响应，借助澳在南太的经验和影响力，帮助解决中国企业和侨民在当地遇到的麻烦。

在经贸关系方面，阿博特政府渴望在年内达成中澳自由贸易协议，为此改变了澳方以往坚持的一揽子解决的谈判方式，希望先就双方的共同点达成一致。中方当然可以利用这一杠杆，使澳在投资设限方面做出让步，但也可以借鉴近年加拿大等国的经验，通过缔结双边投资协议来解决问题。就自贸协议本身而言，双方最好都表现出更多的灵活性，先易后难，循序渐进。目前中澳贸易中的一大缺陷是进出口品种单一，尤其是澳向中国市场的出口，绝大部分是能矿资源型初级产品，这使澳方担心过分依赖中国市场，希望拓宽出口门类，使中澳贸易多元化。自贸谈判如能就农业和服务业等难点实现突破，将在一定程度上缓解澳方的忧虑，有益于培养善意，间接帮助软化澳民众对中资的抵触情绪。除此之外，中澳贸易进一步多元化，也有助于增加双方的人员往来，从而增进两国民间的相互了解和认知，最终促进两国人民的互信。

随着双向旅游和留学数量的增长，两国民间交往越来越密切，然而这些短期访客流动性较大；而那些定居澳大利亚的几十万中国移民则是有待挖掘的巨大资源，他们比一般游客更加了解澳大利亚，而且经常来往于两国之间，无形中起到了桥梁的作用。中国可以充分利用这一资源，简化这类人的回国签证手续，如有可能，听取海外华人团体多次提出的建议，积极考虑承认双重国籍的可能性，以展示开阔的胸襟。

在当今的西方世界里，民众对政客和官方人士的厌恶和不信任感有增无减，澳大利亚也不例外。因此中国在澳开展外交活动时，除了同政界要员搞好关系，还需培养亲华的独立民间人士，包括学术界、媒体、文艺界和体育界的从业人员，这些人士的潜在影响力往往超过政客，一旦发声，更容易影响公

---

① Jenny Hayward-Jones and Philippa Brant, "Judicious Ambition：International Policy Priorities for the New Australian Government", *Analysis*, Lowy Institute for International Policy, Sept. 2013, pp. 15 - 17.

众。这不禁使人联想起爱德加·斯诺（Edgar Snow）当年对宣传中国红色政权所起的作用，他在成名前，不过是个普通撰稿人，正因如此才没有任何包袱，更具可信度，通过他的笔把有血有肉的毛泽东及其周围的人和事呈现给世界，使当时处境艰难的中国红色政权得到越来越多国际民众的同情和支持。中国现在需要更多斯诺式的人物，帮助世界了解当代中国，消除误解，以最终赢得国际民众的理解和信任。

当然，斯诺式的人物是可遇不可求的，现今国际形势也不同以往，但无论当代斯诺能否出现，中澳之间仍有许多空间，供双方做出脚踏实地的努力，比如支持两国青年团体（如 ACYA 澳中青年协会）的活动、赞助年轻一代的交流等，这样的努力可以为建立长期互信打下基础。

而就中方眼下而言，最为切实可行的一点是在鼓励中澳学术交流的同时，加强澳大利亚研究。同中国对美国和日本等国的研究相比，国内澳研（特别是涉及澳政治和外交的研究）相对滞后，因此，加大对澳研的投入、培训更多知澳专业人才，有利于深入解读澳对华政策背后的动机，做到知己知彼。同样重要的是，中国重视澳研本身也是一种信号，可以借此向澳方释放善意，益于加强中澳之间的好感，从而增进互信。有了互信，许多双边问题才能迎刃而解。

结　　论

无论是就深度还是就广度而言，中澳两国的实质关系都在不断进步，随着经贸和人员往来的增加，两国间相互依赖和彼此了解的程度也在日益加深。虽然近年来两国政治关系时常出现波动，包括近三年的三起三落，但这并没有影响两国间的总体关系向前发展。摩擦是互动过程中的伴生现象，争端的增多正说明交往密度的增加。当然，争端还是越少越好，而要消除争端，就需加强互信。

如前文所述，双方可以选择各种各样的方法增进互信，这不仅涉及官方的交流，而且关乎民间的往来。不言而喻，中澳关系的未来走向取决于双方的选择。

中国—新西兰双边关系进入成熟阶段

杨杰生 *

摘　要：

中国与新西兰的双边关系已经进入了以政治高度互信、军事交流深化、贸易增长、投资增加与更广泛的经济合作为特征的新的发展阶段。基于对两国政府间近些年来不断强化的联系的分析，对双边关系在过去两年中遇到的一些挑战的检视以及对2014年两国签订的最新双边合作协议的解读，本文认为中国和新西兰的双边关系已经进入了一个新的成熟发展阶段。中新之间这种成熟的双边关系可以成为中国建构和处理与其他西方国家双边关系的典范。

关键词：

中新关系　典范　经贸合作　政治互信

一　中国与发达国家关系的典范

在过去五年中，中国与新西兰的经贸关系经历了快速发展，为此奠定坚实基础的则是过去几十年来两国为促进双边关系而做出的持续而全面的努力。这些努力是当今两国间高水平的政治互信、快速发展的双边贸易投资和经济合作的基础。因此，中国—新西兰双边关系为中国构建与西方国家成熟健康的双边关系提供了重要范例，是中国与西方国家双边关系的典范。

---

* 杨杰生（Jason Young），新西兰惠灵顿维多利亚大学政治与国际关系系讲师，新西兰当代中国研究中心研究员、项目经理，博士，主要研究领域为当代中国的政治经济改革、农业发展、社会经济与制度变革、中新贸易和投资关系。

新西兰地处南太平洋，人口约450万，经济依赖农产品出口，政治制度沿袭英国传统，是一个地地道道的民主小国。历史上，新西兰的政治、经济和文化发展多受亚洲以外地区的影响。随着近来亚洲经济的快速发展，尤其是中国经济长达30年的高速增长，新西兰与亚洲的关系越来越密切。中国是历史悠久的文明古国，人口居世界第一，经济以强大的制造业和高新技术出口为基础，政治系统具有独特性，并在外交上重视独立自主和和平发展。这些特色在很大程度上成就了中国在世界舞台上的崛起。

当今中新双边关系有两个基本特征。首先，双边关系具有不对称性。中国是一个大国，新西兰是一个小国。相比中国，新西兰在国家发展战略方面赋予了中新双边经济与政治关系更高的重要性。其次，中国与新西兰之间有许多明显的差异，如政治制度、文化、历史等。有人认为，上述两个基本特征在很大程度上预示着中新关系的发展潜力和空间有限，但就实际情况而言，中新关系的成熟度远高于中国与其他西方国家的双边关系，并正在为中国与其他西方国家双边关系的构建和发展提供重要和宝贵的借鉴。"中新关系已进入相对成熟的阶段，双边关系呈现出经常性的高层接触、范围不断扩展的官方对话、健康和多样化的双边经贸交流及不断深化的两国人民之间的接触等四个突出特点，已成为不同政治制度、文化背景、发展阶段国家和谐共处、共同发展的典范。"①

本文分四部分深入分析了中新关系的意义和前景。第一部分概述双边关系的历史进程，提出文章的主要论点。第二部分概述两国政治和军事交流，指出良好的政治关系有助于深化政治互信，并为其他领域的双边合作提供基础。第三部分分析贸易和投资，显示中国与新西兰较强的经济互补性。尤其是2008年签订的两国自由贸易协议提供了一个持续促进两国经贸联系的良好制度框架。过去几年两国贸易联系开始扩展到投资和经济领域，创造了许多经济增长机会，同时两国人民对推进双边文化交流的愿望也日渐迫切。第四部分从整体上对中新关系进行了全面的总结和概括并展望中新关系未来几年的发展趋势与前景。

---

① 顾静、王婷婷：《中国与新西兰关系发展》，载魏明海主编、喻常森副主编《大洋洲发展报告（2012~2013）》，社会科学文献出版社，2013，第210页。

（一）中新关系的发展历程

与世界上的多数国家相比，新西兰的历史较为短暂。土著毛利人自太平洋岛屿迁徙定居于新西兰大概发生于中国的宋代。虽然具体时间还存在争议，学者大多认为可能在中国南宋时期。直到17世纪荷兰人亚伯塔斯曼（Abel Tasman）探险航行至此，欧洲人才知道新西兰南北二岛的存在。1769年，英国航海家詹姆斯·库克船长（Captain James Cook）为英国政府首次绘制了新西兰海岸线地图。1840年，英国与世居新西兰的各毛利部落首领签订了《怀唐伊条约》（Treaty of Waitangi），宣告了英国王室对新西兰的主权。

新西兰与中国的接触从这个年轻国家第一次尝试与外部世界交流起就已经开始。自1788年位于现今澳大利亚悉尼的英租界设立后，新西兰就开始随着英国融入太平洋贸易网络，并开始与中国清政府建立起贸易联系和开始人员交流。[1] 早在1792年新西兰的海豹制品就开始在中国市场销售。此后新西兰玉石（pounamu）也出口到中国市场。19世纪60年代新西兰南岛发现金矿，奥塔哥（Otago）省政府邀请居住于广州的中国工人到新西兰南岛金矿区工作。这些工人成为自中国到新西兰的最早的规模性移民。[2] 遗憾的是，新西兰政府后来实行了暂时的歧视性规定并征收"人头税"，以限制中国到新西兰的移民数量。2002年2月，时任新西兰总理海伦·克拉克（Helen Clark）代表新西兰政府就这些歧视性政策向这批早期移民的后人郑重道歉。[3]

新西兰人也很早就访问了中国，如路易·艾黎（Rewi Alley）、詹姆斯·贝特兰（James Bertram）、何明清（Kathleen Hall）都对现代中国的发展与对外交流做出了贡献，并在中新关系的发展历程中留下了他们的印记。1949年以后，中新两国政府关系进入停滞阶段，但两国的民间交流因热爱中国的新西

---

[1] John Wilson, "History-Europeans to 1840", Te Ara-the Encyclopedia of New Zealand website, available at http：//www.teara.govt.nz/en/history/page-2.

[2] 个别中国移民已经先期抵达了，参阅 Chris Elder, *New Zealand's China Experience：Its Genesis, Triumphs, and Occasional Moments of Less than Complete Success*, Victoria University Press, 2013。

[3] Helen Clark, "Address to Chinese New Year Celebrations", 12 February 2002, available at http：//www.beehive.govt.nz/speech/address-chinese-new-year-celebrations.

兰个人与团体的不懈努力而得以维持。①譬如，新西兰新中友好协会（New Zealand China Friendship Society）当时发挥了重要作用，协会成员以私人身份对中国的频繁访问促进了新西兰人对新中国的了解。尤其是在当时两国未建立正式外交关系的情况下，民间交流对维系与促进新西兰与中国的关系至关重要。② 两国的民间交往最终推动了新西兰政府与中华人民共和国政府正式的外交关系的建立。③ 但是，当时的冷战地缘政治因素仍是两国建交的巨大障碍。④ 1972 年中新政府建交前，中国共产党和新西兰共产党之间的党际交往在很大程度上填补了两国官方联系的空白。⑤

20 世纪 70 年代，中新关系发生了两大历史性转变。第一，随着中国重新获得联合国安理会常任理事国席位，新西兰和中国在 1972 年 12 月正式建立了大使级外交关系。2012 年 12 月，在中新建交 40 周年之际，中国社会科学院和新西兰当代中国研究中心在北京联合举办了相关纪念活动。第二，20 世纪 70 年代末中国实施了"改革开放"战略，开辟了其他国家与中国全面交往的政治和经济新时代，同时也为中国人民提供了与外部世界加强联系、实现共同发展的机会。虽然双边经贸往来规模与发展速度不及中国与欧、美、日等国家和地区，但中国与新西兰的贸易往来自改革开放后开始稳步增长。从那时起，中国出口到新西兰的产品日益增加，两国的留学生、商务人士和政府官员之间的互动日渐频繁。

至世纪之交，中新关系已明显在许多方面日趋健康成熟，而且具备很大的发展潜力。为了使双边关系迈上一个新台阶，两国政府在消除发展双边关系进一步发展的障碍方面进行了诸多努力。双边关系在过去十几年中实现了"四个第一"，为推动中国与新西兰进一步发展合作及建立政治互信提供了坚

---

① See Alistair Shaw, "Telling the Truth about People's China", doctoral dissertation in Asian Studies, Victoria University of Wellington, 2010.

② See Philip Matthews, *China and New Zealand*, Chinese Bookshop, 1949.

③ See New Zealand China Friendship Society, *New Zealand Should Recognise China: On the Grounds of Realism, National Interest, It is time to look at the facts again*, 1971.

④ See Prime Minister Sir Keith Holyoake, *New Zealand and China*, Ministry of Foreign Affairs, 1971.

⑤ Chis Elder, *New Zealand's China Experience: Its Genesis, Triumphs, and Occasional Moments of Less than Complete Success*, Victoria University Press, 2013.

实基础。

第一，新西兰是第一个与中国签订关于中国加入世界贸易组织双边协议的西方国家（1997 年 8 月），这表示新西兰愿意与中国接触并鼓励中国融入全球化进程。新西兰对多边外交和独立自主的外交政策非常重视。第二，新西兰是全世界第一个承认中国完全市场经济地位的发达经济体（2004 年 5 月），这说明新西兰支持中国的改革开放，也看到中国的市场经济将不仅在中国国内推动增长，也会给新西兰的发展带来重要机遇。第三，新西兰是第一个与中国启动双边自由贸易协定谈判的发达国家（2004 年 11 月）。第四，新西兰是第一个与中国签订自由贸易协定的经合组织（OECD）成员国。2008 年 4 月，新西兰与中国签署了一个范围广、水平高的自由贸易协议，[①]协议的签署标志着中新关系进入了成熟阶段并日益成为中国与西方国家关系的典范。

（二）中新关系的成熟和其典范效果

伴随中新自由贸易协议签署的还有其他一系列"第一"。譬如 2010 年 3 月，新西兰与中国香港特别行政区签订了《紧密经贸合作协定》，成为第一个与中国香港签署双边自由贸易协定的国家。2013 年 7 月，新西兰与中国台北签订了《台澎金马个别关税区与新西兰经济合作协定》（ANZTEC）。新西兰是唯一与中国三个关税区签署贸易协议的国家。

此外，在库克群岛政府的请求下，中国和新西兰合作为其提供援助，以改善其首都拉罗汤加岛的居民用水水质。新西兰援助机构（New Zealand Aid）称这个 6000 万纽元的库克群岛供水合作项目为"世界第一"。这也是中国第一次与发达国家合作为第三国提供援助和发展项目。[②] 其中，新西兰政府拨款

---

① "New Zealand-China Relations：'Four Firsts'"，New Zealand Ministry of Foreign Affairs and Trade，6 September 2013， available at http：//www. chinafta. govt. nz/3 - Progressing-the-FTA/1 - Why-China/Four-firsts. php.

② "New Zealand and China Collaborate on World First in Development"，New Zealand Aid Programme，Sepetember 2012，Ministry of Foreign Affairs and Trade， available at https：//www. aid. govt. nz/media-and-publications/development-stories/september - 2012/new-zealand-and-china-collaborate-world-fi.

1500 万纽元，中国通过优惠贷款方式提供约 3200 万纽元（1.65 亿元人民币）。中国驻新西兰和库克群岛大使王鲁彤说，中国政府充分认识到拉罗汤加岛供水项目对库克群岛人民的重大意义，高度重视该项目。新西兰外交部长麦卡利说，三方合作项目的启动标志着以创新方式为库克群岛提供发展援助的开始，也表明新西兰与中国之间的关系更进了一步。[1]

这些经济协议和合作项目显示了新西兰与中国关系的日益深化，表明了新西兰政府有意愿、有能力与中国深化合作。中国驻新西兰大使王鲁彤在 2013 年的接受采访时表示，中国已经把中新双边关系视为中国与所有其他西方国家关系的典范。[2] 2014 年 4 月，在惠灵顿维多利亚大学的一次演讲中，王大使把双边关系描述为"开创"和"模范"，并赞扬了新西兰总理约翰·基（John Key）在当年 3 月对中国的成功访问。王大使指出，新西兰总理的访问是"卓有成效的"，取得了如增进互信、实现货币直兑和与中方协商设定一个雄心勃勃的新贸易目标等成果。

正如今天的成功是过去多年努力和坚持的产物，一个未来更加紧密的中新关系也离不开今天的持续努力。下文将介绍一些这些努力和成就，以表明中新关系已经迈进一个成熟的阶段，并成为中国与西方国家双边关系的典范。

二 政治与军事关系

虽然在政府形式上，世界各国存在各种各样的差异，但国家的外交和军事关系仍旧是国际关系的重心，并对国际贸易、经济和社会关系产生基础性作用。中国和新西兰也不例外，两国在政府制度、经济结构和文化传统上差异明显，但两国良好的政治关系为成熟的双边关系的构建起到了重要支撑作用。中

---

[1] 《中国参与库克群岛供水项目开工》，新华网，2014 年 2 月 21 日，http：//news. xinhuanet. com/overseas/2014 - 02/21/c_ 119450504. htm。

[2] Wang Lutong, Chinese Ambassador to New Zealand, "NZ Welcome Partner in China's March to Prosperity", The New Zealand Herald, 7 December 2013, available at http：//www. nzherald. co. nz/business/news/article. cfm？ c_ id = 3&objectid = 11168447.

国国家主席习近平对新西兰总理约翰·基说过，政治互信和贸易合作应为双边关系发展提供"双轮驱动"。①

（一）政治互信

自两国1972年建交后，通过双方的多年努力，"四个第一"已经成为中新两国政治互信的基础。从这个意义上看，中国与新西兰自由贸易协议首先是一个政治协议。两国官方确定这一协议的目的是达成经济上的互利。这说明两国认识到政治关系对经济和社会关系的重要性。新西兰政府为了延续这种与中国的主动积极的双边关系，还特别制定了一个"中国战略"。

新西兰省份《中国战略报告》（*The New Zealand Inc. China Strategy*）在2012年2月发布，该战略包括未来三年发展对中国关系的五大目标：第一，保持和发展两国强有力的政治关系；第二，将两国双边货物贸易额翻一番，即2015年双边货物贸易额达到200亿纽元；第三，增加服务贸易，实现2015年教育出口增加20%，旅游业增长至少60%及其他对中国服务出口的增加；第四，提高双边投资水平，使之与不断增长的对华商业联系相适应；第五，加强在高科技领域的合作以创造商机。②

《中国战略报告》的第二个目标是2010年时任中国总理的温家宝和新西兰总理约翰·基共同协商确立的。在2014年初，双边货物贸易已经已达了180亿纽元，中国不仅成为新西兰最大的进口伙伴，也成为新西兰最大的出口目的地。2014年3月19日，中国国家主席习近平和约翰·基总理签署了一项新协议，即到2020年使双边货物贸易额达到300亿纽元。③

新西兰政府也认识到增进普通新西兰人对中国了解的重要性。为了实现

---

① "Remarks by Ambassador Wang Lutong at the Post Assumption Reception", 21 November 2013, available at http：//www.chinaembassy. org. nz/eng/zxgxs/t1101084. htm.

② Ministry of Foreign Affairs and Trade, *NZ Inc. China Strategy*：*Goals and Priority Actions*, 2012, available at http：//www. mfat. govt. nz/NZ-Inc/6 – Opening-doors-to-China/3 – NZ-Inc-China-strategy/2 – Strategic-goals. php.

③ Claire Trevett, "NZ and China Set to Sign off on New Trade Goal", *The New Zealand Herald*, 19 March 2014, available at http：//www. nzherald. co. nz/nz/news/article. cfm? c_ id = 1&objectid = 11222717.

这一目标，政府大力推动对中新关系和当代中国的研究，如于 2009 年成立新西兰当代中国研究中心（New Zealand Contemporary China Research Centre），①并于 2012 年成立新西兰中国关系促进委员会（New Zealand - China Council）。②这些机构在提高官员、商人和民众对中国了解方面起了重要作用。

新西兰政府高层十分重视与中国官员的定期沟通和会谈。2014 年 3 月约翰·基总理对中国的访问已经是他当选总理以来的第三次中国之行。在过去的一年里，中新最高领导人三次会面。2013 年，十多名新西兰政府部长集体访问中国，远超其他西方国家政府高层访问中国的频次。2014 年，新西兰政府还宣布，在北京新建成的新西兰驻中国大使馆将增加员工人数，包括增加七个新的外交与贸易部的岗位、聘用一个公共事务经理和新增九个初级产业部在中国的办事处。③这体现了新西兰政府对中新关系未来发展的高度重视。

这些重视已经给新西兰带来了具体而实在的好处。2014 年 3 月，新西兰总理约翰·基与中国总理李克强在人民大会堂会晤时，联合宣布了六项新举措：①推出人民币与新西兰元直接交易；②同意重新谈判 1986 年的避免双重征税协定；③实施一个电子设备互认协议，使新西兰成为世界上第一个在中国境外可以测试、检验和认证中国电子产品的国家；④加强农业合作，如提供奶牛改良、农业管理、兽医培训的奖学金以及开展职业发展交流；⑤提高食品安全合作，包括推出食品安全和风险管理奖学金计划。④在会见约翰·基谈到这些项目时，中国国家主席习近平指出，中新合作具有开创性和示范性的特征，而且相互信任日益深化。⑤习近平主席甚至以私人身份

---

① New Zealand Contemporary China Research Centre, http：//www. victoria. ac. nz/chinaresearchcentre/.

② New Zealand China Council, http：//nzchinacouncil. com.

③ Claire Trevett, "NZ and China Set to Sign off on New Tade Goal", *The New Zealand Herald*, 19 March 2014, available at http：//www. nzherald. co. nz/nz/news/article. cfm? c_ id = 1&objectid = 11222717.

④ "Meeting Premier Further Strengthens NZ-China Links", 19 March 2014, available at http：//johnkey. co. nz/archives/1816 - Meeting-Premier-further-strengthens-NZ-China-links. html.

⑤ 《习近平会见新西兰总理约翰·基》，人民网，2014 年 3 月 20 日，http：//politics. people. com. cn/n/2014/0320/c1024 - 24683196. html。

邀请约翰·基总理共进晚餐。这些都说明新西兰与中国关系已经上升至"值得信赖的合作伙伴"水平。①

上面列出的合作成就，包括 2008 年的自由贸易协议，都是中国与新西兰之间政治互信牢固的良好结果。因为两国领导人与官员的频繁会晤，以及双方政府高层大力推进合作的积极态度和实际行动，中新关系才能实现政治互信。下文概述的军事交流也随着政治互信的深化不断得到加强。

（二）军事交流

新西兰具有独立自主制定外交政策的传统。新西兰国家的独立性是通过追求在世界事务中发挥更多更积极的作用而获得的，② 而且新西兰高度强调多边主义外交理念和国际秩序，支持联合国和世界贸易组织的作用，以推进亚太地区与世界的和平与稳定。20 世纪 70 年代，英国加入欧盟，使新西兰的外交政策焦点得以转移到亚太地区。如今，与其他亚太地区国家一样，新西兰同样面临如何适应中国的快速发展以及维持亚太地区战略平衡的问题。③

新西兰观察到中国战略实力日益增强，并认为中国的快速发展并未对地区秩序构成威胁，因此新西兰与中国能够开展广泛合作，同时新西兰也与传统伙伴保持战略友谊与合作关系。在过去几年中，新中军事交流大幅增加。④ 新西兰军方迎来了中国高级军事官员和中国军舰的多次友好访问。此外，每年新方与中国海军舰队都进行小规模联合演习。在 2012 年，中国人民解放军和新西兰国防军的医务人员（以及澳大利亚国防军人员）第一次一起建立人道主义援助和救灾活动联系。2013 年 10 月，三艘解放军海军军舰访问了新西兰的港口。

---

① "Key's Visit a Triumph for New Zealand Inc", *The New Zealand Herald*, 22 May 2014, available at http：//www. nzherald. co. nz/nz/news/article. cfm? c_ id = 1&objectid = 11224029.

② See Malcom McKinnon, *Independence and Foreign Policy：New Zealand in the World Since 1935*, Auckland University Press, 1993.

③ See Chris Elder and Robert Ayson, "China's Rise and New Zealand's Interests：A Policy Primer for 2030", *Centre for Strategic Studies Discussion Paper*, No. 11, 2012.

④ 参阅顾静、王婷婷《中国与新西兰关系发展》，载魏明海主编、喻常森副主编《大洋洲发展报告（2012～2013）》，社会科学文献出版社，2013，第 208～219 页。

2013 年 11 月，新西兰国防部长乔纳森·科尔曼在会晤了中国国防部长常万全后发表声明称会谈取得圆满成功，为推进两军交流打下了良好基础。科尔曼指出，"新西兰国防军首次组织澳大利亚、美国和中国的军事人员参加了'凤凰精神'行动，这是一项人道救援和救灾活动。我们希望将来能与中国人民解放军正式建立军事关系"。科尔曼评论，"新西兰与中国的防务关系与两国广泛的政治和经济联系的发展一道，都在不断地取得进步。新西兰国防军与中国人民解放军的友好交往已经持续了十年之久"。①

中国军事实力的增强，意味着中国日益成为影响地区军事安全形势的重要因素。对于这个趋势，大多新西兰学者认为中国能够对亚太地区安全带来积极影响。新西兰战略研究中心的吉姆·罗尔夫指出，"尽管新西兰不是唯一一个与中国发展双边防务关系的国家，新西兰应该寻求'先行者'的优势（就如同经贸关系方面一样），即便不能成为先行者，肯定要成为早行者。亚太地区的其他国家会基于同样的利益发展与中国广泛而深刻的关系，中国也要在亚太地区发展与其他国家的关系"。② 2012 年，时任中国驻新西兰大使徐建国指出，"以后，双方有可能在防御演习、减灾救灾及非传统安全问题方面寻求合作机会"。③

新西兰与中国发展军事关系的关键是新西兰对于中国取得的成就和不断增长的影响力一直持保持积极肯定的态度。新西兰总理约翰·基在访问中国时被问："新西兰是亚太区域的重要力量之一。近两年来，亚太区域并不平静，有人指责中国军费和国防力量的增长。您如何看待这个问题？"约翰·基总理回答说："至于中国军力的增长，这并不意外。任何国家在变得富足的情况下，都会进行更多的经济投入来增强军力。比如中国建立远海海军，这对新西兰来说，不感到意外，我们也不感到威胁。"④

① "New Zealand Looking to Build Military Ties with China: Defense Minister", *Xinhua*, 11 November 2013, available at http://www.globaltimes.cn/content/828611.shtml#.Uyjqftx9vlo.

② Jim Rolfe, "Chinese Naval Vessels Visit New Zealand: Wider Implications", *Strategic Background Paper*, Center for Strategic Studies, July 2013, p. 3.

③ "China: We Want Stronger Military Ties", 22 September 2012, *The New Zealand Herald*, available at http://www.nzherald.co.nz/nz/news/article.cfm? c_ id = 1&objectid = 10835705.

④ 《新西兰总理向华通报恒天然调查结果》，《新京报》2014 年 3 月 20 日，http://epaper.bjnews.com.cn/html/2014 - 03/20/content_ 501095.htm? div = - 1。

总之，新西兰的"独立自主外交政策"① 使新西兰在迅速变化的全球经济中定义了自身的利益空间，也为新西兰提供了加强与中国的政治关系和军事关系的机会。在世纪之交，为了保持地区安全，新西兰努力促进与中国的相互了解。这也是新西兰对中国在地区和国际社会的重要性日益提高这个趋势的合乎逻辑的反应，比其他西方国家先行了一步。

三 双边贸易与投资和合作关系

按照中国国家主席习近平的说法，中国与新西兰关系的第二个引擎就是双向贸易。如上文所示，自1972年建交以来，尤其是在21世纪，两国外交和政治关系发展势头良好。保持和加强与中国的紧密政治关系是新西兰"中国战略"的第一个目标。这表明了新西兰政府的观点：只有强有力的政治关系才会创建与中国持久发展的经济关系。本文这一部分概述良好政治关系给两国其他领域关系发展带来的红利，尤其是两国经贸关系的快速发展。本部分进而指出，双边经贸关系这个兼具机遇与挑战的领域的健康快速发展表明双边关系已进入了一个相当成熟的阶段。

（一）双边贸易

自2008年中新自由贸易协定签订以来，贸易的增长比其他双边经济关系增长更快。自贸协定为中国与新西兰发展经贸关系提供了稳定的制度环境和合作框架，并为中国提供了一个检验自由贸易协定对中国经济的具体影响的重要试验场。自由贸易协定给新西兰带来了更多的中国市场准入，使出口商和投资者获得了比竞争对手更为明显的优势。自贸协定为双边贸易的持续发展提供了良好契机。中国社会科学院的曲韵认为，"中新贸易的未来发展既充满机会，也面临一些不确定因素。巩固双边经贸关系发展中的已有成果，并进一步开拓新的合作领域和合作方式，需要双方更多的沟通和努力"。② 图1、图2、图3

---

① John Key, Speech at Victoria University, 11 March 2014, available at http：//www. stuff. co. nz/national/politics/9814832/John-Key-Speech-at-Victoria-University.

② 曲韵：《中新自贸协定的历史、现状与展望》，《国际经济合作》2013年第5期，第17页。

和表1显示了进入21世纪以来中新双边经贸关系的变化，2008年自贸协议生效后的增势尤其令人印象深刻。

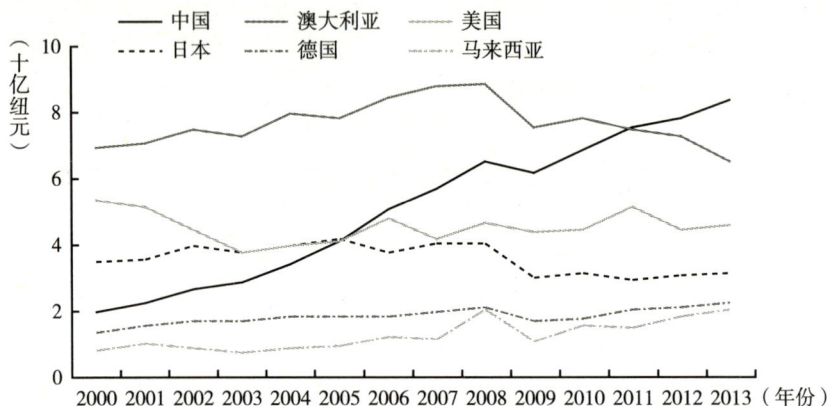

图1　新西兰商品进口的六大来源地（2000～2013）

资料来源：新西兰国家统计局网站，http：//www. stats. govt. nz。

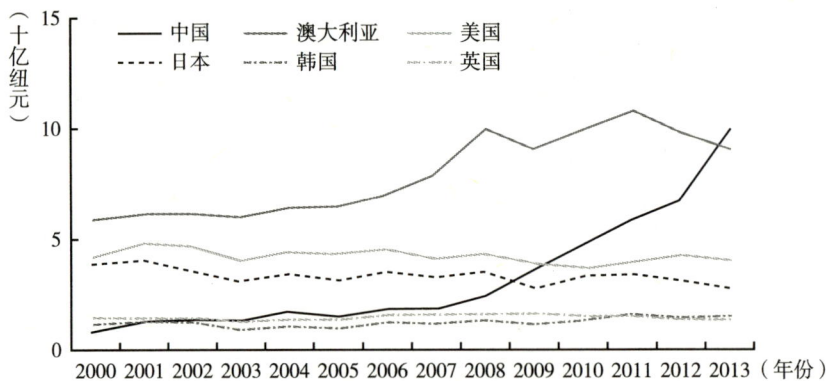

图2　新西兰商品出口的六大目的地（2000～2013）

资料来源：新西兰国家统计局网站，http：//www. stats. govt. nz。

在2000年，新西兰从中国进口的商品总额仅占其300亿纽元进口总额的6%，与新西兰从澳大利亚、美国和日本的进口比重（分别为22%、17%和11%）相比，处于明显落后的地位。但随着中新关系的深入发展，中国作为新西兰进口商品来源国的地位不断提升，并在2013年一跃从2000年的第四大进口商品来源地变为新西兰的第一大进口来源地。截至2013年底，新西兰的

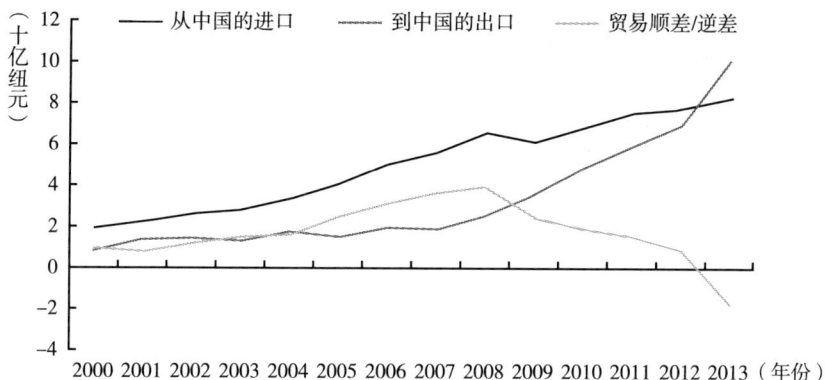

图 3　新西兰与中国的进口、出口和贸易顺差/逆差（2000～2013）

资料来源：新西兰国家统计局网站，http：//www. stats. govt. nz。

进口总额增至 480 亿纽元，其中来自中国的商品进口额从每年的不足 20 亿纽元增至超过 80 亿纽元/年，所占比重也迅速增至 17%。同期，来自澳大利亚、美国和日本的全年进口都略下降。再加上来自中国和东南亚的进口迅速提升，澳大利亚、美国和日本占新西兰进口总额的份额分别下降到 13%、9% 和 6%。

中国出口到新西兰的产品具有多样性，但制造和电子产品占比相对较高。由于新西兰的消费者越来越喜欢买中国制造的机械、电力设备、服装和家具，过去十年以来这些产品的进口增长很稳定。其中，机械和电子产品位居榜首，各占新西兰从中国进口总额的 18% 左右。这与自由贸易协议生效前的占比无明显差异，但与 2000 年前的进口分类相比差异明显。那时，机械仅占总进口的 7%，电子产品占 14%，而服装占 28%。此外，来自中国的年度总进口量从 2000 年的 19 亿纽元增加到 2008 年的 64 亿纽元。自由贸易协定生效后，中国自 2011 年起成为新西兰的最大进口来源地，其中，出口到新西兰的年度商品总额于 2013 年增至 83 亿纽元。

新西兰出口到中国的商品总额从 2008 年的 25 亿纽元增加至 2013 年的 100 亿纽元左右。其中，对中国快速的出口增长亦出现在自由贸易协议生效后，并通过农产品贸易的带动来实现的。2008～2013 年，新西兰乳制品对中国的全年出口额从 5 亿纽元（占对中国出口总额的 20%）增加到 46 亿纽元（占对中国出口总额的 46%）。新西兰出口到中国的五大商品分类占其 2013 年出口总额的 82%。如表 1 所示，这些产品都是农业产品。

表1　新西兰与中国之间的五大出口分类（2008年和2013年）

单位：十亿纽元

到新西兰的中国出口产品			到中国的新西兰出口产品		
	2008年	2013年		2008年	2013年
机械及电机	2.3	3.1	奶　品	0.52	4.6
服装及衣着	0.9	1.0	原　木	0.34	1.9
家　具	0.3	0.5	肉　类	0.096	0.88
铁或钢	0.3	0.3	羊　毛	0.19	0.40
玩　具	0.14	0.27	海　鲜	0.13	0.39
总　数	6.4	8.3	总　数	2.5	9.96

资料来源：新西兰国家统计局网站，http://www.stats.govt.nz。

在过去十年，中国已成为新西兰的第一大贸易伙伴。中国对新西兰的出口持续稳定增长，而新西兰对华出口在2008年后快速增长。自由贸易协议生效后的五年内，新西兰对华出口的激增有效地减少了新西兰的对华贸易逆差。从2008年的新西兰40亿纽元的贸易逆差降为2013年的17亿纽元，并在2014年伊始实现了对华贸易顺差。实现2014年设定的新贸易目标，下一步的贸易增长既要依靠中国高附加值产品的出口，包括电子与高技术制造产品，又要依靠新西兰高附加值农产品的出口。

进入21世纪以来，中国和新西兰之间的贸易有三个重要特点。首先，中国对新西兰的出口增长一直稳定。签订自由贸易协议时，中国产品在新西兰市场已有多元化趋势并开始占据强势地位，而且，中国某些出口商品种类，如电子和机械高级产品，已开始在国际市场上占据主导地位。新西兰则不同。在自由贸易协议签订前，出口到中国的新西兰产品受到严格限制，因此自由贸易协定的签署大大消除了其面临的贸易障碍，并带动新西兰对华出口的激增。其次，在中国消费者渴望优质农产品以及中国国内农产品供应不能满足需求的情况下，新西兰农产品出口商日益得益。最后，中新贸易有很强的互补性，中国对新出口的产品以制造产品为主，而新西兰对华出口则集中于农产品。互补的贸易关系降低了冲突的概率和强度，但两国各自的进口替代行业面临的竞争更为激烈。

中新在贸易领域遇到了一些新挑战，譬如新西兰公司适应中国日益强化的监管环境及政策需要一个过程，尤其是在双方都高度关注的潜在产品安全问题方面。2013年双边经贸关系最大的挑战就是恒天然乳制品的污染恐慌。虽然经过检测发现乳清蛋白粉中含有的污染物不是肉毒杆菌，而是无害的生孢梭菌，"污染风波"被证明是一场虚惊，但新西兰产业部通过仔细调查后于2014年2月仍然以违反食品安全相关法律及延迟发布检测结果为由起诉了恒天然公司。新西兰贸易部长格罗泽（Tim Groser）指出，虽然这些问题不应该发生，两国一般贸易已经恢复，但大家都明白，人总是会犯错误，最重要的就是如何及时处理错误，让人们在事件发生后可以得出自己的看法。① 此外，新西兰官员也付出了很大努力，与他们在中国的同行合作应对这些贸易挑战，在这一过程中两国的相互了解、合作和信任明显增强了。例如，2014年4月，新西兰总理约翰·基访问中国时抓住机会向中方官员解释新方调查的结果，强调新西兰食品安全的良好记录，以及直接向中国消费者介绍新西兰的优质食品生产和世界一流的监管制度。

经过反复认真的分析调查，新西兰政府和出口商对继续开拓中国市场非常重视。这些分析充分考虑了中国目前进行的以有计划地放缓经济增速和扩大内需为导向的经济转变。中国的消费增长为新西兰提供了销售高品质和高附加值产品的巨大机会。对中国来说，新西兰既是一个稳定的市场，又是一个与西方市场打交道的良好试验场。中国已是新西兰的最大进口来源国，两国的贸易在未来极有可能持续增长。

（二）投资与合作关系

自由贸易协议签订后，双边投资关系并未像贸易关系那样迅速增长。杨杰生博士（Dr. Jason Young）指出，中国新的经济模式刚开始启动，更深层的经济联系和经济一体化趋势需要时间去成长和发展。因此，中国和新西兰之间的经济关系在贸易、投资、服务和经济合作方面的增长存在差异，贸易先增加，

---

① "Chinese Dairy Consumers 'Moving on'", *Radio New Zealand News*, 11 April 2014, available at http：//www. radionz. co. nz/news/rural/241363/chinese-dairy-consumers-'moving-on'.

投资、服务和经济合作才会增加。[1] 扩大双边经济活动,尤其是投资、服务和经济合作,对促进贸易关系的进一步发展及长期可持续经济关系的构建具有非常重要的作用,所以双方要继续推进投资和其他经济合作的活动。[2] 最近几年,这种活动已经变得越来越普遍,新西兰的投资环境对中国投资者表现出了越来越强的吸引力,而新西兰促进国外投资,尤其是推动到中国的投资的倾向越来越清晰,[3] 中新之间的连接一直在扩大。同时,中国经济活动的全面展开和深化加大了对世界和新西兰经济结构的影响,可以预料中新的双边投资与合作将会持续健康发展。[4]

在中国投资金额最大的新西兰公司当属恒天然乳品合作社。自 2006 年在河北省投资建设奶牛养殖基地以来,恒天然已在河北省建立了三个类似基地,并制定了在 2020 年前投资 15 亿纽元建设 30 个基地的目标。虽在过去五年内中国在新投资增长迅速,但中国投资者对新西兰投资的猛增则是近来一两年的事。近一半中方投资集中于新西兰基础设施和公用事业方面,20% 投在第一产业,17% 在制造业。创下单笔投资金额之最的是海尔公司用 9. 27 亿纽元并购 Fisher & Paykel 公司。[5] 中国投资增长最迅速的行业是旅游业。[6]

在经济产业合作方面,新西兰专业技术和高附加值行业有潜力进入中国市场,尤其是农业合作和农业企业,譬如畜牧业的技术转让,新西兰公司在中国提供农业服务,展开联合研究与相关合作,以及介绍新西兰的食品安全体系和

---

[1] See Jason Young, "Investing in the Economic Integration of China and New Zealand" *China Papers*, New Zealand Contemporary China Research Centre, No. 22, 2012.

[2] See Jason Young, "Symposium on the 40th Anniversary of the Establishment of New Zealand-China Diplomatic Relations", China Academy of Social Sciences, 2012.

[3] See Paul Comrie-Thompson, "Uncertain Opportunities: Chinese Investors Establishing Investments in New Zealand", *China Research Paper*, New Zealand Contemporary China Research Centre, No. 1, 2013.

[4] See Xiaoming Huang and Jason Young, "China and the World Economy: Challenges and Opportunities for New Zealand", *Discussion Paper*, New Zealand Contemporary China Research Centre, No. 1, 2013.

[5] Fisher & Paykel 是新西兰的一家著名家电公司。

[6] John Key, Speech to China Agricultural University, Beijing, 19 March 2014, available at http: // johnkey. co. nz/archives/1817 – Speech-to-China-Agricultural-University, -Beijing. html.

经验以加强中国食品安全机构的监管能力。① 中国驻新西兰大使王鲁彤指出，新西兰和中国的下一个合乎逻辑的经济合作步骤不是出口越来越多的奶粉而是出口相关知识与技术，帮助中国发展自己的乳制品产业，这样的商业化将是对两国都有利的。②

2014 年 3 月，新西兰总理约翰·基访问北京并与中方签署了一个价值7500 万纽元的经济合作协议。新西兰的太平洋航空航天公司（Pacific Aerospace）将与北京航空合作生产小型私人飞机，将使太平洋航空航天公司每年制造的飞机数量从目前的 12 架增至 200 架。③ 约翰·基也表示人民币与新西兰元直接交易协议会带来两国金融业合作的新机会，因为交易成本的降低将推动中国与新西兰间经济商务联系的便利化，并促进两国间的经济和金融合作的更广泛的扩展。④ 2014 年 3 月，中国国家主席习近平指出，两国合作空间很大。双方要加强农牧业合作，同时拓展绿色经济、节能减排、高科技等领域的合作，促进文化、教育、旅游等产业的交流。⑤

四　中新关系的未来展望

中新双方在继续深化政治关系和增进政治互信的同时，未来会更专注于加强经济合作和双边投资关系。贸易关系极有可能继续充当中新经济关系的支柱，但同时会有更广泛的经济活动和交流。这既有助于维持贸易的地位，促进两国经济增长，也对深化中新关系，促进两国人民更紧密的接触，增进相互了

---

① John Key, Speech to China Agricultural University, Beijing, 19 March 2014, available at http：// johnkey. co. nz/archives/1817 – Speech-to-China-Agricultural-University, -Beijing. html.

② "Remarks by Ambassador Wang Lutong at the Post Assumption Reception", 21 November 2013, available at http：//www. chinaembassy. org. nz/eng/zxgxs/t1101084. htm.

③ Claire Trevett, "PM Signs ＄75m Aviation Deal in China", *The New Zealand Herald*, 18 March 2014, available at http：//www. nzherald. co. nz/business/news/article. cfm? c＿ id ＝3&objectid ＝ 11221989.

④ "Meeting Premier Further Strengthens NZ-China Links", 19 March 2014, available at http：// johnkey. co. nz/archives/1816 – Meeting-Premier-further-strengthens-NZ-China-links. html.

⑤ 《习近平会见新西兰总理约翰·基》，《人民日报》2014 年 3 月 20 日，http：//politics. people. com. cn/n/2014/0320/c1024 – 24683196. html。

解、交流和友谊具有重要意义。促进中新两国的文化交流将变得更为重要，如加强两国国家博物馆的展览交流和人事交流。

中国和新西兰双边关系已经进入成熟发展阶段。在这个新的阶段两国将面临更多新的机会与挑战。为了继续发展中新双边关系，双方都要对两国间的共同点和不同点有清晰和深刻的认识。① 2013 年的恒天然乳制品污染恐慌给了两国一个良好的学习机会。中国驻新西兰大使王鲁彤对此指出："任何双边关系没有一帆风顺的，即使是贸易关系。最重要的就是如何合作处理两国间发生的问题……中国和新西兰有很大的不同，此事件发生后，我们意识到，我们双方必须了解更多有关对方的监管和法律体系。"②

良好的国家间关系并不意味着一个双方没有任何差异的关系，实际上良好的国家间关系是一个彼此不断增进了解和有效管控差异的关系。新西兰和中国双边关系的成就来源于两国的共同努力，相互尊重，相互理解，并寻求新的方式来进行合作的意愿。③ 正如中国前政协主席贾庆林访问新西兰时曾经说过的，通过共同努力和相互尊重，在平等互利的基础上，我们将在双边关系上实现新的更大的进步，并使这种关系成为不同社会制度、不同文化背景、不同发展阶段国家和平共处、合作共赢的典范。④

---

① Anne-Marie Brady, "New Zealand-China Relations: Common Points and Differences", *New Zealand Journal of Asian Studies*, Vol. 10, No. 2, 2008, pp. 1 – 20.

② Claire Trevett, "Botulism Scare Made Us Wiser, Envoy Says", *The New Zealand Herald*, 15 March 2014, available at http://www.nzherald.co.nz/nz/news/article.cfm? c _ id = 1&objectid = 11219815.

③ Judith Collins, New Zealand Minister of Justice, "Address to the China Executive Leadership Academy Pudong, China", 31 October 2013, available at http://www.beehive.govt.nz/speech/address-china-executive-leadership-academy-pudong-celap-china.

④ Jia Qinglin, "Good Prospects to Enhance China-NZ Cooperation", *Dominion Post*, 16 April 2012, available at http://www.stuff.co.nz/national/politics/opinion/6749446/Good-prospects-to-enhance-China-NZ-cooperation.

B.15
中国对斐济公共外交评析

李德芳*

摘　要：

公共外交是全球化时代世界各国塑造国家形象、提升影响力的重要手段。随着中国海洋大国战略的推进，中国亟须赢得南太平洋岛国对中国发展的理解、信任和支持。斐济作为重要的南太平洋岛国，在中国与南太平洋岛国关系的发展中有积极的示范效应。近年来中国通过文化教育交流、华侨华人公共外交、援助外交及孔子学院等一系列公共外交项目的运作，增进了斐济民众对中国的了解，促进了中国与斐济友好合作关系的发展。不过，由于中国传统公共外交的不足以及大国竞争性公共外交的影响，中国在斐济及在南太平洋岛国的感召力和影响力仍显不足。

关键词：

公共外交　斐济　南太平洋岛国

随着经济全球化的不断扩展，国家之间的交往日益密切，相互依赖程度也在不断加深。作为一个正在崛起的发展中大国，中国不仅需要更加广阔的发展空间，也需要得到世界各国对中国发展的理解和支持。以赢取民心、争取认同和支持为目标的公共外交，不仅成为中国塑造和展示负责任大国形象的重要战略选择，也是为中国的发展赢取和平发展环境的重要路径。而随着中国海洋大国战略

* 李德芳，聊城大学政治与公共管理学院讲师，法学博士，主要研究方向为公共外交与国际政治理论。

的实施，作为中国外交大周边的南太平洋地区，在中国外交战略中的地位逐渐上升。因此，通过公共外交活动的开展，赢得南太平洋岛国民众对中国发展的理解、信任和支持，不仅有利于推动中国与南太平洋岛国互利合作关系的发展，也将为中国和平发展战略的实施赢得更加广阔的空间。位于南太平洋交通枢纽的斐济，以其重要的战略位置和在南太平洋岛国中显著的影响力，成为中国进入南太平洋地区首要考虑的国家之一。因此，考察中国在斐济的公共外交实践，找出影响中国对斐济开展公共外交的因素，对于进一步拓展中国对南太平洋岛国的公共外交，增强中国在南太平洋岛国的影响力有着重要的现实意义。

一　中国开展对斐济公共外交的动因

斐济是南太平洋的"十字路口"，地跨东西半球，也是大洋洲与南北美洲海空往来的中心，战略位置十分重要。随着中国海洋大国战略的实施，斐济必然成为中国走向南太平洋的重要通道。同时，斐济也是南太平洋地区取得独立较早的国家之一，经济比较发达，在南太平洋岛国中拥有较大影响力。中国与斐济友好关系的发展，在南太平洋岛国将会起到一种示范效应和溢出效应，有利于中国发展与其他南太平洋岛国之间的互利合作关系。此外，斐济拥有广袤的水域，渔业、矿产资源丰富，与中国经济发展有着较强的互补性，是中国经济尤其是海洋产业和资源开发领域的重要合作伙伴。而斐济在历史上属于英国的殖民地，在政治制度、经济发展模式及文化教育和社会形态方面深受西方文化的影响，与中国存在巨大差异，因此，要让中国和平发展、互利共赢的理念被斐济民众所理解和信任，塑造中国在斐济良好的国家形象，进而增强中国在南太平洋岛国的影响力和感召力，中国需要在斐济开展形式多样的公共外交活动。

（一）推进"走向深蓝"海洋战略的需要

成为一个负责任的世界大国，是实现中华民族伟大复兴中国梦的应有之义。而成为一个海洋大国，增强制海权无疑是中国走向世界大国的必经之路。然而，由于冷战历史及冷战思维的影响，中国"走向深蓝"的海洋大国之路仍然受制于美、日等国在中国周边构筑的战略"包围圈"。美、日等国在中国周边构筑的所谓"第一岛链"和"第二岛链"的存在，使得中国的制海权还非常有限。因此，要实现中国"走向深蓝"的海洋大国梦，第一步就是要走向太平洋，然后才有可能走向全球。而同样鉴于美国在中国周边构筑的战略"包围圈"，中国很难在东部海域实现战略突破，而南太平洋地区无疑将成为中国走向太平洋的最佳选择之一。因此，发展与南太平洋岛国的友好关系，取得南太平洋岛国对中国发展的理解和支持，是中国迈向海洋大国的关键性一步，也是中国化解美日"围堵"的重要依托。而被誉为南太平洋"十字路口"的斐济，自然成为中国走进南太平洋地区的重要依托，从而成为当下中国公共外交的重要着力点之一。

（二）深化与南太平洋岛国经济合作的需要

中国是世界第二大经济体，也是世界第二大进口国，是世界经济发展的重要拉动力量。中国未来的发展，一方面需要更多资源的支撑和更广阔的海外市场，另一方面也给世界各国尤其是发展中国家提供了巨大的发展空间。自2008年以来，中国一直是最不发达国家的第一大出口市场，为发展中国家的经济发展做出了巨大贡献。中国与南太平洋岛国在经济上有较强的互补性，合作发展空间巨大。中国有着南太平洋岛国发展紧缺的资金和技术，而南太平洋岛国不仅拥有丰富的森林、渔业和矿产资源，而且海底蕴藏着储量巨大的石油、天然气等战略能源，是中国未来能源战略关注的重要地域之一。

目前，南太平洋岛国已经成为中国资金输出的重要区域，而且中国与南太平洋岛国在渔业、森林、矿产资源的开发及旅游产业方面有着广阔的合作空间。其中，作为南太平洋地区经济比较发达的国家，斐济一直是中国在南太平洋地区重要的贸易伙伴和投资国。尤其是进入 21 世纪以来，中国对斐济的直接投资和中斐贸易额在不断增长。2005 年，中国对斐济的直接投资仅为 25 万美元，而到了 2012 年，投资额已达到 6832 万美元，中国成为斐济最大的投资来源国（占总投资的 21.77%）。① 1976 年中国与斐济建交之初，双方的贸易

---

① 《中国成为斐济最大的投资来源国》，中华人民共和国商务部网站，2012 年 8 月 31 日，http：//www.mofcom.gov.cn/aarticle/i/jyjl/l/201208/20120808314098.Hhtml，访问日期：2014 年 4 月 2 日。

额仅为 230 万美元，而到 2011 年中斐贸易额已达到 1.72 亿美元，[①] 2013 年已经超过 3 亿美元。而随着中国与斐济之间的贸易往来和经济合作的不断增加，中国将有更多企业和人员走进斐济。而中国与斐济之间能否建立起彼此理解与信任的关系，对于深化双方的经济合作起着至关重要的作用。此外，斐济还是中国旅游目的地签证国，中国到斐济旅游的人数也在不断增多，增强斐济和中国民众之间的相互了解也显得尤为重要。因此，加强对斐济的公共外交，将有利于促进中国与斐济之间的相互了解，增进理解与信任，拓展合作空间。

（三）增强中国在南太平洋岛国影响力的需要

斐济是南太平洋岛国中经济实力较强的国家，也是太平洋岛国论坛、南太旅游组织等许多地区多边机构总部所在地，在南太平洋地区有着重要的影响力。斐济首都苏瓦被称为"南太平洋上的纽约"，不仅是斐济的政治、经济、商业中心，而且素有"南太平洋文化十字路口"之称，由 12 个南太平洋岛国合办的综合性大学——南太平洋大学的主校区就设在苏瓦。因此，开展对斐公共外交，发展中斐关系，借助斐济在南太平洋岛国中的影响力及其发挥的示范和溢出效应，必将有利于中国增强在南太平洋岛国的影响力。而南太平洋岛国中有 12 个国家在联合国拥有独立的投票权，也是中国在多边外交中可以争取和借助的对象。因此，通过公共外交的开展，树立中国和平发展、负责任的大国形象，发展与斐济互利合作的友好关系，直接影响到中国与其他南太平洋岛国关系的建立和发展以及促进中国在南太平洋岛国中的威望和形象的树立。同时，中国在南太平洋地区还面临与台湾地区"外交"争夺的问题。中国与斐济互利合作关系的发展，也会引起与中国台湾地区仍然保持"邦交"关系的南太平洋岛国的关注，对打击"台独"势力，促进中国与这些南太平洋岛国的关系将起到潜移默化的作用。

此外，随着美国重返亚太战略的实施以及日本、澳大利亚、新西兰、印度等国对南太平洋岛国关注度的提升，南太平洋地区已成为大国角逐的重要区

[①] 《中国同斐济的关系》，中华人民共和国外交部网站，2009 年 9 月 30 日，http：//www. fmprc. gov. cn/bmdyzs/sbgxdsj/t7462. html，访问日期：2014 年 3 月 30 日。

域。中国要在这一区域不断提升自己的影响力，势必会与这些国家形成一种竞争性关系。依靠"金钱外交"所建立起来的关系是脆弱易变的，唯有建立在理解、认同基础上的互利合作关系才是稳固和持久的。而要达到两国间的理解和认同，最有效的途径就是推行公共外交，通过沟通和交流增加彼此的了解，化解误解，进而增进理解，建立彼此间的信任和支持，才能促进两国关系的良性发展。

二　中国对斐济公共外交的实践

斐济是南太平洋地区取得独立较早的国家，也是最早与中国建立外交关系的南太平洋岛国。因此，中国对斐济公共外交的开展相对于对其他南太平洋岛国的公共外交来讲不仅时间上比较早，而且公共外交的渠道和途径也比较广泛。尤其是随着中国与斐济互利合作关系的不断发展，中国对斐济的公共外交在渠道建设和实施途径上都有所扩展。文化交流、华侨华人公共外交、援助外交和孔子学院等公共外交实践的开展，增进了斐济民众对中国的了解，展示了中国和平、平等、合作的国家形象，也增强了中国在南太平洋岛国的影响力。

（一）形式多样的文化教育交流项目

中国与斐济的文化交流源远流长，在斐济独立之前，中斐文化交流主要是通过移民斐济的华侨华人进行的，规模和效果都非常有限。中斐建交之后，随着中斐交往的增多，中斐文化交流的形式和途径也不断扩展，成为增进两国人民相互了解和友谊的重要途径。

文化艺术演出是一种可以超越国界、语言和文化习俗限制的文化交流活动，是公共外交最有效的沟通方式之一。蕴含中华文化精粹的文化艺术演出也已成为中国对斐文化外交的主要方式之一。这种富有特色的文艺演出可以在短时间内给予观众极大的视觉冲击，使斐济民众对中国的文化、中国的形象产生深刻的感受，获得"百闻不如一见"的效果。中斐建交后，大批中国文化艺术团体到斐济访问演出，成为中斐文化交流的重要使者。中国重庆杂技团、湖南杂技团、天津杂技团、湖北艺术代表团等文化艺术团体都曾赴斐济演出，受到了斐济人民的欢迎和赞扬。例如，在2001年斐济"中国周"期间，天津杂技团在斐济首都苏瓦市政大会堂演出，受到了热烈的欢迎。2004年，湖北艺术代表团在苏瓦连续演出4场，反响空前。在2010年中斐建交35周年之际，中国组织了阵容强大的"亲情中华"艺术团到斐济访问演出，引起了极大轰动。

每年8月举办的红花节是斐济盛大的民俗节日，是世界了解斐济的窗口，也是斐济与世界交流的平台。中斐建交以来，中国长期组派艺术团组参加斐济红花节，红花节已成为与斐济人民交流的重要平台，也是斐济人民了解中国的窗口。2013年斐济红花节期间，中国重庆文化艺术团成功地进行了一场访问斐济的文化之旅。此外，为促进中斐文化交流，中国文化部、国务院侨办等机构还经常与一些相关组织共同主办各种富有特色的文化教育交流活动。2013年4月，由国侨办主办的"中华文化大乐园"夏令营活动，为斐济华裔青少年奉上了为期10天的中华文化盛宴，加深了斐济华裔青少年对中华文化的了解。

为促进中斐文化教育交流的开展，中国政府还积极促成中国的大学与南太平洋大学之间的交流。2006年3月，由武汉大学、重庆大学、中国海洋大学、中山大学等校长组成的中国教育国际交流协会代表团访问了南太平洋大学。中国海洋大学和中山大学还与南太平洋大学签署了校际交流合作协议，为中国与南太平洋岛国的教育交流与合作开辟了新渠道。同时，中国还与斐济在学生交换等领域加强了交流与合作。中国政府从1984年起就开始向斐济提供来华奖学金名额，中方每学年向斐提供5个名额。近年来，中斐教育文化交流的规模不断扩大。目前，约有800名中国留学生在澳大利亚中昆士兰大学设在斐济的分校学习。[①] 在2013年11月举办的第二届中国—太平洋岛国经济发展合作论坛上，中国宣布今后4年为南太平洋岛国提供2000个奖学金名额，帮助南太平洋岛国培训一批专业技术人员。[②] 此外，2013年8月，中国还与斐济签署了《中斐文化合作谅解备忘录》，双方还就在斐济设立中国文化中心、开展中斐

---

① 毛春玲：《旅斐华侨华人与中斐文化交流》，东北师范大学硕士学位论文，2008，第14页。
② 《中国第二届中国—太平洋岛国经济发展合作论坛》，《中国环境报》2013年11月18日。

非物质文化遗产培训合作等达成了共识。这些举措必将进一步推动中国与斐济及南太平洋岛国的文化教育交流与合作。

（二）构筑中斐交流平台的华侨华人公共外交

通过旅居斐济的华侨华人与当地民众进行交流与沟通，是中国对斐济公共外交的重要方式和有效途径。斐济是南太平洋岛国中拥有华侨华人最多的国家之一，旅居斐济的华侨华人早在中斐建立外交关系之前就已成为中斐文化交流的纽带。中斐建交后，华侨华人更是担当起中斐交流的使者，成为中国对斐公共外交的重要实施主体。

斐济是较早有华人驻足的南太平洋岛国，早在明末清初斐济已出现了华人的踪影。从 1885 年第一位华人梅百龄（又名梅屏耀）定居斐济后，斐济的华人人数不断增长，到 1911 年斐济已有 305 名华人。[①] 20 世纪三四十年代，移居斐济的华侨华人明显增多，到 1946 年斐济华人已有 2105 人之多。[②] 此后，由于斐济殖民政府颁布新移民法，全面禁止中国移民进入斐济，因此自 20 世纪五六十年代至 80 年代，斐济华人的人数一直维持在四五千人左右。据统计，1956 年斐济有华侨华人 4155 名，1966 年为 5149 人。到 20 世纪 80 年代中期，斐济的华侨华人约为 5200 名。[③] 近年来，随着中国改革开放的不断推进，移居南太平洋岛国的华人逐渐增多。2000 年，斐济已有 6264 名华侨华人，到 2005 年，斐济华侨华人总数已有 8000 余人，[④] 目前斐济的华侨华人约有 2 万人。斐济华侨华人对祖国怀有深厚感情，他们通过创建华文学校、组建华人社团，传播中华文化和中华精神，并成为联结中斐两国关系和友谊的重要纽带。在 150 多年的历史中，斐济华侨华人从事的行业从一开始的经营餐馆、商铺到现在从事商业、旅游、农业生意等各种行业，斐济华侨华人已经融入斐济政治、经济、社会生活的方方面面。斐济华侨华人在融入主流社会的同时，也树

---

① 孙嘉瑞：《斐济华人史话》，斐华网，http://www.fijichinese.com/history/history_ of_ chinese_ in_ fiji.htm，访问日期：2014 年 4 月 10 日。

② 毛春玲：《旅斐华侨华人与中斐文化交流》，东北师范大学硕士学位论文，2008，第 7 页。

③ 毛春玲：《旅斐华侨华人与中斐文化交流》，东北师范大学硕士学位论文，2008，第 7 页。

④ 毛春玲：《旅斐华侨华人与中斐文化交流》，东北师范大学硕士学位论文，2008，第 7 页。

立了勤劳、正直、关心社会的华人形象，得到了斐济人民的认可和尊重，也有助于斐济人民对中国的认知和了解。

斐济的华侨华人社团是中国推行对斐公共外交的重要载体。斐济的华侨华人社团是在沿袭中华民族传统文化和习俗的基础上建立起来的社团组织，目前，斐济共有 19 个华侨华人社团（最早成立的中华协会已经停止活动），它们既是中华文化的重要继承者，也是中华文化的重要传播者。近年来，斐济的华侨华人社团不断与中国文化部、教育部和中国驻斐济大使馆合作，积极推动华文教育的普及和中华文化的传播，并通过举办各种形式的文化交流活动积极推动中斐两国民众间的交流，为中斐两国文化、艺术交流做出了积极贡献。例如，斐济华人教育学会、青年协会、华人艺术团等华人团体几乎每年都要举办大型文艺晚会，晚会上精彩纷呈的中华传统舞狮、舞蹈和歌曲等节目，向斐济民众展示了博大精深的中华文化，加深了斐济各民族对中华文化的了解和热爱。此外，晚会还会邀请斐济总统、总理等政府官员以及中国驻斐济大使和使馆人员到会观看演出，也为中斐官方层面的交流提供了平台。2005 年 9 月 16 日为庆祝华人旅斐 150 周年举办的大型文艺晚会，就有斐济副总统、斐济总理、中国驻斐济大使和使馆全体外交官以及广大华侨华人和各界人士共 800 多人参加。参加活动的斐济恩加拉塞总理高度赞扬了华人社团在促进斐济多文化、多民族国家方面做出的贡献，并指出"没有华侨华人，斐济就不是斐济"。[①]

斐济华人文化体育协会、斐济中国和平统一促进会和斐济华人文化艺术团等社团在反对"台独"、促进祖国统一、增进斐济人民对中国的了解方面也做出了巨大贡献。在这些华侨华人社团的努力下，《斐济日报》设置了"海峡两岸论坛"栏目以及介绍中国文化的版面，并积极推动斐济学生到中国参加冬令营、夏令营活动，以增进青年一代的斐济华人对中国的了解和认同。斐济文化体育协会和斐济中国和平统一促进会还紧密结合中国国内的形势，通过举办形式多样的大型活动向斐济人民介绍中国的发展成就，增进了斐济人民对中国的了解。2007 年主办了"斐济华人庆祝香港回归十周年大会"，2008 年主办了"四海同心迎奥运——高尔夫、网球、羽毛球、乒乓球比赛"，2009 年主办

---

① 毛春玲：《旅斐华侨华人与中斐文化交流》，东北师范大学硕士学位论文，2008，第12页。

了"庆祝新中国成立 60 周年大会"系列活动，2010 年主办了"上海世博杯——高尔夫、网球、羽毛球、乒乓球友好邀请赛"等活动。

此外，斐济华侨华人主办的中文报纸杂志和中文网站也成为斐济民众了解斐济华人社会、中国大陆与港澳台以及海外华侨华人动态的重要渠道。目前，斐济共有两份中文报刊、一份中文月刊和一个中文网站。创刊于 2001 年的《斐济日报》和创刊于 2005 年的《华声报》都是全国性报纸，隔日发行，每日八版，在斐济有一定的影响力。中文月刊《斐济华人月刊》的前身是创刊于 1930 年的《国民月刊》，2002 年后改名为《斐济华人月刊》，后因故停刊。中文网站为斐济华人网（www. fijichinese. com），主要介绍斐济的自然环境、华人历史、华人社团及投资、旅游等信息。① 斐济华侨华人创办的这些中文媒体，不仅起到了交流信息、新闻传播及引领舆论导向的作用，而且成为弘扬和传播中华文化的重要渠道。同时，中国的发展和成就也经常见诸这些中文媒体，它们已成为斐济民众了解中国的窗口，也对中国驻斐济大使馆的工作给予了有力的支持和帮助。

此外，斐济华侨华人还积极创办华人学校，传承中华文化和中华精神。斐济共有两所华人学校，一是设在苏瓦的逸仙学校，另一个是设在劳托卡的中华学校。逸仙学校创办于 1936 年，现有小学部和中学部（成立于 1986 年）两部分组成。逸仙学校是经斐济政府注册的正式学校，既按照斐济教育部的规定进行常规教学，又教授中文。目前，逸仙中学已经成为斐济最好的学校之一，不仅华侨华人的子女在此求学，也招收斐济族和印度族学生，现有在校生千余人，不仅成为传播中华民族优秀传统文化的载体，而且也成为华侨华人与斐济各民族人民交流的重要平台。2005 年，汉语被列入逸仙中学毕业考试科目，标志着华文教育已经融入了当地的主流。逸仙学校的华文教育，不仅为中华文化的继承和弘扬做出了重大贡献，也促进了斐济社会的进步和中斐友谊的发展。② 而创建于 1930 年的劳托卡中华学校，由于资金和师资不足，目前以英文教学为主，尚未开设中文课程。

---

① 孙嘉瑞：《斐济华人史话》，斐华网，http：//www. fijichinese. com/history/history_ of_ chinese_ in_ fiji. htm，访问日期：2014 年 4 月 10 日。
② 《日益强劲的中国之声——世界华文传媒现状及发展概略》，《长江日报》2005 年 9 月 11 日。

（三）提升软实力的援助外交

援助外交是中国对斐济公共外交的又一重要途径和特点。斐济是一个经济相对落后的南太平洋岛国，其经济的发展长期依靠外部援助。自中斐建交以来，中国一直是斐济重要的援助国之一。中国对斐济的援助是不附加任何政治条件的，是建立在互利原则基础上的，中国的援助成为斐济应对经济危机、解决发展问题的重要推动力量。近年来，随着斐济"向北看"政策的推行和中国海洋强国战略的实施，中国与斐济的关系更加紧密，中国对斐济的援助也在不断增长。2006年，中国对斐济的援助总额约为2300万美元，2007年增长到16100万美元，增长了6倍。而同期，作为南太平洋岛国最大的援助国，澳大利亚2008/2009年度给予斐济的援助金额仅为2690万美元。而且中国对斐济的援助大多集中在农业和一些基础项目的建设上，这对促进当地经济的发展和民生的改善起了积极作用，受到斐济民众的极大欢迎。比如，2003年5月竣工的斐济多功能体育馆就是中国援建的项目之一，中国还出资修建了2004年南太平洋运动会（在斐济首都苏瓦举行）的比赛场馆。2009年4月，中国援斐济纳务索桥及增建连接线工程竣工，成为中斐友谊的又一象征。通过援助外交的开展，不仅促进了中斐两国关系的发展，也提高了中国在斐济的声誉和影响力。

此外，中国还积极参与南太平洋岛国科技合作项目，中国与斐济加强了在农业集约化生产、水资源利用与农业基础设施建设、畜牧生产与动物防疫、乡村发展与农产品加工等方面的技术合作。同时，中国也在不断寻求在斐济增加投资的渠道。2007年，中国国家开发银行三顾斐济寻求在当地设立分行。2009年，中国国家开发银行与斐济就电力项目正式签署了贷款合同，为中水电公司承建的斐济南德瑞瓦图水电站项目融资7000万美元，这也是中国国家开发银行第一次进入斐济市场。[①] 近年来，中国还先后为斐济提供了施工工程机械、多功能货船等一系列物资援助。2013年5月3日，中国援助斐济的20

---

① 《我国家开发银行与斐济电力局楠德瑞瓦图项目正式贷款合同互换仪式在斐举行》，中华人民共和国商务部网站，2009年3月23日，http://www.mofcom.gov.cn/aarticle/i/jyjl/l/200903/20090306117781.html，访问日期：2014年4月12日。

辆礼宾车正式交接。此外，中国还设立了"中国—太平洋岛国论坛合作基金"，以促进中国与南太平洋岛国的合作和发展。中国通过对斐济援助外交的开展，既展现了中国良好的国家形象，也增强了中国在南太平洋岛国的影响力。

（四）影响日渐上升的孔子学院

近年来，随着中斐两国交往的不断深入，越来越多的斐济民众渴望了解中国及中华文化，中国的发展和海洋大国战略也需要得到斐济人民的理解和支持。作为传播中华文化和推广汉语教学的重要机构，孔子学院无疑成为中斐文化交流的重要平台。2012 年，中国在斐济南太平洋大学设立了在南太平洋岛国的首家孔子学院，也标志着中斐文化交流在深度上的扩展。

南太平洋大学孔子学院（简称"南太孔院"）设立后，开展了形式多样的汉语教学，如汉语学分课程教学、中小学汉语教学，并不断设立新教学点以及在南太平洋大学其他校区开展汉语教学，使斐济成为南太平洋地区汉语学习和中国与南太平洋岛国进行文化交流的重要平台。此外，南太孔院还通过开展丰富多彩的活动与斐济民众展开面对面的交流，积极融入斐济社会，在传播中华文化的同时，增进与斐济民众的感情。南太孔院建立以来曾先后举办了"中国音乐欣赏"及"诗歌的语言"百家讲坛系列活动、中国饮食文化体验活动，并参加了 2013 年斐济红花节的主题日活动以及举办春节团拜会等。这些形式多样的活动不仅展示了中华文化和汉语言的独特魅力，也增强了斐济民众对中华文化的了解。

作为斐济规模最大的传统节日，红花节不仅是斐济展示其民族特色的舞台，也为各国驻斐济使领馆、国际组织和文化教育机构宣传展示各自的文化提供了平台。2013 年 8 月，南太孔院首次参加红花节的主题日活动，收到了很好的效果。在为期 5 天的以介绍孔院和招生宣传为主线的主题日活动中，前来参观、咨询、体验的人数超过 1000 人次。[1] 主题日还举行了盛大的中国

---

[1] 《南太平洋大学孔子学院首次参加斐济红花节》，国家汉办网站，2013 年 9 月 5 日，http：// www. hanban. org/article/2013 –09/05/content_ 508910. htm，访问日期：2014 年 4 月 12 日。

传统剪纸、书法、茶艺展示，中国杂技、武术、魔术、民歌、风景等宣传片展播，以及有关中国2013年在政治、经济、文化等方面取得的巨大成就，中斐关系、印象孔院等的图片展，形式多样的活动吸引了当地人的积极参与，也吸引了美国驻斐济大使等部分外国驻斐济使节前来参观。南太孔院参与红花节活动不仅加深了当地人民对南太孔院的了解，扩大了南太孔院的影响，也向当地人民展示了中华文化的博大精深和现代中国取得的巨大成就。

三 中国对斐济公共外交的不足

近年来，随着南太平洋岛国在中国外交战略中地位的提升，中国加强了对南太平洋岛国的公共外交投入。对斐济公共外交活动的开展，增进了中国与斐济的互利合作关系，也增强了中国在南太平洋岛国的影响力。但是，由于中国对斐济的公共外交活动仍然以传统的政府公共外交为主，官方色彩比较浓厚，再加上传统公共外交渠道存在的一些不足，致使中国的公共外交努力与公共外交成效之间还存在一定的差距。

首先，中国与斐济的文化教育交流是一种跨文化的交流，受到多方面因素的制约。历史上，斐济长期属于英国的殖民地，深受西方文化的影响，在语言、价值观、宗教及思维方式上都与中国的东方文化相去甚远。这种差异性在一定程度上成为中国与斐济文化沟通与交流的障碍。因此，中国对斐济的文化外交，一开始多以文化艺术演出等超越语言和文化的形式出现，而鉴于演出的时间短及节目的有限性，斐济民众从中获得的对中国、中国文化、中国人民的了解非常有限。而且，在跨文化交流中，由于异质文化之间存在差异，如果沟通的方式不恰当，有时候也会造成异质文化群体间的不理解甚至误解。此外，斐济与中国实行的是不同的政治制度，而殖民地经历使得斐济深受西方政治文化和基督教传统的影响，对中国的政治制度、意识形态和共产党领导下的中国政府抱有成见，从而在一定程度上影响着中斐文化教育交流的效果。

其次，作为中国与斐济民众交流平台的华侨华人群体，因其在斐济社会中所占比例和社会地位不高，制约了其公共外交效用的发挥。尽管斐济是南太平洋岛国中华侨华人数量最多的国家之一，华侨华人在斐济生活的历史也有150年之多，但是与土著斐济族和印度族相比较，华侨华人是斐济的少数民族——在约85万的斐济人口中，华人仅占总人口的5%～7%，而印度族占到斐济人口的近50%。尽管当代的华侨华人已经融入了斐济的政治、经济、社会生活的方方面面，但毕竟影响力有限。此外，随着中国国民到斐济投资创业、旅游度假及移民的增多，部分中国国民和移民的不检点行为和不法行为引起了斐济民众的不满，也损害了中国的形象。此外，斐济华侨华人聚居区的华文教育力量普遍不足，导致了第二、第三代华侨会说中文识汉字的越来越少，中华文化的传播面临断层的危险。因此，如何使新移民担当起传播中华文化的重任，已成为中国公共外交要完成的重要任务之一。

最后，中国对斐济的援助外交也存在一定的不足。一方面，中国的援助外交自身存在信息不透明、重投入轻监管的问题；另一方面，大国竞争性公共外交以及台湾地区的"银弹外交"也影响到中国援助外交效果的发挥。中国对斐济的援助主要以经济援助为主，在援助的方式上主要是通过与当地政府合作的形式实施。由于一些当地政府工作不透明，有大量的援助款项去向不明，甚或直接进入了当地官员的腰包，没有起到经济援助应有的作用。同时，由于中国的经济援助是不附带任何政治条件的，因此中国的援助一方面受到当地政府的欢迎，但另一方面，对援助对象不加甄别以及对援助项目缺乏有效监督，致使援助资金被当地政府中饱私囊的现象也时有发生，甚至被视为滋生当地政府腐败的诱因。因此，近年来，中国对南太平洋岛国的援助在方式上有所调整，从传统的提供资金向提供技术、进行技术合作方向转变，取得了一定效果。未来中国对南太平洋岛国的援助更多地应放在授予"渔"方面，并加强对援助项目的监督与管理，而尽量减少直接的资金援助，同时应更注重以双方合作的形式进行。

总体而言，中国在斐济的公共外交活动已经取得了较好效果，中国在斐济的影响力也与日俱增。但是，也应该看到，由于中国传统公共外交运行方式存在的不足，以及大国竞争性公共外交和台湾地区有关方面的影响，中国在斐济的影响力还是有限的。因此，改进公共外交实施的途径，尤其是加强能够建立"长期关系"的留学生项目、孔子学院项目等教育交流项目，将更有利于促进斐济民众对中国的理解和信任的建立。同时，还要不断改进文化外交、援助外交等传统公共外交的运行方式，促进华侨华人社团的建设以发挥其重要的沟通平台的作用。总之，在斐济民众中塑造中国和平、平等、负责任的大国形象，增进理解与信任的建立仍然是中国推行对斐济公共外交的重要目标和任务。

澳大利亚与中国的军事交流关系

张　剑*

摘　要：

在目前对澳大利亚与中国双边关系的研究中，两国在军事/防务领域的交流合作是一个至今被忽视的课题。本文意图对近年来迅速发展的澳中军事外交关系进行初步研究，并将特别关注一个令人困惑的问题，即为什么经过多年的军事交往与对话，两国间仍然缺乏必要的战略互信？对该问题的回答将有助于进一步认识澳中军事/防务交流的性质，并对防务外交作为建立战略互信手段的效用及局限加深了解。

关键词：

澳中关系　军事交流　防务外交

在目前对澳大利亚与中国双边关系的研究中，两国在军事/防务领域里的交往与合作是一个至今仍被忽视的课题。本文试图对近年来迅速发展的澳中军事交流关系进行初步研究以填补这个空白。具体而言，本文将主要探讨两国目前的军事交流合作活动对提升双方战略互信的作用以及相关的影响因素。本文对此问题的关注是源于目前澳中军事交流中一个令人困惑的现象：尽管澳中双边军事交流已有多年的历史，并且近年来在深度和广度方面都有长足发展，澳大利亚政府对中国的军事现代化和战略意图却始终表现出挥之不去的担忧及猜疑，并且在最近数年，这种疑虑变得更为强烈。这个现象自然而然地引起对澳

---

* 张剑，澳大利亚新南威尔士大学堪培拉校区（UNSW Canberra）人文及社会科学学院副院长、高级讲师，亚太安全合作理事会澳大利亚委员会委员，博士，主要研究领域为亚太地区安全、中国外交及澳中关系。

中双边军事交流合作的作用和效果的质疑：为什么经过多年的军事交往与对话，两国间仍然缺乏必要的战略互信？本文试图回答这个问题。本文认为，尽管中国和澳大利亚双方对发展一种建设性的双边军事交流关系有着强烈的共同愿望，并且两国在军事/防务领域也进行了多种形式的交流与合作，但是双方在重大战略利益及理念方面的分歧，以及对于军事外交活动本身作用的不同认识，使得两国的军事交流活动在建立互信方面效果十分有限。只要这些重大的利益及理念差异继续存在，中澳两国之间建立和发展友好的和相互信任的军事关系的前景将会是非常渺茫的。在这种情况下，本文进一步认为，双方在军事交流中树立更为合乎实际的目标及预期对于双边军事关系的良性发展至关重要。

本文以下论述将分为三个部分。第一部分将简短回顾中澳两国自1972年建交以来双边军事交流关系的发展，并突出展示双边军事/防务交往活动中的一些令人困惑的现象。第二部分讨论两国在战略利益和理念方面的重要分歧，并且显示这些分歧以及双方对于军事/防务外交活动作用的不同看法是如何导致了两国间战略互信的匮乏。第三部分对本文的主要发现作一简单总结并对双边军事交流活动的未来发展提出相关的政策建议。

一 中澳双边军事交流的发展

在迅猛发展的多层次、多领域的澳中关系中，双边的军事交往可以说是最薄弱的环节之一。虽然澳大利亚与中国在1972年就正式建立了外交关系，但军事交流发展相对缓慢，相对落后于双边在经济、文化、外交等领域的交往。大致而言，两国的军事交流的发展可以分为以下几个阶段。

起始阶段（20世纪70年代末至90年代初期）。相对于澳中关系的整体发展而言，双方在军事方面的交往起步较迟。尽管双方早就开始在军事/防务领域中进行了有限的接触和交流，两国在正式建交十年后的1982年才开始互派武官。在整个80年代双边军事/防务交流关系的发展也是比较缓慢的。这个时期的双边军事交往与接触主要包括澳大利亚皇家海军舰艇对中国分别在1981年、1984年和1986年进行的三次访问。另外，在20世纪80年代后期，双边军方高层进行了互访，这包括在 1988 年澳大利亚国防军总参谋长对中国进行的访问。同时双方还同意设立一个中级军官互访的项目，特别是在军事医疗领域。① 但是在此阶段，双边的军事交流大多是礼节性的，只具有象征意义，尚未成为双方外交政策中的重要组成部分。在 80 年代后期，双方的军事交流还一度停滞，到了 90 年代初才重新恢复。

迅速发展阶段（20 世纪 90 年代中期至 2004 年）。从 20 世纪 90 年代中后期开始，澳中双方对发展一种更为密切的军事/防务交流关系展示了新的热情。从澳方角度来说，与中国在军事/防务领域的接触交往成为其发展对华关系整体政策中的一项重要举措。这是由于在后冷战时期，如何应对中国日益强大的军事力量及其对亚太地区安全形势的影响是澳大利亚国防政策讨论的中心议题之一。② 出于对中国崛起可能给地区安全秩序带来的不确定影响的担忧，澳大利亚在安全和国防领域的对华政策采取了多方面的甚至是相互矛盾的举措。一方面，澳政府不断加强深化它与美国的军事同盟关系以制衡中国；另一方面，澳大利亚又同时采取积极接触中国的政策，包括大力推动两国在军事领域的双边对话与交流，并在多边国际机构譬如东盟地区论坛等加强与中国的交往与对话。

在此政策背景下，澳中两国的军事交往迅速发展，其中最重要的无疑是两国在 1997 年建立的年度防务安全对话机制。最初双方将该对话机制确定为副总长级别的安全对话（澳大利亚方参与者为国防部副秘书长与国防军副司令）。这是中国与西方国家建立的第一个这种类别的安全对话机制。到 2013 年初，澳中两军共进行了 15 轮年度对话。在 2008 年的第 11 轮年度对话中，两国政府一致同意把年度安全对话提升为总长级的防务与安全对话（澳方参与

---

① 关于澳中军事交流的早期发展，参见 Australian Government，Department of Defence，"Inquiry into Australia's Relations with China"，Submission to the Senate Foreign Affairs，Defence and Trade References Committee，Canberra，March 2005，available at：http：//www. aph. gov. au/binaries/senate/committee/fadt_ ctte/completed_ inquiries/2004 - 07/china/submissions/sub09. pdf。同时，参见《中国同澳大利亚的关系》，中华人民共和国外交部网站，2013 年 11 月 5 日，http：//www. fmprc. gov. cn/mfa_ chn/gjhdq_ 603914/gj_ 603916/dyz_ 608952/1206_ 608954/sbgx_ 608958/。

② 参见 Ann Kent，"Australia and China，1991 - 1995：Asymmetry and Congruence in the Post-Cold War Era"，In James Cotton and John Ravenhill，eds，*Seeking Asian Engagement：Australia in World Affairs*，*1991 - 1995*，Oxford University Press，1997，pp. 170 - 190。

者升级为国防部秘书长及国防军司令）。这使得澳大利亚成为世界上仅有的和中国建立了如此高级别战略对话的两个国家之一。2012 年 6 月，在澳大利亚当时的国防部长史密斯访问中国时，他向媒体透露两国同意建立更高层次的国防部长级战略对话机制。[①]

除了以上的高级别双边对话交流之外，自 20 世纪 90 年代后期以来北京和堪培拉还建立了多层次的、广泛的军事交流关系，包括定期的高级军事官员互访，军事院校的交流合作，功能性的工作层次交流以及军舰互访等。例如，仅 2001～2004 年间，双方就进行了多达 41 次的高层访问，包括国防部长、国防军总司令及各军兵种高级官员的互访。目前，澳大利亚各级军事院校都和中国军事院校或相关机构建立了交流合作关系。

巩固与深化阶段（2004 年至今）。随着双方军事交流的日益密切，中澳两国开始尝试将双边的防务交流推进到更深层次的实际军事行动层面。2004 年 10 月，澳大利亚皇家海军 Anzac 号导弹护卫舰在访问青岛期间，与中国人民解放军海军举行了为期五天的海上搜救联合演习，这是两国首次进行的联合军事演习，标志着两国军事交流合作关系的进一步增强。更为显著的是，在 2010 年 9 月对中国进行访问时，澳大利亚皇家海军军舰 Warramunga 号与中国海军联合进行了海上实弹军事演习，这使得澳大利亚成为仅有的少数几个与中国进行这类演习的西方国家之一。在此期间，中国海军的"郑和号"训练舰与"绵阳号"护卫舰访问了澳大利亚的悉尼和达尔文，并且首次邀请了两名澳大利亚国防军学院的海军士官生登上"郑和号"，全程参与其在悉尼与新西兰城市奥克兰间的航行。

2011 年 11 月，中澳两军在中国四川省成都市进行了人道主义救援和救灾联合演习，这是中国与西方国家第一次进行此类性质的军事演习。在 2012 年 10 月 29 日至 11 月 1 日期间，中国人民解放军与澳大利亚国防军以及新西兰国防军在澳大利亚进行了一场代号为"合作精神"的三国人道主义援助和救灾联合演习。[②]

[①] Stephen Smith, "Australia and China: Partners in the Asia Pacific Century", speech given to the China Institute of International Strategic Studies, 6 June 2012, Beijing.

[②] Australian Government, Department of Defence, *Defence White Paper 2013*, Canberra, Australia, 3 May 2013, p. 62.

2011 年 11 月，在悉尼举行的第 14 轮澳中防务与战略对话中，中澳两国进一步制订了一个新的双边军事交流的双年计划。根据该计划，双方将重点加强在海上安全、人道主义援助和救灾、维和行动、高级军事官员互访和工作层面的合作等方面的交流与合作。① 2013 年，中澳两军就亚太地区安全问题进行了首次战略政策讨论交流活动（strategic policy exchange）。2013 年 9 月，双方还在堪培拉举行了首次中澳两军友好文化周活动。

随着双方交往的加深，澳大利亚国防军和中国人民解放军日益认识到加强两军交流的重要性。早在 2005 年澳大利亚国防部就在向澳大利亚议会提交的一份报告中指出，与中国展开军事/防务交流的主要目标是"增强两军之间的好感和信任，并创造在高层军事官员之间发展交往和建立联系的机会"。该报告还对澳中两军自 20 世纪 90 年代初以来的交流合做出总体评估，认为"近年来澳中两国在国防领域的交流合作取得了前所未有的发展，处在历史最好阶段"。②

在澳大利亚 2009 年发布的国防白皮书中，"发展同中国的防务交流关系"被进一步列为澳国防政策的一个优先领域。该白皮书进一步强调指出"与中国在国防/军事领域的进一步接触对于鼓励中方在军事力量发展和战略意图方面增加透明度，加强双方在国防政策方面的相互了解，以及在有共同利益的领域进行合作是必不可少的"。③ 在 2012 年 6 月对中国进行访问时，澳大利亚时任国防部长 Stephen Smith 在中国国际战略学会（China Institute of International Strategic Studies）的演讲中宣称"澳大利亚与中国的军事交流关系，无论用任何标准衡量，都是极其广泛的，并且在重要性和深度方面日益增强"。④ 同样，

① "Minister for Defence-Australia Cooperates With China on Humanitarian Assistance and Disaster Relief", Australian Government, Department of Defence website, 28 November 2011, http://www.minister.defence.gov.au/2011/11/28/minister-for-defence-australia-cooperates-with-china-on-humanitarian-assistance-and-disaster-relief/.

② 参见 Australian Government, Department of Defence, "Inquiry into Australia's Relations with China", *Submission to the Senate Foreign Affairs*, *Defence and Trade References Committee*, Canberra, March 2005, p.7, available at http://www.aph.gov.au/binaries/senate/committee/fadt_ctte/completed_inquiries/2004-07/china/submissions/sub09.pdf。

③ Australian Government, Department of Defence, *Defending Australia in the Asia Pacific Century*: *Force 2030*, *Defence White Paper 2009*, Canberra, Australia, 2 May 2009, p.95.

④ Stephen Smith, "Australia and China: Partners in the Asia Pacific Century", speech given to the China Institute of International Strategic Studies, 6 June 2012, Beijing.

在澳大利亚于 2013 年初发布的国防白皮书中，澳国防部表示"澳大利亚致力于通过对话和在军事领域的实务交流来与中国发展一种强有力的和正面的军事/防务关系"。该白皮书还进一步认定澳中两国军队的交流合作"在推动两国发展一种长期的和富有建设性的双边关系中起着非常重要的作用"。① 同样，中国政府也对发展与澳大利亚的军事/防务交流十分重视并给予了高度评价。例如在 2010 年 5 月澳中双方举行第 13 轮年度防务战略对话前夕，中国的《解放军报》发表了一篇评论文章，对澳中双边防务交流的发展成果给予了高度肯定，称两国的军事/防务交流是中国军队对外军事交流合作中最持久、最成功的关系之一。②

根据以上讨论，考虑到澳中两国自 20 世纪 90 年代以来双边军事/防务交流的迅猛发展，似乎一个理所应当的结论应该是多年来的防务交流应该在增强双方战略互信、降低相互在战略意图和国防政策方面的猜疑方面起到重要作用，但是具有讽刺意味的是，尽管澳大利亚与中国之间存在着广泛的和日益深入的军事交流和战略对话机制，澳大利亚政府对中国不断增长的军事实力却始终保持深切忧虑。特别在近年来，堪培拉对中国在军事现代化和国防透明度方面的忧虑不断加深，批评声调也不断增高。例如，澳大利亚 2009 年的国防白皮书以前所未有的方式公开要求中国在军事现代化的目的和政策方面加强透明度，对地区其他国家做出更多解释。白皮书更间接地将中国的崛起视为影响地区安全稳定的一个主要因素和对澳大利亚国家安全的潜在威胁。《澳大利亚人报》前记者 David Uren 在 2012 年出版的一本书中更是进一步声称，在 2009 年的国防白皮书中本来有一个高度机密的章节，其内容包括设想在中美出现军事冲突的情况下，澳大利亚如何和美国一起与中国进行空海战的计划。③

澳政府对中国的军事发展的不断加深的忧虑与猜疑显示了对两国多年来的军事/防务交流活动的作用提出质疑的必要：应该怎样解释尽管经过多年的对

① Australian Government，Department of Defence，*Defence White Paper 2013*，Canberra，Australia，3 May 2013，p. 62.

② 鹿音：《中国与澳大利亚、新西兰军事发展势头良好》，《解放军报》2010 年 5 月 11 日。

③ David Uren，*The Kingdom and the Quarry*：*China*，*Australia*，*Fear and Greed*，Black Inc.，2012，p. 128.

话交流，堪培拉对中国军力发展和战略意图的不安和猜疑不但没有减弱，反而有所增加的现象？在多大程度上，双边军事/防务交流合作提高了中国的军事透明度并增加了双方的互信程度？到目前为止，这些问题还没有得到应有的关注和解释。本文在以下部分将试图对这些问题进行初步探讨。

二 中澳双边军事/防务交流的局限：
战略利益及观念分歧

究竟是什么原因造成了澳大利亚对中国军事发展和国防战略的持续疑虑？在澳大利亚，目前一个普遍被接受的观点是，问题的根源在于中国的军事透明度不足。譬如在前面提到的澳大利亚国防部 2005 年向议会参议院递交的报告中，就提到希望"中国军队在双边交流中展示更大程度的开放和提供对称性的互惠"。该报告抱怨目前澳大利亚军方与中国军队的交流、合作、接触受到中国方面的严格限制，澳大利亚方面常常只能接触到中国军队的一些示范单位。在澳大利亚国防部 2007 年发布的战略评估和 2009 年的国防白皮书中都表达了对中国提高军事透明度的要求。因此众多持有这种观点的澳大利亚学者认为，目前澳中双边军事交往中的问题主要是由于中国缺乏军事透明度所造成的澳方对中国战略意图的缺乏理解与误判。在这样的观点的影响下，许多学者建议澳中双方进一步加强对话交流从而解决双方存在的"信任赤字"问题。①

笔者对此持有不同观点。笔者认为，只专注于透明度的问题将会误读双边军事交流中问题的根源，从而忽略了造成澳大利亚对中国战略疑虑的更重要的原因。特别是在双边已经存在着广泛和不断深入的军事/防务交流关系的情况下，寄希望于通过更多对话与交流来增加互信，其结果不容乐观。笔者认为，造成澳政府对中国军事发展和国防政策疑虑和担忧的最根本的原因是两国在重大战略利益上的分歧。这种战略利益的分歧极大地限制了双方军事/防务交流活动所能起到的作用。同时，澳中两国对军事/防务交流的功能的不同理解，

---

① Linda Jakobson, "Australia-China Ties: In Search of Political Trust", *Policy Brief*, Lowy Institute for International Policy, June 2012.

特别是对军事透明度和战略互信之间关系的不同看法，进一步为双方战略互信的建立制造了障碍。

近年来国际学术界对军事/防务外交的理论研究也支持笔者的以上观点。尽管在后冷战时期，军事/防务外交日益成为加强国家之间外交关系的一个重要政策工具和一个极其重要的建立战略互信的机制，军事/防务交流的效果却不能一概而论。在 Andrew Cottey 和 Anthony Forster 对防务外交的经典研究中，他们发现，如果两国之间的战略猜疑和冲突是由于误解和缺乏沟通造成的话，那么军事/防务交流将会在增强互信方面起到显著作用；但是如果国家之间战略互信的匮乏是由于结构性的因素譬如国家战略利益的根本分歧或者对国际秩序的不同观念造成的，那么军事/防务交流在建立、发展战略互信方面的作用将会非常有限。[①]

如果将 Cottey 和 Forster 的研究成果应用于对中澳军事/防务交流的分析，就会发现两国在战略利益和对亚太地区未来安全秩序的安排主张方面存在着重大差异。其中最重要的是澳中双方对以美国为主导的军事同盟关系在地区稳定中所起作用的问题上存在着根本分歧。从澳大利亚的角度来看，美国在亚洲的军事同盟体系是保证地区安全稳定的基石，也是澳大利亚国防政策的基点之一。在近年来美国"重返亚太"的战略背景下，这个观念在澳大利亚更得到了不断强化。例如在前面提到的 2012 年澳大利亚国防部长 Stephen Smith 在中国国际战略学会的演讲中就明确指出，"美国在亚太地区的战略存在是二战以来维护地区和平、稳定和繁荣的重要力量。澳大利亚极力欢迎以下事实，即美国不仅表明要继续保持而且还要进一步加强它在本地区的存在"。他还进一步重申"澳大利亚与美国的军事同盟关系是澳大利亚战略和安全政策一个中心和恒久不变的组成部分"。这种观点也清晰地反映在澳美两国的实际合作层面。一个明显的例子是作为美国重返亚太战略的一个重要部分，自 2012 年初开始 250 名美国海军陆战队队员在澳大利亚达尔文市驻扎进行轮换训练，并且在今后几年将会把人数逐渐增加到 2500 名。另外，根据澳大利亚 2013 年发表的国

---

① Andrew Cottery and Anthony Forster, *Reshaping Defence Diplomacy: New Roles for Military Cooperation and Assistance*, Routledge, 2005, p. 17.

防白皮书，澳美双方还将在空军及海军的训练及基地的使用上加强交流与合作。

而与澳大利亚相反，中国认为美国在亚洲的军事同盟体系不仅是冷战时期的遗留物，而且日益成为地区不安定的根源。例如，中国 2009 年 1 月发布的国防白皮书把美国加强其在亚洲军事同盟体系的举动列为影响地区稳定的负面因素之一。中国在 2011 年发布的新的国防白皮书同样把美国军事同盟体系的发展与朝鲜半岛问题、阿富汗局势、地区领土争端、恐怖主义、分裂主义和极端主义等共同列为造成地区不安定局势的重要因素。许多中国学者也将美国的"亚太再平衡"政策及其加强地区军事同盟关系的努力视作遏制中国崛起的举动。[1]

在这种情况下，不难理解为何北京对堪培拉关于中国的一些政策宣示以及澳美之间近年来日益紧密的军事合作关系持越来越强烈的批评态度。例如澳媒体曾广泛报道中国对澳大利亚 2009 年国防白皮书的失望与不满。根据维基解密网站 2010 年 10 月披露的美国外交文件中的信息，在 2009 年上半年澳国防部副部长到北京通报澳大利亚即将发布的 2009 年国防白皮书的有关情况时，受到了中方的冷淡对待。在其与中国军方高层的会晤中，中国要求澳大利亚修改白皮书的有关内容，否则澳大利亚要承担相应后果。[2] 2012 年美国在澳大利亚部署海军陆战队的行动则被中国进一步视为美国及其盟友围堵中国战略的一部分。在 2011 年中国国防部的一次记者招待会上，国防部发言人在回答记者有关美国在达尔文驻军的问题时，将澳美的有关行为称为"冷战思维的体现"，认为其"不符合和平、发展、合作的时代潮流，也不利于增进地区国家的互信与合作，最终受损的是各方的共同利益"。[3]

因此，以上事实清楚表明，尽管澳大利亚和中国双边军事/防务交流可能会在消除误解与提高双方对对方战略利益和意图的了解方面有帮助，它在消除双方在战略利益的根本分歧方面能起的作用却是非常有限的。事实上，从某种

---

① Michael D. Swaine, "Chinese Leadership and Elite Responses to the U. S. Pacific Pivot", *China Leadership Monitor*, No. 38, 2012.

② Peter Dorling and Richard Baker, "Chinese Furious at Military Build-up", *Sydney Morning Herald*, 10 December 2010.

③ 《2011 年 11 月国防部例行记者会实录》，中华人民共和国国防部网站，2011 年 11 月 30 日，http：//www. mod. gov. cn/affair/2011 - 11/30/content_ 4347180. htm。

程度上来讲，双方的密切交流和接触反而会使澳中双方更清楚地认识到它们在国家战略利益和观念方面的根本分歧。从这个角度来讲，过度期待通过更多的双边交流来提升互信不仅将是不现实的，而且还可能会导致误解两国缺乏战略互信的根本原因。

中澳两国除了在战略利益与观念方面存在着重大分歧，双方在军事/防务交流活动的功能方面观点也不同。澳大利亚和其他西方国家学者和政策制定者大多认为，在军事/防务交流中，增加军事透明度是加强战略互信的重要基础。而中国的学者大多持相反观点，认为战略互信是增加军事透明度的前提条件，而不是相反。根据这种观点，在两国缺乏充分的互信的前提下，无论一方的军事透明度有多高，它的战略举措也不会得到信任。因此，许多中国学者特别是军方学者认为，在缺乏基本的战略互信的前提下，中国不应该听从其他国家对中国军事透明度的要求。[1] 同时，另外一些中国学者认为，事实上中国目前的军事透明度已经相当高了，目前西方国家批评中国的根源在于它们对中国的不信任。[2] 考虑到中国与西方国家包括澳大利亚在这些问题上的观点差异，可以预计，在中国的对外军事/防务交流中，其增加军事透明度的过程将会是渐进和相当缓慢的。

三 结语

通过对澳中军事/防务交流的历史和现状的分析，笔者认为，尽管在军事领域双边的交流和合作已成为澳中整体双边关系的重要一环，澳中两国对双边军事/防务外交的作用还需要更为清楚和客观的认识。本文的分析显示出澳中两国在战略利益方面的重大分歧极大地制约了军事/防务交流在增加战略互信方面所起的作用，从而对双边关系带来了负面影响。因此，尽管从 20 世纪 90年代中后期以来双方军事交流的范围及层次不断扩展，两国对对方军事发展和国防政策的猜疑仍然根深蒂固。因此，尽管双方政府对推动未来的军事交流与

---

[1] 例如，参见许嘉《军事透明度 与中美军事互信》，《和平与发展》2008 年第 2 期，第 17 页。
[2] 例如，参见罗援《剖析中美军事交流中的结构性分歧》，《国际先驱者导报》2009 年 12 月 15日。

对话十分重视，但可以预期的是，任何期望在双方战略互信方面有显著提高的想法都是不现实的。在两国的战略利益分歧没有根本改变的背景下，希望通过更多的对话与交流来增强战略互信，其结果不但将是非常有限的，并且可能会引发"对话疲劳"的副作用从而导致双方对军事/防务交流对话机制作用的失望。因此本文建议中澳双方在今后的政策制订过程中，需要更清楚地认识军事交流对话机制作用的有限性，从而合理设定双边军事交流的目标，降低预期，这对发展一种稳定的双边军事关系是至关重要的。

国际援助篇

International Aid

B.17

对南太平洋岛国的气候
变化援助：现状与未来

姚 帅*

摘 要:

气候变化问题已经成为国际社会普遍关注的重要问题，由其引发的诸如极端天气频发、海平面上升、物种灭绝、土地荒漠化、粮食危机、岛国难民潮等一系列问题正在严重危及人类的生存与发展。南太平洋岛国作为这样一个全球性问题的最大受害者，面临着气候变化所带来的国家安全与生存危机，也使长久困扰它们的发展、减贫问题雪上加霜。因此，帮助南太平洋岛国应对气候变化成为当前国际社会对这一地区的援助重点。本文对南太平洋岛国面临的气候变化现状、政策行动和援助诉求进行了阐述，总结了包括中国在内的国际社会在该地区开展的气候

---

* 姚帅，商务部国际贸易经济合作研究院国际发展合作研究所助理研究员，博士，主要研究领域为国际发展援助和中国对外援助政策。

变化援助，并对中国对南太平洋岛国的气候变化援助提出了建议。

关键词：

气候变化　对外援助　南太平洋岛国

一　南太平洋岛国的气候变化现状

（一）南太平洋岛国的基本情况①

南太平洋岛国共有 14 国，分别为巴布亚新几内亚、斐济、基里巴斯、库克群岛、马绍尔群岛、密克罗尼西亚联邦、瑙鲁、帕劳、纽埃、萨摩亚、所罗门群岛、汤加、图瓦卢和瓦努阿图。这些海岛国家零零散散地分布在南太平洋约 3000 万平方公里的海面上，陆地面积总计 55 万多平方公里，共 1 万多个岛屿，总人口约 750 万。南太岛国均属于发展中国家，按世界银行的分类标准，除库克群岛、纽埃、瑙鲁和帕劳为中高收入国家以外，其他都为中低收入国家，其中基里巴斯、萨摩亚、所罗门群岛、图瓦卢和瓦努阿图被列为最不发达国家。②

总体而言，这些岛国具有以下特征：一是相比袖珍的陆地面积，海洋面积广袤，专属经济区总和相当于地球表面积的约 8% 和海洋面积的 10%；二是人口总数少但密度高；三是岛屿众多且分散，交通及通信极为不便；四是海洋、森林、矿产和旅游等资源丰富；五是经济规模小且结构单一，工业、农业生产落后，以农业、渔业和旅游业为主要经济来源，严重依赖进口和国际援助，经济易受外部经济影响而波动；六是大多存在被殖民历史，与澳大利亚、新西兰等英联邦成员关系密切；七是易受自然灾害威胁，生态环境脆弱；八是长期被国际社会边缘化，国际影响力微不足道。

---

① 参考徐明远《南太平洋岛国和地区》，世界知识出版社，2003，第 1~5 页；2011 年第 56 届联合国大会"关于小岛屿发展中国家面临的挑战"的相关资料。

② 参见 DAC/OECD 于 2012 年 1 月公布的官方发展援助（ODA）受援名单，http://www.cecd.org/dac/stats/daclist。

（二）南太平洋岛国的气候问题现状

基于南太岛国以上诸多特点，它们是地球上受气候变化威胁最大的脆弱群体。这些国家的平均海拔一般较低，受气候变化影响显著，海平面上升、海岸侵蚀加剧、极端气候灾害频发及由此引发的经济社会问题日益凸显。

1. 海平面上升，危及生存发展

海平面升高对岛国的打击是毁灭性的。根据联合国政府间气候变化委员会（IPCC）预测，到2100年海平面可能会上升4英尺（约1.2米），地势低洼的小岛国的国土将被海水侵蚀，图瓦卢、瓦努阿图、基里巴斯等国甚至可能会被淹没，一些国家已经考虑整体搬迁。由于小岛国陆地资源极为有限，居民活动多集中在海岸线一带，海平面上升不仅将破坏经济社会基础设施，更严重制约了岛民的生存空间，将迫使越来越多的岛民沦为难民。

2. 自然灾害频发，破坏严重且持久

南太岛国主要位于气候条件脆弱的赤道两侧，这加剧了龙卷风、热带风暴、干旱、水灾、地震和火山爆发等自然灾害的发生频率。由于南太岛国的发展严重依赖农业、渔业和旅游业，自然灾害一旦发生，支撑这些国家经济命脉的产业将受到致命打击，加之这些国家自身恢复能力非常薄弱，这对于本就面临贫穷问题的岛国来说，可谓雪上加霜。

3. 海洋生态遭到破坏，生物多样性受损

气候变化对海洋生物多样性造成严重威胁，南太岛国的海洋生态系统受到很大影响。据IPCC估计，如果气温继续上升1.5～2.5℃，20%～30%的物种将面临灭绝。对于南太岛国来说，生物多样性的丧失不仅直接影响渔业、农业和旅游业的发展，造成粮食危机、发展停滞、饮用水污染和短缺等一系列经济社会问题，同时极大降低了岛国对自然灾害的抵御能力。

二 南太平洋岛国的气候政策与诉求

（一）气候政策

由于气候变化带来的环境问题和发展问题日趋严重，近年来南太平洋岛

国为了维护自身利益，积极采取了应对气候变化的政策行动，主要体现在两个层面：一是在国内制定出台应对气候变化的政策文件，提出战略目标、实施举措；二是积极利用区域和国际多边舞台发声，参与应对气候变化专项活动。

1. 国内层面：制定应对气候变化政策文件

南太岛国高度重视气候变化问题，将应对气候变化上升到国家战略的高度。各国根据本国实际情况制定了应对气候变化政策，有的出台专项规划，有的将气候变化规划作为重要内容纳入国家经济社会总体规划中。

以瓦努阿图为例，2006年，瓦努阿图政府制定了第二个《国家优先行动日程（2006~2015）》，将环境和灾害管理作为优先领域，具体包括出台环境保护法、鼓励保护区发展、提高污水治理能力、鼓励生态旅游、提升社会环保意识等。再如，斐济将应对气候变化政策整合到国家经济社会总规划中，并将其作为贯穿其中的重要内容。2012年出台的《斐济气候变化国家政策》[1] 明确提出了应对气候变化的八大任务：纳入国家计划和预算、推动信息搜集和国际共享、提升应对气候变化意识、纳入中小学教育和培训体系、适应气候变化、减缓气候变化、从财政预算和国际援助中融资、积极参与国际和太平洋地区行动，并详细列举了适应和减缓气候变化的措施。再比如汤加，2010年汤加政府颁布的《气候变化适应和灾害风险管理国家联合行动规划（2010~2015）》，明确将政府治理、技术知识和教育、评估分析、社区防御、新能源、政府与私营部门的合作等作为六大优先战略目标。

2. 国际层面：参与区域和国际应对气候变化专项活动

由于南太岛国自身经济发展水平不高，缺乏资金和技术支持，因此它们在区域和国际舞台上尤为活跃，积极参与应对气候变化项目。

南太岛国在国际多边场合经常通过小岛屿国家联盟集体发声。根据联合国最不发达国家、内陆发展中国家和小岛屿发展中国家高级代表办事处（UN-OHRLLS）2011年发布的关于小岛屿发展中国家的报告《小岛屿发展中国家：

---

① The Government of the Republic of Fiji, *Republic of Fiji National Climate Change Policy*, the Secretariat of the Pacific Community, Suva, Fiji, 2012, available at http://pacificdisaster.net/pdnadmin/data/original/FJI_2012_National_CC_Policy.pdf.

小岛屿，大危险》，小岛屿国家联盟的合作基础主要体现在气候变化和海平面上升、生物多样性、海岸和海洋资源、自然资源、再生能源资源、交通和通信、贸易与金融、废弃物管理、淡水资源、土地资源和旅游业等 11 个方面。[①]早在 1992 年 6 月在巴西里约热内卢召开的联合国环境与发展大会上，小岛屿国家联盟通过努力，促使会议通过了《21 世纪议程》，这是国际社会首次承认小岛屿发展中国家的特殊地位并将援助小岛屿发展中国家定义为国际社会的责任。此外，太平洋岛国论坛也已成为南太平洋岛国与澳大利亚、新西兰及美国、中国、日本等域外大国共同商讨应对气候变化问题的重要舞台，论坛历届会议都会就气候变化、可持续发展、发展援助协调、海洋政策等议题进行讨论。

（二）援助诉求

南太岛国将气候变化问题视为关系生存与发展的重大问题，提出其迫切需要国际社会的援助以减缓并适应气候变化。具体援助诉求主要有以下几点。

1. 需求资金迫切

在资金支持方面，南太岛国长期呼吁国际社会为其应对气候变化提供可预测、透明且足够的援助资金，充分满足其国家和地区的迫切生存与发展需要。同时，南太岛国呼吁国际社会建立针对它们的专项基金，为其应对气候变化提供长期、稳定、有效和可持续的帮助。此外，由于一些国家的负债率很高，严重依赖国际援助，因此无偿援助成为这一地区最受青睐的援助资金提供方式。

2. 需求领域广泛

该地区的援助诉求多以减缓和适应气候变化为目的。由于南太岛国的温室气体排放占全球比重微乎其微，不承担主要减排义务，因此在减缓气候变化方面主要为节能减排技术上的援助需求。相比之下，适应气候变化是南太岛国最重要的援助诉求，所涉及的领域十分广泛。一是农业方面，需要解决海水侵蚀

---

① See UN - OHRLLS, *Small Island Developing states*: *Small Tslands Bigger States*, available at http://www.unohrlls.org/UserFiles/File/UN_ SIDS_ booklet_ 5x6 - 5_ 062811_ web. pdf.

导致的农作物种植条件恶化问题，以及暴雨等极端天气导致的农业生产受损和粮食安全、食品保障等问题；二是清洁用水方面，要解决海平面上升和海水入侵导致的淡水资源污染和短缺问题；三是海岸治理方面，需要解决沿岸区域安全管理、灾害预警、善后治理、移民等方面的难题；四是医疗卫生方面，要解决气候变化带来的传染病和流行病问题；五是自然资源方面，需要解决海洋、森林资源和生态系统破坏的问题。

3. 需求形式多样

南太岛国对援助形式的诉求是多种多样的。一是在政府治理方面，希望获得制定应对气候变化的国家政策规划方面的帮助以提高政府执政能力和管理水平；二是在技术转移方面，小岛国希望获得气候变化风险识别和分析的技术援助，为其提供气象预警与监测、基础设施防护、防灾减灾和医疗卫生等方面的科研和信息支撑；三是在能力建设方面，南太各国希望通过获得人力资源培训，增强国民应对气候变化的意识和能力。

三　国际社会对南太平洋岛国应对气候变化的援助情况

（一）国际社会对南太岛国的气候变化援助

由于南太岛国对援助依赖严重，同时受到国际气候变化谈判等因素的推动，加之南太岛国所处的特殊地理位置和所拥有的自然资源，近些年来，国际社会对这一地区的援助有所提升。总体而言，对南太岛国的气候变化援助资金主要来自联合国、世界银行、亚洲开发银行、国际红十字会等国际组织以及澳大利亚、美国、欧盟、日本、新西兰等发达国家和地区；援助覆盖的范围一般包括区域内多个国家或涉及整个亚太地区的多个岛国，很少针对特定国家；在援助目的上以提升小岛国适应气候变化能力为主，以能力建设和技术合作为主要援助形式。

澳大利亚是该地区援助、贸易和投资的最大来源，南太岛国是其主要援助对象之一，因此澳大利亚的气候援外也构成其获得的援助的主要部分。2010

年澳大利亚宣布实施"快速启动融资"项目，计划在 2013 财年结束前提供 5.99 亿澳元以帮助其他国家应对气候变化，其中南太岛国是受援重点，援助额为 1.34 亿澳元，占总金额的 22.4%。

美国对南太岛国的援助是其"重返亚太"战略的重要一步。长期以来，美国的气候变化援助重点是其传统势力范围的加勒比海地区，而南太岛国长期备受冷落。近年来，美国外交政策重点的转移促使其将援助目光投向了南太平洋地区。2011 年，美国国际开发署在巴布亚新几内亚重新设立办事处，成为其南太援助政策和实施的关键站点。美国先后援助 1800 万美元帮助南太岛国制订气候变化适应预备机制，4100 万美元用于亚太珊瑚礁三角区的生态系统管理。此外，美国开启"全球气候变化倡议"专项项目，涉及提高有关国家应对气候灾害与损失的能力、推动低碳与可持续经济发展、保护绿色植被以减少温室气体排放。美国试图通过援助在太平洋岛国实现"同盟的网络化"，以气候变化援助为契机，展开在亚太地区的总体布局。

日本通过日本—太平洋岛国论坛框架向南太岛国提供了大量援助，2008~2011 年间共提供了 508 亿日元（约合 6.4 亿美元）的援助。未来 3 年日本将向该地区岛国提供上限为 5 亿美元的援助，双方在海洋问题、自然灾害防范、气候及环境变化、人文交流和可持续发展及人类安全五个方面加强合作。通过日本—太平洋岛国论坛合作框架，日本在援助太平洋岛国中将海洋安全保障议题纳入了气候变化问题的讨论，在当前南海局势紧张的情况下，针对中国的意图十分明显。日本首相安倍还计划于 2014 年起，用两年时间遍访南太平洋岛国，试图展现日本对南太地区岛国的高度重视。

欧盟国家也积极参与对南太岛国的气候变化援助。欧盟将 2011~2013 年的援助重点放在气候变化和可持续能源领域。德国援助 229.7 万欧元支持太平洋红树林计划，注资 1720 万欧元为南太岛国应对气候变化提供能力建设支持，并关注旅游、土地和沿岸自然资源的管理。2011 年 11 月底，《联合国气候变化框架公约》第 17 次缔约方大会在南非通过了《德班一揽子决议》，启动绿色气候基金，承诺到 2020 年发达国家每年向发展中国家提供至少 1000 亿美元，帮助其适应气候变化，德国和丹麦分别注资 4000 万和 1500 万欧元作为其运营经费和首笔资助资金。

（二）中国对南太岛国的气候变化援助

在南南合作框架下，中国一直在对南太岛国，包括非建交国提供力所能及的援助。面对气候变化这一全球问题对南太岛国的严重威胁，中国在国际场合团结广大发展中国家积极推进南南合作，呼吁国际社会为南太岛国等面临气候变化危机的发展中国家提供帮助，得到了受援国和国际社会的肯定。

2005 年 1 月，时任外交部长李肇星在毛里求斯首都路易港举行的小岛屿发展中国家可持续发展国际会议上代表中国政府对于小岛屿发展中国家的发展提出倡议，其中谈到要重点突出，解决小岛屿发展中国家的根本关切。由于特殊的自然和地理条件，小岛屿发展中国家承受着气候变化、海平面上升和极端气候事件等带来的恶性后果。国际社会应坚持环发大会的"共同但有区别的责任"原则，采取切实措施，帮助小岛屿国家应对挑战，克服困难，加强能力建设，帮助小岛屿国家全面推进可持续发展战略。国际社会应在技术转让和人员培训等领域加大投入，提高小岛屿国家自身应对新旧挑战的能力；联合国和有关国际机构应将其列入工作重点，并建立起有效的监督和落实机制。海啸、干旱等灾难再次表明，建立重大自然灾害监测、预防和估评区域合作机制非常迫切。[1]

2009 年，时任国家主席胡锦涛在联合国气候变化峰会上宣布，"中国充分认识到应对气候变化的重要性和紧迫性，已经并将继续坚定不移为应对气候变化作出切实努力，并向其他发展中国家提供力所能及的帮助，继续支持小岛屿国家、最不发达国家、内陆国家、非洲国家提高适应气候变化能力"。[2] 2012 年 6 月，在联合国可持续发展大会上，时任总理温家宝宣布中国政府将在 2011～2013 年间，每年安排约 1000 万美元帮助包括南太平洋岛国在内的发展中国家积极应对气候变化。

---

[1] 戴汉武、陈铭：《中国为小岛屿发展中国家的发展提出四点倡议》，中国网，http://www.ce.cn/xwzx/gjss/gdxw/200501/13/t20050113_2842258.shtml，访问日期：2014 年 4 月 20 日。

[2] 胡锦涛：《携手应对气候变化挑战》，在联合国气候变化峰会开幕式上的讲话，2009 年 9 月 22 日，人民网，http://politics.people.com.cn/GB/1024/10098974.html，访问日期：2014 年 5 月 13 日。

此外，中国还积极参与南太国家的区域合作机制，自 1990 年起派代表出席太平洋岛国论坛对话会议。中国成为对话伙伴国后，20 多年来对南太岛国给予了很大帮助。与此同时，中国与太平洋岛国通过中国—太平洋岛国经济发展合作论坛建立了密切的双边合作机制。2006 年 4 月，温家宝在中国—太平洋岛国经济发展合作论坛首届部长级会议上承诺：将在今后 3 年内向岛国提供总计 2000 个培训名额，协助岛国培训政府官员和各类技术人员；将根据岛国的需求，在地震或海啸预警监测网建设方面提供支持。[①]

2013 年 11 月，在广州举行的第二届中国—太平洋岛国经济发展合作论坛上，国务院副总理汪洋宣布了中方与太平洋岛国合作的新举措，其中涉及气候变化的措施包括：支持岛国重大项目建设，向建交的岛国提供共计 10 亿美元的优惠贷款；设立 10 亿美元专项贷款，用于岛国基础设施建设；支持岛国开发人力资源，今后 4 年为岛国提供 2000 个奖学金名额，帮助培训一批专业技术人员；支持岛国保护环境和防灾减灾，为岛国援建一批小水电、太阳能、沼气等绿色能源项目。同时，汪洋特别强调，应对气候变化、拯救地球家园，是全人类的共同挑战，也是太平洋岛国的重大关切。中方理解各岛国的特殊处境和诉求，愿意与岛国全面加强绿色发展合作，共同提高应对和适应气候变化的能力。[②]

中国政府对南太岛国的气候变化援助坚持尽力而为、平等相待、不附带任何政治条件、互利共赢的整体对外援助原则，发展援助成效明显，援助主要用于民生工程和基础设施建设，援助项目涉及农业示范中心，医疗卫生，水力、太阳能和风能发电合作，适应气候变化能力，沼气技术合作，人力资源培训和物资赠送、紧急救灾等诸多方面。在国家发展和改革委员会 2012 年 11 月发布的《中国应对气候变化的政策与行动 2012 年度报告》中提到，近年来中国对南太平洋岛国的援助重点为：支持岛国可再生能源利用与海洋灾害预警研究及能力建设、LED 照明产品开发推广应用、秸秆综合利用技术示范推广、风光

[①] 温家宝：《加强互利合作　实现共同发展》，温家宝在中国—太平洋岛国经济发展合作论坛首届部长级会议开幕式上的讲话，《人民日报》2006 年 4 月 6 日，第 3 版。

[②] 《汪洋出席中国—太平洋岛国经济发展合作论坛并发表主旨演讲》，中华人民共和国外交部网站，2013 年 11 月 8 日，http：//www. fmprc. gov. cn/mfa_ chn/zyxw_ 602251/t1097358. shtml，访问日期：2014 年 4 月 20 日。

互补发电系统研究推广利用、灌溉滴水肥高效利用技术示范推广等，帮助发展中国家提高应对气候变化的适应能力。[①]

值得一提的是，中国的气候变化援助在清洁能源领域较为突出，向南太岛国提供清洁能源既能帮助受援国减少温室气体排放，又能提升其资源利用率，减少对进口燃料的依赖，从而加强受援国适应气候变化能力和可持续发展能力，是中国气候变化援助的重要领域。中国计划在 2008～2013 年间为发展中国家援助 100 个小型清洁能源项目。[②] 一是沼气项目。中国沼气项目援外历史较长，由于技术实用、有效、成本低、简单易学，中小型沼气项目非常适合在发展中国家推行，目前中国援助的沼气项目实施范围已包括小岛屿国家联盟的成员。二是水力发电及配套项目。水力发电既是清洁能源，又属可再生能源，近年来中国在小岛屿国家援建了一批水电及其配套项目，以无偿援助和优惠贷款为主要资金提供方式，有力地保障了受援国的电力供应。[③] 三是新能源项目。为顺应新能源发展趋势和中国新能源产业蓬勃发展的势头，中国将新能源项目广泛纳入了对外援助中，以小型示范项目为主，为受援国提供太阳能、风能设备，实施太阳能加热、光伏发电及照明等合作项目。

此外，中国政府一直积极鼓励企业"走出去"，结合太平洋岛国地区的经济特点，寻找优势项目、重点项目开展气候变化领域的合作。这些项目为当地带来了就业，促进了当地经济社会发展，同时也为南太岛国的环境保护、自主发展提供了帮助。

四 中国对南太平洋岛国应对气候变化的援助建议

南太平洋岛国所处的地理位置十分重要，是各大洲海运、航空航线的必经之地，对各国间的合作与经贸往来具有重大意义。中国同南太平洋岛国之

---

① 中华人民共和国国家发展和改革委员会：《中国应对气候变化的政策与行动 2012 年度报告》，2012 年 11 月，第 35 页。

② 《我国政府积极落实促进千年发展目标六项援外举措》，中华人民共和国中央人民政府网站，http://www.gov.cn/jrzg/2009-09/22/content_1423620.htm，访问日期：2014 年 4 月 20 日。

③ 中华人民共和国国家发展和改革委员会、国务院新闻办公室：《中国应对气候变化的政策与行动——2010 年度报告》，2010 年 11 月。

间具有很强的互补性，中国拥有的市场、资金、技术等优势有利于促进双方的共同发展。此外，加强对南太地区的气候变化援助有助于与部分未建交国开展对话、加深了解，具有重要的政治意义。同时，实施气候变化援助一方面可以帮助受援国改善生态环境，增进双方互信；另一方面能够团结小岛屿国家在国际气候谈判中形成发展中国家统一而强大的声音，在"共同但有区别责任"原则的指导下争取发展中国家的发展权益，提升在国际气候政治中的话语权。

作为亚太地区的发展中国家，南太平洋岛国为中国气候变化援助的重点地区。为此，针对中国对南太岛国的气候变化援助的未来发展提出以下建议。

(1) 制定气候变化援助中长期政策规划，将南太平洋岛国纳入整体规划中；在援助规模方面加大投入力度，设立南太岛国应对气候变化专项援助资金。

(2) 帮助南太岛国完善气候变化基础设施建设，重点加强岛国适应气候变化能力，开展海岸带管理、农业渔业生产、生态系统保护、气象预警监测等小岛国家迫切需要的援助项目。

(3) 分享中国气候变化新能源产品和技术，将绿色援助用于民生工程。推广中国在农业抗旱节水、生物多样性保护、海洋监测预警等方面的优势技术，与岛国开展小水电、太阳能、风能等新能源和可再生能源的项目合作。

(4) 大力开展能力建设，帮助有需要的岛国提高政府治理能力，加大对政府官员、技术人员和社区居民的培训力度，深入基层，提高岛民应对气候变化的意识和能力。

(5) 积极参与多边援助，扩大同联合国、世界银行等国际组织及太平洋岛国论坛等地区组织的援助合作，在中国—太平洋岛国经济发展合作论坛框架下实施跨国跨地区的气候变化援助，与金砖国家在南南合作框架下开展三方合作，塑造中国负责任的大国形象。

(6) 发挥非政府组织、企业、社会团体和个人等多种主体在援助中的作用，与当地成熟的环保组织合作，鼓励环保意识强的中国企业和志愿者深入基层，帮助受援国人民提高应对气候变化的能力与意识。

结 束 语

当前，南太小岛屿国家的气候变化问题已经受到国际社会的普遍关注，面对日益上升的海平面、频繁的极端天气、恶化的生态环境，对其提供援助不仅是小岛国的迫切要求，也直接关乎各国在全球治理层面的合作。气候变化问题威胁着经济社会的发展、农林渔业的生产、人类的健康和生存等方方面面，正是这种问题的独特性加剧了气候变化援助的复杂性。尽管各援助国和国际援助机构对南太岛国应对气候变化的援助方式与领域各有不同，但可以预见的是，加强岛国能力建设、帮助发展基础设施并提高技术水平将是未来气候变化援助的重点，也将是国际合作的重要内容。而与此同时，南太岛国的战略地位与气候变化问题的复杂性交织在一起，未来对南太岛国的气候变化援助势必成为各国利益交锋的主战场之一。

B.18

BLUE BOOK

日本非政府组织对
南太平洋岛国的援助

——以笹川太平洋岛国基金援助为例*

陈艳云　孙　冰**

摘　要：

本文以日本笹川太平洋岛国基金对南太平洋岛国的援助为例，考察 NGO 在日本对外援助中的地位和作用。文章分析了笹川太平洋岛国基金对南太平洋岛国援助的原因、方式、领域及特点。由于南太平洋岛国面临国土狭小分散、地处边缘地带、远离国际市场及生态环境脆弱等多重挑战，笹川太平洋岛国基金将其作为重点援助地区。基金对该地区的援助以自主项目、资助项目和自主兼委托项目三种方式展开，援助涵盖教育、环境保护与气候变化、医疗卫生等多个领域。NGO 在日本对外援助中扮演了辅助型和倡议型两种角色，在日本对外援助中发挥了不可替代的作用。

关键词：

笹川太平洋岛国基金　南太平洋岛国　NGO　对外援助

冷战结束以来，随着全球化的不断深入，对外援助也从过去重经济援助向多层次复合型的援助转变，更加重视综合人类安全保障，包括人才培养、环境保护、消除贫困等领域。而在上述领域中，非政府组织（Non-Governmental

---

　＊　本文为中山大学大洋洲问题研究项目"日本对南太平洋岛国的援助研究"阶段性成果之一。
＊＊　陈艳云，中山大学亚太研究院大洋洲研究中心副教授、中山大学大洋洲研究中心研究员，博士，主要研究领域为日本与大洋洲关系；孙冰，镇江高等专科学校助教，主要研究领域为亚太国际关系。

Organizations，NGO）往往发挥着政府和企业所没有或难以充分发挥的作用。据日本外务省统计，日本 NGO 的数量，1989 年末为 186 个，20 世纪 90 年代后半期为 350 个，增加了近 1 倍。[①] 另据日本国际合作 NGO 中心（JANIC）的资料，日本参与国际援助的 NGO 的数量，2002 年有 391 个，实际上有 400 ~ 500 个。[②] 其中，笹川和平财团（SPF），日本—南太平洋经济协会（JASPA），工业、精神与文化促进组织（OISCA），服务公民国际日本机构（SCIJapan），南太平洋医疗队等 NGO 组织长期活跃在南太平洋岛国。[③] 作为非营利公益财团，日本笹川和平财团积极推动国际交流与合作，长期致力于国际发展援助事业，对南太平洋岛国的援助则是其事业的重要组织部分。然而，迄今为止，学界对笹川和平财团对南太平洋岛国的援助活动尚未予以足够关注。本文拟以笹川太平洋岛国基金（SPINF）对南太岛国的援助为研究对象，考察其动机、方式及内容，并通过日本政府 ODA 援助与 NGO 对外援助的比较，揭示 NGO 在日本对外援助中的角色、地位和作用。

一　笹川和平财团及笹川太平洋岛国基金

笹川和平财团是由日本著名企业家、社会活动家笹川良一（Ryoichi Sasakawa）于 1986 年 9 月 1 日成立的公益财团法人，其宗旨是促进国际社会的相互理解、交流与合作事业。笹川财团希望能够利用日本雄厚的经济实力和丰富的专业技术资源帮助发展中国家摆脱贫困落后，为国际社会做贡献。财团的总资产目前约为 508.05 亿日元，特别基金约为 287.66 亿日元。[④] 财团面向特定地区和国家设有四个特别基金，即笹川中日友好基金、笹川泛亚洲基金、笹川中东基金、笹川太平洋岛国基

---

① 日本外務省『NGO 事業補助金制度の概要』、http：//www. mofa. go. jp/mofaj/gaiko/oda/shiryo/hyouka/kunibetu/gai/philippines/gd02_ 01_ 0301. html。

② JANIC『国際協力 NGO ダイレクトリー 2002：国際協力に携わる日本の市民組織要覧』、NGO 活動推進センター、2002 年、第 50 頁。

③ 南太平洋岛国除了澳大利亚和新西兰之外，共有 14 个国家，分别为萨摩亚、汤加、巴布亚新几内亚、斐济、密克罗尼西亚、所罗门群岛、瓦努阿图、马绍尔群岛、帕劳、图瓦卢、基里巴斯、瑙鲁、库克群岛和纽埃。本文中所说的南太平洋岛国主要是指上述 14 国。

④ 笹川平和财团『财团概要』、http：//www. spf. org/profile/outline. html。

金，分别负责相关地区和国家的交流和各类援助项目的开展工作。

笹川太平洋岛国基金（以下简称"岛国基金"），是笹川和平财团为促进日本与太平洋岛国间的相互理解，促进太平洋岛国之间的相互合作，同时促进岛国与世界构建合作关系而设立的一项特别基金。1988 年 8 月，在日本政府的倡议和主持下，"太平洋岛国会议"在东京召开，有 10 位太平洋岛国首脑出席该会议，会上专门设立了"笹川岛国基金"，活动资金为 30 亿日元。自 1999 年 4 月 1 日起，该基金正式更名为"笹川太平洋岛国基金"。基金设有运营委员会负责基金的管理和运作。

笹川财团之所以将太平洋岛国作为重点援助对象，是因为该地区小岛屿国家普遍面临包括国土狭窄分散、地处边缘地带、远离国际市场及生态环境脆弱等多重挑战。20 世纪 60 年代后，南太平洋地区各国相继脱离"托管"成为独立主权国家，但这些新兴国家在发展过程中普遍面临一系列严峻挑战，具体表现在四个方面。第一，除巴布亚新几内亚和斐济外，绝大多数国家资源贫乏、农副产品种单一，难以维持自身需求，而这些国家狭窄分散的国土又增大了基础设施建设的难度。第二，由于该地区位于远离国际市场的边缘地带，劳动力不足，经济结构畸形，远离世界政治经济中心，不被世界了解，文化教育、医疗卫生及经济发展极其落后，难以得到国际社会的重视，因而投资建设难以开展。而其自身原始部落的社会结构和遗风旧俗，也使其很难融入现代社会。第三，其脆弱的生态环境和严峻的气候变化形势都不是依靠其自身力量可以解决的，亟须外界支持和帮助。① 岛国基金认为，一方面，南太平洋海域对海洋开发的战略意义日益提高，另一方面，该地区面临的气候环境变化问题却日趋严重，迫切需要国际社会的援助。"随着全球对海洋资源和海洋安全的关注不断提升，太平洋岛国周围的海域不仅被视作海洋资源开发的热点区域，更被视为维护太平洋安全的关键地区。南太平洋岛国将在维护太平洋地区安全和开放事务中扮演重要角色"。② 第四，由于追求快速的现代化和盲目的西方化造成了当地社会的扭曲发展，矛盾丛生，这对太平洋岛国地区传统的以和谐统一为基础的社会文化价值观造成了

① "History"，The Sasakawa Pacific Island Nations Fund website，http：//www. spf. org/spinf/profile/.
② "Projects"，The Sasakawa Pacific Island Nations Fund website，笹川太平洋岛国基金第三阶段项目指南，http：//www. spf. org/spinf/projects/project_ 3085. html。

极大冲击。① 太平洋岛国基金的根本目的就是帮助太平洋岛国克服上述种种挑战，实现国家的独立自主发展。

岛国基金主要是通过项目向太平洋岛国实施援助，援助领域包括太平洋岛国的开发和研究、人才培养、太平洋岛国相关知识的宣传普及、气候变化和环境保护等。

太平洋岛国基金从设立到 2013 年，其项目实施按时间先后分为三个阶段：第一阶段是 1990～1998 年，第二阶段是 1999～2008 年，第三阶段是 2009～2013 年。截至 2012 年底，该基金实施项目数为 145 个，项目总金额达到 10.552 亿日元。② 岛国基金为促进日本与太平洋岛国间的相互交流和理解，推动岛国社会经济发展做出了巨大贡献。

二　笹川太平洋岛国基金的援助方式

笹川太平洋岛国基金开展事业的基本形式是通过项目向太平洋岛国实施援助，援助年限通常为 1～3 年，少数为 5 年或 7 年，如太平洋岛国奖学金项目实施时间从 1991 年一直持续到 1997 年（多年度的项目以 1 年度作为 1 项），资助对象仅限于营利企业和个人以外的法人、社团法人，非营利法人或是从事非营利事业的任意团体，资助对象没有国籍限制。③ 援助方式主要有自主项目、资助项目、自主兼委托项目三种形式。

自主项目，即从资金筹备到整个项目的策划及实施均由岛国基金完成。据笔者统计，1990～2012 年间，该基金实施的 145 个项目中，自主项目有 46 个，占项目数的 31.72%，项目金额约 3.8 亿日元，占总金额的 36%。在项目实施第一阶段（1990～1998），自主项目有 25 项，金额约为 1.84 亿日元，占第一阶段总金额的 29.98%，其中，78% 的日本国内项目为财团自主项目。国内项目之所

---

① "The Pacific Island Nation Conference", The Sasakawa Pacific Island Nations Fund website, http://www.spf.org/spinf/profile/conference_session04.html.
② 笔者根据笹川太平洋岛国基金 "1990～2012 年实施项目表" 统计得出，http://www.spf.org/spinf/projects/search.php？s = spinf&fy = 1990&ty = 2012&ex = pg&pg = 1。下文中的数据，除特别标注外，均为笔者根据该资料统计得出。
③ 『助成申請について』，笹川平和财团网站，http://www.spf.org/grants/faq.html#01。

以多数为自主项目，主要是因为包含了"奖学金事业"和"媒体宣传事业"。这一阶段太平洋岛国奖学金就有 7 项，资助太平洋岛国学生赴日留学，金额约为 0.62 亿日元，占第一阶段自主项目总金额 33.85%。项目实施第三阶段（2009～2013），2009～2012 年间已实施的项目有 8 项，全部都是财团自主项目，项目金额约为 1.2 亿日元。第三阶段之所以以财团自主项目为主，主要有两方面原因，一是财团调整了其对外援助战略，强化财团在对外援助中的主体作用，促使日本对外援助从政府主导向日本民间主导转变；二是该阶段实施的自主项目主要涉及非传统安全领域的重大项目，项目经费通常在千万日元以上。

资助项目，即岛国基金向认可项目提供一定数额的资助金，每个项目资助额度通常在 200 万到 1000 万日元之间，而项目的策划及实施则由日本国内外一些拥有专业技术资源的机构或团体来完成，必要时财团方面行使一定的监督权。资助项目主要是涉及某些专业领域的项目，如远程教育、信息和通信技术、日语教育、职业培训、医疗卫生人员培训、社会科学研究和相关人才培养等。在项目实施第一阶段，岛国基金资助了大洋洲区域内的团体，如资助南太平洋大学、南太平洋论坛、南太平洋委员会、南太平洋应用地球科学委员会（SOPAC）、库克群岛艺术节执行委员会五个团体的金额总计约 0.92 亿日元；也资助与南太平洋岛国有密切关系的澳大利亚和美国的机构或团体，如夏威夷大学、关岛大学、主教博物馆、新南威尔士大学等，资助金额约 1.90 亿日元，用于与南太平洋岛国相关的研究和文化传播工作。[①] 1990～2012 年间，该基金实施的资助项目有 82 个，占项目数的 56.55%，项目金额约 5.41 亿日元，占总金额的 51.27%，项目数和金额数均占到一半以上。资助项目主要集中在项目实施的第一阶段和第二阶段，第一阶段资助项目为 40 个，占该阶段项目数的 56%，资助项目金额约 3.53 亿日元，占该阶段金额的 57.43%；第二阶段有 42 个项目，占该阶段项目数的 64%，金额约为 1.88 亿日元，占该阶段金额的 59.37%。

自主兼委托的方式往往是针对一些专业性较强并且涉及金额较大的项目，由岛国基金委员会聘请有关专业机构与团体共同筹划并实施项目。如笹川太平

---

① 『笹川太平洋島嶼国基金事業概要及び評価調査報告書：第 1 次プログラムガイドライン期（1990 年～1998 年）の事業概要』、笹川太平洋島嶼国基金网站、http：//www.spf.org/spinf/spinf_j/projects/graf.html。

洋岛国基金委员会为推进南太平洋岛国与国际社会的交流，以自主兼委托的方式，与美国媒体合作，推进"笹川太平洋岛国新闻奖学金"项目，培训南太平洋岛国当地的媒体从业人员，项目持续3年，金额高达0.12亿日元。1990~2012年间，岛国基金实施的145个项目中，自主兼委托项目有17个，占项目数的11.72%，项目金额为1.3亿日元，占总金额数的12.32%。

三　笹川太平洋岛国基金的援助领域

在岛国基金对南太平洋岛国的援助中，始终将教育和人才培养作为其优先援助的领域。因为太平洋岛国若要持续发展，经济上摆脱对外依赖、实现自主发展，人才是关键。在岛国基金1990~2012年实施的145个项目中，教育、人才培养方面的项目有87项，占项目数的60%，项目金额约为5.47亿日元，占全部金额的51.84%，均高居榜首。其次是交流项目，项目数为34项，占总数的23%，项目金额约为2.85亿日元，占总额的27%。另外，为了克服太平洋岛国地理上的分散性和与外部世界的隔绝性的弱点，运输通信网络也是该基金援助的重点领域之一。

岛国基金的援助领域，根据项目实施阶段的不同，援助的重点有所不同。

在项目实施第一阶段（1990~1998），岛国基金大力推进如下项目：第一，日本与太平洋岛国之间的人员往来与交流，例如开展儿童或青年农民的交流以及志愿活动；第二，帮助太平洋岛国开发人力资源以及展开相关教育培训工作，包括基础教育、技术指导及教师培训等；第三，大力推动信息通信网络的建设和利用，包括卫星通信网络和科学研究网络，促进太平洋岛国之间以及这些国家与国际社会的沟通和交流。这一阶段，人才培育项目占该阶段项目金额总数的44%，居首位；人员交流占41%，居第二位；居第三位的是信息通信网络项目，占15%。在该时期的日本国内项目中，人员交流项目金额占61%，居首位；在日本本国以外的项目中，则是人才培育项目居首位，占该阶段项目金额的67%。①

---

① 笹川太平洋岛嶼国基金『事業概要及び評価調査報告書：第1次プログラムガイドライン期（1990年~1998年）の事業概要』、笹川太平洋岛嶼国基金网站、http：//www.spf.org/spinf/spinf_j/projects/graf.html。

在项目实施第二阶段，岛国基金援助重点在以下三个领域。

第一，人才培养仍然是太平洋岛国基金援助的重点领域。该基金认为，岛国自立，人才是关键，而远程教育是太平洋岛国克服国土狭小分散性弱点，获取信息和提升人力资源能力的重要手段，[①] 因此，在这一阶段，基金着力推进以远程教育为中心的人才培养援助项目。在提供信息和通信技术的同时，还注重对太平洋岛国民众进行信息和通信技术政策和法规、信息和通信技术的应用和管理的教育与培训。这一阶段的教育和人才培养项目有 56 项，金额约 2.76 亿日元，占第二阶段总金额的 87.23%。其中远程教育 32 项，金额约 1.62 亿日元，占人才培养项目总金额的 58.83%。从 1997 年开始，岛国基金用 8 年时间完成了网络大学太平洋椰实大学项目的建设。该校除详细介绍太平洋岛国的人文、社会、自然状况外，还开设了网上虚拟教室，聘请专家学者举办演讲，就太平洋岛国问题举行研讨会，如"太平洋岛国远程通信""太平洋地区环境"等，通过公开讲座和网上虚拟课堂来传播有关岛国的信息。岛国基金还与大洋洲区域性大学南太平洋大学合作，开发网络法律硕士课程。2001～2003 年，在岛国基金资助下，南太平洋大学法学院开设了网络进修课程。该项目设立了有关环境法和商业法的网络课程，创设了地区法律数据库，旨在为法律专家增加培训机会。岛国基金之所以将信息和通信技术及远程教育放在头等重要位置，正如椰实大学客座教授、日本青山学院大学教授渡边明夫所言，"如果太平洋岛国能够通过提高通信技术来克服距离的限制，不仅能促进岛国的信息产业的发展，也能使岛民之间的交流更加便捷，从而有助于太平洋岛国作为一个整体建构地区身份。这样，参与全球化就不会导致各个岛屿或者南太平洋岛国地区身份的缺失"。[②]

第二，在项目实施第二阶段，岛国基金继续推进日本与大洋洲岛国间的人员交流，与前一阶段不同的是，这一阶段的人员交流着重推进的是有助于强化

---

① 笹川太平洋島嶼国基金『G8 洞爺湖サミットへ向けて（最終案）』、笹川太平洋島嶼国基金网站、2008 年 6 月 5 日、www. spf. org/yashinomi/pdf/reference/G8_ PubComnt_ ja. pdf.

② Akio Watanabe, "The New Relations between the Pacific Island Nations and Japan in the Age of Globalization"；やしの実大学太平洋総合講座、http：//www. spf. org/yashinomi/pacific/international/global_ en03. html。

岛国所特有的价值观及文化认同的项目，其中日本冲绳县与太平洋岛国间的交流项目是该阶段援助的重点，如以冲绳县为据点组织旨在弘扬海岛社会文化及珊瑚礁文化的系列活动。在这一阶段冲绳县与太平洋岛国间的交流项目就有10项，金额约为0.56亿日元，占第二阶段总金额的17.65%。为了凸显冲绳县在日本与太平洋岛国交流中的重要地位，2003年5月召开的第三届日本和太平洋岛国首脑峰会特意选在冲绳县名护市举行。

第三，对密克罗尼西亚社会、文化发展的援助是项目实施第二阶段的一个新重点。这一阶段有关密克罗尼西亚地区的项目有31项，金额为1.42亿日元，占第二阶段总金额的44.94%，涵盖远程教育、日语教育、日本文化宣传、通信技术、医疗卫生等广泛领域。2006年3月，联合国第8届"生物多样性公约缔约方会议"在巴西召开，会议就"密克罗尼西亚挑战计划"[①]达成共识，此后，南太平洋岛国面临的气候变化问题以及海洋资源和海洋安全问题引起了全世界的关注，该计划更受到笹川太平洋岛国基金的高度重视。为响应"密克罗尼西亚挑战计划"，确保岛国地区专属经济区的安全以及该地区资源的合理利用，岛国基金逐步将其援助重点领域转向以密克罗尼西亚地区为重心的海洋安全和海洋管理方面。

在项目实施第三阶段（2009~2013），岛国基金援助的重点是推动密克罗尼西亚地区三国（马绍尔群岛共和国、密克罗尼西亚联邦及帕劳共和国）之间关于海洋安全与海洋管理的交流与合作。岛国基金提供资金帮助完善上述三国的海洋安全机制，重点进行调查研究，并以有关国家的"密克罗尼西亚挑战计划"为基础，提供政策建议，并提供海洋安全与海洋管理方面的人力资源培训。这一阶段涉及海洋安全与合作的项目有6项，金额为0.86亿日元，占第三阶段项目总金额的72.33%，全部重点都在密克罗尼西亚地区。

---

① "密克罗尼西亚挑战计划"是帕劳群岛共和国前总统雷蒙杰索在2006年3月28日在巴西库里提巴参加联合国第8届"生物多样性公约缔约方会议"时，与其他密克罗尼西亚国家或属地，包括密克罗尼西亚联邦、马绍尔群岛共和国、北马里亚纳群岛自由联邦及关岛等的领导人共同提出的，该计划承诺到2020年时，使全球岛屿30%的近海海域和20%的陆地资源得到保护。该计划得到了欧盟、美国、澳大利亚等的支持。

四　笹川太平洋岛国基金对外援助特点及角色地位

通过上述对笹川太平洋岛国基金对南太平洋岛国的援助的研究，我们可以发现，该基金在日本对南太平洋岛国的援助中扮演了辅助型和倡议型角色，并且具有自身的一些特点。

第一，与笹川财团其他几个特别基金不同，岛国基金在对南太平洋岛国的援助中，特别强调根据太平洋岛国的特点，构建不同于东南亚型、非洲型、LLDC 型（内陆欠发达型）的以经济援助为主的援助模式，而要构建一种独特的"大洋洲型"援助模式。所谓"大洋洲型"援助模式是一种保存型开发援助模式，即在对南太平洋岛国的援助中，除关注受援地区的经济发展外，尤其重视对其社会文化方面的援助，将自主和可持续发展放在首要位置。除了前文第三部分论述的重视教育和人才培养外，岛国基金还特别重视对现有资源、传统文化和自然环境的保护的援助。与该财团其他特别基金援助不同，岛国基金对太平洋岛国的直接经济援助所占比例极小，1990～2012 年间，该基金实施的 145 个项目中，涉及经济的项目仅有 2 个，项目金额为 0.15 亿日元，仅占援助总金额的 1.38%，而涉及太平洋岛国历史与文化传统、考古、文化遗产保护的项目有 17 个，项目金额达 1.22 亿日元，占全部项目金额的 11.56%。因为岛国基金认为，对于传统文化遗产的挖掘和保护，"对于正在形成中的太平洋岛国共同体地区身份认同和培养自豪感至关重要"。[①]

第二，笹川太平洋岛国基金在对南太平洋岛国的援助中，在重点援助对象和援助领域方面与日本政府的 ODA 援助有着较大差异。迄今为止，在对南太平洋岛国的援助中，日本政府仍然是占主导地位的行为主体，日本政府的 ODA 援助重点国家是南太平洋岛国中国土面积较大，在该地区有一定政治影

---

① SPINF, "A Report on the Academic Summit 2006 International Island Symposium Preymposiumpre-event for the 4th Pacific Islands Leaders Meeting (PALM 2006)", http：//www. spf. org/yashinomi/pdf/reference/reptonprepalm. pdf.

响力，并且战略地位、资源条件占优势的最大两个岛国斐济和巴布亚新几内亚，[①] 而岛国基金的重点援助对象则是该地区最贫穷落后、亟须人道主义援助的密克罗尼西亚地区。[②] 另外，ODA 援助的重要领域是经济、基础设施建设、"良治"等经济政治领域，而笹川太平洋岛国基金援助的重要领域是教育，尤其是远程教育、人才培养、医疗卫生、人员培训及环境保护与气候变化问题等领域。在日本对南太平洋岛国的援助中，岛国基金主要扮演着辅助型角色，即岛国基金利用其作为非政府组织在对外援助中所具有的政府 ODA 援助所不具备的一些优势，如具有专业的技术和技能，较少涉及较敏感的政治问题，比政府部门更容易接近被援助国或地区和深入了解其情况和需要，而且更有能力对当地的发展需求做出快速反应等，有效地弥补了 ODA 援助的不足。

第三，笹川太平洋岛国基金在日本对南太平洋岛国援助中扮演倡议型角色。笹川太平洋岛国基金的倡议型角色主要体现在就南太平洋地区面临的一些问题向日本政府提出政策建议。如 2008 年 6 月，在日本北海道洞爷湖召开八国集团峰会前夕，岛国基金委员会就提议将南太平洋岛国的环境气候变化问题列为峰会的主要议题之一，同时提出了四个与该地区相关的议题：①减少国际社会的二氧化碳排放量，②帮助南太平洋小岛国家提高应对环境气候变化的能力，③加强对南太平洋岛国的人力资源开发，④增强国际社会对"密克罗尼西亚挑战计划"的认同和支持。[③] 岛国基金的建言献策有力地推动了日本政府和国际社会对南太平洋小岛国家的基本人类安全保障问题的关注。

冷战结束以来，国际援助内容逐渐由重经济援助转向重视对社会开发、人才培养、地球环境保护等"人类中心的开发"和"人类安全保障"的援助，而在这些领域中，NGO 以其公益性、本土性和灵活性更能发挥优势。随着全球化和公民社会的发展及"决策分散化"趋势的加强，NGO 在对外援助中将

---

① 关于日本对南太平洋岛国的 ODA 援助，参见陈艳云、张逸帆《日本对南太平洋岛国的政府开发援助》，载杨栋梁主编《世界近现代史研究》第 10 辑，社会科学文献出版社，2013，第 181～195 页。

② 参见陈艳云、周璐涵、孙冰《日本笹川太平洋岛国基金对密克罗尼西亚地区的援助》，《亚太评论》2013 年第 1 期，第 66～74 页。

③ 笹川太平洋島嶼国基金『G8 洞爺湖サミットへ向けて（最終案）』、笹川太平洋島嶼国基金网站、2008 年 6 月 5 日、http://www.spf.org/yashinomi/pdf/reference/G8_PubComnt_ja.pdf。

发挥越来越重要的作用。进入 21 世纪以来，日本政府也在根据国际援助的发展变化不断推进 ODA 制度改革，使 ODA 从过去"官方主导型援助"转变为"国民参与型援助"，努力构建 ODA 与 NGO 对外援助合作模式（关于"日本 ODA 与 NGO 对外援助合作模式"，笔者将另文论述）。NGO 作为新兴的行为体，必将在日本对外援助中扮演越来越重要的角色。

巴布亚新几内亚接受援助情况分析

毛小菁*

摘　要：

巴布亚新几内亚是南太平洋地区陆地面积最大、人口最多、资源丰富的国家，在南太平洋事务中有重要影响力。近年来，巴布亚新几内亚经济发展迅速，但社会发展滞后。在其经济社会发展中，国际援助依然是重要资金来源之一。本文分析了巴布亚新几内亚的中长期发展规划及其对援助的需求，选择澳大利亚、日本、中国和亚洲开发银行等四个主要援助方对巴布亚新几内亚的援助进行分析比较，强调巴布亚新几内亚只有有效协调和利用各方援助，才能使援助更好地服务其自身经济社会发展。

关键词：

巴布亚新几内亚　发展援助　经济社会发展

一　巴布亚新几内亚经济社会发展背景

巴布亚新几内亚位于太平洋西南部，西与印度尼西亚接壤，南与澳大利亚隔海相望，是南、北太平洋的交汇点，连接南太地区与东南亚各国的桥梁，占据重要的地理位置。巴布亚新几内亚也是南太平洋地区陆地面积最大、人口最多、资源丰富的国家，在南太平洋事务中有重要影响力。因此，无论是其前宗

---

* 毛小菁，商务部国际贸易经济合作研究院国际发展合作研究所副主任、副研究员，博士，主要研究领域为国际发展援助动向和中国对外援助政策。

主国澳大利亚还是美国、日本、欧盟国家等主要发达国家，都重视对巴布亚新几内亚的援助。

巴布亚新几内亚自然资源丰富，但经济发展相对落后。许多山区居民依然保持着原始部落自给自足的生活方式。2012年巴布亚新几内亚人均国民总收入为1790美元，[①] 为低收入国家。矿产、石油和经济作物种植业是巴布亚新几内亚经济的支柱产业。近年来，巴布亚新几内亚政局相对稳定，政府集中精力发展经济，加上液化天然气、拉姆镍矿等项目取得重要进展，巴布亚新几内亚经济自2002年以来实现持续增长。2007～2012年间GDP年均增长达8%，其中2012年经济增长率高达9.9%，成为南太岛国的经济领头羊。2013年，由于巴布亚新几内亚液化天然气项目（LNG）建设结束和原油产量减少，2013年巴布亚新几内亚央行预测其经济增长可能降到5%左右。但随着LNG项目在2014年投产，巴布亚新几内亚经济增速将迅速回升，在未来几年依然有望保持较快速度增长，经济发展潜力较大。

巴布亚新几内亚社会发展也较为滞后，许多社会发展指标属于亚太地区最差之列。巴布亚新几内亚全国人口中近40%生活在1美元/天以下。[②] 联合国开发计划署的数据显示，2012年巴布亚新几内亚人类发展指数在186个国家中列第156位，属于发展指数低的国家。[③] 巴布亚新几内亚医疗卫生条件落后，医护人员和医疗设施缺乏。2005～2010年间，巴布亚新几内亚平均每万人拥有医生1人，护理和助产人员5人，牙医1人。[④] 2010年新生婴儿死亡率达47‰，0～5岁婴幼儿死亡率为61‰。[⑤] 霍乱、肺炎、疟疾等流行病较为普

---

① See "GNI per capita, Atlas Method (current US＄)", The World Bank website, http：// data. worldbank. org/indicator/NY. GNP. PCAP. CD，访问日期：2014年4月21日。

② 参见《巴布亚新几内亚国家概况》，中华人民共和国外交部网站，http：//www. fmprc. gov. cn/ mfa_ chn/gjhdq_ 603914/gj_ 603916/dyz_ 608952/1206_ 608978/，访问日期：2014年4月22 日。

③ United Nations Development Programme（UNDP），*Human Development Report 2013*，p. 146， available at http：//www. undp. org/content/undp/en/home/librarypage/hdr/human-development- report – 2013/.

④ 中国商务部国际贸易经济合作研究院：《对外投资合作国别（地区）指南：巴布亚新几内亚》， 2012，第7页。

⑤ UNDP，*Human Development Report 2013*，p. 168.

遍，艾滋病传播近年来也呈上升趋势，2012 年艾滋病携带者有约 20.8 万人。[1]教育方面，巴布亚新几内亚也面临教育设施和教师数量不足的挑战，国民识字率为 60.6%（2005～2010 年间），但有中学以上文化水平的人口仅占 10.5%（2010 年）。[2]到 2015 年底，巴布亚新几内亚可能无法实现联合国千年发展目标中的任何一个。[3]

二　巴布亚新几内亚援助需求和接受援助总体情况

2010 年 3 月，巴布亚新几内亚制订了《2010～2030 年发展战略规划》，作为《2050 年远景规划》的启动规划。战略规划确定了 10 个主要经济发展走廊，对宏观经济管理、金融部门发展、土地政策、教育和卫生等社会服务、交通与信息等领域及农林渔业、油矿业、制造业和旅游业等主要产业的发展均做出了长期规划，设定了具体目标。总体目标为，到 2030 年，巴布亚新几内亚将由现在的低收入国家迈入中等收入国家，GDP 将由现在的 230 亿基那（约98.9 亿美元）增至 980 亿基那（约 421.4 亿美元），年均经济增长率保持8%。[4]2010 年 10 月，巴布亚新几内亚内阁又通过了《2011～2015 年中期发展规划》，确定了土地发展、法律与正义、医疗、交通、初级和中级教育、高等和技术教育、供水和卫生等 7 个优先发展领域，预计 5 年间 GDP 年均增长8.7%，人均 GDP 从 3430 基那（约 1475 美元）增长至 2015 年的 4681 基那（约 2013 美元）。

为实现战略规划和中期规划的目标，巴布亚新几内亚政府致力于提高政府财政收入。虽然近年来巴布亚新几内亚经济发展较为迅速，财政收入有所改

---

[1] 参见《巴布亚新几内亚国家概况》，中华人民共和国外交部网站，http://www.fmprc.gov.cn/mfa_chn/gjhdq_603914/gj_603916/dyz_608952/1206_608978/，访问日期：2014 年 4 月 22日。

[2] UNDP, *Human Development Report 2013*, p. 172.

[3] See Asian Development Bank (ADB), "Country Operations Business Plan: Papua New Guinea (2014 – 2016)", *Country Planning Documents*, Sept. 2013.

[4] See Department of National Planning and Monitoring of PNG, *Papua New Guinea Development Strategic Plan 2010 – 2030*, March 2010.

善，但同时政府也加大举债以改善基础设施和社会服务，财政赤字规模显著增加。短期内，外来援助依然是巴布亚新几内亚政府的重要资金来源之一。巴布亚新几内亚政府希望各援助方援助重点领域与其规划保持一致，以助其早日实现目标。

当前，向巴布亚新几内亚提供援助的国家和国际组织有二十几个，但大多数国家援助额较小，仅在数十万美元到数百万美元之间。澳大利亚是巴布亚新几内亚最大的援助国，占巴布亚新几内亚接受的多双边援助的70%左右，在对巴布亚新几内亚援助中占据绝对主导地位。除澳大利亚外，巴布亚新几内亚的援助主要来自新西兰、日本、欧盟、美国、中国，以及亚洲开发银行、世界银行、联合国开发计划署等国家和国际组织。根据经合组织的统计，2008～2012年间，巴布亚新几内亚接受的援助从3.02亿美元增至6.65亿美元，占其国民总收入的4%左右。

表1 巴布亚新几内亚接受多双边援助净交付额情况（2008～2012）

单位：百万美元

年份	2008	2009	2010	2011	2012
澳大利亚	321.3	301.85	386.94	510.9	498.57
日 本	-82.57	-4.16	22.21	11.34	-1.09
新西兰	17.22	14.69	23.85	25.73	24.28
美 国	1.96	2.76	2.29	3.57	3.58
双边援助累计	263.05	322.15	440.73	557.46	533.11
欧盟	25.44	32.39	50.06	18.29	14.69
亚洲开发银行	-4.28	-3.9	-1.88	-3.7	41.84
世界银行 IDA	-1.67	10.52	4.62	13.92	23.3
UNDP	3.63	4.66	3.94	2.76	2.18
多边援助累计	39.78	89.55	70.68	53.49	131.73
援助额总计	302.83	411.7	511.41	610.95	664.84

注：净交付额为受援国实际接收到的援助额，扣除了受援国偿还的援助贷款额。因近年巴布亚新几内亚偿还日本和亚洲开发银行的贷款额超过了后者新提供的贷款额，所以其净交付额为负值。

资料来源：根据 OECD QWIDS 数据制作。

三　主要援助方对巴布亚新几内亚的援助

（一）澳大利亚对巴布亚新几内亚的援助

澳大利亚是巴布亚新几内亚的前宗主国，与巴布亚新几内亚一直保持着紧密而又特殊的关系。两国领导人互访频繁，每年都举行部长级磋商。澳大利亚是巴布亚新几内亚最大的贸易和投资伙伴及最大的援助国，巴布亚新几内亚也一直是澳大利亚最大的受援国。

2008年8月20日，澳大利亚与巴布亚新几内亚签署了《巴布亚新几内亚—澳大利亚发展合作伙伴关系》协议，承诺帮助巴布亚新几内亚加速实现千年发展目标及其自身发展优先领域目标。在2011年的双边部长级会议上，两国对合作伙伴关系协议进行了更新，澳大利亚承诺的在2011年至2015年间对巴布亚新几内亚援助的重点领域包括：

教育：重点帮助巴布亚新几内亚提高小学和中学入学率，改善基础、初等、技术和高等教育质量，增加女生入学率，提高巴布亚新几内亚教育服务水平，包括教师培训、教育基础设施和设备的改善；

卫生：重点帮助巴布亚新几内亚提高儿童接种疫苗率，增加农村地区医疗卫生资金，改善农村地区医疗基础设施、设备和医疗服务的质量，增加对护士、助产士、社区医疗人员及医生的培训，加强巴布亚新几内亚对疟疾、肺结核及其他疾病的公共医疗服务，加强对农村地区安全和卫生饮用水的供应，改善孕产妇健康和加强艾滋病防治；

政府治理：主要通过双方法律与公正伙伴关系、警务合作伙伴关系及"加强政府项目"（Strongim Gavman Program）等项目来实现，通过派遣澳方官员、警力，培训巴布亚新几内亚公务员，提供政策咨询等方式改善巴布亚新几内亚中央和省级财政分配和公共财政管理体系，加强政府审计和评估监管的能力，提高其维护法律和社会治安、打击腐败的能力；

交通基础设施：重点帮助改善交通基础设施部门的管理和服务能力，支持巴布亚新几内亚交通基础设施，尤其是主要国道的维修和修复，提供技术援助以改善巴布亚新几内亚航空和海运的安全标准。

澳大利亚对巴布亚新几内亚的援助近年来一直保持较为稳定的增长。2011～2012 年间，澳对巴布亚新几内亚的援助占澳对外援助总额的 9.6%。澳大利亚外交与贸易部网站的数据显示，2012～2013 年间，澳大利亚对巴布亚新几内亚的援助支出为 5 亿澳元，占巴布亚新几内亚接受的双边援助的 89.40%。2013/2014 年，澳大利亚计划向巴布亚新几内亚提供 5.28 亿澳元援助，[①] 较 2012/2013 年增长 5.6%。

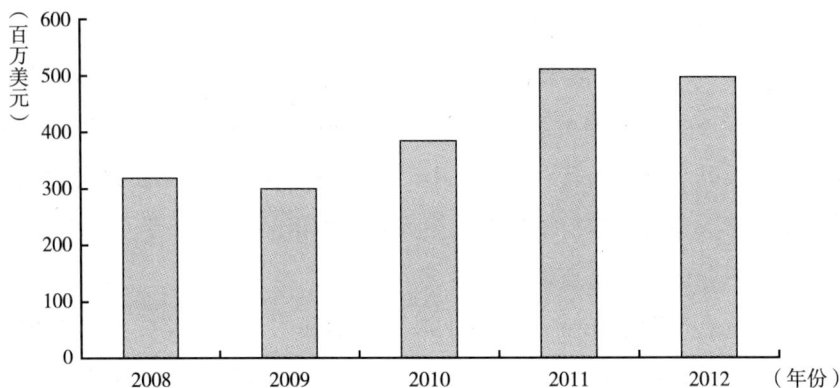

图 1　澳大利亚对巴布亚新几内亚的援助额（2008～2012）

资料来源：根据 OECD QWIDS 数据制作。

相比对其他国家的援助而言，澳大利亚对巴布亚新几内亚的援助有较为明显的两个特点。

第一，基于澳大利亚和巴布亚新几内亚历史和地缘政治的特殊关系，澳大利亚对巴布亚新几内亚的援助全面而深入，在当地影响深远。作为巴布亚新几内亚最大的援助国，澳方援助涉及巴布亚新几内亚的政治、经济、社会、军事等各个方面，面向从中央政府、地方政府到非政府组织、公民社会等的各个层面。通过向巴布亚新几内亚政府直接派驻澳方官员和警察、提供公务员和军事

---

① See "Papua New Guinea", Australian Government, Department of Foreign Affairs and Trade website, http：//aid. dfat. gov. au/countries/pacific/png/Pages/default. aspx，访问日期：2014 年 4 月 24 日。

培训、提供政策制定咨询，甚至直接支持巴布亚新几内亚选举委员会干预巴布亚新几内亚大选，澳大利亚对巴布亚新几内亚政府的政策影响是显著的。同时，澳大利亚通过派遣志愿者、支持当地非政府组织和社区团体，深入巴新各地基层，在当地普通百姓中也有广泛影响。

第二，澳大利亚向巴布亚新几内亚提供了大量基础设施领域的援助。就澳大利亚总体援助而言，经济基础设施并非一个重点领域。2011/2012年，澳大利亚在经济基础设施领域的援助仅占其对外援助总额的6.3%。然而鉴于巴布亚新几内亚落后的基础设施对经济发展的制约和巴布亚新几内亚政府的需求，澳大利亚把交通基础设施作为其对巴布亚新几内亚援助的重点领域之一。澳大利亚计划每年向巴布亚新几内亚提供6500万澳元左右的援助用于交通设施领域。2010~2012年，澳大利亚对巴布亚新几内亚基础设施领域援助的占比分别为16.3%、15.05%和11.26%，[①] 远高于其平均比重。

（二）日本对巴布亚新几内亚的援助

对于日本来说，南太平洋岛国是其海上邻居，这些国家拥有广阔的专属经济区，对日本的海上交通和深海捕鱼业有重要意义。巴布亚新几内亚作为南太平洋岛国中国土面积最大、资源丰富的国家，是日本在南太地区最大的受援国。日本在巴布亚新几内亚独立后即与其建交，目前是巴布亚新几内亚第二大贸易伙伴和第二大援助国。

日本对巴布亚新几内亚的发展援助政策阐明了巴布亚新几内亚对日本的重要意义——"巴布亚新几内亚金、铜和石油等自然资源丰富"。从2014年起，巴布亚新几内亚液化天然气项目投产后，其生产的50%的天然气将出口到日本。日本企业在巴布亚新几内亚液态天然气方面的投资也在不断增加。渔业方面，两国签署了双边渔业合作协议，日本渔船可在巴布亚新几内亚的专属经济区作业。在国际舞台上，巴布亚新几内亚支持日本在主要国际机构中竞争重要职位。因此，"巴布亚新几内亚作为资源丰富国和日本投资目的地，（对日本）

---

① 根据 OECD Creditor Reporting System 数据计算得出。

是一个重要国家。发展双边经济关系是非常必要的"。日本对巴布亚新几内亚援助的最终目标是实现巴布亚新几内亚经济的可持续发展，及通过加强其社会经济基础提高其人民生活水平。①

根据日本对巴布亚新几内亚的滚动援助计划，2013～2017年间，日本对巴布亚新几内亚的援助重点包括三方面：增强经济增长基础，改善社会服务，保护环境和应对气候变化。②

增强经济增长基础方面主要包括改善交通运输基础设施、电力和能源基础设施，通过技术援助提高巴布亚新几内亚基础设施维修能力，提高巴布亚新几内亚农林渔业的加工技术及相关商业管理水平。

改善社会服务方面，教育方面，帮助巴布亚新几内亚提升教师水平，改善教学设备和课程设置，以改善小学和中学教育，支持教育媒体和远程教育以扩大教育普及面；卫生方面，帮助巴布亚新几内亚改善农村地区医疗卫生服务，加强对婴儿传染性疾病、麻疹、疟疾、丝虫病、艾滋病、肺结核等的预防。

环保和气候变化方面，帮助巴布亚新几内亚政府加强对废弃物的管理和对污水的处理，保护自然环境和生活环境；帮助巴布亚新几内亚政府采取应对气候变化的措施，加强其管理和维护森林资源的能力。

截至2012年3月底，日本累计向巴布亚新几内亚提供了787.86亿日元贷款，377.03亿日元无偿援助和282.54亿日元技术合作，③ 共计1447.43亿日元。近年来，随着早期大量日元贷款进入还款期，加上近期日本大幅减少了对巴布亚新几内亚的贷款，日本对巴布亚新几内亚援助净交付额甚至出现负值，援助方式转变为以无偿援助和技术合作为主。

---

① "Japan's ODA Policy for the Independent State of Papua New Guinea（PNG）", Ministry of Foreign Affairs of Japan, http：//www. png. emb-japan. go. jp/PNG_ ODA_ POLICY_ 20120828. pdf, 访问日期：2014年4月25日。
② "Japan's ODA：Rolling Plan for Papua New Guinea", Ministry of Foreign Affairs of Japan, August 2013, http：//www. png. emb-japan. go. jp/oda_ rolling_ plan_ 201308. pdf.
③ "Japan-Papua New Guinea Relations", Ministry of Foreign Affairs of Japan, http：// www. mofa. go. jp/region/asia-paci/png/data. html, 访问日期：2014年4月29日。

表2　日本对巴布亚新几内亚援助净交付额（2008～2012）

单位：亿日元

年份	2008	2009	2010	2011	2012
技术合作	9.31	6.95	10.36	10.98	14.75
无偿援助	0.78	5.53	31.03	23.03	6.8
日元贷款	-92.67	-16.64	-19.18	-22.67	-22.64
援助总额	-82.57	-4.16	22.21	11.34	-1.09

资料来源：根据 OECD QWIDS 数据制作。

（三）中国对巴布亚新几内亚的援助

中国同巴布亚新几内亚于 1976 年 10 月 12 日建交，建交以来，两国关系发展基本顺利，巴布亚新几内亚已成为中国在南太平洋岛国的第一大贸易伙伴。根据巴布亚新几内亚投资促进局统计，中国为巴布亚新几内亚第五大外国投资来源国。

中国自 1978 年开始向巴布亚新几内亚提供援助。三十多年来，中国的援助覆盖了基础设施、农业、医疗卫生、教育、社会基础设施、工业等诸多领域。近年来，中国对巴布亚新几内亚的援助力度有所加大，已成为巴布亚新几内亚的主要援助国之一。

在基础设施领域，中国援助以新修和维修道路为主。2005 年，中国以无偿援助方式帮助巴布亚新几内亚对巴巴利利公路进行了维修和升级改造，该公路总长 18.5 公里。公路修成后，大大改善了沿线地区的交通，为其经济发展创造了条件。中国还帮助巴布亚新几内亚援建了尤—亚公路，目前正在修建首都周边的道路。

在农业方面，中国在 20 世纪八九十年代帮助巴布亚新几内亚提供了农业技术合作和试验站等援助。1999 年以来，中国相继向巴布亚新几内亚坎德普农场和哈根农场派遣了技术合作组，培训当地农民种植小麦、旱稻、蔬菜等，并提供必要的农用物资、农机具等，帮助巴布亚新几内亚减少对进口粮食的依赖。中国还向巴布亚新几内亚东高地省提供了菌草技术合作，指导和培训当地农民进行菌草种植。

在医疗卫生方面，自2003年以来，中国已连续向巴布亚新几内亚派遣了6期医疗队，赠送了13批次的药品和医疗器械，修建了多所乡村诊所，对改善和提升巴布亚新几内亚医疗服务水平发挥了积极作用。

在教育方面，2010年，中国提供了近3亿元人民币优惠贷款帮助巴布亚新几内亚扩建戈罗卡大学宿舍楼，预计该项目2014年7月将全部完工。同年，中国提供优惠贷款支持巴布亚新几内亚社区学院远程教育网二期项目。此外，中国政府每年向巴布亚新几内亚提供一定的政府奖学金和培训名额，帮助巴布亚新几内亚培养各类人才。

在社会公共设施方面，在20世纪90年代初，中国帮助巴布亚新几内亚修建了面积9000多平方米的韦盖体育中心，在2002年又对该体育中心进行了维修。2010年，中国向巴布亚新几内亚提供了5300万美元的优惠贷款，用于支持其电子政府网项目，该项目将在公共部门实现集成和实时信息技术加工和系统共享，为民众提供更好、更有效率的服务。

在工业方面，2007/2008年，中国援助巴布亚新几内亚建成了1330平方米的水产品加工厂和冷藏库。2011年，中国利用优惠贷款支持巴布亚新几内亚太平洋渔业工业园项目，贷款将用于在工业区内建设必要的基础设施以吸引外国投资。

相比其他援助国而言，中国援助涉及的领域较为广泛，重点不明显，更多的是根据巴布亚新几内亚方的需求提供相应的援助。在2013年11月第二届中国—太平洋岛国经济发展合作论坛上，中国政府承诺将进一步加大对岛国在基础设施、人力资源培训、医疗卫生、农业和环境保护与防灾减灾方面的支持，这也必将对中国对巴布亚新几内亚今后的援助产生重要影响。

（四）亚洲开发银行对巴布亚新几内亚的援助

近年来，随着对巴布亚新几内亚经济发展和还款能力预期的提高，亚洲开发银行（ADB）加大了援助力度，成为巴布亚新几内亚最大的多边援助机构之一。截至2013年底，ADB共向巴布亚新几内亚提供了19.44亿美元援助，其中11.45亿美元用于交通与信息和通信领域，占援助总额的58.94%。其次分别为农业（占比 9.79%，下同）、能源（8.59%）和卫生（7.67%）。①

2010 年 8 月，ADB 公布了对巴布亚新几内亚 2011～2015 年援助战略（Country Partnership Strategy），明确其中期目标是帮助巴布亚新几内亚规划和使用好能源项目带来的收益，使其有效促进经济的包容性增长。事实上，ADB 2006～2010 年对巴布亚新几内亚的援助重点之一就是公共财政系统改革。预期 2011～2015 年间，巴布亚新几内亚政府将会有更多的石油和矿产资源项目收入，ADB 希望进一步支持巴布亚新几内亚的公共财政改革，确保政府的财政收入更多地用于社会基础服务尤其是改善农村地区的基础服务方面。

亚洲开发银行根据在巴布亚新几内亚的援助经验和自身的比较优势，对援助重点领域进行了相应调整，近年来大幅减少了对农业和直接对能源领域的援助，加大了在基础设施和金融服务领域提供的支持。2011～2015 年间其重点援助领域包括四个。①基础设施领域：除了传统重点援助的道路交通外，ADB 还加大了对电力方面的援助。巴布亚新几内亚政府还希望 ADB 加大在海上运输和航空领域的援助。②私有企业的发展：通过向私有企业提供贷款、股权投资或信贷提升产品，ADB 积极鼓励私有企业参与巴布亚新几内亚基础设施建设、金融服务、主要电网建设等领域，支持巴布亚新几内亚政府发展公私合营方式，并协助企业提高金融管理水平。③金融部门发展：自 2001 年起，ADB 开始在巴布亚新几内亚实施微型金融项目，帮助巴布亚新几内亚在全国范围内建设微型银行，支持农村地区的储蓄和贷款。ADB 将继续支持巴布亚新几内亚金融部门的改革和创新，包括动产抵押、移动银行等。④卫生：近年来，ADB 通过与私有部门合作，在偏远地区开展了艾滋病的预防和控制援助，取得了一定效果。ADB 决定继续加大针对农村地区的基础医疗服务援助。

根据巴布亚新几内亚的经济社会发展情况，ADB 把巴布亚新几内亚归为 B 类国家，可以同时提供普通贷款（OCR）和亚洲发展基金（ADF）贷款。根据规划，ADB 2011～2015 年间将平均每年向巴布亚新几内亚提供 6000 万美元的普通贷款，主要用于电力等领域的大型项目，年度贷款额根据项目进展情况

---

① See "Papua New Guinea", Asian Development Bank website, http：//www. adb. org/countries/papua-new-guinea/main，访问日期：2014 年 4 月 25 日。

有所不同。亚洲发展基金的贷款则分阶段做预算，主要用于减贫和能力建设，其中 2011~2012 年的预算为 1.26 亿美元，2013~2015 年的预算为 1.69 亿美元。在提供贷款时，ADB 一般要求巴布亚新几内亚政府也提供 15% 左右的配套资金。此外，ADB 还提供技术援助，主要用于巴布亚新几内亚政府对援助项目进行的准备工作、实施过程中的支持及相关领域的改革等。

四　巴布亚新几内亚政府对援助的协调与管理

从上文的分析可以看出，各援助国和国际组织都根据巴布亚新几内亚的需求和自身的考虑设立了援助的重点领域，大多与巴布亚新几内亚的发展规划优先领域一致。许多援助方都把基础设施、教育和医疗卫生等领域作为援助重点，如何在各领域协调各援助方的援助，避免重复，加强统一筹划，是实现援助有效性的一个重要方面。

为了更好地反馈自身的援助需求和协调各方援助，巴布亚新几内亚计划与监督部被授权作为协调管理归口部门。计划与监督部下设援助司（Foreign Aid Division），司下又设了双边援助处、澳大利亚发展署处、多边银行处、欧盟与联合国机构处，分别对口不同援助方。但与其他政府部门一样，巴布亚新几内亚计划与监督部的工作效率比较低，协调能力较弱，一些专业部门表示其发展需求没有得到计划和监督部的考虑和反映。目前，巴布亚新几内亚援助方的协调会由澳大利亚外交贸易部（DFAT）和联合国开发署轮流主持，每月召开一次，而巴布亚新几内亚计划与监督部仅偶尔召开援助方协调会。在发挥自身的自主权，有效协调好巴布亚新几内亚的发展需求以及各援助方的援助，选择切实有效的项目，加强对援助项目的统筹和管理等方面，计划与监督部依然有较大的改进空间。如何有效利用各方援助，使援助更好地服务其自身经济社会发展，最终转化为其自主发展能力，是巴布亚新几内亚政府需要积极考虑的问题。

结 束 语

近年来，巴布亚新几内亚经济在能源开发的支持下发展迅速，但其社会发展滞后，教育、医疗卫生、社会公共设施等方面仍然落后。巴布亚新几内亚政府制订了宏伟的发展规划，但短期内要实现其发展目标，外来援助依然是其需要依赖的重要资金和技术来源。

在所有援助方中，澳大利亚因为历史和地缘因素，一直是巴布亚新几内亚最大的援助方，在对巴布亚新几内亚援助中占绝对主导地位，影响广泛而深远。日本基于政治和经济上的考虑，也充分重视对巴布亚新几内亚的援助。中国对巴布亚新几内亚的援助领域广泛，应更加突出重点。而亚洲开发银行基于对巴新经济的良好预期，也加大了对巴新的援助。各援助方根据巴新的需求和自身的考虑，援助领域各有侧重。要使各方援助更好地为其经济社会发展服务，巴新政府有必要进一步提升其协调和管理能力。

B.20

21 世纪以来中澳对巴布亚新几内亚援助的比较分析

张祖兴 左林 *

摘 要：

随着综合国力的不断提高，中国越来越多地走向世界并承担了更多的国际责任。近年来，中国向巴新等太平洋岛国提供了一些援助。中国对巴新援助的增长引发了一些国家的关注。本文试图将中国对巴新的援助与澳大利亚对巴新的援助进行对比，分析两种援助模式的异同，勾勒出中国对巴新援助的基本特征，对一些无端的猜疑与批评做出回应。中国对巴新援助本质上是互利性质的经济合作，有利于巴新等太平洋岛国地区的稳定与发展。实际上，中国对巴新的援助与澳大利亚等西方的援助是一种相互补充、相互促进的关系，两者合作才更有助于受援国的稳定和可持续发展。

关键词：

中国对外援助 澳大利亚对外援助 利益动机 巴布亚新几内亚

南太平岛国共包含 14 个国家，其中巴布亚新几内亚、斐济、库克群岛、密克罗尼西亚联邦、纽埃、汤加、萨摩亚和瓦鲁阿图 8 个国家同中国建交。为维护自身权益，太平洋岛国通过各种形式的合作增强在联合国等国际组织中的声音。随着全球经济的发展，太平洋岛国的资源和地理位置更具战略价值，在

---

* 张祖兴，中山大学亚太研究院副教授，中山大学大洋洲研究中心专职研究员，博士，主要研究领域为国际法和亚太区域合作；左林，中山大学亚太研究院研究生，主要研究领域为亚太区域合作。

国际舞台上受到的关注也越来越多。不过，总体而言，太平洋岛国地区经济发展水平仍然较低，需要国际社会的支持与援助。援助欠发达国家是维持国际和平与安全、实现繁荣的客观要求，也是一国应承担的国际义务。作为世界上最大的发展中国家，中国经济持续高速发展，国家综合实力明显增强。在大国崛起的背景下，在扩大对外交往谋求进一步发展的同时，中国也更多地在力所能及的范围内承担国际责任，通过援助支持太平洋岛国等欠发达国家的发展。

进入 21 世纪以来，中国与巴新等太平洋岛国的联系日益增强，经贸往来日渐增多，并跻身南太平洋岛国地区主要援助国之列。巴新是南太平洋最大岛国，也是中国援助与投资合作的重要对象。中国对巴新日益扩大的援助引起某些西方国家和学术界的关注，也出现了一些怀疑和批评的声音。本文试图在现有资料和数据的基础上将中国与澳大利亚两国对巴新的援助进行对比，分析两种援助模式的异同，以期还原中国对巴新援助的本来面目，同时从两种模式的对比中探索援助对受援国经济社会发展的促进作用。

一 中澳两国对巴新援助的基本概况

（一）中国对巴新援助的基本概况

对外援助在中国经历了一个长期的发展过程，1950 年向朝鲜和越南提供物资援助揭开了中国对外援助的序幕。万隆会议的召开拓展了中国的对外关系，也将中国对外援助范围从社会主义国家扩展到其他发展中国家。1964 年，中国政府宣布了以平等互利、不附带任何政治条件为核心的对外经济技术援助八项原则，确立了中国开展对外援助的基本方针。此后，随着中国实行改革开放政策，加快发展同世界各国的经济联系，尤其是 20 世纪 90 年代以来谋求建立社会主义市场经济体制，进一步融入全球政治经济体系，中国的对外援助也发生了一系列变化：从最初国际主义色彩浓厚的支持民族国家独立和维护国家安全，到 20 世纪 80 年代由单纯提供援助发展为多种形式的互利合作，① 以服

---

① 关于援助的相关特点变化，参见国务院新闻办公室 2011 年 4 月发布的《中国的对外援助》白皮书。

务于国家经济建设为主要目的，再到 90 年代将经济利益与国际人道主义协同考量，在谋求合作发展的同时积极履行发展中大国的责任、树立良好国际形象。

中国和巴新于 1976 年 10 月建交，由于地理位置相距较远以及经济往来较少等，两国关系发展并不密切。太平洋岛国并不属于中国外交战略考虑的优先地区，低水平的经济交往致使中国与巴新等太平洋岛国往来并不密切，中国对这一地区的援助也相对较少。据不完全统计，截至 2003 年中国向巴新提供的经济技术援助十分有限，仅包括成套项目 4 个，技术合作项目 4 个，物资 11 批以及部分现汇援助。[①] 进入 21 世纪以来，中国对太平洋岛国地区的关注增加，经济往来日益扩大，中国对巴新的援助进入了新阶段。

在平等互利、注重实效、与时俱进、不附带任何政治条件这些基本原则的指导下，中国向巴新提供了规模巨大、形式多样的双边援助。从相关新闻报道和学者的统计中可以发现，中国近年对巴新的援助总额快速增长。2002 年，中国援助巴新约 350 万美元，2008 年增长到 1023 万美元，2009 年中国对巴新的无偿援助虽然仅有 439 万美元，却提供了 8 亿元人民币（约 1.1711 亿美元）的优惠贷款，无偿援助和优惠贷款总额高达 1.215 亿美元（历年援助具体数额见表 1）。由无偿援助提供资金支持的经济技术合作和中长期低息优惠贷款构成了中国对巴新援助的主要形式，其他形式的援助还包括提供防治艾滋病、疟疾等疾病的医疗器械和药品（截至 2013 年 9 月共提供医疗器械和药品 13 批），派遣医疗队（每期两年，第六期中国援巴新医疗队于 2012 年 12 月正式开展工作），以及为巴新培训政府官员、提供奖学金名额等。中国无偿援助项目一般通过两国协商决定，主要集中在农业、交通基础设施及公共服务等领域；中长期低息优惠贷款则主要用于两国在渔业加工、资源开采等领域的合作（中国对巴新援助具体项目见表 2）。总体而言，中国在农业、基础设施、医疗卫生及人力资源开发方面的援助对巴新的生产能力建设和经济持续发展都产生了巨大的推动作用。

---

① 中国向巴新提供的 4 个成套项目分别是约翰·盖思体育中心项目、亨格诺菲村民住宅项目、坎德普农业试验站项目、玛克哈姆国家中学项目，http：//pg. chineseembassy. org/chn/zbgx/jmgx/t46708. htm。

表1　中国历年对巴新援助总额

单位：万美元

年份	2001	2002	2003	2004	2005	2006	2007	2008	2009
总额	NA	350 *	250 *	450 *	610	1410	1070	1023	439

注：表中带 * 号数额为笔者根据历年援助项目所做初步统计，并非确切数额，其余数额出自罗伊研究中心弗格斯·汉森教授的统计。2009 年无偿援助 439 万美元，优惠贷款 1.1711 亿美元，总额为 1.215 亿美元。

表2　中国援助巴新项目计划及资金情况

年份	计划及资金情况	备注
2002 年	①两国政府签署中国向巴布亚新几内亚政府提供 2000 万元人民币无偿援助的经济技术合作协定 ②中国向巴新提供 100 万美元现汇无偿援助 ③中国和巴新签署了一项由中国援助巴新试种和推广杂交水稻的协议，中国提供杂交水稻种子、派遣两名专家并培训巴新技术人员	
2003 年	①中国在新爱尔兰省纳马塔纳伊地区援建两所小学 ②中国向巴新东新不列颠省三所学校捐赠电脑 ③中国向巴新国防军移交体育馆维修和拳击台两个项目以及价值 5 万基纳的体育器材 * ④向巴新政府无偿援助第二批医疗器械和药品 据统计 2003 年，中国向巴新提供的援助包括 2000 万元人民币的无偿援助和 2000 万元人民币的无息贷款	* 该项目属于中国国防部向巴新国防军提供的 200 万元人民币军援项目
2004 年	①中国向巴新提供 500 万元人民币的相关药品和医疗器械用于支持巴新艾滋病防治工作 * ②中国政府向巴新赠送价值 200 万元人民币的 3 辆越野型警车、2 辆救护车和一辆越野型公务车 ③中国政府向巴新提供 3000 万元人民币无偿援助，这些援助将用于修缮巴新总督府、建设巴利利公路、巴新技术大学数学和计算机中心及乌达尔大学教师公寓和学生宿舍等 ④在教育合作方面，从 2004 年起中国每年向巴新提供的研究生奖学金名额由过去的 2 个增加为 4 个；在军事合作方面，从 2004 年起中国为巴新培训军官名额从过去的 2 个增加为 5 个 ⑤中国国防部援建的巴新国防军士兵俱乐部交付 ** ⑥中国与巴新就中国援建巴新渔业加工厂项目签署立项换文，据此换文，中国将帮助巴新在其工业中心和港口城市莱城建造一座渔业加工厂及与之配套的冷藏、制冰、速冻设施，该工厂将是巴新最大的渔业加工厂之一 ⑦中国向巴新莫尔兹比港总医院赠送价值 20 万基纳（约合 50 万元人民币）的药品和医疗器械。*** 中国援巴新第二批医疗队到达巴新 ⑧中国向巴新 MANAM 火山灾区捐助 1 万美元赈灾款，用于购买食品和帐篷等 ⑨中国为巴新东新不列颠省圣心国际小学多功能楼建设捐款 10000 基纳，向马努斯省 ECOM 中学捐赠 2 台电脑、1 台彩色电视机及一系列有关中国的书籍	* 2004 年 11 月智利亚太经合组织领导人非正式会议胡锦涛会见索马雷时宣布 ** 该项目和 2003 年的军援项目均属于中国国防部向巴新国防军提供的 200 万人民币军援项目 *** 2002 年 10 月以来中国赠送的第四批药品和医疗器械

续表

年份	计划及资金情况	备注
2005 年	①乌达尔农业大学宿舍楼扩建、莱城理工大学数学与计算机系教学楼重建和总督府修缮与扩建等 3 个项目:1030 万美元(2005 ~ 2007 年) ②巴布亚新几内亚国防军陶洛马军医院改扩建项目:40 万美元(中国国防部援建) ③巴布亚新几内亚巴巴利利公路援建项目:320 万美元赠款 ④援助东新不列颠的约克公爵群岛(the Duke of York Islands,East New Britain)风力发电机项目:18 万美元 ⑤经济技术援助,包括内容:小麦种植、旱稻和蘑菇种植设备,医疗器械和抗艾滋病药物,金额为 450 万美元 ⑥派遣 9 名医生至莫尔兹比港总医院的项目(自 2002 年开始派遣) ⑦资助恩加省坎德普农业试验站及农业技术合作项目(项目始于 1995 年)	
	根据巴布亚新几内亚政府的官方预算报告,中国 2005 年对于巴方的援助总计 610 万美元	
2006 年	①6540 万美元优惠贷款,用于执行巴新国家农业发展计划,还款期限为 15 ~ 20 年 ②发展类项目:135 万美元赠款 ③购买抗疟疾药物:10 万美元 ④莫洛比省巴新莱城水产品加工厂和冷库援建项目:360 万美元 ⑤东塞皮克省韦瓦克体育场项目可行性研究:6 万美元	
	根据巴布亚新几内亚政府的官方预算报告,中国 2006 年对于巴方的预算援助额为 1410 万美元	
2007 年	①陶洛马军营翻新项目:50 万美元 ②项目待定:40 万美元 ③发展类项目 250 万美元* ④援助巴新政府 200 万元人民币现汇,用于巴新警察总署购买通信和交通设备 ⑤巴新国际会议中心援建项目:15 万美元 ⑥中国向巴新捐赠第七批医疗药品和器械,中国政府向巴新政府捐赠 10 台笔记本电脑 ⑦中国红十字会向巴新北方省水灾地区捐助 3 万美元救灾资金 ⑧资助巴新东新不列颠省泊ր 欧地区民众购买高频无线电通信设备 2.9 万基纳,捐赠价值 100 万元人民币的抗疟药品以及第七批价值 30 万元人民币的药品和医疗器械 ⑨24 个奖学金名额 ⑩资助 80 名政府工作人员的培训 ⑪资助媒体工作人员参观访问中国	* 曾培炎访问巴新期间,两国签署中国向巴新政府提供 2000 万元人民币无偿援助的《经济技术合作协定》、"援巴新尤—亚公路项目"和"援巴新哈根农业技术合作项目"的立项换文。其中后两个援助项目的立项换文是 2006 年 4 月 5 日首届中国—太平洋岛国经济发展合作论坛后续工作之一
	根据巴布亚新几内亚政府的官方预算报告,2007 年中国对于巴方的预算援助总计约 1070 万美元	

续表

年份	计划及资金情况	备注
2008 年	①为一系列未公开项目提供的赠款：160 万美元 ②无偿援助：290 万美元 ③无偿援助：370 万美元（1000 万基纳） ④将已到期的 1200 万美元优惠贷款还款期延长 10 年 ⑤向巴新移交中国政府援建的沃达尔农业大学宿舍楼扩建、莱城理工大学数学与计算机系教学楼重建和总督府修缮与扩建等 3 个项目，价值 6000 多万元人民币 ⑥派遣一个由八名医生、一名翻译、一名厨师组成的中国医疗队到莫尔兹比港总医院援助开展医疗工作 * ⑦中国政府耗时 12 年援建的恩加省坎德普农业试验站及农业技术合作项目交接 ⑧提供到中国学习的奖学金名额 30 个 ⑨资助 Taurama 医院 13 万美元（35 万基纳） ⑩向巴新警察总署捐赠一批电脑和打印机等办公设备 ⑪通过经济技术合作协定提供 190 万美元（500 万基纳）	* 这是中国援助巴新的第四期医疗队
	据统计，中国 2008 年对巴新的援助总额约为 1023 万美元	
2009 年	①根据李克强访问巴新时签署的协议，中国向巴新提供 1.1711 亿美元（8 亿元人民币）的优惠贷款（2% 的利息），用于资助马当省海洋渔业工业园 10 个金枪鱼加工厂和戈罗卡大学的建设，其中 9500 万美元用于金枪鱼加工厂的建设，其余用于戈罗卡大学建设 ②为国际会议中心的建设提供经济技术合作无偿援助 439 万美元（3000 万元人民币）李克强副总理访问时提供 ③两国签署向巴新政府提供援款的经济合作协定，以及援助巴新首都地区体育健身设施项目和提供现汇援助建设 SAMPUN 乡村诊所项目的立项换文 ④提供大学奖学金名额 20 个 ⑤根据中国—巴新军事交流计划继续从巴新国防军种招收 5 名高级军官学员 ⑥八名医生、一名翻译、一名厨师组成的中国医疗队继续在巴新开展医疗援助	
	据统计，中国 2009 年向巴新提供的无偿援助和优惠贷款总额为 1.215 亿美元，其中优惠贷款 1.1711 亿美元，无偿援助 439 万美元	
2010 年	①中国第五期医疗队在巴新开展为期两年的援外医疗工作 ②中国援巴新哈根农业技术组试种旱稻第一阶段结束，获得初步成功 ③向巴新提供无偿援助的"经济技术合作协定"签署，用于实施双方商定的项目 ④向巴新政府提供无息贷款的"经济技术合作协定"以及提供优惠贷款实施巴新电子政务网项目和社区学院远程教育网二期项目等的两个政府间框架协议签署	

注：在计算中国政府对巴新的援助总额时，使用的是巴新政府有关中国援助的预算数字而不是中国承诺的数字。

资料来源：笔者根据相关资料整理而成。

（二）澳大利亚对巴新援助的基本概况

澳大利亚对巴新的援助由来已久，在巴新尚未正式独立前，澳大利亚作为托管国即投入大量资金用于支持巴新现代化的社会管理和生产力的发展。比邻而居的巴新和澳大利亚唇齿相连，澳大利亚的影响渗透到巴新社会的各个层面，两国关系密切。在防止周边地区出现"失败国家"而导致地区动荡、难民涌入、犯罪率攀升的国家安全利益需求下，独立后的巴新在澳大利亚的外交战略中依然占有重要地位。澳大利亚对巴新的援助项目是两国交往的中心环节和实质内容，构成了两国关系的关键部分。巴新是澳大利亚的最大援助项目国，其每年受援助总额的70%左右来自澳大利亚。澳大利亚的援助对支持巴新经济发展、社会稳定甚至政治合法性都发挥着关键性的作用（a pivotal role）。① 进入21世纪，澳大利亚对巴新的发展援助仍然占其发展援助总额的20%以上，且每年的援助数额仍继续保持大幅增长。2001/2002年度澳大利亚对巴新的官方发展援助为3.28亿美元，2013/2014年度援助总额达5.227亿美元，增长约50%（历年援助数额见表3）。

表3 澳大利亚历年对巴新援助总额

单位：亿美元

年度	2001/2002	2002/2003	2003/2004	2004/2005	2005/2006	2006/2007	2007/2008	2008/2009	2009/2010	2010/2011	2011/2012	2012/2013	2013/2014
总额	3.28	3.31	3.21	3.49	3.19	3.41	3.75	3.92	4.47	4.33	4.92	5.007	5.227

资料来源：作者根据Aus AID官方网站相关数据整理而成。

在制订对巴新援助计划时，虽然每年的援助目标和领域大体相同，但澳大利亚仍然不断对援助重点和方式进行调整以适应巴新国内形势的变化。为塑造一个安全繁荣和发展的巴新，在21世纪的头五年澳大利亚将促进布干维尔地区和平进程的巩固作为援助的一个关键领域。直至布干维尔和平协定逐步落

① Australian Government, *Australia's Overseas Aid Program 2003–04*, 13 May 2003, p.13, available at http：//aid. dfat. gov. au/Publications/Documents/budget_ 2003_ 2004. pdf.

实，澳大利亚才将对这一地区的关注与改善政府管理和加强基础设施建设等其他援助项目相结合。针对巴新经济建设和国家发展遭遇的一系列挑战，澳大利亚于 2004/2005 年度开始正式实施为期 5 年总援助额高达 11 亿美元的"强化合作计划"（Enhanced Cooperation Program，ECP），对两国合作方案进行资金支持，以帮助巴新克服制约其稳定和增长的主要因素。2004 年，由于商品价格上涨等有利外部环境因素和财政紧缩政策的联合作用，巴新宏观经济形势明显好转。第二年，巴新制订新的国家中期发展计划，强调支持可持续发展的经济，尤其是在农村地区建立更完善的政府管理，开展政府各层面的能力建设以及处理艾滋病等问题。基于这一更加强调巴新自身预算和计划机制的发展战略，澳大利亚于 2006 年推出一项对巴新援助的新国家战略，这一战略集中于政府管理能力和国家建设、可持续的生产力和经济增长、社会稳定和公共服务的改善及抗击艾滋病四大主题，以此为澳大利亚对巴新的后续援助提供原则指导。

综合分析历年澳大利亚对外援助项目计划可以发现，虽然对巴新的具体援助项目每年都会进行一定的调整，但援助的重点领域始终集中在改善政府管理，提高教育、医疗卫生等基本社会服务指标，支持可持续的经济发展，以及维护社会公平稳定等方面。这一援助重点契合了巴新对其联合国千年发展目标的承诺，对巴新消除极端贫困、普及基础教育、消除性别歧视、降低孕产妇和婴儿死亡率、防治艾滋病及环境保护等目标的实现具有重要意义。为切实履行对巴新的援助，澳大利亚每年在巴新开展大量旨在推进公共领域改革、促进法制和正义、扩大社会公平、提高社会经济效率、提高女性地位、防止艾滋病蔓延、保护自然环境的各类援助项目。① 从历年援助资金分配来看，改善政府管理是澳大利亚援助资金的首要投入方向，约占援助总额的 30%，其他分别是教育、卫生健康及交通运输和基础设施，各占 20% 左右（援助资金分配情况见图 1、图 2）。

---

① Austalian Government，*Budget*：*Australia's International Development Assistance Program 2008 - 09*，13 May 2008，p. 37，available at http：//www. budget. gov. au/2008 - 09/content/ministerial _ statements/download/ausaid. pdf.

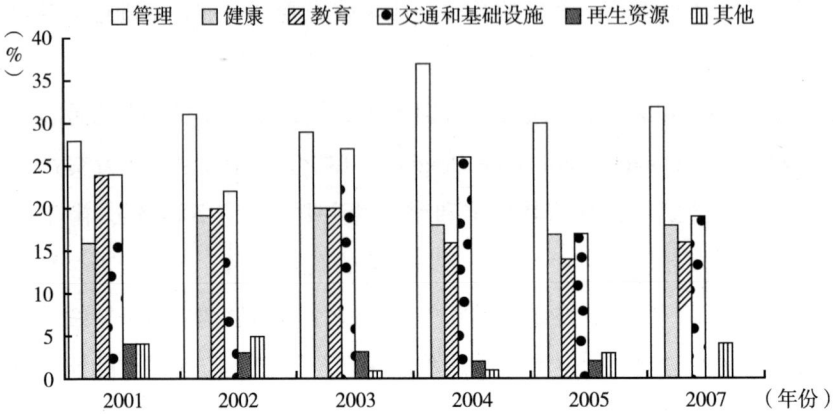

图1 澳大利亚对巴新援助资金投入领域所占百分比

资料来源：根据 AusAID 历年援助预算绘制。

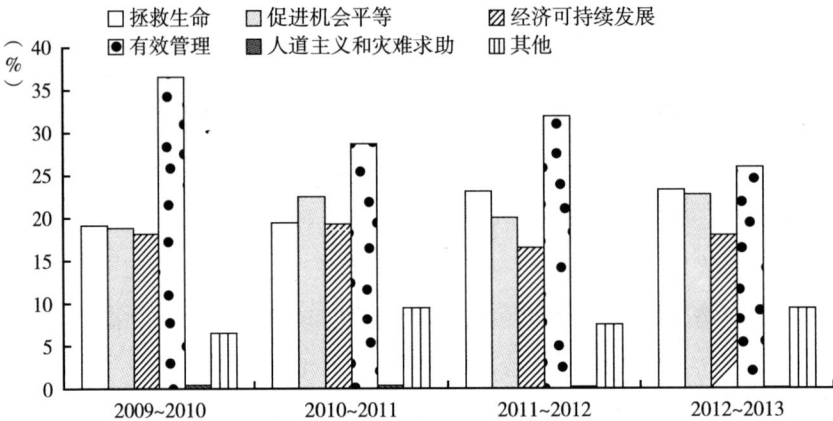

图2 澳大利亚援助资金分布所占百分比

注：按照援助所实现的目标划分。

资料来源：AusAID 官方网站，http：//www. ausaid. gov. au/countries/pacific/png/Pages/default. aspx，访问日期：2013 年 4 月 30 日。

二 中澳对巴新援助的比较

从中澳两国对巴新援助的总体概况来看，两国都向巴新提供了一些援助，虽然两国援助的规模、政策、方式及重点不尽相同，但两国援助都对巴新经济发展和国家建设发挥了积极作用，受到巴新的欢迎。然而一个现实存在的问题是一些西方国家和学者通常趋于肯定澳大利亚的援助效果并提出改进建议，而对中国的援助则充满猜疑与批评，两者形成鲜明对比。无疑，对援助国自身而言，中澳两国都从接受援助而快速发展的巴新获得一定利益，两国在"对外援助支持受援国发展的同时实现援助国自身利益"这一点上并无本质区别。而倘若从援助规模、介入程度、影响范围而言，中国与澳大利亚差距甚远，更不该遭此非议。因此，抛开信息不对称造成的误解与偏见，从现有数据和资料中分析两种援助在实施过程中的具体差异对探究上述问题显得尤为必要。

（一）援助机构的比较

经过几十年发展，澳大利亚形成了一套完善的对外援助机制。澳大利亚国际发展署（AusAID）作为澳大利亚对外援助管理机构，综合制订澳大利亚年度对外援助计划，并监督其实施，主管对外援助事宜。巴新是澳大利亚第一大受援国，在1946 年巴新尚未正式独立的时候，澳大利亚即向巴新提供援助项目。1974 年，履行对巴新援助职能的相关机构并入澳大利亚发展援助署（ADAA），即澳大利亚国际发展署（AusAID）的前身。[①] 澳大利亚对巴新援助项目纷繁复杂，除极少数由澳大利亚各政府部门实施的特定援助项目外，AusAID 统一管理所有对巴新援助项目，机制明确、权责清晰，保证了援助的协调、高效和透明。

从援助政策制定和实施的机构来看，中国对外援助机制散乱，缺乏明确的指导原则和执行计划。《中国对外援助》白皮书指出，商务部是国务院授权的政府对外援助主管部门，负责拟定对外援助政策、规章、总体规划和年度规划，审批援外项目并对项目实施进行全过程管理。从部门架构上看，商务部设立了援外司，主要职能是拟订并组织实施对外援助的政策和方案，推进对外援助方式改革；组织对外援助谈判并签署协议，处理政府间援助事务；编制对外援助计划并组织实施；监督检查对外援助项目的实施。[②] 但是，从对外援助实

[①] 参见澳大利亚国际发展署网站，http：//www. ausaid. gov. au/about/pages/history. aspx，访问日期：2013 年 4 月 30 日。

[②] 参见《重要职能》，中华人民共和国商务部援外司网站，2008 年 8 月 22 日，http：//yws. mofcom. gov. cn/article/gywm/200203/20020300003746. shtml，访问日期：2013 年 4 月 30 日。

际操作情况来看，学者黄梅波认为，中国对外援助基本以商务部、外交部和财政部三个部门为主，形成了一套由 23 个部委以及地方省区商务部门共同参与的庞大对外援助管理体系。[①] 对巴新援助部门众多，外交部、商务部、进出口银行、农业部、教育部甚至国防部等部门都涉足其中，巴新国防军士兵俱乐部等一系列总额为 200 万元人民币的援助项目即由中国国防部提供。复杂的援助体系无疑增加了援助的协调管理难度并对效率造成一定影响。并且，由于机制繁杂，收集和整理中国对外援助数据信息的难度大大增加，往往导致中国自身都难以弄清援助的确切数额与具体项目情况，由此造成的信息披露不充分更加加剧了某些国家对中国援助信息不透明的批评。

此外，值得注意的一个现象是，与澳大利亚先制订年度预算计划，然后再由专门官员具体协商援助事宜的方式不同，中国对巴新的大规模援助往往是在领导人访问、高级别官员会晤及国际会议等重大场合宣布的。2009 年，时任国务院副总理李克强访问巴新，宣布向巴新提供 8 亿元人民币的优惠贷款并无偿为巴新援建国际会议中心。2012 年 9 月，巴新总理奥尼尔访华期间从中国获得 4000 万元人民币的援助。这种高调华丽的援助方式既表明了两国的友好关系，又无形中为受援国领导人增添了政绩，显示了对受援国领导人的尊重，使得援助在政治影响、国际形象等方面的意义更为深远。红地毯外交（red-carpet diplomacy）与不附带政治条件并且可持续获得的财政支持相结合，为中国在国际社会赢得了朋友，[②] 当然，一些戴着有色眼镜的观察者也因此"担忧"中国地区影响力上升。

（二）援助规模及其变化的比较

从援助规模上看，中国对巴新的援助总额明显低于澳大利亚，平均年度援助总额还不到澳大利亚的 5%。即使是在中国提供 8 亿元人民币优惠贷款的 2009 年，无偿援助和优惠贷款的总和也仅为澳大利亚政府发展援助总额的 27%，两者根本不在同一个水平。巴新是澳大利亚的首要受援国，澳大利亚每

---

① 黄梅波：《中国对外援助机制：现状和趋势》，《研究与探讨》2007 年第 6 期，第 6 页。

② Tamara Renee Shie，"Rising Chinese Influence in the South Pacific：Beijing's 'Island Fever'"，*Asian Survey*，Vol. 47，No. 2，March/ April 2007，p. 315.

年对外援助总额的 20% 以上投向巴新，占巴新受援总额的 70% 以上。相对而言，中国对大洋洲地区的援助一直处于较低水平。中国在 20 世纪七八十年代才开始对巴新等太平洋岛国有所关注，对巴新的经济援助在进入 21 世纪时才刚刚起步。直到 2009 年，中国对大洋洲地区的援助也仅占其援助资金总额的 4%，对巴新的援助所占比例就更加微小了。

必须指出的是，虽然中澳两国对巴新援助总量不可同日而语，但中国援助的变化趋势更为引人注目。澳大利亚近年对巴新援助总额呈现稳步增长的态势，2012 年援助总额比 2000 年增长约 50%。与此相对，中国对巴新较少的援助总额在 21 世纪头十年经历了快速增长，从最初的两三百万美元迅速增加到一千多万美元，扩张了近三倍。此外，中国援助巴新提供的优惠贷款一般利率为 2%，将 5 年的宽限期包含在内共有 15～20 年的还款期，中国为此支付的利息差额也属于中国对巴新援助的一部分，并且中国还不时出于各种原因宣布对到期贷款予以免除，[1] 考虑到以上因素，中国向巴新提供的援助资金的增长速度远非澳大利亚所能比。因此从这个角度讲，中国对巴新援助总量虽小，但引人注目。这样一个极具潜力的新兴援助者，无疑对传统援助国的地位构成了挑战。

（三）援助领域和重点的比较

从援助领域来看，澳大利亚的援助涉及巴新政治、经济、社会各个层面，几乎遍及巴新人民生活的所有领域。通过在公共部门管理、法律正义、交通和基础设施、教育、卫生、可再生资源等系列领域开展援助项目，澳大利亚将其援助的重点放在提高政府管理能力，建设有效率的政府管理机制，继而提高巴新全国的教育和卫生医疗服务水平上，以最终达到政府善治的目的。

与澳大利亚非常不同的是，由于中国坚持对外援助不附加政治条件的基本原则，中国对巴新的援助基本不涉及推动政府改革以提高政府管理能力、反腐败、消除性别歧视、维护社会公平，以及环境保护等方面。从中国对巴新的援助情况来看，援助项目多集中于农业生产、渔业加工、基础设施建设及公共工

---

① Fergus Hanson, "The Dragon Looks South", *Lowy Institute Policy Brief*, June 2008, p. 10.

程等领域。援助的重点是帮助巴新进行有利于经济发展的基础设施建设,[1] 绝大部分的援助资金都用于这一类的工程项目。同澳大利亚的全方位援助相比,中国在其他方面的援助略显薄弱。在支持受援国能力建设上,中国的援助仅包括技术合作、提供少量奖学金名额及为政府官员提供培训;在卫生医疗服务上,中国向巴新无偿捐赠医疗卫生器械和药品的同时还派遣医疗队到当地开展治疗救助工作。从上述比较可以看出,规模有限的中国援助显然无法像澳大利亚那样覆盖巴新社会的方方面面,更无法对巴新国家和社会发展产生全方位的影响。中国在对巴新援助中突出强调经济基础设施建设,考虑到两国日益扩大的贸易及投资合作,援助带有浓厚的贸易和资源利益色彩显示中国对巴新的援助本质上是一种互利性质的经济合作。[2]

(四)援助条件和方式的比较

由于中澳两国对外援助指导原则不同,两国对巴新援助存在明显区别,尤其体现在援助的条件和方式选择上。就提供援助的前提条件而言,同美国等传统援助国一致,澳大利亚对外援助强调受援国的善治、人权及民主制度等原则,这也正是巴新获得澳大利亚援助的原则性要求。与此相对,中国对外援助强调平等互利,不附带任何政治条件。在立项评估援助项目时,中国并不将巴新国内公有部门的改革、政府善治、人权、效率等因素作为考核标准,而更为强调平等互利原则,关注援助项目对巴新经济发展的实效。相比于澳大利亚等西方援助模式伴随着政府善治、责任、透明等各种干预,中国不附带政治条件且通过协商决定援助项目的模式更受当地欢迎。[3]

就援助方式而言,澳大利亚通过与巴新中央和地方各级政府的合作来帮助巴新实现联合国千年发展目标。尽管澳大利亚也将一部分援助资金直接交给巴新政府,但绝大部分的资金还是通过为援助项目承包商提供支持

---

[1] Fergus Hanson and Mary Fifita, "China in the Pacific: The New Banker in Town", *Lowy Institute Policy Brief*, April 2011, p. 7.

[2] Fergus Hanson and Mary Fifita, "China in the Pacific: The New Banker in Town", *Lowy Institute Policy Brief*, April 2011, p. 3.

[3] Fergus Hanson, "The Dragon Looks South", *Lowy Institute Policy Brief*, June 2008, p. 13.

的方式来交付的。与各种特定项目相捆绑的无偿援助所占份额超过澳大利亚对外援助的 80%，以致参与项目承包的澳大利亚企业和咨询公司往往可以获得很大份额的援助资金。[①]而秉承中国对外援助传统，中国对巴新的援助由无偿援助、优惠贷款和经济技术合作等形式构成，且中国在提供援助资金之后倾向于由援助国自主决定资金的使用。一般而言，在中国提供的援助中，无偿赠款主要用于支持巴新各类分散的小型援助项目，这些项目的投资额度一般都低于 2000 万元人民币（240 万美元），超过这一额度的援助项目则由中国进出口银行提供中长期优惠贷款进行支持。在援助项目实施过程中，优惠贷款不会交付给巴新，而是由中国进出口银行直接拨付给中国的出口商或者项目承包商。对于优惠贷款，中国原则上坚持两大条件，其一是项目由中方企业负责援建；其二是援助项目所需的设备、材料、技术或服务优先从中国采购或引进，设备采购中来自中国的部分原则上不低于 50%。这也正是西方学者指责中国利用对外援助变相提供出口补贴以支持企业海外扩张的理由。

作为社会主义国家，中国的对外援助在概念上即与西方国家存在区别，也并不遵循经合组织（OECD）发展援助委员会制定的一系列 ODA 准则，援助的条件和方式自然不同。加之中国对外援助资料和数据披露不全，一定程度上缺乏透明性，不利于同其他国家开展援助方面的合作，但这绝不意味着中国需要按照发展援助委员会制定的规则行事。中国本来就不是 OECD 成员国，并且仍属于发展中国家的中国面临进一步扩大改革开放、继续发展经济的客观需要。在平等互利原则的指导下，中国对外援助在执行过程中逐渐发展出一种独具特色的概念，即对外援助与贸易、投资三者融为一体。[②] 在对外援助过程中，中国提供资金支持的援助项目一般由中国企业完成，具有中国企业在当地投资的性质。与中国对巴新援助的增加相一致的是，巴新已经成为中国在太平

---

① Charles M. Hawksley, "Australia's Aid Diplomacy and the Pacific Islands: Change and Continuity in Middle Power Foreign Policy", *Global Change*, *Peace & and Security*, Vol. 21, No. 1, February 2009, p. 116.

② Takaaki Kobayashi, "Evolution of China's Aid Policy", *JBICI Working Paper*, No. 27, April 2008, p. 49.

洋岛国中最大的贸易伙伴，2007 年中国成为巴新第二大投资来源国，仅次于澳大利亚。

（五）援助效果及存在问题的比较

中澳两国为巴新提供的援助促进了巴新的基础设施建设，也推动了巴新医疗卫生和教育等基本社会服务水平的提高，对巴新消除贫困、发展经济及维护稳定社会发挥了一定作用。但两国对巴新的援助都还存在一系列不足，也都面临着一些问题。对于澳大利亚向巴新提供的援助而言，问题和争论主要集中于资金的最终流向和为消除贫困而采取的援助方式两大方面。有分析指出，澳大利亚提供的捆绑型援助和强化合作计划（enhanced cooperation program）使澳大利亚的企业和咨询人员得到大部分的援助资金。[①] 诚如瓦努阿图副总理所言，在提供对外援助时，澳大利亚派出的薪酬高昂的技术顾问导致援助资金最终回流到援助国。[②] 另有学者指出，澳大利亚在援助过程中强调政府善治而忽视了一些更基本的导致贫困的因素，其消除贫困的方法并未触及巴新欠发达的本质，也没有提出系统性的解决不平等的有效方法。而且，援助中过度的干预有重拾殖民主义之嫌，旨在嵌入自由市场机制的官方发展援助交付方法与巴新社会现实之间的不对称甚至有加剧社会政治冲突的风险。[③]

与对澳大利亚援助的态度相对应的是，西方一些学者对中国的援助则倾向于怀疑和批评。与台湾地区争夺外交承认而向太平洋岛国提供的一些援助给中国援助蒙上了鼓励腐败、破坏稳定的阴影。援助项目的不透明加剧了对中国援助动机的猜疑，甚至造成受援国民众对散居在当地的中国人的不满与怨恨。[④] 近年来，中长期优惠贷款在中国对外援助中所占的比例越来越高，一些研究者认为，数亿美元的贷款在未来将给巴新造成巨大的还款压力。此外，中国向巴

---

① See Eric Shek, "Australian Aid to Papua New Guinea: Where Is This Aid Really Going?", *Cross-sections*, Volume 5, 2009, available at http://eview. anu. edu. au/cross-sections/vol5/pdf/06. pdf.

② "Vanuatu Deputy PM Thanks 'True Friend' China for Financial Help", *Port Villa Vanuatu Trading Post* (in English), 30 August 30, 2001, p. 5.

③ Toby Carroll and Shahar Hameiri, "Good Governance and Security: The Limits of Australia's New Aid Programme", *Journal of Contemporary Asia*, Vol. 37, No. 4, November 2007, p. 411.

④ Fergus Hanson, "The Dragon Looks South", *Lowy Institute Policy Brief*, June 2008, p. 17.

新提供的一些基础设施建设援助并非巴新经济发展所急需，而且项目建成后形成的高昂维护费用给受援国造成更大负担。[①] 中国遭受的另一个批评是项目建设过程中对巴新环境的污染和破坏。客观而言，澳大利亚在巴新的投资项目也曾出现因大量排放未处理尾料影响当地民众而被关停等问题，但随着可持续发展观念的传播，21 世纪以来澳大利亚逐渐加大对自然环境保护方面的援助，而中国对巴新援助在这一领域尚存薄弱环节。

三　对援助巴新的深层次思考

通过对中澳两国援助巴新的情况进行对比分析，两国对外援助的轮廓和特点都得以基本呈现，两种对外援助模式之间的区别也得到基本反映。澳大利亚不是巴新的救世主，它对巴新的援助同样服务于其国家利益的需要。中国也并非完全的利他主义者，在援助巴新并逐步扩大对太平洋岛国事务参与的过程中蕴含着一个新兴大国实现进一步发展的战略诉求。并且，虽然援助取得一定成效，但中澳两国对巴新的援助也都存在一定问题。实现巴新持续健康发展，促使援助效果的最大化还需要进一步完善两国援助的手段和方式。具体而言，笔者对两国援助巴新的思考有以下几点。

第一，就备受猜疑的利益动机而言，中国对巴新的援助逐渐趋于经济利益导向，呈现以获取自然资源、扩大经贸投资为首要驱动力的特点。关于中国强化在太平洋岛国地区的存在并扩大对巴新等太平洋岛国援助的动机，西方学者早有论及，也提出了政治、经济及战略影响等各方面的原因。太平洋岛国是台湾地区仅存的三大"邦交国"集中地之一，全部 14 个太平洋岛国中只有 8 个同中国建立了外交关系，其余均同台湾地区保持着密切关系。[②] 因此，通过援助与台湾地区争夺受援国的"外交承认"以及防范太平洋岛国可能出现的"外交承认"转变这一政治利益作为中国援助太平洋岛国的首要驱动力得到大多数学者的认可。但正如 Terence Wesley-Smith 所言，"太平洋岛国易于收买"

---

① Fergus Hanson，"The Dragon Looks South"，*Lowy Institute Policy Brief*，June 2008，p. 15.

② 同中国建交的 8 个国家分别是：纽埃、库克群岛、密克罗尼西亚联邦、瓦努阿图、巴布亚新几内亚、萨摩亚、汤加、斐济。

（cheap to buy）的说法尚需进一步审视。[①] 并且，巴新与中国的双边关系在1999年因台湾问题出现短暂波折后迅速趋于稳定，在双方交往合作日益扩大的背景下，台湾问题再次引发风险的可能性更趋减小。与此同时，中国对巴新丰富的渔业、木材及矿产资源表现出浓厚的兴趣，在资源领域的巨额投资与援助项目紧密相连。与其他太平洋岛国相比，中国对巴新的援助更接近于其在非洲的做法，即援助、投资与贸易三位一体。当然，对经济利益的关注并不影响中国在巴新实现孤立台湾地区、赢得支持等其他利益诉求。贸易、投资的扩大不仅密切了双边关系，而且在一定程度上能够发挥政治杠杆作用。在中国进一步融入全球经济，谋求和平崛起的战略背景下，经济利益将在中国对巴新的援助决策中扮演越来越重要的角色。

第二，在西方主导价值观念及援助准则的情况下，对中国援助巴新遭受的批评应一分为二地看待。一方面，援助作为一种对外政策工具，实现国家利益是二战后对外援助发展的必然，西方国家概莫能外。中国在对巴新援助的同时自然也可以谋求实现自身国家利益，包括增强对巴新事务参与度以及逐渐扩大地区影响力等。中国向巴新提供援助时大部分采用的是优惠贷款形式，在项目援建过程中也倾向于使用中国的设备、材料及工程人员，这些都恰恰出于中国仍然是一个发展中大国的基本国情，可以说是中国将市场机制作为一种工具运用在对外援助上的反映，[②] 是中国在现有条件下的理性选择。与澳大利亚提供预算支持的援助方式相比，中国更青睐工程项目型援助且大多集中在基础设施建设领域，这也正是基于中国长期作为受援国的相关经验以及对巴新国内发展现状的思考。这种风格的援助在支持巴新经济发展的同时，又避免了对其国内事务的过度干预，还是对受援国自主发展能力的强调，并无不妥。另一方面，相比澳大利亚援助的高效、透明及强调环境保护等优点，中国援助存在的一些问题的确应予以充分重视。通过进一步规范援助体系、披露援助数据资料及增加对环境问题的关注，中国对巴新援助的透明度可以明显提高，可以更加切合

---

① Terence Wesley-Smith, "China in Oceania, New Forces in Pacific Politics", *Pacific Islands Policy 2*, East-West Center, 2007, p. 18.

② Takaaki Kobayashi, "Evolution of China's Aid Policy", *JBICI Working Paper*, No. 27, April 2008, p. 50.

巴新发展实际需求，遭遇的猜疑与非议也将减少。

第三，巴新经济发展取得一定成就，但联合国千年发展目标的实现依然任重道远，中澳两国对巴新的援助仍然有待改进。经过近十年的快速发展，巴新经济迈上了一个新台阶，但经济的发展并没有带来人民生活水平的相应提高。腐败、低效、性别歧视及地区发展不平衡等问题仍然存在，基础教育、卫生医疗、交通运输等社会服务依然落后。虽然澳大利亚的全方位援助渗透到巴新国内的各个层面，但是，澳大利亚的援助强调受援国要推进民主、人权建设，把改善政府治理作为消除贫困的主要手段，[1] 这往往导致对受援国国内事务的过度干预，妨碍巴新的主权及独立自主，甚至，缺乏较高水平经济基础支撑的民主自由市场机制可能成为受援国政治动荡和社会冲突的根源。[2] 相比澳大利亚的援助，中国对巴新援助的总体规模相对较小且偏重基础设施项目建设，与援助密切相连的投资也多集中于资源开发领域。虽然基础设施建设和资源开发都有利于经济发展，但这种类型的援助缺乏对消除贫困、社会公平等核心问题的直接关注，对巴新经济和社会全面发展的意义有限。不过，作为区别于澳大利亚等西方援助的另一种选择，中国援助的出现为巴新等太平洋岛国的发展援助问题提供了更多的思考空间和选择余地。并且，中国在援助过程中强调平等互利、协商合作及给受援国以更多尊重和自由选择的做法广受欢迎，也是对西方改进援助模式的一种推动。

第四，中国对巴新的援助与西方国家的援助是一种相互补充、相互促进的关系，两者的共同作用更有助于受援国的稳定和可持续发展。前文的分析对比表明了两种援助模式的优点与不足，也反映了两者在进一步扩大援助效果上相互补充、相互促进的需求与潜力。作为巴新等太平洋岛国在接受援助上的不同选项，中国援助的扩展与大受欢迎有其必然因素。中国国力的增强意味着承担国际责任的增多，扩大中国对外援助与西方援助的合作与相互促进是中国成为一个负责任大国的客观需要，也是国际对外援助持续发展的客观趋势。一方面，在海峡两岸

---

① Toby Carroll and Shahar Hameiri, "Good Governance and Security: The Limits of Australia's New Aid Programme", *Journal of Contemporary Asia*, Vol. 37, No. 4, November 2007, p. 411.

② Toby Carroll and Shahar Hameiri, "Good Governance and Security: The Limits of Australia's New Aid Programme", *Journal of Contemporary Asia*, Vol. 37, No. 4, November 2007, p. 411.

事实上"外交休兵"的背景下，通过进一步完善管理机制，中国对外援助的效率及透明度将大幅提高，援助信息的进一步公开有助于中西方援助的交流与合作；另一方面，中国对受援国独立自主的强调，尤其是中国援助过程中对受援国领导人的尊重，更值得澳大利亚等传统援助国参考借鉴。[①] 中澳两种援助都没有达到尽善尽美，相互补充、相互促进才可能持续改进，援助的效果才能更好。

对外援助效果优化的重要表现是受援国的稳定和可持续发展。在受援国的稳定和发展上，澳大利亚在为巴新提供援助时将经济发展和政府能力及民主制度的建设等多种目标融于一体，以推进政府善治来完成消除贫困的目标，长期而言，这对于巴新构建完善的现代政治体制意义重大，但短期内，这种援助往往因过度干预招致受援国的不满。而且，巴新现阶段低水平的经济基础也难以为一种西方式的现代民主体制提供动力与支持。正是基于巴新的发展现状，中国将援助的重点集中于经济领域，注重增强其经济基础，既强调了受援国自身能力建设，也避免了对受援国事务的过度干预。中国尊重各国人民自由选择社会制度和发展道路的权利，表现为在援助上实行平等互利、相互协商的原则，这更有利于受援国在当前发展过程中保持独立与稳定。巴新等受援国的稳定和发展需要兼顾现状与未来，中澳两种援助只有在合作中相互补充、相互促进，既为巴新创造一个稳定、自主的发展环境，又为巴新提供一个建设未来社会的合理预期，达到巴新现状与未来之间的平衡，才真正有利于巴新的发展。

结　　语

作为一个崛起的新兴力量，中国持续扩大对巴新等太平洋岛国的援助引人关注，但就总体规模而言，并没有迹象表明中国已将巴新等太平洋岛国作为其援助政策的优先对象。中国在该地区援助、投资及贸易的增长都与其综合国力提高、进一步融入全球的整体节奏相一致，并未显现对这一地区的特殊诉求。对巴新援助逐渐趋于经济利益导向，与中国谋求和平、稳定与发展的国家战略一脉相承，因此，对中国援助巴新利益动机的猜疑可以休矣。身为发展中国

---

① Fergus Hanson，"The Dragon Looks South"，*Lowy Institute Policy Brief*，June 2008，p. 20.

家，中国并没有提供援助的国际义务，支持欠发达国家的发展是勇于承担国际责任的表现。在探索更为合适的援助模式时出现的一些问题，应以发展的眼光看待，客观分析，而不是一味加以批评。中国对外援助的基本政策是：坚持帮助受援国提高自主发展能力，坚持不附带任何政治条件，坚持平等互利、共同发展，坚持量力而行、尽力而为，坚持与时俱进、改革创新。诚如李克强总理在访问非洲时所重申的，中国的所有援助，都坚持不附加任何政治条件，不干涉国家内政，不提强人所难的要求。急人所急，雪中送炭，是中华民族历来崇尚的处世之道，在提供对外援助上，虽仍处发展中国家之列，但中国将一如既往地在力所能及的范围内扩大对外援助的规模、提高援助的质量。

中澳两种对外援助模式分别代表了中西方支持欠发达国家发展的两种不同路径，殊途同归才能最大化援助效果，实现世界的和平与发展。目前中国对外援助遭受的非议既反映了西方社会主导下中国尝试对外援助新路径时所遭遇的怀疑与阻碍，也反映了这一尝试中存在的问题与不足。中西方对外援助的具体实践以及受援国的反馈表明，唯有两者有机结合才能更好地支持欠发达国家的发展。中国对巴新的援助与西方国家的援助是一种相互补充、相互促进的关系，两者的共同作用更有助于受援国的稳定和可持续发展。中国是一个崛起中的新兴大国，也是一个负责任的国际行为体。无论是在援助还是其他发展问题，甚至是国际政治经济新秩序上，中国作为一股维护和平、稳定与发展的建设性力量，需要与现存规则及主导国家协调合作、互相学习、取长补短，才能在 21 世纪维持长久的和平稳定与发展。

资 料 篇

B.21

2013 年大洋洲地区大事记[*]

王婷婷[**]

斐济发行新货币

2013 年 1 月 2 日，斐济中央银行开始向各商业银行发行新货币。新货币将英国女王伊丽莎白二世的头像从所有现钞和硬币上移除，代之以当地动植物的形象。新货币含面值为 5、10、20、50 和 100 斐元的纸币以及面值为 5 分、10 分、20 分、50 分、1 斐元和 2 斐元的硬币。斐济曾经是英国的殖民地，于 1970 年获得独立并成为英联邦成员国。自 1987 年以来，频繁的军事政变造成了斐济社会的不稳定。据此，其他英联邦成员国认为斐济已经不适合继续留在

---

[*] 内容主要来自中华人民共和国外交部网站、中华人民共和国驻巴布亚新几内亚大使馆经济商务参赞处、中华人民共和国驻汤加王国大使馆经济商务参赞处、太平洋岛国论坛秘书处网站和澳大利亚政府网站、新西兰政府网站等官方网站以及新华网、中新网、环球网、人民网等媒体，也有个别部分译自外媒。

[**] 王婷婷，中山大学大洋洲研究中心助理研究员。

英联邦里。英联邦 2009 年决定中止斐济英联邦成员国的资格。有分析人士称，这是斐济在新货币上移除英国女王头像的一大原因。

澳—英部长磋商会议举行

2013 年 1 月 18 日，第 50 次澳大利亚—英国部长磋商会议在澳大利亚城市珀斯举行，双方的外交部长和国防部长参加了会议。这一部长磋商会议旨在为双方部长和高级官员讨论外交、国防事务，国际安全事务，分享经验和实现双方共同的全球性目标提供一个平台。此次会议双方主要讨论阿富汗撤军问题，与叙利亚局势息息相关的国际安全和和平问题，伊朗、朝鲜核问题，网络安全问题，环印度洋地区国际地位不断上升等问题。

澳大利亚发布《国家安全战略书》

2013 年 1 月 23 日，时任澳大利亚总理朱莉娅·吉拉德发布了澳大利亚首部《国家安全战略书》（以下简称《战略书》）。《战略书》是近期发布的《亚洲世纪中的澳大利亚》白皮书的补充。它的发布正值澳大利亚步入一个国家安全的新时代，在这个时代中，本地区经济和战略的快速变化将对澳大利亚的国家安全环境和政策产生最重大的影响。该《战略书》阐述了澳大利亚针对国家安全的八个关键原则，其中包括：反抗恐怖主义、边界完整、防止有组织犯罪、促进安全的国际环境以及澳美联盟等；集中在"提高参与度以支持地区的安全和亚洲世纪的繁荣，协调网络政策和运营以增强数字网络的防御，以及用高效的伙伴关系来取得具有创新性和高效率的国家安全成果"三个重点上面；认为澳大利亚所在的地区有多个重要国家，但澳大利亚的主要同盟美国和主要的贸易伙伴中国将为本地区带来最重要的影响；强调美国、中国与澳大利亚一样，在保持地区安全和稳定方面均有确实的经济利益；指出地区各国的战略竞争及国防力量的增长都不是导致冲突的必然因素，而地区内各国关系的深化，以及如今亚太地区各国间越来越复杂的相互依存性也都起着强有力的稳定作用。

新西兰各方表态支持本国乳制品

2013 年 1 月 28 日，新西兰总理约翰·基称，新西兰只在恒天然乳制品公司的克兰德博耶加工厂生产的奶粉中发现了微量双氰胺残留物，而这不会给人体带来健康问题。他对新西兰乳业充满信心。1月24日，新西兰出产的部分奶粉中检测出双氰胺残留物的消息披露后，引起中国等国消费者的担忧。连日来，新西兰政府官员、乳制品商和农场主协会纷纷表态，称新西兰的乳制品绝对安全，消费者尽可放心食用。乳制品是新西兰主要出口商品之一，其95%的乳制品用于出口，年出口额约为84亿美元，占新西兰总出口额的1/4。乳业巨头恒天然控制了新西兰90%的奶源。中国是新西兰乳制品最大的出口市场，中国80%的进口奶粉来自新西兰。

澳大利亚对马里、叙利亚进行经济援助

2013年1月30日，澳大利亚外交部长宣布将对马里提供1000万澳元援助，用于支持马里的和平、安全及人道主义需求。其中500万澳元将提供给联合国信托基金，用于支持相关的维护和平和安全任务的开展，剩余500万澳元将用于马里人道主义需求。

2013年1月31日，澳大利亚外交部长宣布将援助叙利亚1000万澳元，用于在叙利亚内战中受到影响无家可归的叙利亚人民的重新安置等。据报道，目前叙利亚武装冲突已导致约200万人无家可归，每5个叙利亚人中就有1人迫切需要帐篷、食物等生活必需品以及基本的医疗保障。同时，每天大约有2000名叙利亚人逃到叙周边国家。鉴于叙利亚动荡的局势导致的人民苦难，澳大利亚认为自己有责任与国际社会一起对其提供相应援助。此前，澳大利亚已经为叙利亚提供了3150万澳元的援助，加上这次的1000万澳元，澳大利亚总共为叙利亚提供了4150万澳元的人道主义援助。

澳、美、日"对抗北方2013"军事演习在关岛举行

2013年2月4日至15日，澳大利亚皇家空军、美国海空军和日本空军在关岛举行代号为"对抗北方2013"的航空兵部队联合演习。其中，美国出兵100人，日本出兵450人，澳大利亚出兵300人。该演习旨在加强三国各项空中作战能力并加强合作，提高美国和其盟国的防卫能力。演习分为两部分，第一部分为人道主义救援与救灾演习；第二部分为空战、空袭和大部队专业培

训。韩国空军将以特别观察员的身份参加此次演习的第一部分。

"对抗北方"军演始于 1978 年。苏联解体后，"对抗北方"军演并没有随着北方压力的消失而取消，反而有逐步扩大的趋势。近年来，"对抗北方"演习固定为每年一次，演习地点由日本本土移至关岛，演习参加方也由美国海军、日本航空自卫队变成了美国海空军、澳大利亚空军、日本航空自卫队。

所罗门群岛地震海啸致 6 人死亡 10 人失踪

2013 年 2 月 6 日，格林尼治时间 6 日 1 时 12 分（北京时间 6 日 9 时 12 分），所罗门群岛东南部的圣克鲁斯群岛发生里氏 8.0 级地震并引发了海啸，导致 6 人死亡，10 人失踪。海啸袭击集中在圣克鲁斯群岛西侧，其他小岛屿也可能遭受损失，估计约有百所房屋被损毁。泰莫图省会拉塔市的小镇遭海啸袭击，16 处房屋遭损毁，100 余人无家可归。该省有 5 个村庄被海水淹没。所罗门群岛附近海域的余震随后不断发生，部分余震高达 6.2 级。2007 年 4 月，所罗门群岛曾发生 8.1 级地震并引发海啸，造成至少 50 多人死亡、数千人失去家园。

澳大利亚协助基里巴斯应对气候挑战

2013 年 2 月 11 日，澳大利亚外交部长鲍勃·卡尔宣布澳大利亚将提供 1500 万澳元重新恢复基里巴斯 40 公里的主要道路。这些道路因海平面上升而损毁。此项目将为基里巴斯超过 40% 的人口提供进入市场、学校和医院的便利。基里巴斯处于全球气候变化影响的最前线，该国的最高点现在仅高于海平面 3 米。研究显示，尽管已经采取了相关行动，由于海岸的侵蚀、海平面的上升和海水对淡水的影响，基里巴斯到 2030 年将不再适合人类生存。

澳大利亚国防部长和国防军总参谋长访问阿富汗

2013 年 2 月 19 日，澳大利亚国防部长斯蒂芬·史密斯（Stephen Smith）和国防军总参谋长大卫·赫尔利（David Hurley）将军访问了驻阿富汗的澳大利亚军队。斯蒂芬·史密斯向澳大利亚驻阿士兵发表了讲话，强调了澳驻阿士兵的重要性。二人还会见了澳大利亚驻阿富汗鲁斯加（Uruzgan）地区的指挥官，并和他们讨论了如何将鲁斯加地区的安全防卫责任移交给阿富汗国防军的问题。

中国同库克群岛、纽埃签署经济技术合作协定

2013年2月20日，中国驻新西兰兼驻库克群岛和纽埃大使徐建国分别同库克群岛驻新西兰高专特卡奥提基·马塔波、纽埃驻新西兰高专欧拉弗·雅各布森在惠灵顿代表本国政府签署了《中华人民共和国政府和库克群岛政府经济技术合作协定》及《中华人民共和国政府和纽埃政府经济技术合作协定》。

瓦努阿图脱离"最不发达国家"行列

2013年2月21日，第67届联合国大会一致通过新决议，批准赤道几内亚和瓦努阿图从"最不发达国家名单"中"毕业"。决议强调"毕业"不应导致发展计划、方案和项目的中断，要求两国在未来3年内，在联合国系统的支助下，与双边和多边发展和贸易伙伴合作，制定国家平稳过渡战略。联合国经济和社会理事会每三年根据发展政策委员会的建议对"最不发达国家名单"作一次审查。审查依据三项标准：第一项是人均收入标准，即人均国民总收入在992美元以下的国家列入最不发达国家名单，1190美元以上的国家从最不发达国家名单中剔除；第二项是人力资产标准，其中包括营养、健康、入学率、识字率等多项指标；第三项是经济脆弱性标准，包括自然冲击程度、经济易受冲击程度、经济规模狭小程度、地理位置偏远程度等项指标。迄今为止，只有三个国家被从"最不发达国家"名单中移除，分别是博茨瓦纳（1994年12月）、佛得角（2007年12月）和马尔代夫（2011年1月）。根据建议，太平洋岛国萨摩亚将于2014年1月1日起从名单中"毕业"，但这还需要联大核准。

澳大利亚维和部队全部撤离东帝汶

2013年3月7日，澳大利亚最后一批驻东帝汶维和部队全部撤离东帝汶，

为这项为期六年的维和任务画上了句号。2006 年，东帝汶发生政治危机，其外长拉奥尔塔请求澳大利亚、新西兰、葡萄牙和马来西亚派兵帮助东帝汶恢复秩序。由澳大利亚率领的国际稳定部队（ISF）在 2006 年进驻东帝汶，随后便长期驻守，维和人员人数一度多达 1600 人。维和部队进驻后，东帝汶安全形势好转。该国最近几年发生的唯一一起重大安全事件是 2008 年暗杀霍达总统未遂事件。2012 年 11 月 22 日，维和部队开始撤退。

中共友好代表团访问新西兰、斐济

应新西兰执政党国家党和斐济政府外交部邀请，中联部副部长刘结一率中共友好代表团先后于 2013 年 3 月 7 日至 10 日和 3 月 13 日至 14 日访问了新西兰和斐济。在访新期间，刘结一分别同国家党主席古德费洛、反对党工党领袖希勒举行了会谈，并会见了新外交贸易部秘书长艾伦、政府毛利事务部长沙普尔斯、新中关系促进委员会负责人等。在访斐期间，分别会见斐外交和国际合作部长伊诺凯·昆布安博拉，总检察长兼司法、反腐败、公共设施、通信、民航、旅游、贸易和工业部长艾亚兹·赛义德－海尤姆等，并同 2011 年和 2012 年参加太平洋岛国政治家联合考察团访华的斐政要进行了座谈。此外，中共代表团还视察了斐济南太平洋大学孔子学院。

巴布亚新几内亚危及社会治安事件频发

2013 年 3 月 21 日，由于看守疏于职守，巴新马当省 Beon 监狱 48 名犯人越狱，其中 39 名犯人为高危罪犯，后仅抓获 4 人。4 月 14 日，莱城 Buimo 监狱 44 名犯人利用为教堂服务之机越狱。越狱风波尚未平息，4 月 15 日清晨，首都地区警察总部被窃，窃贼进入社区警察办公室和军火库，盗取了一批武器。上述事件给巴新原本不佳的治安形势增加了明显的不稳定因素。

太平洋能源峰会在奥克兰举行

2013 年 3 月 25 日至 27 日，太平洋能源峰会在新西兰奥克兰举行，太平洋岛国领导人和欧盟、澳大利亚、日本、中国、世界银行等多方代表齐聚一堂，共商如何帮助岛国发展可再生能源和减少对进口燃油的依赖。此次太平洋能源峰会由新西兰政府和欧盟共同主办，共有 400 多名代表和 100 多家公司与会。会议期间还举办了可再生能源投资展览会。新西兰总理约翰·基表示，举办此次峰会旨在为太平洋岛国、援助方、技术专家和私营商业机构就大力发展可再生能源"牵线搭桥"。

世界银行将太阳能带入基里巴斯居民家庭

在 2013 年 3 月 25 日至 27 日召开的太平洋能源峰会上，世界银行与基里巴斯政府签署了一份协议，为基里巴斯居民提供太阳能。澳大利亚政府与全球环境基金联合为此项目提供融资。该项目总计将获得双方提供的 420 万澳元：澳大利亚开发机构 AusAID Australia 与太平洋地区基础设施（PRIF）将为该项目提供 320 万澳元，而剩余的 100 万澳元由全球环境基金提供。太阳能电站将建在首都南塔拉瓦的四个位置，并连入现有电网。基里巴斯公用事业局将为居民提供关于运营和维护太阳能发电站的培训。预计此项目实施后，基里巴斯每年将减少进口 23 万升柴油，从而减少温室气体排放。

帕劳拟禁止在该国海域捕捞

2013 年 3 月 25 日前后，太平洋岛国帕劳总统雷蒙杰索宣布，拟全面禁止在帕劳海域进行商业捕捞，以便在帕劳附近北太平洋海域打造世界最大的海洋保护区。雷蒙杰索表示，在帕劳水域捕捞的外国渔船每年都会支付费用，但这些收入微不足道，帕劳需要将发展旅游业作为重点创收行业。帕劳共和国由 300 座小岛组成，人口约 2.1 万。该国专属经济区有约 6.3 万平方公里，其中包括全球闻名的潜水旅游区。帕劳于 2009 年宣布其领海全面禁止捕杀鲨鱼，成为世界上首个国家级的鲨鱼保护区。雷蒙杰索称，打造大型海洋保护区的具体计划仍然在构思中，政府将探讨各种替代收入来源，尤其是旅游业。

瓦努阿图制定政策促进对外贸易便利化

2013 年 3 月 26 日，瓦努阿图国家贸易发展委员会在维拉港召开会议，就瓦对外贸易政策等相关议题展开讨论。会议由瓦旅游发展和商务部长皮皮特主持，中国、澳大利亚、新西兰、法国驻瓦代表及瓦政府相关部门人员参加了会议。会上，瓦努阿图国家贸易发展委员会发布了有关成果文件，主要内容包括：将贸易政策框架文件提交政府审议，该文件将于 2014 年底前完成修订，并于 2016 年底前再次审议；大力推进贸易便利化，并建立相关的监控评价体系；尽快为卡瓦建立国际标准、起草卡瓦法案、完善相关关税细则、推动澳大利亚等主要市场准入，以促进卡瓦出口；建立新机构，取代原有的商品市场委员会；进一步推动旅游业发展，加强相关职业技术培训，加大资金扶持力度，完善相关统计体系；建立 WTO 事务中心，开展贸易救济立法，明确各部门的WTO 通报职责。这将对瓦努阿图的对外贸易起到指针作用。

澳日信息安全协议生效

2013 年 3 月 26 日，澳大利亚外交部长鲍勃·卡尔在堪培拉通过一份外交照会欢迎澳大利亚和日本信息安全协议正式生效。这一协议于 2012 年 5 月 17日在东京签署。协议将会在双方全方位安全、战略和经济伙伴关系的基础上展开，强化澳大利亚和日本之间关于保密信息交流的法律框架，确保双边保密信息的保护，允许双方在即时信息交流方面展开切实合作。目前澳大利亚已和美国、法国、新西兰和欧盟签署了 12 份类似条约。

第二轮澳大利亚—印度尼西亚部长磋商会议举行

2013 年 4 月 3 日，澳大利亚和印度尼西亚两国的外交和国防部长举行第二轮年度 2 + 2 部长对话会议，双方就共同关心的地区和全球性议题、共同举行军事演习、合作开展国际和平部队、应对与减轻自然灾害等交换了看法。此外，作为巴厘进程的联合主席，双方承诺加大在解决人口贩卖和走私活动方面的合作等。

澳大利亚宣布增加对印度尼西亚的援助

2013 年 4 月 4 日，澳大利亚外交部长鲍勃·卡尔宣布，澳大利亚将在未来两年内为印度尼西亚旗舰减贫规划提供额外的 9900 万澳元援助。澳大利亚的援助资金将用于帮助艾滋病毒携带者、残疾人等边缘群体。同时，还将用于印度尼西亚边远山村的特定项目，包括训练当地人掌握基本的工程技巧以改善当地的基础设施等。

澳大利亚总理吉拉德访华

2013 年 4 月 5 日至 10 日，应中国国务院总理李克强邀请，澳大利亚时任总理吉拉德对中国进行正式访问并出席了博鳌亚洲论坛 2013 年年会。作为中国新一届领导集体就任后最早访华的外国领导人之一，吉拉德总理率领了两国建交 40 年来澳方规格最高的代表团，成员包括外交部长、贸易部长和金融服务部长三名重要阁员，并有众多工商界和新闻界人士随行。访问期间，习近平主席、李克强总理分别与吉拉德总理会见会谈，双方就双边关系、共同关心的重大国际和地区问题深入交换了意见。两国领导人宣布中澳确立发展相互信任、互利共赢的战略伙伴关系，并一致同意建立两国领导人年度会晤机制，为两国友好关系搭建了新的战略架构。作为访问最主要的经贸合作成果之一，双方宣布中澳两国达成澳元与人民币直接交易协议，澳元成为继美元、日元之后可在中国大陆外汇市场进行直接交易的第三种货币。此次访问是吉拉德就任总理以来第二次访华。

新西兰总理约翰·基访华

2013 年 4 月 6 日至 13 日，应中国国务院总理李克强邀请，新西兰总理约翰·基对中国进行正式访问，并出席了博鳌亚洲论坛 2013 年年会。同行的新西兰代表团包括来自第一产业的出口商，如恒天然；四家中高等教育机构和一所高中学校的代表；新西兰航空公司、奥克兰和基督城机场和旅游业界的代表等。代表团先后访问了海南、广东、上海和北京等地，受到中国国家领导人习近平主席、李克强总理的接见。约翰·基总理在北京大学发表了题为《双边教育关系》的演讲。此次访问是约翰·基 2008 年 11 月就任总理以来第三次对中国进行正式访问。

巴布亚新几内亚希望成为太平洋地区制造业中心

2013 年 4 月 17 日，在巴新—斐济贸易代表团活动启动仪式上，巴新商工部长马鲁表示，巴新希望成为太平洋地区重要的制造业中心。巴新将停止向海外市场供应椰子、咖啡、可可和渔业产品等未加工原材料和大宗商品，向提供加工产品方向转变。他进一步表示，巴新拥有原材料和供应市场，而斐济拥有技术、专业知识和资金。巴新正在寻求生产、服务、农业、纺织和服装行业等领域的长期合作伙伴。巴新的矿产和石油能源是不可再生资源，巴新必须利用资源发展具有国际竞争力和可持续发展能力的经济。政府计划推出新的工业化政策，指导巴新发展强大的制造业和服务业。商业发展目标包括：新增就业两百万；增加国民收入；实现本国产品替代所有进口商品。

澳大利亚任命新的驻伊朗大使

2013 年 4 月 19 日，澳大利亚外交部长宣布保罗·弗利（Paul Foley）为下一任澳大利亚驻伊朗大使。保罗·弗利曾担任澳大利亚驻阿富汗大使和驻东帝汶大使。目前，澳大利亚有 36000 名伊朗裔人口，其中 2/3 出生在伊朗。澳大利亚和伊朗的双边贸易已超过 2.5 亿美元/年。澳大利亚对伊朗核问题和人权问题保持高度关注。

中国首次超过澳大利亚成为新西兰第一大出口国

2013 年 4 月 26 日，新西兰统计局公布的数据显示，2013 年第一季度，中国首次超过澳大利亚成为新西兰第一大出口国。2013 年第一季度，新西兰对中国的出口额为 23 亿新元（约合 19.5 亿美元），环比增长 32%，占新西兰出口总额的 20%。而同期，新西兰对澳大利亚的出口额为 22 亿新元（约合 18.7 亿美元），环比下滑 7.3%。奶粉、黄油和奶酪是推动新西兰对华出口增长的主要商品。同时，今年第一季度，新西兰从中国的进口额为 18 亿新元（约合 15.3 亿美元），环比增长 2.8%。同期，新西兰从澳大利亚的进口额为 15 亿新元（约合 12.7 亿美元），环比下滑 5.3%。

澳大利亚发布 2013 年国防白皮书

2013 年 5 月 3 日，澳大利亚时任总理吉拉德和国防部长史密斯举行记者会，正式发布澳大利亚政府 2013 年国防白皮书，阐述当前状况下澳大利亚的国防策略。吉拉德说，全球经济和战略形势发生改变，美国重新把战略中心放回太平洋区域，全球金融危机持续，以及澳大利亚在阿富汗、东帝汶和所罗门群岛等地的海外军事行动进入尾声等，使澳大利亚当前的国防形势相比2009年有了巨大变化。对澳大利亚而言，一个和平的印度洋—太平洋地区环境以及最大限度合作的中美关系蕴藏着巨大利益。吉拉德表示，对澳大利亚而言，中国不再是一个威胁，澳大利亚欢迎中国的崛起，但也"充分认识到中国正在改变所处地区的战略秩序"。根据白皮书，澳大利亚将设置国防采购及建设"长期目标"，在财政允许的时候把国防支出恢复到国内生产总值的2%，而本财年的国防预算支出将占国内生产总值的1.56%。

南太平洋防长会议召开　中国崛起成为头号议题

2013年5月3日至4日，首届南太平洋国防部长会议在汤加首都召开，来自澳大利亚、巴布亚新几内亚、新西兰、法国、智利和汤加等国的军事领导人出席了会议，讨论南太平洋国防与安全等事宜。美国和英国也作为观察员参加了会议。而中国崛起则成为头号议题。同时，该会议也商讨了与会国家如何在该地区更好地融合其安全网络并对在南太平洋发生的自然灾害做出快速有效的反应等议题。

帕劳总统欢迎同侪审查小组

2013年5月16日，帕劳共和国总统雷门格绍欢迎太平洋岛国论坛同侪审查小组的来访。雷门格绍表示，接受同侪审查对帕劳来说至关重要。他还保证，帕劳将全力支持小组的工作。当提到限制帕劳发展的问题时，雷门格绍重申，可持续发展是其国家面临的主要问题。

太平洋岛国论坛会议讨论区域援助团事务

2013年5月17日，太平洋岛国论坛举行会议，讨论针对所罗门群岛的区域援助团（RAMSI）事务。此次会议讨论的内容包括区域援助团2012年活动报告以及区域援助团向双边援助过渡事宜。会上，论坛秘书长图伊洛马·内罗尼·斯莱德还称赞了所罗门群岛和区域援助团所取得的进步，包括重建主要政府机构，以及为经济恢复提供条件。

联大支持法属波利尼西亚自决

2013 年 5 月 17 日，联合国大会通过决议，将法属波利尼西亚列入"去殖民化的名单"当中。决议强调，根据《联合国宪章》第 73 条"关于非自治领土之宣言"的规定，"法属波利尼西亚人民拥有不可让渡的自决权和独立权"。决议要求法国政府为法属波利尼西亚"展开公正、切实的自决进程提供便利"。这份由多个太平洋岛国（所罗门群岛、瑙鲁、图瓦卢和萨摩亚）以及东帝汶等联合提交的议案获得了一致赞成。对此持反对意见的法国没有出席当天的会议，并在该议案通过之后立即发表声明谴责这一"粗暴的干涉行为"，称它"完全无视波利尼西亚人民的民主选择"。其实，决议的通过更多地只具有象征意义。从理论上讲，它将为法属波利尼西亚最终举行自决公投提供可能。但实际上，许多在海外拥有领地的国家都没有遵守这方面的规定。目前，法属波利尼西亚拥有相当大的自治权，但法国仍掌管着它的公共安全和外交等事务。

"中国—汤加投资研讨会"在汤加举行

2013 年 5 月 22 日，"中国—汤加投资研讨会"在汤加举行。汤加副首相瓦伊普鲁、农业大臣萨乌拉拉、汤加驻华大使拉图、外交部常秘马海及商务和旅游部首席执行官、汤中友协副主席、汤加企业界代表，以及中国国际贸易促进委员会副会长王锦珍考察团一行、中国驻汤加大使王东华等出席。王东华大使表示，此次研讨会对推动两国友好合作关系、发掘双方合作潜力和促进互利合作具有重要意义。

"地区政府安全部门会议"在斐济召开

2013 年 5 月 22 日至 24 日，由太平洋岛国论坛秘书处和联合国开发计划署太平洋中心联合举办的"地区政府安全部门会议"在斐济首都苏瓦召开。会议审查了所有有关国家发展的政策，涉及政治、海关、移民、国防等多个部门，以建立国际合作，消除潜在威胁。会议的关键议题是：各太平洋国家需要建立有效的国内监督机制，并有义务保证安全部门在保障人权、民主和法治方面有效运作。太平洋岛国论坛秘书处副秘书长安迪·冯泰强调，要为经济发展和可持续发展打下坚实的基础，安全是至关重要的。与会者还讨论了发展中国家的安全政策等问题。

4 名中国人在巴布亚新几内亚遇害

2013 年 5 月 24 日晚，4 名中国人在巴新首都莫尔兹比港遭入室劫匪杀害。遇害者为 3 男 1 女，全部来自上海。事发店铺是位于莫尔兹比港市中心的一家中国人开的超市，该店由来自上海的一对夫妇王传海和蒋勤（女）经营。事发后，政府已经下令警察局成立特别调查小组彻查此案。中国驻巴新使馆对此高度重视，立即启动应急机制，派领事官员到事发地协助巴新警方处理案件。中国驻巴新大使要求巴新警方尽快将凶犯缉拿归案，绳之以法，同时要求巴新方面采取强有力措施切实保障中国公民的生命和财产安全。

印度—澳大利亚防长会被称联手遏制中国

2013 年 6 月 4 日至 5 日，印度国防部长安东尼访问澳大利亚，会见澳大利亚国防部长史密斯，双方讨论了战略与安全利益，包括海军安全和双边防务合作等。会后双方发表联合声明，强调要继续保持双边海军交流以建立信任和亲密感，包括印度军舰参加 2013 年 10 月在悉尼举行的国际舰队检阅以及 2015 年联合海上演习。当前印度是印度洋海军论坛轮值主席国，澳大利亚是下一轮主席国。媒体认为，印澳加强防务关系是为了遏制中国，并称尽管双方都对中国日益增强的军事力量和其对印度洋地区的介入感到警惕，但它们都反对在亚太地区任何被视为遏制中国的多边战略的构建或轴心。

澳大利亚第一季度 GDP 同比增长 2.5%

2013 年 6 月 5 日，澳大利亚统计局公布的数据显示，澳大利亚 2013 年第一季度国内生产总值（GDP）同比增长 2.5%，环比增长 0.6%。澳大利亚国库部长韦恩·斯旺当天表示，这一数据显示澳大利亚的经济增长超过了其他发达国家。斯旺指出，澳大利亚目前经济状况良好，非矿业部门的发展正在受到低利率环境的有力支持，他对本财年商业投资前景表示乐观。他说，政府正在着力进行从矿业部门投资到非矿业部门投资的经济转型，新的财政政策将会促进经济增长和就业。澳大利亚央行 4 日宣布，将基准利率维持在 2.75% 的历史低点水平。澳央行行长史蒂文斯在当天发表的声明中表示，由于数据显示通货膨胀温和，通胀前景决定了澳央行将会在必要时再次下调利率，实施进一步的宽松政策，以支持内需。

中国—太平洋岛国经济发展合作论坛对话会特使李强民会见瓦努阿图绿党联盟代表

2013 年 6 月 3 日，中国—太平洋岛国经济发展合作论坛对话会特使李强民会见来华出席亚洲政党专题会议的瓦努阿图绿党联盟副主席卡罗和瓦第二副议长、绿党联盟成员普拉萨德，双方就中瓦关系、党际交往、绿色发展合作等交换了看法。

澳大利亚前总理陆克文高度评价中国经济发展

2013 年 6 月 6 日至 8 日，2013 年《财富》全球论坛在中国成都举行，澳大利亚前总理陆克文受邀出席。他在接受新华社记者专访时指出："中国经济的根本力量源于战略政策设计，以及中国领导人对战略政策调整时间的把握。"在他看来，中国人民和中国领导人都充满智慧。在最新的五年计划中，中国领导层明确了转变经济发展方式这一重点任务。陆克文说，过去几十年，现有的经济发展方式很成功，一直很好地服务于中国。现在，中国正在努力确立一种以消费为主导的新的发展方式。谈到中国东部与中西部之间的差距，他说，关于这一问题的讨论中国政界和经济界已经进行了二十年。"而我看到这种讨论的一个结果是中国国家和私人层面对中西部地区的投资都上升到了更高水平。"陆克文同时敦促澳大利亚以及其他国家的人们更好地了解中国的中部和西部发展现状，把它们作为独立的经济区域来考量。

陆克文再度当选澳大利亚总理

2013 年 6 月 26 日，澳大利亚执政党工党举行党首改选投票，前总理陆克文击败现任总理吉拉德，成为工党新领袖。选举监察人宣布，在 103 席的工党议会党团中，102 人参加投票，陆克文在选举中获得 57 票，吉拉德获得 45 票。吉拉德在票决后的记者会上说，当晚将前往总督府向昆廷·布赖斯总督递交辞呈。同时，她表示将在 9 月大选后退出政坛。澳大利亚副总理等 4 名工党要员在票决后立即宣布辞职。27 日，陆克文宣誓就任澳大利亚总理。

中国洛阳钼业 8.2 亿美元收购力拓澳大利亚铜矿 80% 股权

2013 年 7 月 2 日，在上海和香港上市的中国洛阳钼业已与世界矿业巨头力拓集团达成具有约束力的协议，以 8.2 亿美元价格，收购该集团位于澳大利亚新南威尔州的北帕克斯铜矿 80% 的股权。力拓集团官方网站在 29 日对外发布的声明中称，公司已经同意将北帕克斯铜矿 80% 的股权出售给中国洛阳钼业，以降低公司运营成本和削减债务。力拓首席财务总监克里斯·林奇称，力拓目前仍会以最高的安全和环保标准经营该矿，直到完成股权交易。而另 20% 的股权由日本住友金属和住友公司持有。据了解，此次收购还需要监管部门批准。

瓦努阿图《独立报》刊文介绍中国援瓦医疗队情况

2013 年 7 月 6 日，瓦努阿图《独立报》刊登中国援助瓦努阿图维拉港中心医院医疗队队长袁一波撰写的文章，以整版篇幅介绍了中国援瓦医疗队的情况。文章指出，为促进瓦努阿图医疗卫生事业的发展，中国政府自 20 世纪 80 年代起在瓦努阿图开展医疗卫生技术合作项目。截至目前，中国已经分别向维拉中心医院和北方地区医院派遣了 9 期、15 期医疗队，累计派遣 220 多名医生来瓦工作，并提供了大量医疗设备和药品。中国援瓦医疗队员们克服生活环境、语言等方面的各种困难，与当地医生密切合作，救死扶伤，圆满完成了各项医疗工作任务。迄今为止，中国医疗队在瓦努阿图已进行了数千例临床手术，医治了数万名瓦国病人，得到了瓦努阿图政府、医院和人民的高度赞扬。中国医疗队今后将继续努力，为促进中瓦医疗卫生技术合作和中瓦双边关系发展做出新贡献。

新西兰逼汤加停用中国制造飞机

2013 年 7 月 10 日，新西兰表示，该国已暂停对汤加的一项价值 820 万美元的旅游发展援助计划，因为汤加准备使用由中国制造的新舟 60 飞机用于国内航线，而新西兰对这种飞机的安全性能感到担忧。随后，汤加政府承诺，在这架飞机完全符合国际航空标准之前，该政府不会允许这架飞机运营。据悉，新西兰是汤加主要的援助国之一，不过近几年来中国对汤加的影响与日俱增。中国提供的大部分援助是通过"软贷款"方式提供的，贷款的头五年免息。

澳大利亚与巴布亚新几内亚签署难民转移协议

2013 年 7 月 19 日，澳大利亚与巴布亚新几内亚签署了一项新的难民庇护协议。根据协议，乘船抵达澳大利亚寻求庇护的人将不得作为难民定居澳大利亚，而将被送往巴布亚新几内亚作进一步甄别。澳大利亚总理陆克文与到访的巴布亚新几内亚总理奥尼尔在布里斯班签署了这项协议。陆克文表示，寻求庇护者若被确认为难民，可留在巴布亚新几内亚；若不是难民，则会被遣送回国或送往第三国。他说，这一协议旨在打击人口走私的泛滥。奥尼尔则表示，真正的难民将在巴新得到妥善安置。据悉，该协议有效期为一年，协议内容包括扩建位于巴新属岛马努斯岛上的难民营，将其容纳量从 600 人提升至 3000 人。近期，持续不断的难民潮和船只倾覆事故给澳大利亚造成巨大压力。澳移民局公布的数据显示，2013 年以来已有 1.5 万余名偷渡者乘船进入澳大利亚海域。进入 7 月以来，该海域已发生两起翻船事故，造成 13 人死亡。

太平洋岛国论坛贸易部长级会议召开

2013 年 7 月 19 日，太平洋岛国论坛贸易部长级会议在萨摩亚首都阿皮亚召开。与会者将讨论一系列太平洋地区的重要贸易事务，包括地区间贸易参与和地区外贸易合作、贸易工作进程、贸易和投资网络等。萨摩亚总理图伊拉埃帕·萨伊莱莱·马利埃莱额奥伊认为，海上运输是地区贸易的一大问题，但往往被人忽视。论坛秘书处副秘书长安迪·冯泰指出了妨碍地区贸易发展和稳定的许多限制，倡导制定切实有效的创新型政策和策略，抓住机遇，迎接挑战。

美军机军演出状况 4 枚炸弹投入大堡礁

2013 年 7 月 20 日，美国第七舰队发表声明，两架鹞式 AV－战斗攻击机于 16 日从两栖攻击舰"邦霍姆·理查德号"上起飞后，在昆士兰岸外各将一枚无活动力和一枚未含炸药的炸弹投入被列入世界遗产名单的大堡礁海洋公园。声明表示，4 枚炸弹落入的位置距离珊瑚礁群有 50 多米之遥，均没有爆炸，对大堡礁造成的损害已尽量减到最低。据称，隶属海军陆战队第 31 远征队的两架战机，原本是要将炸弹投入汤森岛的炸射演习场，但后来因场地的危险因素尚未清除而放弃投弹。美国海军表示，军演中的两架战斗机在起飞后不久就出现燃油不足问题，飞行员意识到载着炸弹将无法着陆，在不得已的情况下，唯有进行紧急弹射，将炸弹投掷入海洋公园。美国和澳大利亚每两年举行一次代号为"护身符军刀"的联合军演。此次事故是在本年度美澳军演进入第二天时发生的。据悉，演习将持续三周，两国共派 2.8 万名军人参与。美国海军和陆战队将同澳当局联手调查这起事故。环保和反战人士邓斯坦指出，此次事故证明美军"不可靠"。

中国国务院总理李克强会见汤加首相

2013 年 7 月 22 日，中国国务院总理李克强在人民大会堂会见来华出席生态文明贵阳国际论坛 2013 年年会的汤加首相图伊瓦卡诺。李克强介绍了中国经济发展和改革的情况。他表示，加快发展是各国面临的共同任务。中国新一届政府一心一意推动科学发展和民生改善，统筹稳增长、调结构、促改革，提出的各项发展和改革举措正在有序推出。我们将继续通过简政放权激发市场活力和发展的内生动力，持续推进财税金融等牵一发动全身的改革，为发展实体经济和经济结构调整加油助力。中国经济的持续健康发展也会为推动世界经济复苏发挥重要作用。

新西兰工党将推出限制外国人购买现房政策

2013 年 7 月 28 日，新西兰工党代表称，一旦上台，将计划禁止所有外国买家购买新西兰现房，限制对象是不在本地居住及不打算在本地居住的人。外国人要想买新西兰房，只能自己建新房。对于工党的表态，外界反应各异。很多业内人士表示，工党的态度有反华之嫌。当然，工党推出购房政策后，房屋问题再一次成为新西兰政客的热门话题。据悉，绿党和优先党对工党推出政策表示强烈支持。优先党领袖温斯顿·彼得斯表示，新西兰房产中介"Barfoot & Thompson"有 25 名业绩最好的中介人，其中 19 名是亚洲人。他们售房的对象几乎全是外国人，大多是亚洲买家。但行动党领袖约翰·班克斯表示，工党这一政策，有反投资、反移民及反华嫌疑。

澳大利亚外长：中国复兴对澳大利亚是极好机会

2013 年 7 月 29 日，正在对中国进行为期 10 天的访问的澳大利亚外长鲍勃·卡尔在香港表示，中国的复兴对澳大利亚是好事。中国的城市化进程会给澳大利亚带来一系列新机会。澳大利亚欢迎中国的投资。卡尔是在香港亚洲学会举行的一个午餐会上发表澳大利亚的亚洲政策演讲的。谈到中国时，他表示，澳大利亚认为，中国的重新崛起对中国和澳大利亚同样都是好事。虽然新上任的澳大利亚总理陆克文最近表示，由中国推动的澳大利亚能源繁荣期已经结束，但是，中国的发展正在为澳大利亚创造一系列新机遇。中国对澳大利亚的投资现已涵盖铀矿、澳大利亚城市电力系统、铁矿石、磁铁矿、煤矿、食品加工和农场等领域。澳大利亚将继续鼓励中国的投资，鼓励出口到中国，因为这符合澳大利亚的利益。他还强调，澳大利亚对中国的投资没有限制。卡尔还表示，对中国和澳大利亚的关系感到非常满意，并称澳中关系正处于前所未有的最稳固时期。

新西兰军方否认监听记者手机通信

2013 年 7 月 29 日，新西兰国防军发表声明，否认媒体称其"窃听记者手机通信"的报道。新西兰《星期日星报》记者海格 28 日发文称，作为一名自由撰稿人，斯蒂芬森去年曾是美国《麦克拉齐报》驻阿富汗记者，写过多篇有关新军方的"秘闻"。由于对斯蒂芬森的报道不满，新国防军与美国情报机构合作，从 2012 年下半年开始对其手机进行监听。文章还称，军方也对斯蒂芬森在喀布尔的同事进行了监听。军方的目的是要查出斯蒂芬森报道中所称的

"新军方内部消息源"到底是谁。海格并未在该篇文章中披露军方监听斯蒂芬森的直接证据。新国防军少将基廷 29 日在声明中称,军方对《星期日星报》报道的内容进行了调查,但没有证据显示军方对斯蒂芬森进行了窃听。新西兰国防部长科尔曼表示支持国防军的调查结果。而就在新军方回应的当天,海格公布了一份新军方的内部名单,多名新闻记者与极端主义分子、黑客一道被列为"颠覆分子"。按照新西兰法律,根据这份名单,军方可对目标采取监听、监控措施。海格公布的这份名单于 2003 年由时任国防军司令弗格森签署,并于 2005 年进行了更新。但弗格森本人 29 日在接受电台采访时表示,自己从未见过这份名单。

新西兰奶粉现肉毒杆菌 影响中国

2013 年 8 月 3 日,新西兰乳制品巨头恒天然集团宣布,有 3 批浓缩乳清蛋白出现质量问题,导致旗下部分婴儿奶粉和运动饮料等产品可能"受到污染"——可能含有肉毒杆菌。污染源是该公司在北岛怀卡托地区豪塔普工厂的一根受污染的管道。早在 2013 年 3 月,该企业便发现潜在质量问题,但当时测出的菌种属于无害,直至 7 月 31 日,检测发现可能含有肉毒杆菌。中国国家质检总局 2 日就与新西兰驻华使馆取得联系,要求新方立即采取措施,防止问题产品影响中国消费者健康。同时,要求进口商立即召回可能受污染产品,要求各地加强对新西兰乳制品的检验监管。恒天然集团全球首席执行官西奥·史毕根斯定于 3 日从欧洲前往中国,向相关机构和客户通报最新情况。8 月 4 日,中国国家质检总局公布了 4 家进口了可能受到肉毒杆菌污染的恒天然集团产品的企业名单,并已要求相关企业召回受污染的产品。8 月 5 日,史毕根斯在北京就部分含肉毒杆菌的乳清蛋白粉流入中国向国内消费者公开道歉。8 月 20 日至 22 日,新西兰外交部长默里·麦卡利访华,并于 22 日与中国外交部长王毅进行了会面。麦卡利访华结束前在新西兰驻华使馆举行新闻发布会时说,新西兰政府致力于加强与中国政府的经贸关系,并将为此采取一系列措施。他在与中方高层官员的会晤中也就此进行讨论,并向中方保证新西兰在食品安全、出口食品标准和质量方面有"郑重的、毫不含糊的"承诺。

斐济举办首届太平洋岛国发展论坛会议

2013 年 8 月 5 日至 7 日，首届太平洋岛国发展论坛会议在斐济楠迪举行。本次会议的主题是"提升领导力、创新和伙伴关系，发展绿色/蓝色经济，实现可持续发展"。斐济总理姆拜尼马拉马、东帝汶总理古斯芒等 14 个岛国的领导人或政府代表以及私营部门、非政府组织代表共三百多人参加了这次会议。中国、美国、俄罗斯、日本、韩国、阿联酋、科威特、卡塔尔等国代表作为观察员出席了会议。斐济 2012 年 8 月主办名为"接触太平洋"（Engaging with the Pacific）的会议时，与会太平洋岛国领导人积极响应设立太平洋岛国发展论坛这一号召，这一区域合作新组织遂应运而生，其秘书处设在斐济外交和国际合作部。

巴布亚新几内亚总理访问新西兰

2013 年 8 月 7 日，巴布亚新几内亚总理彼得·奥尼尔访问新西兰，并与新西兰总理约翰·基在新西兰惠灵顿议会大厦就加强两国经济合作举行会谈，双方还签署了两国间的相关合作协议。

中国和斐济签署文化合作谅解备忘录

2013 年 8 月 9 日至 12 日，中国文化部长蔡武率中国政府文化代表团访问斐济，两国签署了《中斐文化合作谅解备忘录》。在随后的会谈中，双方就进一步加强中斐两国文化交流与合作交换了意见，并就在斐设立中国文化中心、在斐举办"欢乐春节"活动及两国开展非物质文化遗产培训合作达成了共识。此次签署的《中斐文化合作谅解备忘录》具有里程碑意义，将有力推动中国与太平洋岛国地区的文化交流与合作。

澳大利亚参加在美国阿拉斯加举行的跨国军演

2013 年 8 月 12 日至 23 日，由美国太平洋空军司令部主办的跨国军演"红旗—阿拉斯加"（Red Flag Alaska）展开，美国、韩国、日本和澳大利亚参加演习。Red Flag Alaska 于 1976 年在菲律宾克拉克空军基地以"雷霆对抗"

（Cope Thunder）之名首次实施，1992 年演习地点改为阿拉斯加的埃里克森空军基地。Red Flag Alaska 这一名称从 2006 年起开始使用。

斐济总理赞扬中国坚持走和平发展道路

2013 年 8 月 28 日，斐济总理兼军队司令姆拜尼马拉马在斐济楠迪会见到访的中国人民解放军副总参谋长王冠中时，高度赞扬了中国坚持走和平发展道路。姆拜尼马拉马说，中国坚持走和平发展道路，经济社会发展取得巨大成就，为亚太地区乃至世界和平稳定做出了巨大贡献。斐方愿与中方共同努力，将两国关系不断向前推进。王冠中说，中斐两国传统友谊深厚，双方在各领域务实合作成果丰硕。中方尊重斐济人民自主选择的发展道路，愿进一步增进与斐济武装部队的友好关系，深化务实合作，为中斐两国关系发展做出新的努力。

巴布亚新几内亚天然气项目即将完工

2013 年 9 月 2 日，美国埃克森美孚公司宣布，其在巴布亚新几内亚的天然气项目已完成 90%，预计将于 2014 年下半年投产。此项目总投资额达 190 亿美元，长达 700 公里的管道将把巴新南部和西部高地与首都莫尔兹比港连接起来。这一项目可能会为巴布亚新几内亚下一阶段的资源大开发铺好道路，项目也得到了巴新政府的大力支持。

澳大利亚、新西兰对美将军事打击叙利亚表态不一

美国总统奥巴马宣布将"确定"对叙利亚实施军事打击之后，澳大利亚政府表示不会派军队参加，新西兰政府未明确立场。2013 年 9 月 2 日，澳外长鲍勃·卡尔通过其新闻发言人向外界表示，澳方支持美对叙动武，但澳不会派军队参与军事行动，美国国务卿克里在与卡尔通电话时也表示"无须澳派兵参与"。新西兰总理约翰·基 2 日表示，克里周末同新西兰外长就叙利亚局势进行了电话沟通，但新方需要更多信息来研判当前形势，并将在明确事态发展的各种可能性之后才能明确自身立场。

中国特使出席第 25 届太平洋岛国论坛会后对话会

2013 年 9 月 6 日，中国—太平洋岛国论坛对话会特使李强民作为中国政府代表出席在马绍尔群岛首都马朱罗举行的第 25 届太平洋岛国论坛会后对话会。他表达了中国政府对与太平洋岛国继续开展友好合作的希望，以及与论坛成员国和其他对话伙伴携手努力，团结应对各种挑战，促进岛国地区的和平、稳定与繁荣的承诺。李强民阐述了中方在气候变化问题上的立场，并介绍了中国加强与太平洋岛国关系、支持岛国应对气候变化、促进可持续发展的有关措施和行动。论坛方面积极评价了中国与太平洋岛国的关系。论坛对话会期间，李强民还分别会见了密克罗尼西亚联邦、瓦努阿图、萨摩亚、汤加、库克群岛、纽埃等国领导人，太平洋岛国论坛秘书长以及论坛其他对话伙伴的代表。

斐济颁布新宪法结束宪法真空期

2013 年 9 月 6 日，斐济总统奈拉蒂考在总统府批准了 2013 年宪法，使斐济正式结束宪法真空期，同时为 2014 年大选铺平了道路。奈拉蒂考在宪法颁布仪式上宣布，2013 年宪法是斐济最高法律，于 9 月 7 日正式生效。奈拉蒂考说，和斐济先前的宪法不同，新宪法不以种族定义和划分人群，而是使每一名斐济公民都获得"斐济人"称谓，这符合人人平等这一最根本的民主原则。根据 2013 年宪法，斐济最高权力部门——议会实行一院制，共设 50 席。议会选举每四年举行一次，仅设全国范围单一选区，年满 18 周岁的斐济公民有投票权。在议会占最多席位的党派领导人出任政府总理，总统是国家元首并礼节性担任斐济武装部队统帅。

托尼·阿博特当选澳大利亚总理

2013 年 9 月 7 日，由托尼·阿博特领导的自由国家联盟党赢得选举，重新执政，阿博特成为澳大利亚新任总理。前总理陆克文宣布辞去工党领袖一职，前副总理阿尔巴尼斯或前劳资关系部长肖顿可能接任。阿博特承诺将重新激发澳大利亚矿业的繁荣，并重振外界投资热情，但他面临能否取消碳排放与矿业税的挑战。同时，阿博特政府在参议院仍未获得多数优势，工党与绿党将在 2014 年 7 月前控制参议院多数席位。

所罗门群岛社会团体要求总理辞职

2013 年 9 月 13 日，据外媒报道，所罗门群岛一些社会团体正在组织"人民请愿"，呼吁总理利洛辞职，他们指责利洛滥用公款，"浪费纳税人的钱财"。利洛在 8 月访问印度尼西亚时，由一个庞大的代表团陪同，花费了 16.5 万美元，这是引起此次争议的原因之一。利洛否认了指控，称访问所花费用由印尼政府支付，并未动用所罗门公款。

中国全国政协主席俞正声会见瓦努阿图总理卡凯塞斯

2013 年 9 月 14 日，中国全国政协主席俞正声在宁夏银川会见来华出席中国 - 阿拉伯国家博览会的瓦努阿图总理卡凯塞斯。俞正声表示，中瓦建交三十多年来，双方相互尊重，平等相待，各层次交往密切，务实合作成果丰硕，面临很大发展空间和潜力。中方高度重视中瓦关系，愿与瓦方共同努力，加强高层交往，深化政治互信，加强在农林渔业、交通通信、基础设施、清洁能源、旅游及应对气候变化等领域的合作，促进共同发展，扩大人文交流，增进两国人民的相互了解，密切沟通协调，共同维护发展中国家利益。卡凯塞斯感谢中方邀请其出席此次博览会，表示瓦努阿图坚定奉行一个中国政策，愿学习借鉴中国发展经验，进一步深化与中国在各个领域的友好合作。

汤加经济发展形势仍不容乐观

2013 年 10 月 2 日，根据亚洲开发银行、亚洲发展组织发布的《2013 展望》预测，汤加 2014 年经济增长率仅为 0.3%。据亚洲发展组织估计，2014 年度汤加侨汇仍将呈下降趋势，由发展伙伴提供援助的基础设施项目仅有几个得到确认。自 2011 年以来，汤加的经济一直处于低速发展状态。亚洲开发银行认为汤加经济一直低迷的原因主要是：私人借贷下降；商业贷款下降 14.3%；侨汇下降；家庭贷款下降 0.8%；到 2013 年 3 月，不良贷款上升至总贷款的 14.9%；乘坐游艇和游船抵汤的人数下降了 50%。好的方面是乘坐飞机抵汤的游客增加了 9%，由于游客增加了在汤的消费，旅游收入增加了 27%。

中国国家主席习近平会见澳大利亚总理阿博特

2013 年 10 月 6 日，中国国家主席习近平在印度尼西亚巴厘岛会见澳大利亚总理阿博特。习近平指出，中方一向从战略高度和长远角度看待和发展中澳关系，愿同澳方一道努力，推动中澳战略伙伴关系不断深入发展，使中澳关系成为不同社会制度、不同历史文化、不同发展阶段国家和谐相处、合作共赢的典范。双方应该巩固两国关系的四个纽带可简化为：即互信纽带、经贸纽带、人文纽带、安全纽带。阿博特表示，澳方愿意加快两国自由贸易协定谈判，欢迎中国企业赴澳大利亚投资，希望同中方在二十国集团、亚太经合组织框架内加强合作。

中国国家主席习近平会见新西兰总理约翰·基

2013 年 10 月 6 日，中国国家主席习近平在印度尼西亚巴厘岛会见新西兰总理约翰·基。习近平表示，中新关系在高水平的政治互信和互利双赢的经贸合作的"双轮驱动"下，发展很好。今年上半年，中国首次成为新西兰第一大贸易伙伴。中方珍视同新西兰的友好合作关系，愿同新方一道，创新思维，挖掘潜力，深化各个领域的双边合作，并加强在多哈回合贸易谈判、气候变化、地区合作机制等问题上的沟通和协调，不断提升中新关系水平。约翰·基表示，新方高度重视对华关系，将继续致力于加强同中方的合作。新方希望在联合国事务中同中方相互协调和配合，支持中国明年主办亚太经合组织领导人非正式会议。约翰·基向习近平通报了新方处理恒天然集团乳制品质量问题的情况，表示将采取严格措施确保产品质量。习近平强调，食品安全问题事关人民身体健康，希望新方把好食品质量关，切实维护两国经贸合作良好发展势头。

新西兰女作家获布克文学奖

2013 年 10 月 15 日，2013 年度英国布克文学奖 15 日晚在伦敦揭晓，新西兰 28 岁女作家埃莉诺·卡顿凭借作品《发光体》获奖，成为该奖历史上最年轻的得主。卡顿于 1985 年出生在加拿大安大略省，后随家人移居新西兰。2008 年，她凭借讲述青春成长故事的处女作《彩排》一举成名，获得多个文学奖项。《发光体》是卡顿的第二部小说，以 19 世纪新西兰淘金热为背景，讲述了一连串看似巧合的事件所引发的秘密调查。评委会主席罗伯特·麦克法兰评价说，《发光体》是一部"炫目而巧妙"的小说，结构精巧、叙事精彩，"不可思议地"虚构出一个充斥贪婪与黄金的世界。

中国国家主席习近平、总理李克强会见澳大利亚总督布赖斯

2013 年 10 月 17 日，中国国家主席习近平在人民大会堂会见澳大利亚总督布赖斯。习近平指出，在下阶段，中澳应充分挖掘潜力，创造条件，为中澳关系注入新动力。一是互谅互让，展示灵活，推动双边自由贸易协定谈判早日取得突破；二是积极拓展能源资源、基础设施建设、金融服务、节能环保、清洁能源、生物医药等新兴领域合作；三是进一步密切教育、旅游、科技、青年等人文领域的交流与合作；四是进一步加强在联合国、二十国集团、亚太经合组织等多边机制内的协调与合作。在会谈中，李克强指出，澳大利亚正在积极升级基础设施，已就建造澳第一条高铁进行可行性研究。中国高铁技术先进，安全可靠，具有成本优势，希望双方就此探讨开展合作。而中国发展最大的回旋余地在中西部。欢迎更多澳企业积极参与中国西部大开发，实现互利共赢。布赖斯表示，澳方重视对华关系，愿与中方扩大和深化各领域务实合作，加快双边自贸区谈判进程，加强人员往来，密切在多边机制中的沟通协调，使两国关系取得更大发展。

日外相与新西兰外长通电话　就核裁军合作达成一致

2013 年 10 月 17 日，日本外相岸田文雄与新西兰外长麦卡利通电话，双方就在核裁军领域加强合作达成了一致。因新西兰等国即将发表控诉核武器非人道性和呼吁不使用核武器的联合声明，岸田感谢新西兰方面对联合声明内容进行修改以便日本首次加入。他表示："希望共同努力逐渐建设一个没有核武器的世界。"麦卡利回应称"将向国际社会宣传核武器的非人道性"。

巴布亚新几内亚拟建第二所难民营

2013 年 10 月 22 日，据外媒报道，巴布亚新几内亚拟在马努斯岛建立第二所难民营，为澳大利亚提供遣送难民的目的地。早前，澳大利亚与巴布亚新几内亚签署了难民转移协议，在马努斯岛建立难民营正是协议的内容之一，而澳方也为此提供了资金支持和相关援助。此外，这一项目有望为巴新提供两百多个工作岗位。因此，这一计划已得到了巴新政府的大力支持。

太平洋岛国将加强与韩国的合作

2013 年 10 月 22 日，第二届韩国—太平洋岛国高级官员会议在韩国首都首尔举行，来自库克群岛、斐济、巴布亚新几内亚、密克罗尼西亚联邦、萨摩亚、汤加、基里巴斯、所罗门群岛、瓦努阿图、瑙鲁、纽埃、马绍尔群岛等共 14 个太平洋岛国及太平洋岛国论坛秘书处的代表出席了会议。与会代表一致同意，在气候变化、发展合作、海洋和渔业管理等领域加强韩国与岛国的合作是十分必要的。韩国和太平洋岛国还将发展双边地区合作关系，而双方的合作关系也将大大拓宽，超出海外发展援助的范围。

新西兰主流社会逐渐接受亚裔　毛利人唱反调

2013 年 10 月 23 日，据新西兰华新社报道，2013 年下半年的一项调查显示，新西兰人对待亚洲人的态度正在变得更加积极正面，有超过一半的非亚洲人表示亚洲移民对于新西兰来说是一件好事情。然而，毛利人却还是不太喜欢亚裔移民。这项调查由亚洲新西兰基金发起，在 15 年调查过程当中，显示出了一种比较明显的非亚洲人对亚洲人态度更加积极的趋势。调查发现，毛利人之所以对亚裔有着负面态度是因为他们担心亚裔移民和他们争抢潜在的就业机会，亚洲语言也会转移主流社会对于毛利语言的关注程度。同时，他们认为，亚裔移民对于《怀唐伊条约》的理解不够。

澳林火确认为国防部军训引发

2013 年 10 月 24 日，澳大利亚新南威尔士州消防局表示，已确认国防部上周在丛林地区进行的军事训练是导致该州林火的真正原因。消防局发言人说，上周在新州利斯戈的一处军事训练区附近发生的火灾是由国防部人员使用爆炸军械引起的。当地部分企业也称，大火发生当天，首先看到国防部一些设施冒烟，并伴随爆炸声。新南威尔士州17日发生大面积丛林火灾，目前过火面积逼近5万公顷，已造成1人死亡，数百间房屋被毁，数千居民转移。

日本和太平洋岛国首脑峰会第二次临时部长会议召开

2013年10月26日，太平洋岛国领袖齐聚日本，参加日本和太平洋岛国首脑峰会第二次临时部长会议。会议主题是商讨第七次峰会召开事宜和双方的贸易、投资问题。经过商讨，双方同意加强合作，日本也表示将尽快兑现其在第六次峰会上做出的承诺。会议内容还涉及中国与东盟部分成员国存在主权争议的南海问题，并公布了写明将推进建设依据国际法解决纠纷的海洋秩序的主席总结发言。针对中国进入海洋的动向，声明称将争取"依据联合国海洋法公约、国际法和平解决争端"。

经合组织报告显示澳大利亚为世界上最宜居国家

2013年11月6日，据澳大利亚新快网报道，经济合作与发展组织（OECD）对世界上最富裕和发展最快的国家进行了对比，结果澳大利亚在一系列指标中都位居第一，被誉为世界上最适合居住的地方。除经济外，这项名为"生活质量"的研究还对比了寿命、工作时间和污染等方面。澳大利亚在各个方面都名列前茅，而澳大利亚民众在可支配收入和家庭财富增加速度方面都处于世界领先水平。

第二届中国—太平洋岛国经济发展合作论坛举行

2013年11月8日，第二届中国—太平洋岛国经济发展合作论坛在广州举行，本届会议的主题是"绿色创新，合作共赢"。会议由中华人民共和国商务部主办，商务部部长高虎城、副部长王超等出席并主持了会议。来自南太平洋岛屿地区的8个建交国家——库克群岛、纽埃、密克罗尼西亚联邦、巴布亚新几内亚、萨摩亚、汤加、瓦努阿图、斐济的政府领导人，以及太平洋岛国论坛秘书处、澳大利亚、新西兰的政府高级代表出席了会议。中国国务院副总理汪洋出席会议开幕式并发表主旨演讲，宣布了中方进一步支持太平洋岛国经济社会发展的一系列措施，主要包括：支持岛国重大项目建设，未来 4 年向建交的岛国提供共计 10 亿美元优惠性质的贷款；设立 10 亿美元专项贷款，用于岛国基础设施建设；支持岛国开发人力资源，今后 4 年为岛国提供 2000 个奖学金名额，帮助培训一批专业技术人员；支持岛国发展医疗卫生事业，继续为岛国援建医疗设施，派遣医疗队，提供医疗器械和药品；支持岛国发展农业生产，加强农林产品加工与贸易合作，办好示范农场等合作项目；支持岛国保护环境和防灾减灾，为岛国援建一批小水电、太阳能、沼气等绿色能源项目。开幕式结束后，举行了部长级会议，以及贸易与投资、农渔业合作、旅游合作、环境合作等四个平行分论坛。会议同时举行了中国—太平洋岛国经济合作与绿色发展图片展、太平洋岛国商品展、双边贸易与投资洽谈会等活动。

窃听事件令澳大利亚与印尼两国关系紧张

2013 年 11 月 18 日，澳大利亚广播公司和英国《卫报》根据美国情报机构前雇员斯诺登提供的文件，披露澳大利亚政府曾在 2009 年监听印尼总统苏西洛及夫人的私人手机。此外，印尼副总统布迪约诺，当时的外事发言人、安全部长等高级官员也在被监听之列。窃听事件爆出当天，印尼政府宣布召回驻澳大使，并要求澳大利亚政府做出解释。澳大利亚总理阿博特态度强硬，于 19 日称澳不应为维护国家利益的行为道歉。印尼政府 11 月 20 日宣布，降低印尼与澳大利亚双边关系等级，终止与澳大利亚在多个领域的合作，包括军事演习、难民安置等。同时，印尼国内更爆发了大规模反对阿博特的游行，示威者借焚烧澳国旗表达强烈不满。印度尼西亚和澳大利亚的双边关系因澳大利亚情报部门窃听印尼总统苏西洛电话一事陷入近几年来的最低谷。

澳网站刊文：别太担忧中国在太平洋岛国的影响力

2013 年 11 月 18 日，澳大利亚罗伊国际政策研究所网站发布文章指出，

11 月 8 日，中国宣布新的对太平洋岛国的援助计划，潜在价值逾 20 亿美元。计划包括 10 亿美元的优惠性质贷款、10 亿美元专项贷款、2000 个奖学金名额，以及医疗援助、农林合作、环保支持等。澳大利亚是岛国最大的援助国，仅在上一财年就支出逾 10 亿澳元，其对岛国援助约占该地区收到的总援助的 60%。澳大利亚无须担心中国将取代自己成为该地区的主要发展伙伴。即使是优惠贷款，很多岛国也不太可能再接受中国贷款。汤加、萨摩亚和库克群岛都曾受累于中国优惠贷款，不会再增加债务。还有 6 个岛国因承认台湾当局而没资格获得援助。只有巴布亚新几内亚和斐济会视优惠贷款为可行的选项。然而，澳大利亚政府也有理由担心，北京的声明将有望增强中国在该地区的外交影响力。狡猾的岛国政客很可能会利用中国的慷慨，鼓励捐赠者竞争，这会导致多个捐赠者动作频频，但不能保证这些活动的结果就是岛国需要的。如果中国能证明它既致力于解决岛国的重要挑战（而非增加债务问题），又愿意同该地区最重要的伙伴协作，这一建设性方式将得到国际认可。

美拟扩大在澳大利亚轮换制部队　将达 1100 人

2013 年 11 月 20 日，美国与澳大利亚年度部长级磋商在华盛顿举行。美国国务卿克里与国防部长哈格尔与澳大利亚外长毕晓普和防长戴维·约翰斯顿举行会晤，双方发表了一项声明，称美澳将共同促进并扩大双方在亚太和印度洋地区的军事和安全领域的合作。克里在会晤后的新闻发布会上宣布，美澳之间签署了一项非约束性的协议，协议的规则将指导双方建立一项军力部署协议，该协议将在未来强化美澳关系。目前，美国海军的两个团已经在澳大利亚西北海岸的主要城市达尔文进行了轮换，到 2014 年，美国海军在达尔文附近的轮换部队将扩大到 1100 人。哈格尔透露，双方将在下月展开一项约束性协议，推进军力部署以及其他防务合作。同时，美澳之间的空军也增加了演习项目，双方的合作也拓展到了网络和太空领域。美国将把一架先进的太空侦察望远镜搬到西澳大利亚地区，该望远镜能进行精准侦察，跟踪和识别深宇宙物体。

国际货币基金组织举行太平洋岛国高级别会议

2013 年 11 月 22 日，国际货币基金组织在瓦努阿图共和国首都维拉港举行太平洋岛国高级别会议。瓦努阿图总理卡凯塞斯、国际货币基金组织副总裁朱民在开幕式上分别致辞。此次会议以"提升太平洋岛国增长潜力"为主题，就岛国面临的挑战和发展机遇，加强区域合作，应对气候变化，防灾减灾，优化财政结构和支出，利用好外援等问题进行了热烈讨论。来自瓦努阿图、斐济、巴布亚新几内亚、萨摩亚、汤加等 14 个岛国的财金官员，国际货币基金组织、世界银行、亚洲开发银行、澳援署等机构的代表，各国驻瓦使节参加了会议。中国驻瓦努阿图大使谢波华也应邀出席了此次会议。会议期间，谢大使还与朱民副总裁就瓦努阿图经济发展前景交换了意见和看法。

中国国防部长常万全与斐济国防、国家安全和移民部长会谈

2013 年 11 月 25 日，国务委员兼国防部长常万全在八一大楼与来访的斐济国防、国家安全和移民部长约凯塔尼·索卡纳辛加举行会谈，双方就共同关心的问题深入交换了意见。常万全指出，中斐两国传统友谊深厚，近年来双边关系不断取得新发展。中方始终视斐济为太平洋岛国地区的好朋友、好伙伴，愿同斐方一道，推动两国关系不断迈上新台阶。中国军队重视发展与斐济武装部队的关系，愿与斐方加强战略互信、深化务实合作，将中斐两军关系提升到更高水平。索卡纳辛加代表斐方对中方长期以来的援助和支持表示感谢，并表示斐政府和军队将继续恪守一个中国政策，愿与中方共同努力，将两国两军关系不断向前推进。

澳外长激烈反华被批"越线"　或将威胁中澳合作

2013 年 11 月 26 日，澳大利亚外长毕晓普针对中国宣布划设防空识别区一事，召见中国驻澳大使，要求中方解释"为什么伤害澳大利亚的利益"。27日，中国外交部发言人秦刚回应称，澳方对中方划设东海防空识别区说三道四是完全错误的，中方不予接受。中方敦促澳方立即纠正错误，以免损害中澳合作关系。28 日，毕晓普坚持对中国的批评立场，否认越线。当天，阿博特

也出面力挺毕晓普，称"我们相信航海和航空自由。这就是问题所在，这就是我们召见中国大使并向他表明观点的原因"。12月6日，中国外交部长王毅与到访的澳外长毕晓普在北京共同主持首轮中澳外交与战略对话时指出，澳方在中国设立东海防空识别区问题上的言行，损害了双方互信，影响了两国关系的健康发展。中方希望澳方从战略和长远角度出发，妥善处理敏感问题，积极增进战略互信，不断拓展务实合作，确保中澳战略伙伴关系保持正确发展方向。

巴新或将成为太平洋地区因气候变化受损最大国家

2013年11月27日，巴新《国民报》报道，亚洲开发银行发布最新研究结果称，如果太平洋地区国家不能妥善应对气候问题，到2100年太平洋地区国家因气候变化而遭受的经济损失将达到其年均国民生产总值的2.9%～12.7%，巴新可能成为太平洋地区因气候变化遭受经济损失最大的国家。到2100年，甘薯作物和其他农产品生产受损、经济发展放缓的负担、死亡率上升和土地消耗将使巴新的经济损失达到GDP的15.2%。在温室气体中等程度排放的情况下，到2070年，斐济、巴新、萨摩亚、所罗门群岛、东帝汶和瓦努阿图的温度将上升2～3℃，这可能会导致雨养农业作物（甘薯、甘蔗等）减产、捕鱼量减少、珊瑚大面积死亡和游客减少。气候变化可能会使整个太平洋地区的旅游收入减少27%～34%。到2100年，如果温度升高近3℃，巴新的暴雨天气将更加频繁，海平面也可能因此上升。报告指出，2050年之前，太平洋地区国家每年需花费4.47亿美元或高达7.75亿美元用于应对气候变化带来的最严重后果。

汤加召开发展伙伴论坛会议

2013年11月27日至28日，汤加财政部召开了发展伙伴论坛会议，中国、新西兰、澳大利亚、日本、世界银行、亚洲开发银行等国家和机构，以及汤加财政部、商业及旅游劳工部、国家储备银行等政府部门的二十多位代表出席了会议。会上，汤方介绍了汤政府目前正在实施的经济改革措施以及成效，表示政府将继续采取经济可持续发展战略，赞扬了各发展伙伴对汤实施经济发展战略的支持与帮助，希望各方能够在汤政府经济改革总体框架内继续支持汤加经济改革措施和提供预算支持。随后，汤方就下一步合作事宜与各国进行了双边磋商对话。

太平洋岛国要求严格管控金枪鱼捕捞业

2013 年 12 月 2 日至 6 日，在澳大利亚凯恩斯举行的第十届中西太平洋渔业委员会（WCPFC）会议上，太平洋岛国要求加强金枪鱼捕捞业管控，削减捕捞配额。金枪鱼捕捞业是太平洋岛国的主要经济来源，太平洋地区金枪鱼捕捞业的可持续发展，对该区的发展非常重要。2012 年太平洋地区金枪鱼捕捞量为 265 万吨，占全球金枪鱼总捕捞量的 60%。皮尤基金会的一项研究表明，太平洋海域蓝鳍金枪鱼数量比最旺盛时期减少了 96%，大量幼鱼被捕捞，已经属于濒危物种，而大眼金枪鱼、长鳍金枪鱼和黄鳍金枪鱼面临同样的问题。此次会议仅达成减少黑鳍金枪鱼幼鱼及大眼睛金枪鱼延绳钓捕捞减量的共识，对于袋状公海的关闭、人工集鱼器的限制则悬而未决。这些薄弱的管理规范对保护日渐枯竭的海洋资源的影响力有限。

澳大利亚外长首访印尼力图修复外交关系

2013 年 12 月 5 日，澳外长毕晓普率领由高级官员和顾问组成的代表团拜访印尼外交部长马蒂，着力修复两国外交关系。毕晓普已经同意遵守印度尼西亚总统苏西洛的六点路线图，以修复两国因窃听事件而受损的外交关系。并将在两国间建立热线电话，专门商讨如何在印尼撤销合作关系后修复外交关系的细节问题。毕晓普抵达印尼首都雅加达后，开始配合苏西洛实施六点路线图的第一步：商讨印尼与澳大利亚双边关系中的敏感问题。六点路线图的第二步将着重磋商双边关系的行为准则。虽然和解细节仍在商讨过程中，在六点路线图完成之前，印尼仍将暂停与澳大利亚进行警察、军事和情报领域的合作。印尼方面表示，为了重建两国信任，澳大利亚方面应切实做出努力。毕晓普重申，澳大利亚政府为窃听事件对苏西洛总统和印尼人民造成的伤害"深感遗憾"。

她表示，阿博特总理的本意并非破坏印尼利益，并且情报机构不会再做出类似行为。

中国国家副主席李源潮会见澳大利亚外长毕晓普

2013年12月6日，国家副主席李源潮在北京会见了澳大利亚外长毕晓普。李源潮指出，发展中澳关系符合两国人民的共同利益。尊重彼此核心利益和重大关切，是确保两国关系健康稳定发展的关键。希望双方共同努力，在相互尊重、平等互利的基础上，推动中澳战略伙伴关系取得新的发展。毕晓普表示，澳方高度重视澳中战略伙伴关系，愿在互尊互利的基础上，同中方在经贸、投资、军事、教育等领域广泛开展长期、全面的对话与合作。

巴布亚新几内亚不断扩大与外界的交往

2013年12月11日，巴新《信使邮报》在一篇报道中称巴新目前是亚太地区一个新兴的经济体，巴新总理奥尼尔近日对外界表示该国将很快在越南设立外交机构，还表示计划近期在泰国以及其他一些亚洲国家设立代表机构。奥称一些有影响力的国家对巴新的兴趣不断增加，如印尼、越南、日本、中国、泰国、澳大利亚、新西兰等，这些国家均表示支持巴新主办2018年APEC会议。奥近期在巴新国会与APEC新闻官员会晤后发表的一个声明中强调，巴新政府正致力于增加该国在全球市场的贸易和投资机会，并称作为最大的太平洋岛国，巴新期望与它的邻国分享其经验和自然资源。

新西兰成世界上族裔最多的国家　亚裔居民增势最猛

2013年12月11日，新西兰天维网报道，2013年度最新人口普查数据显示，新西兰已经成为世界上族裔最多的国家。目前，新西兰共有来自213个不同族裔的居民，其中，196个族裔为受新西兰统计局官方认可的族裔。其中，人数最多的5大族裔分别为：新西兰欧裔、毛利裔、华裔、萨摩亚裔和印度裔；人口最少的族裔依次为格陵兰裔、撒丁岛裔、拉美克里奥裔。其他人数较少的族裔包括奥克尼岛裔（6 人），设德兰岛裔（24 人），科西嘉岛裔（3 人），福克兰岛裔（30 人），吉卜赛裔（90 人），查莫罗裔（12 人）和因纽特人（36 人）。

所罗门群岛签署成立太平洋区域贸易与发展基金谅解备忘录

2013 年 12 月 13 日，所罗门群岛签署成立太平洋区域贸易和发展基金谅解备忘录，成为继斐济、基里巴斯、瑙鲁、萨摩亚、汤加、图瓦卢、瓦努阿图之后的第八个签约国。太平洋区域贸易和发展基金将在协助发展伙伴协调其贸易援助资源方面为太平洋区域发挥重要作用。所罗门群岛外交和对外贸易部长 Clay Forau Soalaoi 突出强调了贸易援助对太平洋岛国经济发展的重要性，并期待所罗门群岛能受益于这些协议。太平洋岛国论坛秘书长斯莱德对所罗门群岛的加入表示感谢与祝贺。

澳大利亚军队完全撤出阿富汗

2013 年 12 月 16 日，澳大利亚总理阿博特证实，澳大利亚已经从阿富汗完全撤出澳军队，最后的一部分军人已从乌鲁兹甘省完成了撤离。澳大利亚军队在阿富汗执行任务期间，共有 40 人死亡以及 261 人重伤。据悉，澳大利亚驻军撤出后，当地的安全工作将由阿富汗安全部队接手。澳政府将向阿富汗安全部队提供每年超过 10 亿澳元的资金帮助。

澳政府有条件批准中国国家电网收购申请

2013 年 12 月 20 日，澳大利亚国库部长乔·霍基发表声明，宣布有条件批准中国国家电网公司收购澳大利亚两家能源公司的股份。根据声明，澳大利亚政府批准中国国家电网收购 SP AusNET 公司 19.9% 股份和 SPI（澳大利亚）资产公司与 SPI（澳大利亚）信托公司 60% 股份的申请。SP AusNet 是新加坡电力公司在澳大利亚从事能源基础设施服务的子公司，在澳大利亚和新加坡证交所共同上市，公司拥有并运营维多利亚州的输配电网络和配气网络。SPI（澳大利亚）资产与信托公司在澳大利亚以 Jemena 公司之名运营，拥有并运营澳大利亚东部的电力、天然气、水务资产。霍基表示，批准收购申请的条件是，中国国家电网为这两家澳大利亚能源公司指派的董事会成员必须超过半数是澳籍常住公民。

中航国际公司与萨摩亚政府签署合作备忘录

2013年12月24日，中航国际航空发展有限公司代表在萨摩亚首都阿皮亚与萨摩亚工程交通及基础设施部代表签署了合作备忘录。根据备忘录，中方将向萨方提供飞机、技术培训、零配件等，萨方将向中方提供相对应的便利。上述备忘录的签署是11月在广州举办的第二届中国—太平洋岛国经济发展合作论坛中萨双边友好合作会谈成果的落实和延续，不仅将推动双方在航空领域的友好合作，也将为中国企业走出国门和扩大中国航空业在太平洋岛国的影响打下良好基础。

中国与瓦努阿图两国签署优惠贷款框架协议

2013年12月31日，中国驻瓦努阿图大使谢波华与瓦总理卡凯塞斯分别代表各自政府签署了中国政府向瓦努阿图政府提供优惠贷款的框架协议。该笔贷款将用于瓦努阿图塔纳岛和马勒库拉岛道路改建项目。塔纳岛拥有著名的亚瑟火山等丰富的旅游资源，马勒库拉岛是瓦重要的农业、畜牧业和渔业产品来源地。道路建设项目将有助于促进塔纳岛旅游业发展和马勒库拉岛农牧渔产品的外运，促进当地经济发展。

B.22
后　记

　　2013/2014 年度《大洋洲发展报告》问世了。令人欣喜的是，过去一年大洋洲的发展态势整体上平稳和缓，而更让人欣慰的是，我国大洋洲区域研究团队也有显著壮大，这一点已充分体现在本期蓝皮书的稿源与稿件质量上了。从更深的层面上来看，这也反映出中国与大洋洲的关系正在不断趋于紧密，国内学界对大洋洲区域问题的研究兴趣持续增加。不过，我们同样清醒地认识到，国内学界对大洋洲区域研究的前期积累是非常薄弱的，这种情况将在相当长时间内影响我们对有关问题的认识与研究，这是学界必须坦诚面对并不断弥补的。

　　鉴于上述现实，本期蓝皮书之组稿坚持现状报告与专题研究并举的方针，重点发掘了一些有助于中国深入理解大洋洲的特色议题，并试图将相关议题放到一种比较的视阈中加以评析，供有兴趣的读者全面体悟。本期报告的内容不仅包含大洋洲区域内部发展与交流的问题，也涵盖了该区域与外部世界的多层次交流问题。从研究切入点来说，就是一方面深入考察区域内重点国家的制度变迁过程与机制，另一方面展示包括中国在内的各种外部力量如何塑造与该区域的双边或多边关系。除了对外关系方面的议题，一些新的主题包括国际社会对大洋洲区域的援助、大洋洲区域内部合作，以及澳大利亚、新西兰的特色社会话题。需要特别提出的是，我们针对上一期蓝皮书的不足强化了对大洋洲岛国的研究，比如岛国的民族认同问题、政治变迁问题及华人华侨问题等都是前人罕有涉及的重要议题。当然，所有这些安排最终都服从一个目标：希望读者对区域内有关问题产生客观全面的认知，并从中汲取教益。

　　本期蓝皮书的编纂是教育部国别与区域研究重点培育基地中山大学大洋洲研究中心集体努力的结果，而在具体内容创作中也凝聚了海内外大洋洲研究力量的集体智慧，包括澳大利亚、新西兰等国家和地区学者的贡献。特别值得一提的是，我们还吸纳了商务部相关专家的研究成果，进一步推动了基础理论研究与实践应用研究的结合。除了对各位作者与编者的感恩，我们也一如既往地感谢上级领导及专家的支持。2013年下半年，《大洋洲发展报告》被列入"教育部哲学社会科学发展报告"培育项目，这充分说明了国家对相关问题的重视以及对我们工作的认可。

如前所述，有关大洋洲区域问题的研究受限于学术史传统与学术共同体构建的力度，加之我们力有不逮，本期蓝皮书仍然存在疏漏浅薄之问题，我们诚挚欢迎读者提出批评指正，以便我们不断进步提高。

费 晟

Abstract

Generally the countries in Oceania experienced a stable development during the past year. In domestic politics, the most significant event was the Australia Commonwealth Election: the Liberal-National Coalition witnessed an overwhelming triumph in the election in September. Tony Abbott soon organized a coalition cabinet and turned to a conservative agenda. In New Zealand, although the election will be held in September, the political parties have already been actively warmed up. In economic aspect, most countries were in controllable situation. However eagerly looking for international assistance, in both economic and technical, most Pacific Island countries still suffered from weak industrial development and fragile financial problems. Some countries including Papua New Guinea (PNG), Solomon Islands and Tonga were facing long term depression and even crisis. Nevertheless there was still an exciting case: Vanuatu was moved out of the list of "Least Developed Countries" by UN. In the year of 2013 – 2014, there are few emergent security issues in this region while PNG's public security was deteriorating and may cause new turmoil threatening regional safety. In international relations, it is notable that both bilateral and multiple-interactions were fast growing in the region and more leading countries were involved in. Fiji held the first Pacific Islands Development Forum (PIDF) while South Korea and Japan also showed their strong interest in fastening regional cooperation. In all this activities, China again showed its significant role and went on changing the traditional framework. For example, in the first half year of 2013, China firstly outstripped Australia and became the largest export target of New Zealand. In the late half of that year, the second China-Pacific Island Countries Economic Development & Cooperation Forum was held in Guangzhou. Moreover the political interaction was also intensified during the past year and the rise of China performed a critical subject in various regional dialogues.

Keywords: Australia; New Zealand; Oceanian Island Countries; Politics; Economy; Diplomacy; AID

Contents

B I General Report

Abstract: Oceania island states are important part of Chinese grand peripheral strategy. In the first decade of the 21st century, the relationship between China and Oceania island states present full range of development momentum. The Chinese economic diplomacy in the areas of trade, investment and development assistance toward the Oceania island states has achieved fruitful results. Therefore it fully demonstrated that China's peaceful rise and the comprehensive development have brought about great benefits to the outside world, including those countries in the Oceanian islands.

Keywords: China; Oceania Island States; Economic Diplomacy; Trade; Investment; Foreign Development Aids

B II Regional Analysis Reports

Abstract: The Oceanian regional cooperation in 2013, on the whole, presents many new features and changes. The regional cooperation mechanisms, e. g. , the Pacific Island Forum (PIF), have been playing an irreplaceable role in promoting regional and trans-regional cooperation, and together with the Oceanian countries and territories, promoted the cooperation in the field of climate change and sustainable development to achieve many new progresses. In the meanwhile, the regional military cooperation presented new development trends while the environment and social security cooperation achieved a series of new agreements. However, the regional economic ties were weakened by some new challenges in 2013. What is noteworthy is that China has become the important external driving force for the Oceanian regional cooperation. In 2014, the PIF and its related meetings are expected to some new achievements in promoting regional cooperation. The regional sustainable development cooperation is expected to obtain new consensus while the regional trade arrangements are expected to make new progresses. At the same time, the economic ties and political communication between China and the Oceanian region are expected to be further strengthened.

Keywords: Oceania; Regional Cooperation; Economic and Trade Relations; Security Cooperation

Abstract: The South Pacific Islands have special geographic political advantages and abundant natural resources. These countries gradually become the object of concern of the world. In 2013, the islands political democratization kept moving forward, but the distrustful movement to the government has negative effects to the political stability and social order. In the aspect of economy, the islands kept carrying out loose monetary policies in order to stimulate economic development, but the decrease of the foreign aid has increased fiscal deficit. Besides, in democracy, the South Pacific Islands positively developed bilateral diplomatic relationship with Australia, New Zealand, America, China, Japan and so on. They pay attention to making the South Pacific Islands Forum play an important role, strengthen the coordination of diplomatic policies in the fields of politics and security and the regional cooperation and join the multilateral institutions, which greatly improves the South Pacific Islands' influence in international community. This report elaborates the politics, economy and diplomacy of the South Pacific Islands in 2013, mainly including Fiji, Tonga, Vanuatu, Papua New Guinea and Samoa that have built up diplomatic relationship with China, in order to improve the public awareness to the South Pacific Islands and provide some reference for our country to develop relationship with the South Pacific Islands in the future.

Keywords: Fiji; Tonga; Vanuatu; Papua New Guinea; Samoa; Politics; Economy; Diplomacy

B. 4 An Analysis of the Ethnic and National Identity in the Pacific Island Countries *Pang Qin, Luo Yun and Huang Qiqi* / 074

Abstract: The Pacific island countries are of great significance for China's peripheral security and global development strategy. However, there are still very limited academic works concerning their political development, especially national identity, a key factor in affecting political stability. This paper chooses Papua New Guinea, Samoa and Tonga as three typical cases and analyzes the ethnic identity and national identity in the three countries. It finds out that the strength of national identity in these countries is related with two factors: (1) whether the ethnical identity is compatible with national identity; (2) the strength of state capacity. In Papua New Guinea, due to the lack of uniformed ethnic identity and unstable state polity, the national identity is only loosely built among citizens. In Samoa, despite the existence of a unified ethnic identity, the development of national identity is limited, subject to certain restrictions including the disturbance of powerful social groups and the relatively weak state capacity. In Tonga, due to that powerful social groups and political forces are overlapped with each other, united in the leadership of the king and the nobles, the strong ethnic identity and strong state capacity promote the development of national identity.

Keyword: Ethnic Identity; National Identity; Papua New Guinea; Samoa; Tonga

B. 5　The Overseas Chinese in the Pacific Islands　　*Fei Sheng* / 089

Abstract: The earliest overseas Chinese in the Pacific islands were mostly indentured labors transported in the end of the Nineteenth century. These immigrants settled down in the early half of twenty century and largely integrated into local communities after the Second World War. With the speeding up of decolonization and independent movement, nation-building programs, and the china's Reform and Opening up, the new communities of Chinese immigrants were soon established in the islands countries since 1980s. These new overseas Chinese communities, in especial the private business owners, are causing both positive and negative repercussions in the island countries. We should clearly notice that the anti-Chinese activities have involved in various local conflicts and the Chinese government should more effectively manage these Chinese immigrants to this region, although we should not exaggerate the public opinion of anti-Chinese.

Keywords: The Pacific Islands; Chinese Immigration; Anti-Chinese Aativities

B Ⅲ　Country Reports

B. 6　The Development of the Australian Politics

Fei Sheng / 098

Abstract: The development of the Australian politics was deeply influenced by the wrangles in Labor Party and the election campaign. Since the very beginning of 2013 the open conflicts in the leadership of Labor Party strongly lashed the public opinion. To a great extent the rivalry and even the aborted coups exhausted the energy of Gillard cabinet. The concussion of Labor Party was not ended until Kevin Rudd seized the power again in June 26. In contrast, the opposition parties were focusing on election campaign, and they finally won an overwhelming triumph in September 7. However with the establishing of the new Liberal-National alliance cabinet, the Australian politics again turned to a conservative trajectory.

Keywords: Australia Politics Development; Labor Party; Liberal Party

B. 7   New Zealand Political Development
in 2013 −2014 and Election Analysis　　*Wang Tingting* / 111

Abstract: New Zealand experienced a stable political situation in 2013 − 2014. National Party has got good governance results under the guidance of the policy agenda, always leading in the polls, is actively seeking to achieve a third term. Labor Party has been working to improve its downturn since the election of 2011 for coming to power, but the effects are poor. The development of other political parties, such as Maori Party, United Future Party and ACT are very fragile. Green Party remains stable while, New Zealand First becomes the kingmaker. In addition, the National Party government decided to maintain MMP electoral system; national constituencies add to 71 and so on. On these conditions, as for prospects of the general election in September 2014, the National Party holds a marginal lead.

Keywords: New Zealand; Political Development; Election Analysis

B. 8   The Abbott Government and Its Northeast Asian Policy
Li Fujian / 128

Abstract: Australia has major political, security and economic interests in

Northeast Asia. In the backdrop of the power shift in the Asia-Pacific, Australia's future is bound up with Northeast Asia's. Thus, the new Australian government has placed the relations with Northeast Asia on the top of its foreign policy agenda. The recent visit to China, Japan and South Korea by Prime Minister Tony Abbott has indicated Australia's willingness and capacity to play a balancing role in the region with political pragmatism.

Keywords: Australia; Abbott Government; Northeast Asian Policy

B. 9 Analysis on Australia's Boat People Policy

Wang Xuedong, Li Zhengju / 143

Abstract: Refugee problem has always been a very important issue and caused high concern within Australian government and society. However, "boat people" is the key part of the issue. To the ruling parties, what matters most is how to deal with boat arrivals and what relevant policies should be made. Since the first boat people arrived in 1976, a series of debates on "boat people" policy appeared in Australia. The article firstly traces the Australia's boat people policies during the past 30 years, then analyzes the essence of the Australian refugee issue based upon the retrospection.

Keywords: Australia; Boat People; Refugee Problem; Asylum Seekers

B. 10 The Office of Ombudsman in New Zealand

Yu Zhangbao, Lu Wenhui / 162

Abstract: In order to resolve the maladministration which the welfare state had produced very large government bureaucracies, New Zealand created the Office of Ombudsman under the Parliamentary Commissioner (Ombudsman) Act 1962, following the Danish example. Ombudsman's jurisdiction is to handle complaints and investigate the administrative conduct of state sector agencies, including in relation to official information requests. It also encourages people to report serious wrongdoing in their workplace by providing protection for employees who want to "blow the whistle". Ombudsmen have power to monitor places of detention, and the implementation of the UN Disabilities Convention and also could provide advice, guidance and training to state sector agencies, and work to build awareness of our role in the wider community. New Zealand's Ombudsman institution is to safeguard the rights of citizens by establishing a supervisory agency independent of the executive branch. It developed an effective way to resolve complains with informal and flexible ways, not the statuary power, which emphasized mediation and negotiation rather than investigation and recommendation. New Zealand's Ombudsmen engage in an independent and impartial investigator not an advocate.

Keywords: New Zealand; Ombudsman; Anti-corruption

B. 11   New Zealand's Budget System Reform and Fiscal Sustainability

Zhang Guang / 180

Abstract: The 2008 global financial crisis present a serious challenge to the fiscal sustainability of countries across the world. New Zealand met the challenge with a fiscal position better than most other advanced countries, and could expect to return to fiscal surplus in the 2014 − 2015 fiscal year. This is made possible by, among others, the fiscal and budgetary reforms aiming at fiscal sustainability and stability New Zealand has pursued consistently since the mid − 1980s. This paper reviews the causes, contents, implementation, and effects of these reforms, with a focus on the principles of fiscal responsibility and corresponding reforms concerning governmental accounting and reporting rules stipulated in Public Finance Act (1989) and Fiscal Responsibility Act (1994) as well as the three approaches of expenditure control the government has adopted in turn since the early 1990s. New Zealand provides valuable lessens for the current China whose fiscal sustainability has become problematic since 2008.

Keywords: New Zealand; Financial Crisis; Fiscal Sustainability; Budget; Expenditure Control

B. 12　Evolution of Fiji's Ethnic Conflict

Abstract: Due to historical reason, contradictions and conflicts between indigenous Fijians and Indo-Fijians are very sharp, which led to coups in 1987, 2000 and 2006. In addition, it was related to the increase of Indo-Fijians and the rising of their political status after World War II. Till 2012, with the repealing of the Great Council of Chiefs and the amendments to 2013 Fiji Constitution, Fiji's ethnic conflict was alleviated, leading to the open-up of the process of national integration.

Keywords: Ethnic Conflict; Indigenous Fijian; Indo-Fijian; Coup; Constitution

B IV　China-Oceania Relationship

B. 13　Fluctuations amidst Steady Progress: Latest

Developments in Sino-Australian Relations

Abstract: Apart from providing an overview of current Sino-Australian relations, the article also traces developments in the past three years, straddling the Gillard, Rudd and Abbott administrations. The author finds that the bilateral relationship continues to be characterized by steady growth of substantive exchanges, interspersed with occasional frictions and punctuated by fluctuations in the level of warmth in official interactions. The paper also finds that the frequency of frictions between the two sides, largely in the political sphere, has been on the increase in recent years. The author argues that the increasing frequency of political frictions is not a reflection of deterioration of relations, but has largely stemmed from the growing intensity of bilateral interchanges, which in itself is a welcome trend likely to continue. The author puts forward a number of policy recommendations, suggesting that the key to a more stable political relationship lies in the enhancement of mutual trust and confidence between two partners striving to overcome cultural-linguistic, socio-political and ideological barriers.

Keywords: Sino-Australian Relations; Frictions; Political Mutual Trust; Economic and Trade Cooperation

B. 14   China–New Zealand Relations Enter a New Stage

Jason Young / 231

Abstract: China–New Zealand relations have entered a new stage characterized by the development of strong political trust, deepening military exchanges, ongoing rapid growth in trade relations and a broadening of bilateral economic activities as investment and economic cooperation partnerships begin to play an important role supporting the trade relationship. Based on analysis of recent government interactions, the challenges present in the trade relationship in 2013 and 2014 and the successful cooperation agreements signed early 2014, this paper argues China–New Zealand relations have entered a new and more mature stage of the relationship. Moreover, the depth of China's relations with New Zealand and the many successful aspects of the relationship present a possible model of Chinese bilateral relations with western countries.

Keywords: China–New Zealand Relations; Model; Economic and Trade Cooperation; Political Mutual Trust

B. 15   An Analysis on China's Public Diplomacy to the Republic of the Fiji Islands

Li Defang / 249

Abstract: In the era of globalization, public diplomacy is playing an important role in shaping national image and enhancing national impact. With the promoting of China's great power and ocean strategy, we really need to gain the understanding, trust and support of the South Pacific Island countries for China's development. As an important country in the South Pacific area, the Republic of the Fiji Islands has a strong demonstration effect. In recent years, though the development of cultural diplomacy, overseas Chinese public diplomacy, economic aid diplomacy and Confucius Institutes diplomacy, China has obtained understanding of the Fiji people and promotes the relations of friendly cooperation with Fiji. However, due to the shortage of Chinese traditional public diplomacy, coupled with the existence of great power competitive public diplomacy, China's exhortation and influence over Fiji and other South Pacific island countries are still inadequate.

Keywords: Public Diplomacy; The Republic of the Fiji Islands; South Pacific Island Countries

Abstract: Compared with other aspects of Australia-China relations, bilateral defence ties remain unheeded. This paper seeks to fill in the gap by examining the growing defence-to-defence relations between Australia and China. In particular, it tends to address a puzzling question: how should one explain Canberra's persistent concerns about China's expanding military power and strategic intensions, despite its decades-long defence engagement with Beijing? Answers to the question will clarify the nature and prospects of Australia-China defence relations and contribute to current debates concerning the utility and limitation of defence diplomacy as a confidence-building measure.

Keywords: Australia-China Relations; Military Communications; Defense Diplomacy

B V   International Aid

Abstract: Climate change has become an important issue of common concern to the international community, while the resulting such as frequent extreme weather, rising sea level, species extinction, land desertification, the food crisis, refugees of islands and a series of problems are seriously endangered the survival and development of mankind. The South Pacific Island countries, as the biggest victims of the global problem, facing with national security and survival crisis caused by climate change, which worsens their long lasting problems of development and poverty reduction. As a result, helping South Pacific Island Countries to cope with climate change problems becomes the main concern of development assistance. This paper describes current situation of climate change faced with the South Pacific Island Countries and their policy actions and aid appeals. Then author summarizes the assistance from international community including China to this region to deal with climate change, and proposes suggestions on China's assistance to the South Pacific Island Countries against climate change in the future.

Keywords: Climate Change; Foreign Assistance; South Pacific Island Countries

B. 18 The Assistance to the South Pacific Island Nations from Japanese NGOs

—The Assistance of Sasakawa Pacific Island Nations Fund

Chen Yanyun, Sun Bing / 286

Abstract: This paper takes Sasakawa Pacific Island Nations Fund (SPINF) as example, and gives detailed analysis on its assistance to the South Pacific Island Nations, including the reasons, modalities, fields of the aid as well as the position and function of NGOs in Japan's foreign aid. Since the challenges that South Pacific Island Nations faced with, such as narrow anddistributedland, isolation from the international market and fragile ecological environment, it was chosen by the SPINF as key assisting area. The assistance was mainly operated by three ways, self-operated project, funding project and self-operated/commissioned project, which covered a wide range of fields including education, environment protection and climate change, medical care and so on. NGO plays an irreplaceable role of its supplementary and initiative function in Japan's foreign aid.

Keywords: SPINF; The South Pacific Island Nations; NGO; Foreign Aid

B. 19   Analysis of the Development Assistance

to Papua New Guinea   *Mao Xiaojing* / 297

Abstract: Papua New Guinea (PNG) is a resource-rich country with the largest land area and population in the South Pacific area. It has significant influences in South Pacific affairs. In recent years, PNG witnessed the rapid economic development, while its social development lagged behind. International development assistance is still one of the main funding resources for PNG economic and social development. This paper analyzes the mid – and long-term development plan of PNG and its needs for foreign assistance, and selects four major aid providers as Australia, Japan, China and Asian Development Bank to compare their assistance to PNG. The paper emphasizes that the government of PNG need to effectively coordinate and manage the assistance from different partners so as to make full use of assistance for its social and economic development purposes.

Keywords: Papua New Guinea; Development Assistance; Economic and Social Development

B. 20   A Comparative Analysis on Australia's and China's Aid to

Papua New Guinea in the 21st Century

Zhang Zuxing, *Zuo Lin* / 310

Abstract: With the continuous development of the comprehensive national strength, China increasingly engages the world and undertakes more international responsibility. China's aid program to Papua New Guinea (PNG) and other Pacific Island countries has grown rapidly in recent years. In the context of the rise of China, the growth of China's aid to PNG has drawn extensive attention from the world. The motivation of China's aid caused many suspicions and the aid model suffered lots of criticism. This paper attempts to make a comparison between the aid to PNG from China and Australia. Analyze the similarities and differences of these two kinds of aid, sketch out the basic characteristics of China's aid, and then make a response to those suspicious and criticism. China's aid program to PNG suggests a shift towards a more interests-based approach, which is consistent with China's peaceful development strategy. China will pay more attention on the region's stability and development when providing aid to PNG and other Pacific Island countries. Actually, China's aid program to PNG is not only an alternative to western aid, these two kinds of aid are complementary and mutual promotion. In order to maximize the effectiveness of foreign aid, and maintain a long-term stability and sustainable development of the recipient countries, these two kinds of aid need to cooperate with each other.

Keywords: China's Foreign Aid; Australia's Foreign Aid; Motivation; Papua New Guinea (PNG)

Ⅳ Appendix

皮书俱乐部会员服务指南

1. 谁能成为皮书俱乐部成员？

- 皮书作者自动成为俱乐部会员
- 购买了皮书产品（纸质皮书、电子书）的个人用户

2. 会员可以享受的增值服务

- 加入皮书俱乐部，免费获赠该纸质图书的电子书
- 免费获赠皮书数据库100元充值卡
- 免费定期获赠皮书电子期刊
- 优先参与各类皮书学术活动
- 优先享受皮书产品的最新优惠

![社会科学文献出版社 皮书系列 会员卡 卡号：8049628614922893 密码：]

3. 如何享受增值服务？

（1）加入皮书俱乐部，获赠该书的电子书

　　第1步 登录我社官网（www.ssap.com.cn），注册账号；

　　第2步 登录并进入"会员中心"—"皮书俱乐部"，提交加入皮书俱乐部申请；

　　第3步 审核通过后，自动进入俱乐部服务环节，填写相关购书信息即可自动兑换相应电子书。

（2）免费获赠皮书数据库100元充值卡

　　100元充值卡只能在皮书数据库中充值和使用

　　第1步 刮开附赠充值的涂层（左下）；

　　第2步 登录皮书数据库网站（www.pishu.com.cn），注册账号；

　　第3步 登录并进入"会员中心"—"在线充值"—"充值卡充值"，充值成功后即可使用。

4. 声明

　　解释权归社会科学文献出版社所有

法 律 声 明